荀子通译

焦子栋 译

齊鲁書社

《荀子通译》编委会成员

序

荀子，名况，时人尊称荀卿（亦作“孙卿”“孙子”“郇卿”“荀卿子”“郇卿子”“孙卿子”，兰陵方言中尊其为“舜子卿”），战国晚期赵人，生活年代大约在公元前335年至前230年之间。作为百家争鸣的总结者及先秦诸子学说的集大成者，他顺应战国末年国家统一的历史潮流，批判和综合地吸收了先秦各学派的思想，建立了包括哲学、政治、法律、伦理、教育、军事、文化、艺术等领域的庞大思想体系，为即将建立的封建大一统国家指明了前进方向。其中以“明于天人分”与“制天命而用”的天道观，“化性起伪”“积善成圣”的性恶观，“隆礼重法”的治国观，“王道先行”“强本节用”的富国观，“虚壹而静”“行高于知”的认知观，积累与规范并行的学习观，“禁暴除害”的兵学观等著称于世。

楚考烈王八年（前255年），担任楚国令尹（国相）的黄歇仿照齐国“尚修列大夫之缺”的做法，拜荀子为兰陵（今山东省兰陵县兰陵镇）令。荀子任兰陵令后，推行“节用以礼，裕民以政”的政治策略，农工商各业繁荣向上，并与齐国建立起睦邻友好合作关系。兰陵的发展壮大提振了楚国君臣及广大军民的信心，国力得到一定恢复，司马迁在《史记·春申君列传》中记述说：“当是时，楚复强。”

公元前238年，春申君被其门人李园杀害，荀子受牵连不再担任兰陵令，去官后在兰陵传经授徒，序列平生著述。在公元前230年前后，荀子终老兰陵，长眠兰陵，墓地在今山东省兰陵县兰陵镇南王庄村东。

荀子的弟子李斯、韩非、张苍、浮丘伯、毛亨等人，再传弟子刘交、贾谊、后苍、韩婴、毛苌、孟喜、董仲舒、萧望之、匡衡等人，有的成为治世名臣，有的成为传经大儒，形成了以兰陵为依托的儒家经学大师群体，在秦汉时期的政治文化舞台上大放异彩。汉代刘向评价说：“兰陵多善为学，盖以孙卿也。”南朝刘勰总结说：“稷下扇其清风，兰陵郁其茂俗。”儒家经典也因此在兰陵得以保存与传播。荀子"推儒、墨、道德之行事兴坏，序列著数万言"（司马迁语），其著作经汉代刘向、唐代杨倞等人整编，现存《荀子》三十二篇，计75100余字。清代学者汪中评价说：儒家"六艺（指儒家六部经典《礼》《乐》《诗》《书》《易》《春秋》）赖以不绝者，荀卿也。周公作之，孔子述之，荀卿子传之，其揆一也。"又因为荀子"隆礼重法"思想在秦以后的2200多年中得到实实在在的践行，故梁启超评价说："二千年政治，既皆出于荀子矣，而所谓学术者，不外汉学、宋学两大派，而其实皆出于荀子，然则二千年来，只能谓之荀学世界，不能谓之礼学世界也。"

据刘向《孙卿书录》记载，荀子著作原有322篇，经刘向删除其重复者，定为32篇，名曰《孙卿新书》，亦曰《孙卿书》，这是荀学研究史上第一次对荀子著作进行系统整理。此事约发生在公元前30年到前10年之间。西汉时期，荀子著作成为各大学派竞相征引的经典。如《史记》中的《礼书》《乐书》基本上是荀子《礼论》《乐论》篇的改写或扩写，《大戴礼记》《小戴礼记》《韩诗外传》等典籍对《荀子》亦多有引用。这实际上是对《荀子》32篇的注解与运用，也是两汉时期《荀子》无人作注的原因之一。

到了唐宪宗元和十三年（818年），杨倞有感于荀子"真名世之士，王者之师"，但"荀氏之书千载而未光"，因此为之作注，并"分旧十二卷三十二篇为二十卷，又改'孙卿新书'为'荀子'"。

到了北宋熙宁年间（1068—1077年），神宗皇帝批准了对杨倞所注《荀子》进行重新校定刊行，王子韶、吕夏卿等人参加。但此次刊行流传很少。南宋淳熙八年（1181年），台州知州唐仲友依照熙宁刻本重新刊行。此刊行本后来传入日本，成为迄今为止所能见到的《荀子》最早版本。日本著名藏书家狩谷望之手跋云："是本翻雕熙宁官板者，则其实与北宋本无异，真希世之宝典也。"清光绪十年（1884年），学者杨守敬随黎庶昌出使日本，从岛田篁村处发现台州本的摹写本，回国后即依原书精工影刻，收入《古逸丛书》。此后至清末，台州本《荀子》多有刊行。

到了清代，较有影响的《荀子》版本，一是谢墉的安雅堂刻本，刊行于清乾隆五十一年（1786年）；二是王先谦的《荀子集解》，刊行于清光绪十七年（1891年）。

改革开放以后，迎来了荀子研究的春天。清华大学、复旦大学、山东大学、山西师范大学、邯郸学院、河北工程大学、临沂大学等高校、科研机构与邯郸、安泽等地都在挖掘整理荀子文化、推进荀子研究等方面做了大量基础性工作。兰陵（苍山）县在弘扬荀子文化、推进荀子研究亦做出了巨大努力。2007 年 8 月，中共苍山县委、县人民政府组织参与中共临沂市委、临沂市人民政府举办的“儒学全球论坛：荀子思想当代价值国际学术研讨会”；2011 年至 2013 年，中共苍山县委、县人民政府，中共兰陵镇委、镇人民政府为弘扬优秀传统文化，继续尊荀、学荀之事业，投资 2300 余万元，实施重修荀子墓园工程，并于墓前建荀子庙。主体建筑有后圣殿、劝学广场、《荀子》三十二篇碑廊、巨擘门、长青坊、知明坊、博雅坊等，建筑面积约为 42000 平方米。

2013 年 10 月，在重修荀子墓园暨荀子庙竣工之际，中共苍山县委、县人民政府在举行祭荀大典的同时，与中国孔子基金会联合举办“荀子思想现代价值学术研讨会”；2013 年 12 月 27 日，国务院正式批准苍山县恢复更名为兰陵县，揭开了传承弘扬荀子思想文化、兰陵历史文化的新篇章；2015 年 5 月，中共兰陵县委、县人民政府与中国社会科学院、司法部、中国孔子基金会联合举办“荀子思想与依法治国学术研讨会”，并批准成立东方荀子研究院。2015 年 9 月，山东省文化厅在召开 2015 年全省文化（执法）局长座谈会暨“十二五”规划工作专题研讨班时明确指示，要着力扶持建设包括荀子研究院在内的一批文化研究基地，更为荀子研究注入了强大动力。2016 年 10 月，政协山东省委员会文史资料委员会、中国孔子基金会、山东省沂蒙文化研究会、政协临沂市委员会将在兰陵县联合主办“荀子思想与教育创新学术研讨会”，国内外专家学者再聚兰陵，定会开启荀学研究的新篇章。

为了让荀子思想文化更好地走进广大群众，中共兰陵县委、兰陵县人民政府决定出版这本《荀子通译》。该书以白话文的形式，通俗易懂地解读《荀子》，进而初步掌握荀子思想脉络，为开展荀子思想文化研究提供最基本依据。但由于受编者水平所限，书中定会存在不足之处，一是恭请各位荀子研究专家批评指正，二是恳请广大读者多提批评与建议，以利于日后丰富完善。

焦子栋

2016 年 9 月于兰陵

目录

劝学篇第一

[原文]

君子曰:学不可以已。

青,取之于蓝而青于蓝;冰,水为之而寒于水。木直中绳,輮(通“煣”)以为轮,其曲中规,虽有(通“又”)槁暴(pù),不复挺者,輮(通“煣”)使之然也。故木受绳则直,金就砺则利,君子博学而日参省乎己,则知明而行无过矣。

[译文]

君子说,学习不可以停止。

青,从蓝草中提取,比蓝更蓝;冰,由水凝结而成,比水更冷。木料沿着墨线锯下时是直的;用火烤弯做成车轮时,由直变曲,与圆规所画的圆线相吻合。再遇到大火烘烤、烈日暴晒,也不再伸直,原因就是熏烤已经把它改变。所以,木料沿着墨线的印痕才会取直,刀剑放在砺石上反复运磨才能锋利,君子广泛学习而又每天思考对照自己,见识才会高明,行为才能没有过失。

[原文]

故不登高山,不知天之高也;不临深溪,不知地之厚也;不闻先王之遗言,不知学问之大也。干(hán,同“邗”)、越、夷、貉之子,生而同声,长而异俗,教使之然也。《诗》曰:“嗟尔君子,无恒安息。靖共(通‘恭’)尔位,好是正直。神之听之,介尔景福。”神莫大于化道,福莫长于无祸。

[译文]

所以,不登上高高的山峰,就不知道天空的高远;不俯视深深的山谷,就不知道大地的深厚;没听到前代圣王的遗言,就不知道学问的渊博。吴、越、夷、貊等地的孩子,生下时啼哭的声音没有什么两样,长大后风俗习惯却各具特点,原因在于他们受到的教化各不相同。《诗》上说:“告诫你们这些君子啊,不要常常想着歇息。要认清自己的名分与位置,既尽职尽责,又修养正直的品德。思想上明白这些道理,听闻上符合这些道理,自然就会给您带来大福气。”最高的修养就是合于正道,最大的幸福就是没有灾祸。

[原文]

吾尝终日而思矣,不如须臾之所学也。吾尝跂(通“企”)而望矣,不如登高之博见也。登高而招,臂非加长也,而见者远;顺风而呼,声非加疾也,而闻者彰。假舆马者,非利足也,而致千里;假舟楫者,非能水也,而绝江河。君子生(同“性”)非异也,善假于物也。

[译文]

我曾经整天思索,但不如学习片刻的收获;我曾经踮起脚跟眺望,但不如登高看见的广阔。登上高处招手,手臂并没有加长,可以被远处的人们瞧见;顺着风向呼喊,声音并没有加大,可以让人们听得更加清晰。乘坐马车的人们,并不是善于行走,却能到达千里之外;乘坐船只的人们,并不是善于游泳,却能渡过江河。君子生性与别人并没有什么不同,只是善于借助外物实现自己的追求。

[原文]

南方有鸟焉,名曰蒙鸠,以羽为巢而编之以发,系之苇苕,风至苕折(兰陵方言读 shé),卵破子死。巢非不完也,所系者然也。西方有木焉,名曰射(yè)干,茎长四寸,生于高山之上而临百仞之渊,木茎非能长也,所立者然也。蓬生麻中,不扶而直;白沙在涅,与之俱黑。兰槐之根是为芷,其

渐之滫，君子不近，庶人不服，其质非不美也，所渐者然也。故君子居必择乡，游必就士，所以防邪僻而近中正也。

［译文］

南方有一种鸟，名叫蒙鸠，先用羽毛做成巢，再用毛发相互编结，系扎在芦苇的花穗上。大风吹过，芦苇花穗因鸟巢所累随风折断，鸟巢随着倾覆，鸟蛋掉下摔破，小鸟掉下摔死。蒙鸠的巢不牢固吗？巢是牢固的，但系错了地方。西方有一种草，名叫射干，茎长才四寸，因为生活在山顶上，却能居高临下俯视百仞深渊。射干生来就这么长吗？茎是短小的，但生对了地方。蓬草生长在麻丛当中，不去扶持也会挺直；白净的沙子与黑泥混在一起，（不去染渍）也会与黑泥一样颜色。兰槐的根就是芷，如果把它浸泡在尿液当中，君子不会接近它，普通人也不想佩戴它。芷原本不美吗？美，但尿液泡过它。所以，君子居住时必须选择邻居，外出交游时必须接近贤者，这样才能防止自己误入歧途而接近正道。

［原文］

物类之起，必有所始。荣辱之来，必象其德。肉腐出虫，鱼枯生蠹。怠慢忘身，祸灾乃作。强自取柱，柔自取束。邪秽在身，怨之所构。施薪若一，火就燥也；平地若一，水就湿也。草木畴（通“俦”）生，禽兽群焉，物各从其类也。是故质的张而弓矢至焉，林木茂而斧斤至焉，树成阴而众鸟息焉，醯酸而蜹聚焉。故言有召祸也，行有招辱也，君子慎其所立乎！

［译文］

各类事物的发生，一定有它的原因。荣誉或耻辱的来临，必然缘于他的德行。肉腐烂了就会生蛆，鱼枯死了就会长虫。懈怠傲慢不守正道，灾祸就会发生。刚强的东西容易被折断，柔弱的东西容易受约束。追逐邪恶污秽的东西，容易招致怨恨。铺开的柴草看上去一样，但火总是向干燥的那些烧去；平整的土地看上去一样，但水总是向低湿的那边流淌。草木结伴，禽兽合群，世间万物总是与它的同类关联在一起。所以，箭靶张开，箭镞就射过来；森林茂盛，斧头就砍过来；树大成荫，群鸟到了栖息的时候就飞过来；醋一变质，蚋就吸附过来。所以，说话有时会招来灾祸，做事有时会招致耻辱，君子在立身行事时务必小心谨慎呀！

［原文］

积土成山，风雨兴焉；积水成渊，蛟龙生焉；积善成德，而神明自得，圣心备焉。故不积蹞（同“跬”）步，无以至千里；不积小流，无以成江海。骐骥一跃，不能十步；驽马十驾，功在不舍。锲而舍之，朽木不折（兰陵方言读 shé）；锲而不舍，金石可镂。螾（同“蚓”）无爪牙之利，筋骨之强，上食埃土，下饮黄泉，用心一也。蟹六跪而二螯，非虵蟺（同“蛇蟮”）之穴无可寄托者，用心躁也。是故无冥冥之志者无昭昭之明，无惛惛之事者无赫赫之功。行衢道者不至，事两君者不容。目不能两视而明，耳不能两听而聪。螣蛇无足而飞，鼫鼠五技而穷。《诗》曰：“尸鸠在桑，其子七兮。淑人君子，其仪一兮。其仪一兮，心如结兮。”故君子结于一也。

［译文］

积聚泥土成为高山，风雨就会在这里兴起；积蓄水流成为深渊，蛟龙就会在这里生长；积累善行成为道德高尚的人，心智就会明澈自如，修养到这个程度就具备了圣人的思想境界。所以不积累起短短的一步，就无法到达千里之外；不汇集起细细的溪流，就不能成为江海。骐骥这样的骏马一次跳跃，不会超过十步；能力低下的马儿奔跑十天却能跨越千里，成功在于坚持不懈。雕刻东西，刻上几下便把它放在一边，就是一块腐烂的木头也不能刻断；坚持不懈地雕刻，金属和石头都可以穿透。蚯蚓没有锋利的爪牙，也没有强壮的筋骨，但它能吃到地上的尘土，喝到地下的泉水，是因为用心专一；螃蟹有六条腿两只螯爪，如若没有蛇、鳝已经钻好的洞穴就无处栖身，是因为用心浮躁。所以，没有专心致志的钻研，就不会有洞察一切的明澈；没有默默无闻的工作，就不会有显赫卓著的功绩。老是徘徊于岔路口的人到达不了目的地，同时侍奉两个君主的人谁也不能接受。眼睛不能同时瞅着两样东西全都看清，耳朵不能同时听着两种声音全都听准。螣蛇没有腿脚却能飞行，鼫鼠具备五种技能却一事无成。《诗》上说："布谷鸟住在桑树上，七只小鸟它喂养。高尚的君子啊，坚守正道不走样。坚守正道不走样，全心全意奔中央。"所以，君子学习时总是专心致志呀。

[原文]

昔者瓠巴鼓瑟而流（通"沈"，"沈"同"沉"）鱼出听，伯牙鼓琴而六马仰秣。故声无小而不闻，行无隐而不形；玉在山而草木润，渊生珠而崖不枯。为善不积邪，安有不闻者乎？

[译文]

从前瓠巴鼓瑟，水底的鱼儿都会跃出水面倾听；伯牙弹琴，吃草的马儿都会抬起头来倾听。所以，不论声音有多么小，只要用心倾听，就没有听不见的；不论行动有多么隐蔽，只要用心观察，就没有发现不了的。山中蕴藏着宝玉，山坡上的草木如同雨露滋润；深渊里生长着珍珠，深渊旁的崖岸不再干枯。不去积累美好的言行，怎能指望别人记住你的好名声？

[原文]

学恶乎始？恶乎终？曰：其数则始乎诵经，终乎读礼；其义则始乎为士，终乎为圣人。真积力久则入，学至乎没（mò，通"殁"）而后止也。故学数有终，若其义则不可须臾舍也。为之，人也；舍之，禽兽也。故《书》者，政事之纪也；《诗》者，中声之所止也；《礼》者，法之大分，类之纲纪也。

故学至乎《礼》而止矣。夫是之谓道德之极。《礼》之敬文也,《乐》之中和也,《诗》《书》之博也,《春秋》之微也,在天地之间者毕矣。

[译文] 学习从哪里开始?到哪里终结?君子说:从学习的门类来讲,是从《诗》《书》等经典开始,到《礼》结束;从学习的意义来讲,是从做一个读书人开始,到成为圣人为止。专心致志、坚持不懈,才会搞清各种学问的内在联系,一直学到老死才可以停止。所以,从学习的门类来讲,是有始有终的;从学习的意义来讲,是无有止境的。专心致志、坚持不懈地学习,才是真正的人;放弃了学习,如同禽兽。《书》是古代政事的记载;《诗》是与音乐节奏旋律相和的辞章;《礼》是行为规范的统领、具体准则的总纲。所以,真正把握了《礼》的精神实质,学习才算告一段落。彻底搞清楚了《礼》《乐》《诗》《书》《春秋》等经典的内在联系,真正把握了《礼》的精神实质,才称得上是道德修养的最高境界。《礼》庄重文雅,《乐》协和中正,《诗》《书》丰富广博,《春秋》(语言)精炼(蕴含)深远,因此,天地间的万事万物及其内在联系都在这些典籍中得以体现。

[原文] **君子之学也,入乎耳,箸(通"贮")乎心,布乎四体,形乎动静,端(通"喘")而言,蝡(rú,同"蠕")而动,一可以为法则。小人之学也,入乎耳,出乎口。口耳之间则四寸耳,曷足以美七尺之躯哉!**

[译文] 君子的学习,听在耳中,记在心里,全身心投入,表现在一言一行:端正不了姿势,不去说话;合乎不了正道,不去行动。所以,他不论说什么做什么,都可以成为别人效法的榜样。小人的学习,只是从耳朵听进去,从嘴巴说出来。口、耳之间不过四寸,怎

么能单靠它来完美七尺长的身躯呢?

[原文] **古之学者为己,今之学者为人。君子之学也,以美其身;小人之学也,以为禽犊。故不问而告谓之傲(通“躁”),问一而告二谓之囋。傲(通“躁”),非也;囋,非也。君子如向(同“响”)矣。**

[译文] 古代的学者学习是为了提高自己的修养,现在的学者学习是为了做样子给别人看。君子的学习,用来完美身心;小人的学习,用来摇尾乞怜。所以,别人没问就去告诉的叫急躁,别人问一样而告诉两样的叫唠叨。急躁,不对;唠叨,也不对。别人提问什么君子就回答什么,如同原声发出后听到回响一样。

[原文] **学莫便乎近其人。《礼》《乐》法而不说,《诗》《书》故而不切,《春秋》约而不速。方(通“仿”)其人之习君子之说,则尊以遍矣,周于世矣。故曰:学莫便乎近其人。**

[译文] 学习没有比接近大儒雅儒更为便利的。《礼》《乐》记载法度典章,但未加详细解说;《诗》《书》记载旧事,但不切近现实;《春秋》文简辞约,但不易理解。仿效大儒雅儒并且学习大儒雅儒的学说,就可以获得人们的普遍尊重,对世间万物触类旁通。所以说,学习没有比接近大儒雅儒更为便利的。

[原文] **学之经(通“径”)莫速乎好其人,隆礼次之。上不能好其人,下不能隆礼,安特将学杂识志,顺《诗》《书》而已耳,则末世穷年,不免为陋儒而已。将原先王,本仁义,则礼正其经纬蹊径也。若挈裘领,诎(同“屈”)五指而顿之,顺者不可胜数也。不道礼宪,以《诗》《书》为之,譬之犹以指测**

河也，以戈舂黍也，以锥餐壶也，不可以得之矣。故隆礼，虽未明，法士也；不隆礼，虽察辩，散儒也。

［译文］

学习的方法没有比心悦诚服地受教于大儒雅儒更迅速、更有效的，单纯尊崇礼法就达不到这样的效果。如果既不能对大儒雅儒心悦诚服，也不能尊崇礼法，只是停留在学些杂乱无章的知识、照抄照搬《诗》《书》的水平上，那么直到老死，也不过是个学识浅陋的儒者。如果想要回归先王的遵循，探索仁义的根本，那么遵行礼法就是纵横无阻的路径。这就好像提起皮衣的领子，然后弯着五个手指去抖动它，裘毛全都跟着理顺。不遵行礼法，而只是照抄照搬《诗》《书》来立身行事，就好像用手指去测量河流的深浅，用长戈去舂捣黍米，用锥子代替筷子吃饭一样，是无法达到目的的。所以，尊崇礼治，即使对其精神实质领会得还不够透彻，也不失为一个遵循正道的士人；不尊崇礼治，即使能言善辩，也不过是一个散漫无常的儒者。

［原文］

问楛者勿告也，告楛者勿问也，说楛者勿听也，有争气者勿与辩也。故必由其道至，然后接之，非其道则避之。故礼恭而后可与言道之方，辞顺而后可与言道之理，色从而后可与言道之致。故未可与言而言谓之傲，可与言而不言谓之隐，不观气色而言谓之瞽。故君子不傲，不隐，不瞽，谨顺（通“慎”）其身。《诗》曰：“匪交（通‘绞’）匪舒，天子所予。”此之谓也。

［译文］

询问背离正道的事情，不要告诉；告诉背离正道的事情，不要追问；谈论背离正道的事情，不要去听；遇到逞强好胜的人，不要争辩。所以，遵循礼法正道的人前来，可以接待他；背离礼法正道的人前来，就要回避他。所以，请教的人礼貌恭敬，才可以和他讨论礼法正道的学习方法；请教的人言语和顺，才可以和他讨论礼法正道的基本原理；请教的人愿意听从引导，才可以和他讨论礼法正道的最高境界。不该回答他的时候却作了回答，叫急躁；可以回答却不回答，叫隐瞒；不观察对方的神情就去回答他，叫盲目。所以，君子不急躁、不隐瞒、不盲目，谨慎地把握请教者的实际情况来回答。《诗》上说："不急躁啊，不怠慢，天子来称赞。"讲的就是这个道理。

[原文]

百发失一，不足谓善射；千里蹞（同"跬"）步不至，不足谓善御；伦类不通，仁义不一，不足谓善学。学也者，固学一之也。一出焉，一入焉，涂巷之人也。其善者少，不善者多，桀、纣、盗跖也。全之尽之，然后学者也。

[译文]

射出一百支箭，只要有一支没有射中，就不能叫善于射箭；车行一千里路程，即使还有半步没走完，就不能叫作善于驾车；伦理规范不能融会贯通，仁义正道不能始终如一地奉行，就不能叫善于学习。什么叫学习？就是全心全意坚持不懈。一会儿学这样，一会儿学那样，是市井中的普通人。学习的时候少，不学习的时候多，是与夏桀、商纣、盗跖一样的人。全面系统地把握伦理规范，始终如一地奉行仁义正道，才称得上是一个真正的学者。

[原文]

君子知夫不全不粹之不足以为美也，故诵数以贯之，思索以通之，为其人以处之，除其害者以持养之。使目非是无欲见也，使耳非是无欲闻也，使口非是无欲言也，使心非是无欲虑也。

[译文]

君子知道学习礼法正道不全面、不纯粹的，就不能叫作完美，所以，诵读群书时做到全面系统，思考起来才会融会贯通，效法大儒雅儒需要努力践行，排除干扰消解危害需要潜心修养。面对不合礼法正道的事情，眼睛要自觉地不去看，耳朵要自觉地不去听，嘴巴要自觉地不去说，脑子要自觉地不去思考。

［原文］

及至其致好之也，目好之五色，耳好之五声，口好之五味，心利之有天下。是故权利不能倾也，群众不能移也，天下不能荡也。生乎由是，死乎由是，夫是之谓德操。德操然后能定，能定然后能应，能定能应，夫是之谓成人。天见其明，地见其光，君子贵其全也。

［译文］

等到学习达到最高境界的时候，就像眼睛爱看“青、黄、赤、白、黑”五种颜色，耳朵喜欢“宫、商、角、徵、羽”五种音调，嘴巴爱好“甜、咸、酸、苦、辣”五种味道，心里希望拥有天下一样。因此，这样的人权势利禄不能让他倾倒，人多势众不能让他变心，整个天下也不能让他动摇。活着是这样，死后也是如此，这就是高尚的品德操守。具备了这样的品德操守，才会坚定不移，坚定不移才能应对自如。既能坚定不移，又能应对自如，叫作成熟完美的人。天的德行在于能够显现出它的光明，地的德行在于能够显现出它的广阔，君子的可贵则在于他德行的完美无缺。

修身篇第二

[原文]

见善,修然必以自存也;见不善,愀然必以自省也。善在身,介然必以自好也;不善在身,菑(zī,同“缁”)然必以自恶也。故非我而当者,吾师也;是我而当者,吾友也;谄谀我者,吾贼也。故君子隆师而亲友,以致恶其贼。好善无厌,受谏而能诫,虽欲无进,得乎哉！小人反是,致乱而恶人之非己也,致不肖而欲人之贤己也,心如虎狼、行如禽兽而又恶人之贼己也。谄谀者亲,谏争者疏,修正为笑,至忠为贼,虽欲无灭亡,得乎哉！《诗》曰:“噏(xī)噏呰(zǐ,通‘訾’)呰,亦孔之哀。谋之其臧,则具(同‘俱’)是违;谋之不臧,则具是依。”此之谓也。

[译文]

面对善良的行为,必须一丝不苟地拿它来对照自己;看到不好的行为,必须心怀忧惧地拿它来反省自己。具备优秀的品行,一定想着它的珍贵,坚定不移地追求;沾染不良的恶习,一定要想着它的危害,立即改正。所以,恰当地指出我缺点与错误的人,是我的良师;恰当地赞扬我优点与成绩的人,是我的益友;阿谀奉承我的人,是陷我于不仁不义的贼人。君子尊崇良师、亲近益友,极其憎恨那些贼人。修养善良的品行永不满足,受到劝告就能警惕,即使不想成为大儒雅儒,也一定会朝着大儒雅儒的方向前进。小人与此相反,自己极其昏乱,却憎恨别人对自己的批评指责;自己十恶不赦,却要别人吹捧自己贤能;自己的心地像虎狼一样恶毒，行为像禽兽一样凶残，却仇恨别人反对其罪恶；阿谀奉承的就亲近，规劝改正的就疏远，批评指正被当作对自己的讽刺讥笑，极端忠诚被看成是对自己的攻击陷害，即使不想自寻失败自取灭亡，也一定距离失败灭亡不会太远。《诗》上说："胡乱吹捧，胡乱诋毁，无不充满着悲哀。谋划本来很完美，偏偏什么都违背；谋划本来无章法，偏偏拿着当朵花。"讲的就是这个道理呀！

[原文]

扁（通"遍"）善之度。以治气养生则后彭祖，以修身自名则配尧、禹。宜于时通，利以处穷，礼信是也。凡用血气、志意、知虑，由礼则治通，不由礼则勃（同"悖"）乱提僈（通"慢"）；食饮、衣服、居处、动静，由礼则和节，不由礼则触陷生疾；容貌、态度、进退、趋行，由礼则雅，不由礼则夷固僻违，庸众而野。故人无礼则不生，事无礼则不成，国家无礼则不宁。《诗》曰："礼仪卒度，笑语卒获。"此之谓也。

[译文]

礼法正道是无论何时何地都要恪守的准则。把它用以理气养生，就能像彭祖那样长寿；用以修身养德，就会像尧和大禹那样名传千古。既能在顺境中不改变理想追求，也能在困境中坚守品德操守，这就要依靠遵守礼法正道来实现。凡是牵扯到感情、意志、智慧与思考去处理问题的时候，遵循礼法正道就能顺利达到目的，偏离礼法正道就会错乱散漫、事与愿违；在衣、食、住、行等日常生活的各个方面，遵循礼法正道就会符合身心固有节律而健健康康，偏离礼法正道就会打破身心固有节律而病殃不断；在容貌、态度、进退、出走等个人修养的各个方面，遵循礼法正道就会文雅正派，偏离礼法正道就会傲慢固执、庸俗粗野。所以，做人偏离礼法正道就不能生存，做事情偏离礼法正道就不能成功，国家偏离礼法正道就不得安宁。《诗》上说："礼仪全都合乎法度，说笑就会恰如其分。"讲的就是这个道理呀！

[原文]

以善先人者谓之教,以善和人者谓之顺;以不善先人者谓之谄,以不善和人者谓之谀。是是、非非谓之知(同"智"),非是、是非谓之愚。伤良曰谗,害良曰贼。是谓是、非谓非曰直。窃货曰盗,匿行曰诈,易言曰诞。趣(同"趋")舍无定谓之无常,保利弃义谓之至贼。多闻曰博,少闻曰浅。多见曰闲(通"僩"),少见曰陋。难进曰侵,易忘曰漏。少而理曰治,多而乱曰秏(通"眊")。

[译文]

用善良的言行来引导别人的叫作教导,用善良的言行来附和别人的叫作顺应;用不良的言行来引导别人的叫作谄媚,用不良的言行来附和别人的叫作阿谀。坚持正确的、反对错误的叫作明智,反对正确的、坚持错误的叫作愚蠢。中伤善良叫作谗毁,陷害善良叫作残害。正确的就说正确、错误的就说错误叫作正直。偷窃财物叫作盗取,隐瞒自己的行为叫作欺诈,乱说一气叫作荒诞,取舍没有原则叫作反复无常,见利忘义叫作大贼。多问多听叫作渊博,孤陋寡闻叫作浅薄。见识多叫作开阔,见识少叫作鄙陋。难以进展叫作迟缓,容易忘记叫作遗漏。措施简明且有条理叫作政治清明,措施繁多且混乱无序叫作管理无方。

[原文]

治气养心之术:血气刚强,则柔之以调和;知虑渐(通"潜")深,则一之以易良(通"谅");勇胆猛戾,则辅之以道(同"导")顺(通"训");齐给便利,则节之以动止;狭隘褊小,则廓之以广大;卑湿、重迟、贪利,则抗(通"亢")之以高志;庸众驽散,则刦之以师友;怠慢僄弃,则炤(同"照")之以祸灾;愚款端悫(què),则合之以礼乐,通之以思索。凡治气养心之术,莫径由礼,莫要得师,莫神一好。夫是之谓

治气养心之术也。

［译文］

理气养心的方法是：对血气刚强的，就用“平静舒缓”让他刚柔相济；对思虑过于深沉的，就用“坦率相待”让他与大众打成一片；对勇敢大胆、凶猛暴戾的，就用“遵规守矩”让他听从号令；对莽撞行事的，就用“小心谨慎”让他明白进退有序；对胸怀狭隘、气量很小的，就用“宽宏大量”让他懂得同情与包容；对心理阴暗、犹豫不决与好贪小便宜的，就用“光明磊落、果断行事与以大局为重”让他学会做人坦诚、敢于担当；对安于现状、无所事事的，就用“良师益友”让他奋发有为；对怠慢轻浮、放任自流的，就用“自作孽不可活”让他幡然醒悟；对愚钝朴实、端庄拘谨的，就用“礼乐典章”让他跟上优雅的节奏，用“思考探索”让他跟上融会贯通的步伐。无论采取什么样的方法来理气养心，没有比遵循礼法更直接的了，没有比请教良师更重要的了，没有比专心致志更有效的了。上面这些就是理气养心的方法。

［原文］

志意修则骄富贵，道义重则轻王公，内省而外物轻矣。传曰：“君子役物，小人役于物。”此之谓矣。身劳而心安，为之；利少而义多，为之。事乱君而通，不如事穷君而顺焉。故良农不为水旱不耕，良贾（gǔ）不为折（shé）阅不市，士君子不为贫穷怠乎道。

［译文］

志向高远就会傲视富贵，深明大义就会藐视王公诸侯，注重内心反省就会轻视身外之物。古书上说：“君子役使外物，小人被外物所役使。”讲的就是这个道理呀！身体劳累却心安理得，可以做；利益少却道义多，可以做；侍奉昏君虽然可以得到荣华富贵，但不如侍奉陷于困境的明君而心甘情愿。所以，优秀的农夫不会因为水旱灾害就放弃耕种，优秀的商人不会因为亏损就不再经营，真正的士人君子不会因为贫穷困窘就丧失对礼法正道的追求。

[原文]

体恭敬而心忠信，术礼义而情爱人（通“仁”），横行天下，虽困四夷，人莫不贵。劳苦之事则争先，饶乐之事则能让，端悫诚信，拘守而详，横（通“广”，兰陵方言“横”读 hún 或 hóng）行天下，虽困四夷，人莫不任。体倨固而心执诈，术顺（通“慎”，指慎到）墨（指墨子）而精（通“情”）杂污，横行天下，虽达四方，人莫不贱。劳苦之事则偷儒（通“懦”）转脱，饶乐之事则佞兑（同“锐”）而不曲，辟（通“僻”）违而不悫，程（通“逞”）役（通“欲”）而不录（通“逮”），横行天下，虽达四方，人莫不弃。

[译文]

外表恭敬并且内心忠诚，遵循礼义并且善良友爱，这样的人走遍天下，即使受困于边远的少数民族地区，人们没有不尊重他的。劳累辛苦的事情抢在前面，体面享乐的事情留给别人，端庄谨慎、诚实守信，谨守礼法并且明察事理，这样的人走遍天下，即使受困于边远的少数民族地区，人们也没有不信任他的。傲慢固执、心术不正，信奉慎到、墨翟的主张并且专心于不守正道的奇谈怪论，这样的人走遍天下，即使到处都可以飞黄腾达，但人们也没有不鄙视他们的。劳累辛苦的事情就偷懒耍滑、转身逃脱，体面享乐的事情就花言巧语、争先恐后，厚着脸皮大搞歪门邪道，放纵私欲大刮不正之风，这样的人走遍天下，即使到处都可以飞黄腾达，人们也没有不嫌弃他们的。

[原文]

行而供（同“恭”）冀，非渍淖也；行而俯项，非击戾也；偶视而先俯，非恐惧也。然夫士欲独修其身，不以得罪于比俗之人也。

［译文］ 走路时恭恭敬敬，不是因为怕沾染烂泥；走路时低下头、弯起脖子，不是因为怕碰撞了什么；与别人对视而先低下头，不是因为害怕对方。所以说，士人君子只是想独自修养身心，不是怕得罪那些世俗的人们呀。

［原文］ **夫骥一日而千里，驽马十驾则亦及之矣。将以穷无穷，逐无极与？其折骨绝筋，终身不可以相及也。将有所止之，则千里虽远，亦或迟或速、或先或后，胡为乎其不可以相及也？不识步道者，将以穷无穷，逐无极与？意（通“抑”）亦有所止之与？夫坚白、同异、有厚无厚之察，非不察也，然而君子不辩，止之也；倚魁（同“奇傀”）之行，非不难也，然而君子不行，止之也。故学曰：“迟彼止而待我，我行而就之，则亦或迟或速，或先或后，胡为乎其不可以同至也？”故蹞（同“跬”）步而不休，跛鳖千里；累土而不辍，丘山崇成；厌其源，开其渎，江河可竭；一进一退，一左一右，六骥不致。彼人之才性之相县（同“悬”）也，岂若跛鳖之与六骥足哉？然而跛鳖致之，六骥不致，是无他故焉，或为之，或不为尔。**

［译文］ 骏马一天能跑千里，低劣的马连走十天也能到达。如果要去走完没有尽头的路途、追赶没有终点的行程，不论什么样的马就是跑断了骨头，累断了脚筋，一辈子也不可能到达目的地。所以，如果有个终点，那么千里的路程虽然很远，也不过是有的走得慢一点、有的跑得快一点、有的先到一些、有的后到一些。为什么说不能达到呢？不了解行走道路的实际就要动身，和“走完没有尽头的路途，追赶没有终点的行程”有什么两样呢？换句话说，任何事情怎么会没有一定的范围与界限呢？那些对“坚白”“同异”“有厚无厚”等命题的考察分析，不是不能搞清楚它们蕴含的道

理,但是君子不去辩论它,是因为任何事情都有一定的范围与界限呀;搞一些惊世骇俗的行为,不是不知道做起来的困难,但是君子不去做,同样,也是因为任何事情都有一定的范围与界限呀!所以说:“我迟缓落后,走在前面的人们停下来等待我,我努力追赶他们,无非就是慢一些、快一些、先行一些、落后一些,为什么不能同样到达目的地呢?”所以,一步一步地走个不停,瘸了腿的甲鱼也能走到千里之外;堆积泥土不中断,高山也能堆成;堵塞水源向里注入,开通沟渠向外排放,长江、黄河也可以断流;一会儿前进一会儿后退,一会儿向左一会儿向右,就是六匹骏马拉车也不能到达目的地。至于各人的资质,即使相距遥远,哪会像瘸了腿的甲鱼和六匹骏马之间那样悬殊呢?然而,瘸了腿的甲鱼能够到达目的地,六匹骏马却不能到达,这没有其他的缘故啊,只是一个去做,一个不去做罢了!

[原文] **道虽迩,不行不至;事虽小,不为不成。其为人也多暇日者,其出入不远矣。**

[译文] 路程即使很近,但不走就不能到达;事情即使很小,但不做就不能成功。那些荒废时日很多的人,他们即使能超出别人,也绝不会很远。

[原文] **好法而行,士也;笃志而体,君子也;齐明而不竭,圣人也。人无法,则伥伥然;有法而无志其义,则渠渠然;依乎法而又深其类,然后温温然。**

[译文] 爱好礼法并且努力践行的,是士人;意志坚定并且善于体验反省的,是君子;无所不明并且坚持不懈的,是圣人。人没有礼法,就会迷惘徘徊无所适从;有了礼法却不明了它的宗旨,就会乱

作一团；遵循礼法而又能精准地把握它的具体门类，就会从容不迫、运用自如。

［原文］

礼者，所以正身也；师者，所以正礼也。无礼何以正身？无师，吾安知礼之为是也？礼然而然，则是情安礼也；师云而云，则是知若师也。情安礼，知若师，则是圣人也。故非礼，是无法也；非师，是无师也。不是师法而好自用，譬之是犹以盲辨色，以聋辨声也，舍乱妄无为也。故学也者，礼法也。夫师，以身为正仪而贵自安者也。《诗》云："不识不知，顺帝之则。"此之谓也。

［译文］

礼法，是用来端正身心的；老师，是用来正确教导礼法的。没有礼法，用什么来端正身心呢？没有老师，到哪里明白礼法所蕴含的道理呢？礼法怎么规定就怎么去做，这是因为他认识到了礼法的重要性，所以能使自己的性情合乎礼法要求；老师怎么说他就怎么说，这是因为他明白了老师的重要性，所以能使自己的学习跟上老师教导。性情合乎礼法要求，学习跟上老师教导，就是圣人。所以，违背礼法，就是心中没有礼法；违背老师，就是心中没有老师。学习上违背老师，性情上违背礼法，而且喜欢自以为是。拿他做个比喻，就好像让盲人来识别颜色，让聋子来分辨声音，除了胡说八道、乱作乱为，不会做出什么好事。所以，学习就是搞明白礼法所蕴含的道理，并自觉地按照礼法做人做事。老师就是既以身作则又非常自觉地使言行符合礼法的人。《诗》上说："看似不懂也不知，实际上却非常符合圣人认可的法则。"讲的就是这个道理呀。

［原文］

端悫顺弟（同"悌"），则可谓善少者矣；加好学逊敏焉，则有钧（通"均"）无上，可以为君子者矣。偷儒（通"懦"）

惮事，无廉耻而嗜乎饮食，则可谓恶少者矣；加惕（同“荡”）悍而不顺，险贼而不弟（同“悌”）焉，则可谓不详（通“祥”）少者矣，虽陷刑戮可也。

［译文］ 品行端正且尊敬兄长，可以叫他优秀的少年；再加上谦虚好学、思想敏锐，那就只有与他平齐的人而没有超越他的人，这种人就可以称为君子。苟且偷安、懒惰怕事，如果加上寡廉鲜耻、贪吃贪喝，就可以叫他恶劣的少年；如果加上放荡蛮横、藐视礼法与老师，阴险狡诈、顶撞兄长，就可以叫他没有好下场的少年，这种人即使遭受刑罚杀戮也是可以的。

［原文］ 老老而壮者归焉，不穷穷而通者积焉，行乎冥冥而施乎无报，而贤不肖一焉。人有此三行，虽有大过，天其不遂乎。

［译文］ 尊敬老年人，青壮年就会归附过来；不使陷于困境的人走投无路，事业通达的人就会汇集过来；默默无闻地行善且不求报答，贤能的人和无能的人就可以团结在一起。人有了这三种品行，即使有大的过失，老天恐怕也不会让他灭亡吧。

［原文］ 君子之求利也略，其远害也早，其避辱也惧，其行道理也勇。

［译文］ 虽然君子对名利看得很轻，但他为了高瞻远瞩能够早做打算，为了避免耻辱能够诚惶诚恐，为了奉行正道能够勇往直前。

［原文］ 君子贫穷而志广，富贵而体恭，安燕而血气不惰，劳倦而容貌不枯（同“楛”），怒不过夺，喜不过予。君子贫穷而

志广，隆仁也；富贵而体恭，杀埶（同“势”）也；安燕而血气不惰，柬理也；劳倦而容貌不枯，好交也。怒不过夺，喜不过予，是法胜私也。《书》曰：“无有作好，遵王之道；无有作恶，遵王之路。”此言君子之能以公义胜私欲也。

［译文］ 君子即使贫穷困窘，志向却依然远大；即使富裕高贵，体态却依然恭敬；即使安逸，神情却依然勤勤恳恳；即使疲倦，容貌却依然和蔼；即使发怒，也不过分地惩罚别人；即使高兴，也不过分地奖励别人。君子贫穷困窘却不改志向远大，是因为他要崇尚仁德；富裕高贵却不改体态恭敬，是因为他要平和待人；安逸却不改神情勤勤恳恳，是因为他要严格遵循正道；疲劳却不改容貌和蔼，是因为他要尊敬别人；发怒也不过分地惩罚别人，高兴也不过分地奖励别人，是因为他坚信奉公守法胜过自私自利。《书》上说：“不要听凭个人的喜好，最好遵循圣王确定的正道；不要听凭个人的厌恶，最好遵循圣王确定的正路。”这是君子能够用奉公守法来战胜自私自利的原因。

不苟篇第三

［原文］

君子行不贵苟难，说不贵苟察，名不贵苟传，唯其当之为贵。故怀负石而赴河，是行之难为者也，而申徒狄能之；然而君子不贵者，非礼义之中也。山渊平，天地比，齐、秦袭，入乎耳，出乎口，钩（通“姁”）有须，卵有毛，是说之难持者也，而惠施、邓析能之；然而君子不贵者，非礼义之中也。盗跖吟口，名声若日月，与舜、禹俱传而不息；然而君子不贵者，非礼义之中也。故曰：君子行不贵苟难，说不贵苟察，名不贵苟传，唯其当之为贵。《诗》曰：“物其有矣，唯其时矣。”此之谓也。

［译文］

君子在行为上，不把那些违背礼义的所谓“艰难”当作宝贵；在学问上，不把那些违背礼义的所谓“明察”当作宝贵；在名誉上，更不把那些违背礼义的所谓“美名”当作宝贵；君子心中的宝贵就是一言一行都符合礼义的要求。所以，怀抱石头投河自杀，这是常人难以做到的事情，但是申徒狄之流能够做到；可是君子并不推崇这种行为，因为它违背了礼义正道。高山与深渊平齐，天与地等高，齐国与秦国合并，从耳朵中进去从嘴巴里出来，女人长胡须，蛋生羽毛，这些都是难以让人信服的，但惠施、邓析却能把这些说得头头是道；可是君子并不赞同这些观点，因为它们违背了礼义正道。盗跖的名字常挂在某些人嘴边，声誉就像太阳、月亮一样无人不知、无人不晓，和舜、禹等圣王一样流传永不磨灭；可是君子并不认同盗跖的所作所为，因为它违背了礼义正道。

所以说，君子在行为上，不把那些违背礼义的所谓“艰难”当作宝贵；在学问上，不把那些违背礼义的所谓“明察”当作宝贵；在名誉上，更不把那些违背礼义的所谓“美名”当作宝贵；君子心中的宝贵就是一言一行都符合礼义的要求。《诗》上说：“既要有其物，又要得其时。”讲的就是这个道理。

[原文]

君子易知而难狎，易惧而难胁，畏患而不避义死，欲利而不为所非，交亲而不比，言辩而不辞。荡荡乎！其有以殊于世也。

[译文]

君子容易认识了解，但不接受低级下流；容易诚惶诚恐，但难以胁迫；害怕祸患，但不逃避为正义去献身；追求利益，但不去违背礼法正道；结交朋友可以亲密，但不去勾勾搭搭搞小圈子；言谈雄辩，但不去玩弄辞藻。君子的胸怀多么宽广啊！他和世俗有很大的不同。

[原文]

君子能亦好，不能亦好；小人能亦丑，不能亦丑。君子能则宽容易直以开道（同“导”）人，不能则恭敬繜绌（同“撙屈”。兰陵方言中，“撙”意为减少，“绌”意为用细绳扎紧）以畏事人；小人能则倨傲僻违以骄溢人，不能则妒嫉怨诽以倾覆人。故曰：君子能则人荣学焉，不能则人乐告之；小人能则人贱学焉，不能则人羞告之。是君子小人之分也。

[译文]

君子有才能是美好的，没有才能也是美好的；小人有才能是丑恶的，没有才能也是丑恶的。君子有才能，就会宽宏大量、平易正直地开导别人；没有才能，就会恭恭敬敬、谦虚谨慎地侍奉别人。小人有才能，就会骄傲自大、蛮不讲理地欺凌别人；没有才能，就会嫉妒怨恨、横加诽谤地整垮别人。所以说，君子有才能，别人就会把向他学习当作光荣；没有才能，别人就会高高兴兴地向他传授。小人有才能，别人就会把向他学习当作耻辱；没有才能，别人就会极不情愿地向他告知。这就是君子和小人的区别呀！

［原文］ **君子宽而不僈，廉而不刿，辩而不争，察而不激，寡立而不胜，坚强而不暴，柔从而不流，恭敬谨慎而容，夫是之谓至文。《诗》曰："温温恭人，惟德之基。"此之谓矣。**

［译文］ 君子宽宏大量，但不散漫懈怠；遵循正道，但不恶意中伤；善于雄辩，但不恶语相向；洞察世事，但不狂妄极端；才干超群，但不盛气凌人；坚定刚强，但不莽撞粗暴；温柔顺和，但不随波逐流；恭敬谨慎，但不心胸狭隘。做到这样，就可以称作是最高境界的仁德。《诗》上说："那些温柔谦恭的君子，总是以恪守仁德为根本。"讲的就是这种人呀。

［原文］ **君子崇人之德，扬人之美，非谄谀也；正义直指，举人之过，非毁疵也；言己之光美，拟于舜、禹，参于天地，非夸诞也；与时屈伸，柔从若蒲苇，非慑怯也；刚强猛毅，靡所不信（通"伸"），非骄暴也。以义变应，知当曲直故也。《诗》曰："左之左之，君子宜之；右之右之，君子有之。"此言君子能以义屈信变应故也。**

［译文］ 君子推崇别人的德行，赞扬别人的优点，并不是谄媚讨好；公正直爽地指出别人的缺点，光明磊落地批评别人的过失，并不是故意诋毁挑剔；说起自己的美好品行，可以与舜、禹相比拟，和天地相并列，并不是故意吹嘘浮夸；身处逆境能屈能伸，柔顺得就像蒲草和芦苇一样，并不是因为懦弱胆怯；刚强猛毅，雷厉风行，并

不是源于傲慢粗暴。这些都是根据道义的要求进行正确应对，懂得从实际出发能屈能伸的原因。《诗》上说："该左就左，君子做得非常到位；该右就右，君子做得非常及时。"这就是讲君子能够根据道义的要求进行正确应对，懂得调整及能屈能伸的原因。

[原文]

君子，小人之反也。君子大心则天而道，小心则畏义而节；知（同"智"，本篇下同）则明通而类，愚则端悫而法；见由则恭而止，见闭则敬而齐；喜则和而理，忧则静而理；通则文而明，穷则约而详。小人则不然，大心则慢而暴，小心则淫而倾，知则攫盗而渐，愚则毒贼而乱；见由则兑（同"锐"）而倨，见闭则怨而险；喜则轻而翾，忧则挫而慑；通则骄而偏，穷则弃而儑（通"隰"）。传曰："君子两进，小人两废。"此之谓也。

[译文]

君子与小人相反。君子向大处着想，就会恭敬地认识天人关系而遵循正道；往小处思考，就会敬畏礼义而节制言行；若是聪慧，就会融会贯通、举一反三；若是愚钝，就会端正诚实、遵守规矩；若是得到重用，就会恭恭敬敬、进退有度；若是得不到重用，就会戒骄戒躁、反省自己；若是高兴，就会平和地去缓冲；若是忧愁，就会平静地去排解；若是显贵，就会遵从礼法、正视自己；若是困窘，就会自我约束、洞察事理。小人就不是这样，若是向大的方面展开，就会傲慢粗暴；若是朝小的方面扩散，就会横行霸道、仗势欺人；如果脑子灵活，就会巧取豪夺、阴险狡诈；若是脑子愚笨，就会狠毒残忍、制造动乱；若是得到重用，就会忘乎所以、目空一切；若是得不到重用，就会怨恨不断、凶相毕露；若是高兴，就会轻狂鲁莽；若是忧愁，就会垂头丧气、胆小如鼠；若是显贵，就会自高自大、偏听偏信；若是困窘，就会自暴自弃、甘于沉沦。古书上说："君子在任何情况下都能进步，小人在任何情况下都会堕落。"讲的就是这种情况。

[原文]

君子治治,非治乱也。曷谓邪?曰:礼义之谓治,非礼义之谓乱也。故君子者,治礼义者也,非治非礼义者也。然则国乱将弗治与(同“欤”)?曰:国乱而治之者,非案(同“按”)乱而治之之谓也,去乱而被之以治;人污而修之者,非案污而修之之谓也,去污而易之以修。故去乱而非治乱也,去污而非修污也。治之为名,犹曰君子为治而不为乱,为修而不为污也。

[译文]

君子去治理安定的国家,不去治理混乱的国家。为什么这样说呢?我先回答什么是安定、什么是混乱:遵从礼义叫作安定,违背礼义叫作混乱。所以,君子治理遵从礼义的国家,不去治理违背礼义的国家。如此说来,国家混乱了就不去治理了吗?我的回答是:治理一个混乱的国家,并不是说以乱治乱,而是先要平定混乱,再把它引向礼义正道。如同人被污脏需要洗心革面一样,并不是说以污脏代替污脏,而是要先清除污脏,再引导他端正身心。平定混乱并不等于步入礼义正道,清除污脏并不等于洗心革面。如何理解“治理”这个概念呢?就等于说君子追求的目标是建设一个安定有序的国家而不是让它混乱无序,培养一个心灵美与仪表美相统一的人而不是让他身心污脏。

[原文]

君子洁其辩(通“身”)而同焉者合矣,善其言而类焉者应矣。故马鸣而马应之,非知也,其埶(同“势”)然也。故新浴者振其衣,新沐者弹其冠,人之情也。其谁能以己之潐潐,受人之掝掝者哉!

[译文] 君子纯洁身心，与他志同道合的人们就来靠拢；完善思想学说，与他见解一致的人们就来响应。所以，马嘶鸣就有其他的马来呼应，这并不是因为它们与人一样拥有智慧，而是因为它们生来就是这个样子。所以，刚洗过澡的人总要抖抖身上的衣服，刚洗过头的人总要弹弹头上帽子，这是人之常情呀。因此，又有谁愿意以自己纯洁的品质来接受肮脏的心灵，以自己的洞察明辨来接受昏庸无能呢？

[原文] **君子养心莫善于诚，致诚则无它事矣。唯仁之为守，唯义之为行。诚心守仁则形，形则神，神则能化矣。诚心行义则理，理则明，明则能变矣。变化代兴，谓之天德。天不言而人推高焉，地不言而人推厚焉，四时不言而百姓期焉。夫此有常，以至其诚者也。**

[译文] 君子修养身心没有比真诚更好的，真诚修养到最高境界，其他事情就无关紧要了。做到真诚必须坚守仁德这条底线，必须奉行道义这个原则。真心实意地坚守仁德，就会成为榜样；成为榜样就会洞察一切，洞察一切就会感化别人；真心实意地奉行道义就会通情达理，通情达理就会明察世事，明察世事就能改造别人。改造与感化轮流发挥作用，这叫作天德。上天不言，人们却景仰它的高远；大地不语，人们却推崇它的深厚；四季无声，老百姓却知道一年四季有固定的轮替周期。正是因为有了这些不会更改的“天道（常数）”，才有可能实现真诚。

[原文] **君子至德，嘿然而喻，未施而亲，不怒而威。夫此顺命，以慎其独者也。善之为道者，不诚则不独，不独则不形，不形则虽作于心，见于色，出于言，民犹若未从也，虽从必疑。**

［译文］ 君子品德修养到最高境界，沉默不言，人们也会明白；没有施舍，人们也会向他聚拢；不用发怒，照样威严无比。正因为如此顺应“天命”，才有可能在独自一人时也会谦虚谨慎（即后来所讲“慎独”）。君子改造人、感化人的遵循如下：不真诚，就不能慎独；不慎独，就不能成为榜样；不能成为榜样，即使出自内心，表现在脸色上，发表在言论中，人们仍然不会响应他、听从他；即使响应他、听从他，必定心存疑惑。

［原文］ **天地为大矣，不诚则不能化万物；圣人为知（同“智”）矣，不诚则不能化万民；父子为亲矣，不诚则疏；君上为尊矣，不诚则卑。夫诚者，君子之所守也，而政事之本也，唯所居以其类至，操之则得之，舍之则失之。操而得之则轻，轻则独行，独行而不舍则济矣。济而材尽，长迁而不反（同“返”）其初则化矣。**

［译文］ 天地算大的了，不真诚就不能化育万物；圣人算明智的了，不真诚就不能感化万民；父子算血缘亲密的了，不真诚就会疏远；君主算尊贵的了，不真诚就会受到鄙视。真诚，是君子的操守，治理天下的根本。只要追求真诚，同类就会聚拢；坚守真诚，同类就会顺从；放弃真诚，同类就会离散。坚守真诚容易获得同类顺从，同类顺从就容易受到感化；受到感化，就可以使慎独之风流行；慎独之风流行再一如既往，真诚就会成为一种习惯。真诚成为一种习惯，人们的聪明才智才会最大限度地发挥出来，才会使人们永远追求真诚而不倒退，这就是感化的目的。

［原文］ **君子位尊而志恭，心小而道大；所听视者近而所闻见者远。是何邪？则操术然也。故千人万人之情，一人之情也；天地始者，今日是也；百王之道，后王是也。君子审后王之**

道而论于百王之前，若端拜而议。推礼义之统，分是非之分，总天下之要，治海内之众，若使一人。故操弥约而事弥大。五寸之矩，尽天下之方也。故君子不下室堂而海内之情举积此者，则操术然也。

［译文］ 君子地位尊贵，内心仍然谦恭；心小，志向却远大；听到、看到的很近，却可通过类比联想判知长远。这是为什么呢？是因为君子掌握了正确有效的方法才会这样。因为那成千上万人的心情，与单独一人的心情是相通的；天地开辟时的情况，与现在是相同的；先前许多代帝王的治理之道，与当代帝王是相同的。君子审察了当代帝王的治理之道，再去探索讨论先前帝王们的治国方略，就像端正身姿拱起手来那样从容不迫。推究礼义的纲领，分清是非的界限，总揽治理天下的要领，用来治理天下的民众，如同役使一个人那样得心应手。所以，掌握的方法越是简约，成就的事业就越是巨大。这样做，如同五寸长的曲尺可以画出天下所有的方形一样。所以，君子不出门，便知天下事，原因是他掌握了正确有效的方法。

［原文］ **有通士者，有公士者，有直士者，有悫士者，有小人者。上则能尊君，下则能爱民，物至而应，事起而辨，若是，则可谓通士矣。不下比以暗上，不上同以疾（同“嫉”）下，分争于中，不以私害之，若是，则可谓公士矣。身之所长，上虽不知，不以悖君；身之所短，上虽不知，不以取赏；长短不饰，以情自竭（同“揭”），若是，则可谓直士矣。庸言必信之，庸行必慎之，畏法流俗，而不敢以其所独甚，若是，则可谓悫士矣。言无常信，行无常贞，唯利所在，无所不倾，若是，则可谓小人矣。**

[译文] 有通情达理的人,有公正无私的人,有耿直爽快的人,有拘谨老实的人,还有小人。上能尊敬君主,下能爱抚民众,事情来临能应对,事件发生能处理,像这样就可以称作是通情达理的人。不在下面相互勾结去愚弄君主,不向上迎合君主去残害民众,有了分歧争执,不会因为个人的利益去陷害他人,像这样就可以称作是公正无私的人。自身的长处,君主即使不知,也不向君主隐瞒;自身的短处,君主即使不知,也不靠它骗取奖赏;长处短处都不加掩饰,表里如一,像这样就可以称作是耿直爽快的人。说一句简单的话也一定老老实实,做一件平常的事也一定谦虚谨慎,既不去效法流行的习俗,也不去一味地去满足个人的特殊爱好,像这样就可以称作是拘谨老实的人。说话经常不算数,行为经常不端正,唯利是图,为了一己私利什么话都敢说、什么事都敢做,像这样就可以称作是小人。

[原文] **公生明,偏生暗,端悫生通,诈伪生塞,诚信生神,夸诞生惑。此六生者,君子慎之,而禹、桀所以分也。**

[译文] 公正产生明察,偏私产生昏聩,端悫产生通达,诈伪产生闭塞,诚信产生神妙,大言不惭产生迷惑。这六种关系,君子必须谨慎对待,也是圣王大禹与暴君夏桀不同的地方。

[原文] **欲恶取舍之权:见其可欲也,则必前后虑其可恶也者;见其可利也,则必前后虑其可害也者,而兼权之,孰(同"熟")计之,然后定其欲恶取舍。如是,则常不失陷矣。凡人之患,偏伤之也。见其可欲也,则不虑其可恶也者;见其可利也,则不顾其可害也者。是以动则必陷,为则必辱,是偏伤之患也。**

［译文］ 衡量爱好与厌恶、求取与舍弃的标准是:看到可以爱好的东西,必须前前后后考虑它有没有可恶的地方;看到可以获利的东西,必须前前后后考虑它会不会产生危害;两个方面都进行权衡,认真考虑,然后决定是爱好还是厌恶,是求取还是舍弃。坚持这样的做法,就很少失败或陷于被动。大凡人们的祸患,往往是看问题的片面性导致的。看到可以爱好的东西,往往不去考虑它可恶的一面;看到可以获利的东西,往往不去考虑它可能造成的危害。因此,行动起来就必然出错,追求起来就必然受辱,这就是看问题的片面性给他们带来的祸患。

［原文］ **人之所恶者,吾亦恶之。夫富贵者,则类傲之;夫贫贱者,则求柔之。是非仁人之情也,是奸人将以盗名于晻(同"暗")世者也,险莫大焉。故曰:盗名不如盗货。田仲、史鳝不如盗也。**

［译文］ 别人所厌恶的,我也厌恶。对富贵者一律傲视,对贫贱者一味屈就,这并不是仁爱之人所持有的感情,这只是奸邪之人用来在黑暗社会中盗取名誉的做法,没有什么比这样更险恶的了。所以说:欺世盗名的不如偷窃财物的。田仲、史鳝连个盗贼都不如。

荣辱篇第四

［原文］

憍(jiāo,通“骄”)泄者,人之殃也。恭俭者,偋五兵也。虽有戈矛之刺,不如恭俭之利也。故与人善言,暖于布帛;伤人之言,深于矛戟。故薄薄(通“溥溥”)之地,不得履之。非地不安也。危足无所履者,凡在言也。巨涂(同“途”)则让(通“攘”),小涂(同“途”)则殆,虽欲不谨,若云不使。

［译文］

骄傲轻慢,会招致灾殃;恭敬谦逊,可以消除杀身之祸。可见,即使有戈矛的锋利,也比不过待人恭敬谦逊的坚强。所以,话语暖心,比增添衣服还要温暖;恶语伤人,比矛戟的刺伤还要疼痛。所以,宽广的大地,不能在上面落脚,并不是因为大地动荡;抬起双脚没有地方立足,原因在于恶语伤人。大路上拥挤,小路上危险,要想走得平稳,即使心里头极不愿意谨小慎微,但残酷的现实逼使着你不得不小心谨慎。

［原文］

快快而亡者,怒也;察察而残者,忮也;博而穷者,訾也;清之而俞(同“愈”)浊者,口也;豢之而俞(同“愈”)瘠者,交也;辩而不说者,争也;直立而不见知者,胜也;廉而不见贵者,刿也;勇而不见惮者,贪也;信而不见敬者,好剸(zhuān,同“专”)行也:此小人之所务而君子之所不为也。

［译文］

痛快一时却导致灭亡,是愤怒引起的;明察一切却遭到残害,是嫉妒引起的;知识渊博却处境艰难,是诽谤引起的;越想证明清白却越抹越黑,是口舌混乱引起的;越想拉拢别人交情却越来越淡薄,是接待没有原则引起的;能言善辩却惹人厌烦,是争执引起的;正直却不被理解,是争强好胜引起的;高洁却不受尊重,是尖刻伤人引起的;勇猛却不受敬畏,是贪婪引起的;恪守信用却不受尊敬,是独断专行引起的:这些都是小人的做派,君子不去这样做。

[原文]

斗者,忘其身者也,忘其亲者也,忘其君者也。行其少顷之怒而丧终身之躯,然且为之,是忘其身也;室家立残,亲戚不免乎刑戮,然且为之,是忘其亲也;君上之所恶也,刑法之所大禁也,然且为之,是忘其君也。忧忘其身,内忘其亲,上忘其君,是刑法之所不舍也,圣王之所不畜也。乳彘不触虎,乳狗不远游,不忘其亲也。人也,忧忘其身,内忘其亲,上忘其君,则是人也而曾狗彘之不若也。

[译文]

斗殴的人,是忘记自己身体的人,是忘记自己亲人的人,是忘记自己君主的人。明明知道发泄一时的愤怒会身灭命丧,他仍要斗殴,是因为忘记了自己的身体;斗殴会导致家庭马上残破,亲属跟着遭受刑法屠戮,他仍要斗殴,是因为忘记了自己的亲人;君主厌恶,刑法禁止,他仍要斗殴,是因为忘记了自己的君主。只是担忧自己的愤怒能否得到发泄,却忘记了自身;从家庭的角度讲,是忘记了亲人;从邦国的角度讲,是忘记了君主:这种人刑法不会放过,圣明不会容纳。哺乳的母猪不去触犯老虎,喂奶的母狗不到远处游荡,这是因为它们没忘记自己的亲生骨肉呀。作为一个人,只是在意担忧自己的愤怒能否得到发泄,却忘记了自身;从家庭的角度讲,是忘记了亲人;从邦国的角度讲,是忘记了君主,连猪狗都不如。

[原文]

凡斗者,必自以为是而以人为非也。己诚是也,人诚非也,则是己君子而人小人也,以君子与小人相贼害也。忧以忘其身,内以忘其亲,上以忘其君,岂不过甚矣哉!是人也,所谓“以狐父之戈钃(zhǔ)牛矢”也。将以为智邪?则愚莫大焉。将以为利邪?则害莫大焉。将以为荣邪?则辱莫大焉。将以为安邪?则危莫大焉。人之有斗,何哉?我欲属之狂惑疾病邪,则不可,圣王又诛之。我欲属之鸟鼠禽兽邪,则不可,其形体又人,而好恶多同。人之有斗,何哉?我甚丑之。

[译文]

凡是斗殴的人,总会习惯于自以为是,把别人看得一无是处。即使自己真的正确,别人真的错误,他也会得理不饶人,武断地把自己当作君子,把别人当作小人,打着君子的旗号去和小人互相残害。他这样做,就可担忧的事情来讲,是忘记了自身;从家庭角度来讲,是忘记了亲人;对邦国角度来讲,是忘记了君主:这难道不是大错特错么?这种人,就是平常所说的用狐父制作的利戈来斩杀牛屎,可笑又可悲。能说他的所作所为聪明吗?其实没有比这更加愚蠢的。能说这样有利可图吗?其实没有比这更加有害的。能说这样无上光荣吗?其实没有比这更加耻辱的了。能说这样非常安全吗?其实没有比这更加危险的。有的人热衷于斗殴到底是为了什么?我想把他们归结到疯狂、癫痫等患有精神疾病的那些人中去吧,但是不可以,因为圣王要严厉惩罚他们。我想把他们归结到鸟鼠禽兽中去吧,但也不可以,因为他们的形体还是人,而且好恶与大多数人相同。有的人热衷于斗殴到底是为了什么?我认为这种人是非常丑恶的。

[原文]

有狗彘之勇者,有贾(gǔ)盗之勇者,有小人之勇者,有

士君子之勇者。争饮食,无廉耻,不知是非,不辟(同“避”)死伤,不畏众强,恈恈然唯利饮食之见,是狗彘之勇也。为事利,争货财,无辞让,果敢而振(通“狠”),猛贪而戾,恈恈然唯利之见,是贾盗之勇也。轻死而暴,是小人之勇也。义之所在,不倾于权,不顾其利,举国而与之不为改视,重死持义而不桡(同“挠”),是士君子之勇也。

[译文] 有狗和猪的勇敢,有商人和盗贼的勇敢,有小人的勇敢,有士君子的勇敢。争喝抢吃,没有廉耻,不懂是非,不顾死伤,不怕众人的强大,眼睛只盯在吃喝上面,这是狗和猪的勇敢。做事唯利是图,争夺财物,没有谦让,果断勇敢不顾一切,凶猛蛮横贪婪残忍,眼睛只盯在钱财上面,这是商人和盗贼的勇敢。不顾死活行为暴虐,是小人的勇敢。合乎道义的地方,就不屈服于权势,不顾及自己的利益,把整个国家都给他他也不改初衷,虽然看重生命,但为了坚持正义不屈不挠,这是士君子的勇敢。

[原文] 鯈(tiáo)鉥(qiáo)者,浮阳之鱼也,胠(qū,通“阹”)于沙而思水,则无逮矣。挂于患而欲谨,则无益矣。自知者不怨人,知命者不怨天,怨人者穷,怨天者无志。失之己,反之人,岂不迂乎哉!

[译文] 白鲦,是喜欢浮在水面上晒太阳的鱼儿,但搁浅在沙滩上再想回到水中,就来不及了。困在灾祸之中再想小心谨慎,就于事无补了。有自知之明的人不去埋怨别人,把握命运的人不去埋怨老天;怪怨别人就会陷入困境,埋怨老天就会意志消沉。错在自己,却反过来责求别人,岂不越绕越远吗?

[原文] 荣辱之大分,安危利害之常体:先义而后利者荣,先利

而后义者辱。荣者常通，辱者常穷；通者常制人，穷者常制于人：是荣辱之大分也。材悫者常安利，荡悍者常危害；安利者常乐易，危害者常忧险；乐易者常寿长，忧险者常夭折：是安危利害之常体也。

［译文］

光荣和耻辱的根本区别，安危利害的普遍情形是：先考虑道义而后考虑利益的就会获得光荣，先考虑利益而后考虑道义的就会遭受耻辱。光荣的人常常通达，耻辱的人常常困窘；通达的人常常统治人，困窘的人常常被人统治：这就是光荣和耻辱的根本区别。德才兼备的人常常安全有利，放荡凶悍的人常常危险受害；安全有利的人常常快乐舒适，危险受害的人常常忧思难安；快乐舒适的人常常高寿；忧思难安的人常常夭折：这就是安危利害的普遍情形。

［原文］

夫天生蒸民，有所以取之。志意致修，德行致厚，智虑致明，是天子之所以取天下也。政令法，举措时，听断公，上则能顺天子之命，下则能保百姓，是诸侯之所以取国家也。志行修，临官治，上则能顺上，下则能保其职，是士大夫之所以取田邑也。循法则、度量、刑辟、图籍，不知其义，谨守其数，慎不敢损益也，父子相传，以持王公，是故三代虽亡，治法犹存，是官人百吏之所以取禄秩也。孝弟（同“悌”）原（同“愿”）悫，軥录（通“劬碌”）疾力，以敦比（通“庀”）其事业而不敢怠傲，是庶人之所以取暖衣饱食，长生久视，以免于刑戮也。饰邪说，文奸言，为倚事，陶（通“谣”）诞、突盗，愓（同“荡”）、悍、憍、暴，以偷生反侧于乱世之间，是奸人之所以取危辱死刑也。其虑之不深，其择之不谨，其定取舍楛僈（同“慢”），是其所以危也。

[译文]

天地造就了众生,都有取得各自生存条件的缘由。思想极其美好,德行极其敦厚,谋略极其英明,这是天子取得天下的缘由。政令合于法度,举措合乎时宜,料理决断公正公平,上能顺从天子的命令,下能安抚百姓,这是诸侯取得国家的缘由。思想行为美好,为官善于管理,上能顺从国君,下能恪守自己的职责,这是士大夫取得田地封邑的缘由。按照法律准则、尺度量器、刑法条款、地图户籍来办事,即使搞不懂它们的意义,也会严格地遵守具体规定,小心谨慎地不敢删减或增加,父亲将它们传给儿子,用来扶助王公,所以夏、商、周三代虽然都灭亡了,但政策法规仍然流传下来,这是各级官吏取得俸禄的缘由。孝顺父母,敬爱兄长,诚实谨慎,勤奋努力,以此来做好自己的事业,而不敢懈怠轻慢,这是平民百姓取得丰衣足食、健康长寿而免受刑罚杀戮的缘由。粉饰邪恶的学说,美化奸诈的言论,做不入正道的事,招摇撞骗、强取豪夺,放荡凶悍、骄横残暴,靠这些在混乱的社会之中苟且偷生,不安其位,这是奸邪之人自取危险、耻辱、灭亡、刑罚的缘由。他们考虑问题不深入,他们选择人生方向不谨慎,他们确定取舍时粗心大意,这就是他们危亡的原因。

[原文]

材性知能,君子、小人一也。好荣恶辱,好利恶害,是君子、小人之所同也,若其所以求之之道则异矣。小人也者,疾为诞而欲人之信己也,疾为诈而欲人之亲己也,禽兽之行而欲人之善己也。虑之难知也,行之难安也,持之难立也,成则必不得其所好,必遇其所恶焉。故君子者,信矣,而亦欲人之信己也;忠矣,而亦欲人之亲己也;修正治辨矣,而亦欲人之善己也。虑之易知也,行之易安也,持之易立也,成则必得其所好,必不遇其所恶焉。是故穷则不隐,通则大明,身死而名弥白。小人莫不延颈举踵而愿曰:"知虑材性,

固有以贤人矣。”夫不知其与己无以异也,则君子注错(同“措”)之当,而小人注错(同“措”)之过也。故孰察小人之知能,足以知其有余,可以为君子之所为也。譬之越人安越,楚人安楚,君子安雅(通“夏”),是非知能材性然也,是注错(同“措”)习俗之节异也。

[译文]

人的资质、本性、智能、才能,君子、小人是相同的。喜欢光荣,厌恶耻辱,爱好利益,憎恶祸害,这是君子、小人所相同的,但是他们实现目标与追求的途径大不相同。如果是小人,拼命胡说八道却还想要别人相信自己,竭力欺诈却还想要别人亲近自己,行为如同禽兽一般却想要别人赞美自己。他们考虑问题很难明智,做起事来很难稳妥,坚持的主张很难成立,最后必然实现不了他们热衷的目标与追求,遭受他们厌恶的耻辱与祸害。如果是君子,诚实守信,也希望别人相信自己;忠诚可靠,也希望别人亲近自己;善良正直,理事得当,也希望别人赞美自己。他们考虑问题极其明智,做起事来极其稳妥,坚持的主张经得起检验,最后必然实现他们热衷的目标与追求,远离他们厌恶的耻辱与祸害。所以他们困窘时名声也不会被埋没,通达时名声就会十分显赫,去世以后更会流芳百代。小人无不伸长脖子踮起脚跟倍加羡慕地说:“这些人的智慧、思虑、资质、本性,肯定有超过常人的地方呀。”其实,他们不知道君子的资质才能与自己并没有什么不同,只是君子安排调整恰当,小人安排调整失当。所以仔细地考察一下小人的智慧才能,就会知道他们是绰绰有余地可以完成君子所做的一切。打个比方,越人习惯待在越国,楚人习惯待在楚国,君子习惯待在华夏,这并不是智慧、才能、资质、本性所造成的,而是由于对其资质才能的安排调整以及习俗熏陶的不同所造成的呀。

[原文]

仁义德行,常安之术也,然而未必不危也;污僈、突盗,

常危之术也,然而未必不安也。故君子道其常而小人道其怪也。

［译文］

奉行仁义道德,是经常获得平安的方法,但未必不遭受危险;污秽卑鄙、强取豪夺,是经常遭受危险的方法,但未必得不到安全。尽管如此,君子仍然遵循正常的路径,小人仍然选择怪异的方法。

［原文］

凡人有所一同:饥而欲食,寒而欲暖,劳而欲息,好利而恶害,是人之所生而有也,是无待而然者也,是禹、桀之所同也。目辨白黑美恶,耳辨音声清浊,口辨酸咸甘苦,鼻辨芬芳腥臊,骨体肤理辨寒暑疾养(同"痒"),是又人之所常生而有也,是无待而然者也,是禹、桀之所同也。可以为尧、禹,可以为桀、跖,可以为工匠,可以为农贾,在埶(同"势")注错(同"措")习俗之所积耳,是又人之所生而有也,是无待而然者也,是禹、桀之所同也。

［译文］

凡是人都有相同的地方:饿了就想吃,冷了就想暖,累了就想歇息,喜好得利,厌恶受害,这是人与生俱来的本性,不需要附加别的什么就会这样,像大禹、夏桀这样反差巨大的人也没有什么不同。眼睛能辨别世间的白黑美丑,耳朵能辨别音乐的清越混浊,口舌能辨别食物的酸咸甜苦,鼻子能辨别气味的芬芳腥臊,躯体皮肤能辨别气候的冷热痛痒,这同样是人与生俱来的本性,不需要附加别的什么就会这样,像大禹、夏桀这样反差巨大的人也没有什么不同。人们可以成为尧、禹那样的圣王,可以成为桀、跖那样的暴君,可以成为工匠,可以成为农夫、商人,这都在于人们对其资质才能的安排调整以及习俗熏陶的各不相同,这同样是人与生俱来的本性,不需要附加别的什么就会这样,像大禹、夏桀这样反差巨大的人也没有什么不同。

[原文]

为尧、禹则常安荣,为桀、跖则常危辱;为尧、禹则常愉佚(通"逸"),为工匠农贾则常烦劳。然而人力为此而寡为彼,何也? 曰:陋也。尧、禹者,非生(同"性")而具者也,夫起于变故,成乎修修之为,待尽而后备者也。

[译文]

做尧、禹那样的人,经常安乐又光荣;做桀、跖那样的人,经常危险多耻辱;做尧、禹那样的人经常愉悦轻松,做工匠、农夫、商人经常烦琐劳累。但是人们经常努力去做危险耻辱、烦琐劳累的事情,很少去做安乐光荣、愉悦轻松的事情。这是为什么呢? 答案是出于浅陋无知。尧、禹这样的人,并不是生下来就是圣王,而是从接受各种考验开始,不断提高修养才获得成功的,等到尽善尽美的时候就具备了担当圣王的资格。

[原文]

人之生固小人,无师无法则唯利之见耳。人之生固小人,又以遇乱世,得乱俗,是以小重小也,以乱得乱也。君子非得埶(同"势")以临之,则无由得开内焉。今是人之口腹,安知礼义? 安知辞让? 安知廉耻隅积? 亦呥呥而噍,乡乡而饱已矣。人无师无法,则其心正其口腹也。今使人生而未尝睹刍豢稻粱也,惟菽藿糟糠之为睹,则以至足为在此也。俄而粲然有秉刍豢稻粱而至者,则瞲(xuè)然视之曰:此何怪也? 彼臭(同"嗅")之而无嗛于鼻,尝之而甘于口,食之而安于体,则莫不弃此而取彼矣。今以夫先王之道,仁义之统,以相群居,以相持养,以相藩饰,以相安固邪? 以夫桀、跖之道,是其为相县(通"悬")也,几直夫刍豢稻粱之县(通"悬")糟糠尔哉! 然而人力为此而寡为彼,何也? 曰:

陋也。陋也者，天下之公患也，人之大殃大害也。故曰：仁者好告示人。告之示之，靡之儇之，鈆（yán，同“沿”）之重之，则夫塞者俄且通也，陋者俄且僩（xiàn）也，愚者俄且知也。是若不行，则汤、武在上曷益？桀、纣在上曷损？汤、武存则天下从而治，桀、纣存则天下从而乱。如是者，岂非人之情固可与如此，可与如彼也哉！

［译文］

人生下来就是小人一个，没有老师教导，没有法度约束，只会看到利益好处。人生下来就是小人一个，碰上混乱的世道，沾染恶劣的习俗，比小人还要小人，比混乱还要混乱。君子如果不能得到权势来统治他们，那就不能走进他们的内心世界引导他们奔向礼义正道。现在这些人只知道塞满嘴巴、填饱肠胃，哪里懂得什么礼节道义？哪里懂得什么推辞谦让？哪里懂得什么廉洁与羞耻、局部与整体的关系呢？只是知道慢吞吞地咀嚼食物、香喷喷地吃个饱罢了。人若没有老师教导，没有法度约束，那么他们的心灵也就完全和他们的嘴巴肠胃一样只知吃喝。假设人生下来后从来没有看见过牛羊猪狗等肉食和稻米谷米等细粮，只见过豆叶之类的蔬菜和糟糠之类的粗食，那就会认为最好吃的食物就是这些东西了。但突然间有人拿着肉食和细粮来到跟前，他就会瞪着眼惊奇地说：“这是什么怪物呀？”他闻闻这些食物，鼻中香喷喷；尝尝这些食物，嘴里甜津津；吃下去这些食物，身上舒舒坦坦。这时人们都会抛弃这豆叶糟糠而去求取那肉食细粮了。现在是用那古代圣王的治国原则与践行仁义的纲领，引导人们同甘共苦，教导人们互相帮助，帮助人们美化生活，实现天下长治久安呢，还是用那桀、跖的办法倒行逆施呢？这两种选择有着很大的悬殊，这难道仅仅是那肉食细粮与糟糠粗粝的悬殊么？然而人们却竭力效法桀、跖，很少遵循古代圣王，这是为什么呢？答案是出于浅陋无知。浅陋无知，实在是天下人的通病，是人们的大殃大害呀。所以说:讲究仁德的人喜欢把道理告诉大家,做出榜样让大家学习。把道理告诉给大家,做出榜样让大家学习,劝说他们顺从,教诲他们明智,引导他们遵循礼义正道,向他们重申,那么那些闭塞的人很快就会豁然开朗,孤陋寡闻的人很快就会视野开阔,愚笨的人很快就会通情达理。这些事情若是不去行动,那成汤、周武王这样的圣君处在天子的位置上又有什么好处?夏桀、商纣这样的暴君掌管至高无上的权力又有什么损伤?如果成汤、周武王执掌政权,天下就会随之安定;如果夏桀、商纣王登上王位,天下就会跟着动乱。出现这种截然相反的情况,难道不是因为人们的性情原本就可以既像这样,也像那样吗?

[原文]

人之情,食欲有刍豢,衣欲有文绣,行欲有舆马,又欲夫余财蓄积之富也,然而穷年累世不知不足,是人之情也。今人之生也,方知蓄鸡狗猪彘,又蓄牛羊,然而食不敢有酒肉;余刀布,有囷窌,然而衣不敢有丝帛;约者有筐箧之藏,然而行不敢有舆马。是何也?非不欲也,几不长虑顾后而恐无以继之故也。于是又节用御欲,收敛蓄藏以继之也。是于己长虑顾后,几不甚善矣哉!今夫偷生浅知之属,曾此而不知也,粮食大(通"太")侈,不顾其后,俄则屈安穷矣,是其所以不免于冻饿,操瓢囊为沟壑中瘠者也。况夫先王之道,仁义之统,《诗》《书》《礼》《乐》之分乎!彼固天下之大虑也,将为天下生民之属长虑顾后而保万世也,其流长矣,其温(同"蕴")厚矣,其功盛姚远(同"遥远")矣,非顺(通"慎")孰(同"熟")修为之君子莫之能知也。故曰:短绠不可以汲深井之泉,知不几者不可与及圣人之言。夫《诗》《书》《礼》《乐》之分,固非庸人之所知也。故曰:一之而可再也,有之而可久也,广之而可通也,虑之而可安也,反鈆

(yán,同“沿”)察之而俞(同“愈”)可好也。以治情则利,以为名则荣,以群则和,以独则足,乐意者其是邪!

[译文] 人之常情:吃东西,希望有美味佳肴;穿衣服,希望有绣着花纹的绸缎;出行,希望有车马代步;更希望富裕得拥有吃不完、用不尽的财产积蓄;然而他们无论任何时候都感觉财物不足。这是人之常情呀!人们在生活当中,刚刚知道畜养鸡狗猪,又去畜养牛羊,但是吃饭时不敢有酒肉;钱币有余,粮仓满满地窖满满,但是穿衣时不敢穿绸缎;节约的人拥有一箱箱的积蓄,但是出行不敢用车马。这是为什么呢?这并不是不想要啊,而是要作长远打算、顾及以后,怕没有什么资源来继续维持生活的原因呀?于是他们又节省费用、抑制欲望、收聚财物、贮藏粮食以便继续维持以后的生活,这种为了自己的长远打算、顾及以后生活,岂不是很好的么?现在那些苟且偷生、浅陋无知之辈,竟连这种道理都不懂,他们过分地浪费粮食,不顾及以后的生活,不久就糟蹋得精光而陷于困境。这就是他们避免不了受冻挨饿,端着讨饭的瓢碗,背着乞求的布袋,成为横尸沟壑饿死鬼的原因。他们连怎样过日子都不懂,更何况那些古代圣王的治国原则,践行仁义的纲领,以及《诗》《书》《礼》《乐》所蕴含的道理呢!以上这些原则、纲领本来就是治理天下的重大谋略,是要为天下芸芸众生从长谋划、顾及以后的生计进而实现长治久安的;它源远流长,它积蕴深厚,它的丰功伟绩已经离我们很遥远,如果不是精通它、践行它的君子,是不能够完全理解它的。所以说:绳子短了不可以用来汲取深井中的泉水,知识少了就不能和他讨论圣人的言论。《诗》《书》《礼》《乐》的道理,本来就不是平庸之辈所能理解的。所以说:明白了其一,就可以明白其二;掌握了它们,就可以受益终生;将它们推而广之,就可以触类旁通;用它们反省对照自己,就可以平安幸福;反复遵循它们、研究它们,就会更加喜欢它们。用它们调理情

欲，就有利于自己；用它们成就名声，就会获得荣耀；用它们与众人相处，就能和睦融洽；用它们来独善其身，就能心情快乐。想来大概就是这样的吧！

［原文］

夫贵为天子，富有天下，是人情之所同欲也。然则从（同“纵”）人之欲则埶（同“势”）不能容，物不能赡也。故先王案为之制礼义以分之，使贵贱之等，长幼之差，知愚、能不能之分，皆使人载其事，而各得其宜。然后使悫禄多少厚薄之称，是夫群居和一之道也。

［译文］

贵为天子，富有天下，这是人们发自内心都愿意追求的。但如果顺从人们的欲望，那么从权势上来说是不能容许的，从物质上来说是不能满足的。所以古代的圣王根据这个道理制定了礼义把民众加以区分，使他们有高低贵贱的等级，有年长年幼的差别，有聪明愚笨、贤能无能的差异，使他们每人都能承担自己的工作而各得其所，然后使俸禄的多少厚薄与他们的地位和工作相称，这就是促使整个社会协调一致的道理与方法。

［原文］

故仁人在上，则农以力尽田，贾以察尽财，百工以巧尽械器，士大夫以上至于公侯，莫不以仁厚知能尽官职，夫是之谓至平。故或禄天下而不自以为多，或监门、御旅、抱关、击柝，而不自以为寡。故曰：斩（通“儳”）而齐，枉而顺，不同而一。夫是之谓人伦。《诗》曰：“受小共（通‘拱’）大共（通‘拱’），为下国骏（通‘徇’）蒙。”此之谓也。

［译文］

所以，仁人处在君位上，那么农民就把自己的力量全部用在种地上，商人就把自己的精明全都用在理财上，各种工匠就把自己的技巧全都用在制造器械上，士大夫以上直到公、侯们没有不将自己的仁慈宽厚、聪明才智全都用在履行公职上的，这就叫作天下大治。所以，有的人富有天下，却不认为自己拥有的多；有的人看管城门、招待旅客、守卫关卡、巡逻打更，也不认为自己所得的少。所以说：只有参差不齐才能实现整齐，只有弯曲才能产生顺从，只有差别才能到达统一。这就叫作人之所以为人的伦常关系。《诗》上说："事情大小都有法度，各个国家都能得到庇护。"讲的就是这个道理。

非相篇第五

[原文] **相人,古之人无有也,学者不道也。**

[译文] 观察人的相貌来推测祸福,古代的人没有这种事,有学识的人也不谈论这种事。

[原文] **古者有姑布子卿,今之世,梁有唐举,相人之形状颜色而知其吉凶妖祥,世俗称之。古之人无有也,学者不道也。**

[译文] 古时有个姑布子卿,当今的梁国有个唐举,他们通过观察某个人的容貌、面色就能推知他的吉凶、祸福,世俗中人都在称道他们。古代的人没有这种事,有学识的人也不谈论这种事。

[原文] **故相形不如论心,论心不如择术。形不胜心,心不胜术。术正而心顺之,则形相虽恶而心术善,无害为君子也;形相虽善而心术恶,无害为小人也。君子之谓吉,小人之谓凶。故长短、小大、善恶形相,非吉凶也。古之人无有也,学者不道也。**

[译文] 观察人的相貌不如考察他的心境,考察他的心境不如鉴别他立身处世的方法。相貌不如心境重要,心境不如立身处世的方法重要。立身处世方法正确而心境又顺应了它,那么形体相貌即使

丑陋而心境与立身处世方法是好的，不会妨碍他成为君子；形体相貌即使漂亮而心境与立身处世方法丑恶，不能制止他成为小人。君子可以说是吉，小人可以说是凶。所以高矮、大小、美丑等形体相貌上的特点，并不是吉凶的标志。古代的人没有这种事，有学识的人也不谈论这种事。

［原文］

盖帝尧长，帝舜短，文王长，周公短，仲尼长，子弓短。昔者卫灵公有臣曰公孙吕，身长七尺，面长三尺，焉（通“颜”）广三寸，鼻目耳具，而名动天下。楚之孙叔敖，期思之鄙人也，突秃长左，轩较之下，而以楚霸。叶公子高，微小短瘠，行若将不胜其衣。然白公之乱也，令尹子西、司马子期皆死焉；叶公子高入据楚，诛白公，定楚国，如反手尔，仁义功名善于后世。故事（通“士”）不揣长，不揳（xiē，通“契”）大，不权轻重，亦将志乎心尔。长短、小大、美恶形相，岂论也哉！

［译文］

传说帝尧个子高，帝舜个子矮；周文王个子高，周公旦个子矮；孔子个子高，冉雍个子矮。从前，卫灵公有个臣子叫公孙吕，身高七尺，脸长三尺，额宽三寸，鼻子、眼睛、耳朵都齐全，但是他的名声震动天下。楚国的孙叔敖，是期思地方的乡下人，发短顶秃，左手比右手长出许多，站在轩车上个子还在车厢的横木之下，但是他使楚国称霸诸侯。叶公子高，弱小矮瘦，走路时好像还撑不住自己的衣服似的，但是白公作乱的时候，令尹子西、司马子期都死在白公手中，叶公子高却领兵入楚，杀掉白公，安定楚国，行动起来易如反掌，他的仁义功名被后人所赞美。所以，对于士人，不是去观察个子的高矮，不是去关注身材的胖瘦，不是去称量躯体的轻重，而只能去了解他的志向理想。高矮、大小、美丑等形体相貌方面，哪能用来评判人呢！

［原文］

且徐偃王之状，目可瞻马；仲尼之状，面如蒙倛；周公之状，身如断菑。皋陶(yáo)之状，色如削瓜。闳(hóng)夭之状，面无见肤。傅说(yuè)之状，身如植鳍。伊尹之状，面无须麋。禹跳，汤偏，尧、舜参牟子。从者将论志意，比类文学邪？直将差长短，辨美恶，而相欺傲邪？

［译文］

再说徐偃王的相貌，眼睛只能看到上方不能看见下方；孔子的相貌，脸盘好像蒙上了一个丑恶难看的驱邪面具；周公的相貌，身体好像一棵死去的枯树；皋陶的相貌，脸色就像削去了皮的瓜那样青不青、绿不绿；闳夭的相貌，脸上的鬓须多得看不见皮肤；傅说的相貌，身体好像鱼儿立在地上；伊尹的相貌，脸上没长胡子眉毛。大禹瘸腿走路连蹦带跳，成汤半身瘫痪，唐尧、虞舜的眼睛里有两个并列的瞳仁。信从相面的人是考察他们的志向心境，比较他们的学问学识呢？还是只区别他们的高矮、美丑来互相欺骗、互相看不起呢？

［原文］

古者桀、纣长巨姣美，天下之杰也；筋力越劲，百人之敌也。然而身死国亡，为天下大僇，后世言恶则必稽焉。是非容貌之患也，闻见之不众，论议之卑尔。

［译文］

古时候，夏桀、商纣魁梧英俊，拥有天下出众的身材；他们体魄敏捷强壮，足可对抗上百名武士。但是他们身死国亡，成为天下最可耻的人，后世说到坏人，就一定会拿他们当例子。这并不是容貌造成的祸患啊。信从相面的人孤陋寡闻，所以谈论起来才是这样的糊涂。

［原文］

今世俗之乱君，乡曲之儇子，莫不美丽姚冶，奇衣妇饰，

血气态度拟于女子；妇人莫不愿得以为夫，处女莫不愿得以为士，弃其亲家而欲奔之者，比肩并起。然而中君羞以为臣，中父羞以为子，中兄羞以为弟，中人羞以为友，俄则束乎有司而戮乎大市，莫不呼天啼哭，苦伤其今而后悔其始。是非容貌之患也，闻见之不众而议论之卑尔！然则从者将孰可也？

［译文］ 现在世上犯上作乱的人，乡里的轻薄少年，没有不美丽妖艳的，他们穿着奇装异服，像妇女那样装扮自己，一举一动都和女人相似；妇女没有谁不想得到这样的人做丈夫，姑娘没有谁不想得到这样的人做未婚夫，以上两种女子抛弃了自己的亲人、家庭而想投奔他们，比肩接踵。但是一般的国君羞于把这种人作为臣子，一般的父亲羞于把这种人当作儿子，一般的哥哥羞于把这种人当作弟弟，一般的百姓羞于把这种人当作朋友。不久，这种人就会被官吏绑去在大街闹市中杀头，他们无不呼天抢地、号啕大哭，都痛心自己今天的下场，后悔自己当初的行为。这并不是容貌造成的祸患啊。信从相面的人孤陋寡闻，所以谈论起来才是这样的糊涂！说到这里，到底该在以相貌论人与以心境论人两者之间去赞同哪一种观点呢？

［原文］ 人有三不祥：幼而不肯事长，贱而不肯事贵，不肖而不肯事贤，是人之三不祥也。人有三必穷：为上则不能爱下，为下则好非其上，是人之一必穷也。乡（通“向”）则不若，偝（同“背”）则谩之，是人之二必穷也。知（同“智”）行浅薄，曲直有以相县（同“悬”）矣，然而仁人不能推，知（同“智”）士不能明，是人之三必穷也。人有此三数行者，以为上则必危，为下则必灭。《诗》曰：“雨雪瀌（biāo）瀌，宴（通

‘曣’）然聿消，莫肯下隧（通‘坠’），式居屡骄。”此之谓也。

［译文］

人有三种不祥的事：年幼的不肯侍奉年长的，卑贱的不肯侍奉尊贵的，没有德才的不肯侍奉贤能的，这就是人的三种祸害啊！人有三种必然陷于困境的情况：做了君主却不能爱护臣民，做了臣民却喜欢非议君主，这是人使自己必然陷于困境的第一种情况。当面不顺从，背后又毁谤，这是人使自己必然陷于困境的第二种情况。知识浅陋，德行不厚，辨别是非曲直的能力又与别人相差悬殊，对仁爱之人却不能推崇，对明智之士却不能尊重，这是人使自己必然陷于困境的第三种情况。人有了这三不祥、三必穷的行为，做了君主就必然危险，做了臣民就必然灭亡。《诗》上说：“大雪纷纷满天飘，太阳出来就消融，人若不肯去谦让，做了君主要骄傲。”讲的就是这种情况呀。

［原文］

人之所以为人者，何已（同“以”）也？曰：以其有辨也。饥而欲食，寒而欲暖，劳而欲息，好利而恶害，是人之所生而有也，是无待而然者也，是禹、桀之所同也。然则人之所以为人者，非特以二足而无毛也，以其有辨也。今夫狌狌形笑，亦二足而无毛也，然而君子啜其羹，食其胾（zì）。故人之所以为人者，非特以其二足而无毛也，以其有辨也。夫禽兽有父子而无父子之亲，有牝牡而无男女之别。故人道莫不有辨。

［译文］

人之所以成为人，是因为什么呢？答案是：因为人对世间万物都有所区别。饿了就想吃，冷了就想暖，累了就想歇息，喜好得利厌恶受害，这是人与生俱来的天性，不需要附加别的什么就会这样，像大禹、夏桀反差巨大的人也没有什么不同。然而人之所以成为人,并不只是因为人类有两只脚身上没有毛,而是因为人类对世间万物都有所区别。猩猩的形状与人相似,也有两只脚,只是有毛罢了,可是君子却能喝它的肉汤,吃它的肉块。所以,人之所以成为人,并不只是因为人类有两只脚身上没有毛,而是因为人类对世间万物都有所区别。禽兽有父有子,但没有父子之间的亲情;有雌有雄,但没有男女之间的界限。而作为人类社会必须遵循的原则与规范,就在于人类对世间万物都有所区别。

[原文]

辨莫大于分,分莫大于礼,礼莫大于圣王;圣王有百,吾孰法焉?故曰:文久而息,节族(通“奏”)久而绝,守法数之有司极礼而褫(chǐ)。故曰:欲观圣王之迹,则于其粲然者矣,后王是也。彼后王者,天下之君也;舍后王而道上古,譬之是犹舍己之君而事人之君也。故曰:欲观千岁则数今日,欲知亿万则审一二,欲知上世则审周道,欲知周道则审其人所贵君子。故曰:以近知远,以一知万,以微知明。此之谓也。

[译文]

区别的最高境界在于确定上下亲疏(即“君君臣臣父父子子”)的名分,确定名分的最高境界在于遵循礼法,遵循礼法的最高境界在于效法圣王。圣王有一百多个,我们应该效法哪一位呢?回答说:礼法因为年代久远而残缺了,具体规范因为年代久远而失传了,掌管礼法条文的有关官吏也因距离制定礼法的年代久远,而使礼法规范与现实需要有许多脱节。所以说:想要观察圣王的事迹,就得观察其中清楚明白的人物,距离我们最近的圣王便是。距离我们最近的圣王(后王,全书皆同),就是天下人都敬佩、都顺从的君王;舍弃了离我们近的圣王而去称道离我们远的圣王(先王,全书皆同),拿它打个比方,这就好像舍弃了自己的君主去侍奉别国的君主。所以说:要想观察千年的往事,那就要仔细审视现在；要想认知世间万物，那就要弄清楚一两件事物；要想知道上古的社会情况，那就要审视现在周王朝的治国之道；要想知道周王朝的治国之道，那就要审视他们所尊崇的君子。所以说：认清近世才能推知远古，洞察一两件事情才能把握世间万物，辨清隐微才能感悟明显。讲的就是这个道理。

［原文］

夫妄人曰："古今异情，其以治乱者异道。"而众人惑焉。彼众人者，愚而无说，陋而无度者也。其所见焉，犹可欺也，而况于千世之传也！妄人者，门庭之间，犹可诬欺也，而况于千世之上乎！

［译文］

那些狂妄自大的人说："因为古今情况不同，所以古代安定、现在动乱，全在于治国策略的不同。"于是一般人就被他们蒙蔽欺骗了。一般人，才性愚昧且讲不出道理，见识浅陋且不能明辨是非。他们亲眼看见的东西，都会被人蒙蔽欺骗，更何况是几千年前的传闻呢！那些狂妄自大的人，就是近在门口与庭院之间的事，都会拿来蒙蔽欺骗别人，更何况是几千年之前的事情呢！

［原文］

圣人何以不欺？曰：圣人者，以己度者也。故以人度人，以情度情，以类度类，以说度功，以道观尽，古今一度也。类不悖，虽久同理，故乡（同"向"）乎邪曲而不迷，观乎杂物而不惑，以此度之。五帝之外无传人，非无贤人也，久故也。五帝之中无传政，非无善政也，久故也。禹、汤有传政而不若周之察也，非无善政也，久故也。传者久则论略，近则论详，略则举大，详则举小。愚者闻其略而不知其详，闻其详而不知其大也。是以文久而灭，节族久而绝。

[译文] 圣人为什么不能被蒙蔽欺骗呢？这是因为：圣人是推己及人及事的人。所以，他可以根据今人的情况去推判古人，根据今人的性情去推判古人的性情，根据某种事物去推判与它同类的事物，根据一个人的思想学说去推判他建立的功业，根据事物的普遍规律去观察世间万物，从古到今都是这个道理。只要是同类而不互相违背的事物，即使相隔久远，它们的基本道理仍是相同的，所以，圣人面对着歪理邪说也不会被迷惑，观察复杂的事物也不会糊涂，原因就是他能够按照这种原理来衡量面对的一切。在黄帝、颛顼、帝喾、唐尧、虞舜这五位帝王之前没有流传到后世的名人，并不是那时没有贤能的人，而是因为年代久远而失传的缘故。在这五位帝王之中没有流传到后世的政治措施，并不是他们没有好的政治措施，而是因为年代久远而失传的缘故。大禹、成汤虽有流传到后世的政治措施，但不及周代的详细，并不是他们没有好的政治措施，而是因为年代久远而残缺的缘故。流传的东西时间一长，谈起来就简略；近代的事情，谈起来才详尽。简略的，就只能列举它的大概；详尽的，才能列举它的细节。愚笨的人听到简略的论述就不再了解详尽的情形，听到了详尽就不再了解大概。因此礼法便因为年代久远而残缺，具体规范因为年代久远而失传。

[原文] **凡言不合先王，不顺礼义，谓之奸言，虽辩，君子不听。法先王，顺礼义，党学者，然而不好言，不乐言，则必非诚士也。故君子之于言也，志好之，行安之，乐言之，故君子必辩。凡人莫不好言其所善，而君子为甚。故赠人以言，重于金石珠玉；观人以言，美于黼黻文章；听人以言，乐于钟鼓琴瑟。故君子之于言无厌。鄙夫反是，好其实，不恤其文，是以终身不免埤污佣（通“庸”）俗。故《易》曰：“括囊，无咎无誉。”腐儒之谓也。**

[译文]

只要言论不符合先王治国原则、不遵循礼义的，就叫作奸言邪说，即使说得头头是道，君子也不听。效法先王治国原则，遵循礼义，亲近有学识的人，但是不喜欢与别人谈论或宣扬先王治国原则及如何遵循礼义，那也一定不是个真诚的士人。君子对于正确的学说，心里热爱它，行动上遵循它，交往中乐意宣传它，所以君子必须善于宣讲辩论。凡是人没有不喜欢谈论自己认为是好的东西，而君子更是这样。所以君子把良言赠送给别人，比赠送金玉珠宝还要珍贵；把真理传授给别人，比礼服上的彩色花纹还要华美；用善言劝导别人，比钟鼓琴瑟演奏的乐章还要悠扬。所以君子对于善言的宣讲、真理的宣传永不厌倦。鄙陋的小人与此相反，他们只注重实惠，而不顾及文采，因此一辈子也免不了卑陋庸俗。所以，《易》上说："就像扎住了口的袋子，既没有责难，也没有赞誉。"讲的就是这种迂腐的儒生。

[原文]

凡说之难，以至高遇至卑，以至治接至乱。未可直至也，远举则病缪（通"谬"），近世则病佣（通"庸"）。善者于是间也，亦必远举而不缪（通"谬"），近世而不佣（通"庸"），与时迁徙，与世偃仰，缓急嬴绌（通"赢黜"），府（同"俯"）然若渠匽（通"堰"）檃（yǐn）栝之于己也，曲得所谓焉，然而不折伤。

[译文]

一般情况下劝说有以下难处：怀着极其崇高的思想境界去对待那些极其卑鄙的人，带着最能把国家治理好的政治措施去接触那些最能把国家搞乱的人。这是不能直截了当地达到目的的。举远古的事例容易流于谬误，举近代的事例容易流于庸俗。善于劝说的人在这二者之间，举远古的事例不会谬误，举近代的事例也不会庸俗，言语内容随着时代的发展而调整，随着世俗的改变而抑扬，说得和缓与说得急切，多说一些与少说一些，都能应对自如，像阻拦流水的渠坝、矫正竹木的工具那样把应该发挥的作用发挥到恰到好处，婉转地把所要说的话都能说给对方听，但是又不挫伤他。

［原文］ **故君子之度己则以绳，接人则用抴。度己以绳，故足以为天下法则矣。接人用抴，故能宽容，因求以成天下之大事矣。故君子贤而能容罢（同"疲"或"痞"），知而能容愚，博而能容浅，粹而能容杂，夫是之谓兼术。《诗》曰："徐方既同，天子之功。"此之谓也。**

［译文］ 所以，君子律己像木工用墨线来取直一样，待人像艄公用船来接送过客一样。用墨线似的准则律己，所以能够使自己成为天下人效法的榜样。用舟船似的胸怀待人，所以能够宽容他人，因此能够依靠他人的支持成就治理天下的大事业。君子贤能而能容纳无能的人，聪明而能容纳愚昧的人，博闻多见而能容纳孤陋寡闻的人，品德纯正而能容纳存有私心杂念的人，这就是兼容并蓄的方法。《诗》上说："徐国已经来顺从，这是天子的大功。"讲的就是这种道理呀。

［原文］ **谈说之术：矜庄以莅之，端诚以处之，坚强以持之，分别以喻之，譬称以明之，欣驩（同"欢"）芬芗（通"香"）以送之，宝之珍之，贵之神之。如是则说常无不受。虽不说（同"悦"）人，人莫不贵。夫是之谓为能贵其所贵。传曰："唯君子为能贵其所贵。"此之谓也。**

［译文］ 谈话劝说的方法是：以沉稳庄重的态度接近对方，以端正真诚的心绪感化对方，以坚强刚健的信心鼓励对方，以比喻类推的

思考启发对方，以分析权衡的方法疏导对方，营造愉悦温馨的交流氛围把自己的观点向对方一一言明，让对方感到这样的谈话非常少见、值得珍惜，非常及时、值得好好领会。像这样，劝说起来就容易被人接受，即使不能让人高兴，别人也没有不尊重的。这叫作能使自己所珍重的东西得到珍重。古书上说：“只有君子才能使自己所珍重的东西得到珍重。”讲的就是这种情况呀。

［原文］

君子必辩。凡人莫不好言其所善，而君子为甚焉。是以小人辩言险而君子辩言仁也。言而非仁之中也，则其言不若其默也，其辩不若其呐（同“讷”）也。言而仁之中也，则好言者上矣，不好言者下也。故仁言大矣。起于上所以道（同“导”）于下，正令是也；起于下所以忠于上，谋救是也。故君子之行仁也无厌。志好之，行安之，乐言之，故言君子必辩。小辩不如见端，见端不如见本分。小辩而察，见端而明，本分而理，圣人士君子之分具矣。

［译文］

君子必须善于宣讲辩论。凡是人没有不喜欢谈论自己认为是好的东西，而君子更胜过一般人。小人能说会道，是散布险恶奸术；君子善于宣讲辩论，是宣扬仁义正道。说起话来如果不符合仁义正道，那么他开口说话还不如他沉默不语，他能说会道还不如他笨嘴拙舌。说起话来如果符合仁义正道，那么喜欢谈说的就是上等人，而不喜欢谈说的就是下等人。所以合乎仁义正道的言论是非常重要的。产生于君主而用来领导臣民的，就是政策与法令；产生于臣民而用来效忠于君主的，就是建议与劝谏。所以君子奉行仁爱正道从不厌倦。心中喜欢它，行动上坚决遵循它，言语上乐意谈论它，所以说君子必须善于宣讲辩论。辩论细节不如理清头绪，理清头绪不如揭示原本的名分。辩论细节能够察明问题，理清头绪能够清楚明白，提示原本的名分能够有条不紊，那么圣人、士君子的素质就具备了。

[原文]

有小人之辩者，有士君子之辩者，有圣人之辩者：不先虑，不早谋，发之而当，成文而类，居错（同“措”）迁徙，应变不穷，是圣人之辩者也。先虑之，早谋之，斯须之言而足听，文而致实，博而党（通“说”）正，是士君子之辩者也。听其言则辞辩而无统，用其身则多诈而无功，上不足以顺明王，下不足以和齐百姓，然而口舌之均（同“匀”），噡（同“谵”）唯则节，足以为奇伟偃卻（通“偃蹇”）之属，夫是之谓奸人之雄。圣王起，所以先诛也，然后盗贼次之。盗贼得变，此不得变也。

[译文]

有小人式的辩说，有士君子式的辩说，有圣人式的辩说。不预先考虑，不提前谋划，一旦发言就很得当，既富有文采，又合乎礼法，措辞和变换话题都能随机应变而不会穷于应答，这是圣人式的辩说。预先考虑好，及早谋划好，短暂的发言也值得一听，既有文采又细密实在，既渊博又公正，这是士君子式的辩说。听他说话则杂乱无章而没有系统，任用他做事则诡诈多端而没有功效，上不能顺从英明的帝王，下不能使百姓齐心协力，但是他讲话很会察言观色，说什么话都能知进知退，这类人足以靠超常的口才而自夸自傲，可称为坏人中的奸雄。圣王一旦执政，这种人是首先要诛杀的，然后把盗贼放在他们的后面进行惩处。因为盗贼还能够转变，而这种人是不可能悔过自新的。

非十二子篇第六

[原文]

假今之世，饰邪说，文奸言，以枭（通“淆”）乱天下，矞（jué，同“谲”）宇（通“讦”）嵬琐，使天下混然不知是非治乱之所存者有人矣。

[译文]

如今这个时代，用粉饰歪理邪说，美化奸言诈语搅乱天下，用自卖自夸、故弄玄虚、奇谈怪论、以小人之心度君子之腹的胡说八道，使天下人稀里糊涂地不明是非标准、不晓治乱原因的，早已大有人在。

[原文]

纵情性，安恣睢，禽兽行，不足以合文通治；然而其持之有故，其言之成理，足以欺惑愚众，是它嚣、魏牟也。

[译文]

放任性情，做了不入人伦的事情也毫不脸红，行为如同禽兽，既不遵循礼义正道、更不懂治国安邦的方略；但是，他们立论时有根有据，解说时有条有理，足以欺骗蒙蔽愚昧的民众。它嚣、魏牟就是这种人。

[原文]

忍情性，綦谿利跂（通“离企”），苟以分异人为高，不足以合大众，明大分；然而其持之有故，其言之成理，足以欺惑愚众，是陈仲、史䲡也。

[译文] 压抑人与生俱来的性情，离经叛道唯恐世人不知，以与众不同为高尚，很难与大众相融合，更无法彰明忠孝大义；但是，他们立论时有根有据，解说时有条有理，足以欺骗蒙蔽愚昧的民众。陈仲、史鳅就是这种人。

[原文] **不知壹天下、建国家之权称，上功用、大俭约而僈差等，曾不足以容辨异、县（同“悬”）君臣；然而其持之有故，其言之成理，足以欺惑愚众，是墨翟、宋钘也。**

[译文] 不懂得统一天下、建立国家的法度，崇尚功利实用，过分强调节俭而轻视差别等级，根本无法分辨人世间的差异，无法正确处理君臣上下的关系；但是，他们解说论点时有条有理，足以用来欺骗蒙蔽愚昧的民众。墨翟、宋钘就是这种人。

[原文] **尚法而无法，下修而好作，上则取听于上，下则取从于俗，终日言成文典，反紃（同“循”）察之，则倜然无所归宿，不可以经国定分；然而其持之有故，其言之成理，足以欺惑愚众，是慎到、田骈也。**

[译文] 崇尚法治却无有章法，卑视修养却爱好著书立说，在君王那里唯命是从，在民众那里随波逐流，整天谈论制定礼制法典，但反复考察这些主张，就会发现它们严重脱离实际，难以用来治理国家、确定名分；但是，他们立论时有根有据，解说时有条有理，足以欺骗蒙蔽愚昧的民众。慎到、田骈就是这种人。

[原文] **不法先王，不是礼义，而好治怪说，玩琦辞，甚察而不惠，辩而无用，多事而寡功，不可以为治纲纪；然而其持之有故，其言之成理，足以欺惑愚众，是惠施、邓析也。**

[译文]

不效法古代圣王，不遵循礼义，喜好奇谈怪论，玩弄奇辞巧句，他们的观点看似洞察一切却毫无用处，看似滔滔不绝却远离实际，看似勤勤恳恳却功效甚少，绝对不可以当作治国安邦的行动纲领；但是，他们立论时有根有据，解说时有条有理，足以欺骗蒙蔽愚昧的民众。惠施、邓析就是这种人。

[原文]

略法先王而不知其统，犹然而材（通“才”）剧志大，闻见杂博。案（同“按”）往旧造说，谓之“五行”，甚僻违而无类，幽隐而无说，闭约而无解。案饰其辞而祗敬之曰：“此真先君子之言也。”子思唱之，孟轲和之，世俗之沟犹瞀儒嚾嚾然不知其所非也，遂受而传之，以为仲尼、子游为兹厚于后世，是则子思、孟轲之罪也。

[译文]

大致上能够效法古代圣王，但不得圣王的要领，尽管如此，他们仍然自以为才华横溢、志向远大、见多识广。依照陈旧的观点编造自己的学说，并把它称为“五行”。他们的言论非常偏执违背常理而不能与时俱进，幽深隐微而难以讲说，晦涩缠结而无从解释，却还粉饰他们的言论而郑重其事地说：“这真真正正是先师孔子的言论呀。”子思倡导，孟轲附和，一些愚昧无知的儒生跟着喧嚣起哄、虚张声势却不知道他们错误百出，于是接受了这种学说而到处宣扬，还以为得到了孔子、子游的真传，希望用它来造福后世。这就是子思、孟轲的罪过。

[原文]

若夫总方略，齐言行，壹统类，而群天下之英杰而告之以大古，教之以至顺，奥窔之间，簟席之上，敛然圣王之文章具焉，佛然平世之俗起焉，六说者不能入也，十二子者不能亲也，无置锥之地而王公不能与之争名，在一大夫之位则一

君不能独畜，一国不能独容，成（通“盛”）名况乎诸侯，莫不愿以为臣，是圣人之不得埶（同“势”）者也，仲尼、子弓是也。

［译文］ 总括治国方略，端正思想言行，统一纲纪法度，进而汇聚天下英杰，把古代治国的经验教训告诉他们，用最高境界的治国道理教导他们，在讲堂的每个角落，在听讲的每张簟席，圣王的礼法制度都在此得以集中展示，太平盛世的风俗习惯都在此得以蓬勃兴起。上述那六种学说不能侵入这讲堂，那十二个人不能接近这讲席。虽然没有立锥之地，但王公贵族不能与之竞争名望；虽然只是处在一个大夫的职位上，既不是一个诸侯国的国君所能单独任用，也不是一个诸侯国所能单独容纳，他们的盛名堪比诸侯，各国君主无不愿意让他们来充当自己的臣子。这是圣人中没有得到权势的人呀，孔子、子弓就是这种人。

［原文］ **一天下，财（同“裁”）万物，长养人民，兼利天下，通达之属，莫不从服，六说者立息，十二子者迁化，则圣人之得埶（同“势”）者，舜、禹是也。**

［译文］ 统一天下，配置万物，养育人民，使天下人都得到好处，凡是能到达的地方，莫不佩服听从，上述那六种学说因此立刻销声匿迹，那十二个人也因此改邪归正。这是圣人中得到了权势的人呀，虞舜、大禹就是这种人。

［原文］ **今夫仁人也，将何务哉？上则法舜、禹之制，下则法仲尼、子弓之义，以务息十二子之说，如是则天下之害除，仁人之事毕，圣王之迹著矣。**

[译文]

当今讲究仁德的人该致力于什么呢？上应师法舜、禹的政治制度，下应师法仲尼、子弓的道义，不断肃清上述十二个人学说的流毒。像这样，那么天下的祸害得以清除，仁人的任务得以完成，圣王的事迹得以彰明。

[原文]

信信，信也；疑疑，亦信也。贵贤，仁也；贱不肖，亦仁也。言而当，知(同“智”)也；默而当，亦知也。故知默犹知言也。故多言而类，圣人也；少言而法，君子也；多少无法而流湎然，虽辩，小人也。故劳力而不当民务，谓之奸事；劳知而不律先王，谓之奸心；辩说譬谕、齐给便利而不顺礼义，谓之奸说。此三奸者，圣王之所禁也。知而险，贼而神，为(同“伪”)诈而巧，言无用而辩，辩不惠而察，治之大殃也。行辟(通“僻”)而坚，饰非而好，玩奸而泽，言辩而逆，古之大禁也。知而无法，勇而无惮，察辩而操僻，淫大(同“淫汏”)而用之，好奸而与众，利足而迷，负石而坠，是天下之所弃也。

[译文]

相信可信的东西，是确信；怀疑可疑的东西，也是确信。尊重贤者，是仁爱；鄙视小人，也是仁爱。说得恰当，是明智；沉默得恰当，也是明智。所以，懂得在恰当的时候沉默不言如同懂得在恰当的时候慷慨陈词。话说得多而合乎法度，便是圣人；话说得少而合乎法度，就是君子；说多说少都不合乎法度而不顾一切地陶醉在其中，即使能言善辩，也是小人。费尽力气而不合于民众需求，就叫奸邪的政务；费尽心思而不以先王的法度为准则，就叫奸邪的心机；辩说比喻起来迅速敏捷而不遵循礼义，就叫奸邪的辩说。这三种奸邪的东西，是圣王所禁止的。生性聪明却阴险凶恶，手段狠毒却无人能敌，诡诈狡猾却天衣无缝，言论远离实际却滔滔不绝，辩说毫无用处却貌似洞察，这些都是治国安邦的巨大祸患。为非作歹而又很坚决，文过饰非而似很完美，玩弄奸计而似有恩泽，能言善辩而违反常理，这是古代最不能允许的。聪明而不守法度，勇敢而肆无忌惮，明察善辩而所持论点怪僻不经，荒淫骄奢而刚愎自用，热衷阴谋诡计而同党众多，如同善于奔走而误入迷途、背着石头而坠入深渊，这些都是天下人所抛弃的呀。

[原文]

兼服天下之心：高上尊贵不以骄人，聪明圣知不以穷人，齐给速通不争先人，刚毅勇敢不以伤人；不知则问，不能则学，虽能必让，然后为德。遇君则修臣下之义，遇乡则修长幼之义，遇长则修子弟之义，遇友则修礼节辞让之义，遇贱而少者则修告导宽容之义。无不爱也，无不敬也，无与人争也，恢然如天地之苞（同“包”）万物。如是则贤者贵之，不肖者亲之。如是而不服者，则可谓訞（通“妖”）怪狡猾之人矣，虽则子弟之中，刑及之而宜。《诗》云：“匪上帝不时（通‘是’），殷不用旧。虽无老成人，尚有典刑。曾是莫听，大命以倾。”此之谓也。

[译文]

使天下人对自己心悦诚服的办法是：身份高贵但不因此而傲视别人；睿智通达，但不因此而使人难堪；才思敏捷、领悟迅速但不在别人面前抢先逞能；刚毅勇敢但不因此而伤害别人。不懂就请教，不会就学习；即使能干也一定谦让，这样才算有道德。面对君主就奉行做臣子的道义，面对乡亲就讲求长幼有序的道义，面对父母兄长就遵行子孝弟友的道义，面对朋友就讲求礼节谦让的道义，面对地位卑贱而年纪又小的人就实行教导宽容的道义。无所不爱，无所不敬，从不与人争执，心胸宽广如同天地足以包容万物。像这样的话，那么贤人就会尊重你，小人也会亲近你。像这样如果还不对你心悦诚服的，那就可以称之为怪异奸猾的人，即使他在你的子弟之中，刑罚加到他身上也是可以的。《诗》上说：

“并非上天不善良，全因纣王把传统都扔光。虽然没有老练沉着的大臣，还有祖宗留下的法律典章。竟连这个也不听，商朝因此被埋葬。”讲的就是这个道理呀。

［原文］

古之所谓士仕者，厚敦者也，合群者也，乐富贵者也，乐分施者也，远罪过者也，务事理者也，羞独富者也。今之所谓士仕者，污漫者也，贼乱者也，恣睢者也，贪利者也，触抵者也，无礼义而唯权埶（同“势”）之嗜者也。

［译文］

古代那些出来做官的人们，是朴实厚道的人，是能和群众同甘苦共患难的人，是乐于富贵的人，是乐意施舍的人，是远离罪过的人，是努力按礼法正道来办事的人，是以独自富裕为羞耻的人。现在有些出来做官的人，是污秽卑鄙的人，是为非作歹的人，是胡作非为的人，是贪图私利的人，是专与礼法正道对着干的人，是不顾礼义一味追求权势的人。

［原文］

古之所谓处士者，德盛者也，能静者也，修正者也，知命者也，箸（同“著”）是者也。今之所谓处士者，无能而云能者也，无知而云知者也，利心无足而佯无欲者也，行伪险秽而强高言谨悫者也，以不俗为俗，离纵（同“踪”）而跂訾（通“趾”）者也。

［译文］

古代那些隐士，是品德高尚的人，是不为高官厚禄所动的人，是善良正派的人，是知道天命的人，是彰明正道的人。现在有些隐士，是没有才干却自视天下第一的人，是没有智慧却自以为洞察一切的人，是贪心永不满足却又假装清心寡欲的人，是行为肮脏阴险却又硬要吹嘘自己谨慎老实的人，是把不同于世俗当作自己的习惯，背离众人却显示自己与众不同的人。

［原文］

士君子之所能不能为：君子能为可贵，不能使人必贵己；能为可信，不能使人必信己；能为可用，不能使人必用己。故君子耻不修，不耻见污；耻不信，不耻不见信；耻不能，不耻不见用。是以不诱于誉，不恐于诽，率道而行，端然正己，不为物倾侧，夫是之谓诚君子。《诗》云："温温恭人，维德之基。"此之谓也。

［译文］

士君子所能做到的和不能做到的是：君子能够做到品德高尚而可以被人尊重，但不能使别人一定来尊重自己；能够做到忠诚老实而可以被人相信，但不能使别人一定相信自己；能够做到才干出众而可以被人任用，但不使能别人一定任用自己。所以君子把自己的品德不好看作耻辱，而不把被人污蔑看作耻辱；把自己不诚实看作耻辱，而不把不被信任看作耻辱；把自己无能看作耻辱，而不把不被任用看作耻辱。因此，君子不被荣誉所诱惑，也不被诽谤所恐吓，行事循道守义，养德端身正己，不被身外之物所驱使，这叫作真正的君子。《诗》上说："温柔谦恭的人们，总以道德为根本。"讲的就是这种人呀。

［原文］

士君子之容：其冠进（通"峻"），其衣逢，其容良，俨然，壮然，祺然，蕼然，恢恢然，广广然，昭昭然，荡荡然，是父兄之容也。其冠进，其衣逢，其容悫，俭然，恀（通"侈"）然，辅然，端然，訾（通"孳"）然，洞然，缀缀然，瞀瞀然，是子弟之容也。

［译文］

士君子的仪容是：帽子高高竖起，衣服宽宽大大，面容和蔼可亲，庄重，伟岸，安泰，洒脱，宽宏，开阔，明朗，坦荡，这是做父兄的仪容。那帽子高高竖起，衣服宽宽大大，面容谨慎诚恳，谦虚，温顺，亲热，端正，勤勉，恭敬，紧跟父兄左右却不敢正视，这是做子弟的仪容。

[原文]

吾语汝学者之嵬容：其冠絻，其缨禁缓，其容简连；填填然，狄狄然，莫莫然，瞡（guī）瞡然，瞿瞿然，尽尽然，盱盱然，酒食声色之中则瞒（通"湎"）瞒然，瞑瞑然；礼节之中则疾疾然，訾訾然；劳苦事业之中则儢（lǚ）儢然，离离然，偷儒（通"懦"）而罔，无廉耻而忍謑（xī）詢（gòu）：是学者之嵬也。

[译文]

我告诉你们有些学者的怪模怪样：帽子偏离头顶向前倾斜，帽带子系得松松垮垮，面容傲慢，自高自大，自满自足，自我陶醉，蹦来跳去，行踪不定，故作深沉，一言不发，眯起眼皮瞄这瞄那，瞪起双眼拼命张望，像要装下整个世界，眼神直勾勾的，像要洞穿天下。在吃喝玩乐的时候，就神情迷乱，沉溺其中；在举行礼节的时候，就面带怨色，口出怨言；在劳苦工作的时候，就懒懒散散，躲躲闪闪，苟且偷安而无所顾忌，没有廉耻之心而能忍受污辱谩骂。这就是那些学者的怪模怪样。

[原文]

弟佗其冠，神禫（通"冲淡"）其辞，禹行而舜趋，是子张氏之贱儒也。正其衣冠，齐其颜色，嗛然而终日不言，是子夏氏之贱儒也。偷儒（通"懦"）惮事，无廉耻而耆（同"嗜"）饮食，必曰"君子固不用力"，是子游氏之贱儒也。

[译文]

帽子歪歪斜斜，言语平平淡淡，模仿大禹的跛行、虞舜的快走，这是子张一派的贱儒。衣冠整齐，面色严肃，嘴中像是堵了什么，整天不发话，这是子夏一派的贱儒。偷懒怕事，没有廉耻之心而热衷于吃喝，总是说“君子从来就不用从事体力劳动”，这是子游一派的贱儒。

［原文］

彼君子则不然。佚（同“逸”）而不惰，劳而不僈（同“慢”），宗原应变，曲得其宜，如是，然后圣人也。

［译文］

君子就不是这样。他们虽然安逸却不懒惰，即使劳苦也不懈怠，既能坚守礼法原则又能灵活应对各种事变，各种关系都能处理得恰如其分，像这样，才有可能成为圣人。

仲尼篇第七

[原文]

仲尼之门人，五尺之竖子言羞称乎五伯（同“霸”）。是何也？

曰：然。彼诚可羞称也。齐桓，五伯之盛者也，前事则杀兄而争国；内行则姑、姊、妹之不嫁者七人，闺门之内，般乐奢汏（通“泰”），以齐之分奉之而不足；外事则诈邾，袭莒，并国三十五。其事行也若是其险污淫汏也，彼固曷足称乎大君子之门哉！

[译文]

“仲尼的门下，就连那五尺高的童子，说起话来都以称道五霸为羞耻。这是为什么？”

回答说：“是的，因为那五霸的确不值得称道。齐桓公，是五霸中最负盛名的，但拿他原来的事情来说，便是杀了他的哥哥来夺取了国家的政权；拿他在家庭内部的行为来说，姑姑、姐姐、妹妹中没出嫁的有七个，在宫门之内，他纵情作乐、奢侈放纵，用齐国税收的一半供养他还不够；拿对外事务来说，他欺骗邾国、袭击莒国，吞并国家三十五个。他的作为如此险恶肮脏、放荡奢侈，他怎么能够在伟大的孔圣人门下被人称道呢？”

[原文]

若是而不亡，乃霸，何也？

曰：於乎！夫齐桓公有天下之大节焉，夫孰能亡之？倓然见管仲之能足以托国也，是天下之大知（同“智”）也。安忘其怒，出忘其雠（同“仇”），遂立以为仲父，是天下之大决也。立以为仲父，而贵戚莫之敢妒也；与之高、国之位，而本朝之臣莫之敢恶也；与之书社三百，而富人莫之敢距也。贵贱长少，秩秩焉莫不从桓公而贵敬之，是天下之大节也。诸侯有一节如是，则莫之能亡也；桓公兼此数节者而尽有之，夫又何可亡也？其霸也宜哉！非幸也，数也。

[译文]

“像这样却没灭亡，竟然还能称霸，这是为什么？”

回答说：“哎呀！因为齐桓公掌握了治理天下最为关键的原则，谁还能灭掉他呢？他坚信不疑地认可管仲的才能，完全可以把国家托付给他，这是天下最伟大的智慧。安定后忘掉了自己危急时的愤怒，逃出险境后就忘掉了自己对管仲的仇恨，最终把管仲尊称为仲父，这是天下最英明的决断。把管仲尊称为仲父，而国君的内外亲族没有人敢嫉妒他；给他高氏、国氏那样的尊贵地位，而朝廷上的大臣没有谁敢怨恨他；封赏给他按社登记入册的人口和土地有三百社之多，而富人没有谁敢与他为敌。高贵的、卑贱的、年长的、年幼的，都秩序井然，没有谁不顺从桓公去尊敬他。这些都是治理天下的最为重要的原则。诸侯们只要掌握其中的一个，就没有人能够消灭他；桓公把这些治国原则全都掌握，又怎么可能被灭掉呢？他称霸诸侯，是理所当然呀！并不是由于侥幸，而是一种必然。”

[原文]

然而仲尼之门人，五尺之竖子言羞称乎五伯，是何也？

曰：然。彼非本政教也，非致（通“至”）隆高也，非綦文理也，非服人之心也。乡（同“向”）方略，审劳佚（同“逸”），畜（同“蓄”）积修斗而能颠倒其敌者也。诈心以胜矣。彼以让饰争，依乎仁而蹈利者也，小人之杰也，彼固曷足称乎大君子之门哉！

[译文] “然而仲尼的门下，就连那五尺高的童子，说起话来都以称道五霸为羞耻。这是为什么？”

回答说：“是的，因为五霸没有把政治教化当作治国安邦的根本，既没有把礼法制度放到最重要的位置，也没有把它真正贯彻落实，所以不能让人心悦诚服。他们只是些注重方法策略，注意使民众有劳有逸，积蓄财物、加强战备因而能颠覆打败其敌人的人，是依靠诡诈的心计来称霸天下的。他们是以谦让来掩饰争夺、打着仁爱的旗号来追求实际利益的人，是小人中的出类拔萃者。他们怎么能够在伟大的孔圣人门下被人称道呢？”

[原文] **彼王者则不然。致贤而能以救不肖，致强而能以宽弱，战必能殆之而羞与之斗，委（通“绥”）然成文以示之天下，而暴国安自化矣。有灾缪（通“谬”）者然后诛之。故圣王之诛也，綦省矣。文王诛四，武王诛二，周公卒业，至于成王则安以无诛矣。故道岂不行矣哉！文王载，百里地而天下一，桀、纣舍之，厚于有天下之埶（同“势”）而不得以匹夫老。故善用之，则百里之国足以独立矣；不善用之，则楚六千里而为雠（同“仇”）人役。故人主不务得道而广有其埶（同“势”），是其所以危也。**

[译文] “那些圣王们就不是这样。他们自己极其贤能，却能够去救助不贤的人；自己极其强大，能够宽容弱者；作战的时候攻无不克战无不胜，但耻于发动战争；从容不迫地制定了礼法制度并把它们公示天下，促使那些凶暴残忍的诸侯国向着国泰民安转化。如果还有继续不顾百姓死活、祸国殃民的，然后去诛灭他。所以圣王的责罚，是极少的。周文王只讨伐了四个国家，周武王只诛杀了两个人，周公完成了统一天下的大业，到了周成王的时候就没有了杀伐。现在，圣王们遵循的那些礼义正道就真的不能实行了

么？周文王遵从了礼义正道，虽然只占有方圆百里的国土，但天下被他统一；夏桀、商纣抛弃了礼义正道，虽然拥有掌握天下政权的雄厚势力，却不能像平民百姓那样安然终老。所以善于利用礼义正道，那么具有方圆百里国土的国家完全可以独立生存；不善于利用礼义正道，那么就是像楚国那样拥有方圆六千里国土，也会被仇敌所役使。所以，君主不致力于掌握礼义正道而只知道扩张他的地盘与势力，这就是招致他危亡的原因呀。”

［原文］

持宠处位终身不厌之术：主尊贵之，则恭敬而僔（zǔn，同“撙”）；主信爱之，则谨慎而嗛（同“谦”）；主专任之，则拘守而详；主安近之，则慎比而不邪；主疏远之，则全一而不倍；主损绌（同“黜”。兰陵方言中，“绌”意为用细绳扎紧）之，则恐惧而不怨。贵而不为夸，信而不处谦（通“嫌”），任重而不敢专，财利至则善而不及也，必将尽辞让之义然后受，福事至则和而理，祸事至则静而理，富则施广，贫则用节，可贵可贱也，可富可贫也，可杀而不可使为奸也，是持宠处身不厌之术也。虽在贫穷徒处之埶（同“势”），亦取象于是矣。夫是之谓吉人。《诗》曰：“媚兹一人，应侯顺德。永言孝思，昭哉嗣服。”此之谓也。

［译文］

保持尊宠、守住官位、终身不被人厌弃的方法是：君主尊敬重视你，你就恭敬而谦让；君主信任喜爱你，你就谨慎而谦虚；君主放心任用你，你就忠于职守而详明法度；君主喜欢亲近你，你就诚惶诚恐而不搞歪门邪道；君主疏远你，你就忠心依旧而不背叛；君主贬损罢免你，你就知晓恐惧而不埋怨。地位显赫时，不奢侈过度；得到君主信任时，不忘记回避嫌疑；担当重任时，不搞独断专行；财物利益来临时，若是自己的善行还不够资格得到它，就一定要尽到推让的礼节后再接受；福气来临时就平和地去对待它，灾祸来临时就冷静地去处理它；富裕了就广泛施舍，贫穷了就勤俭节约；可贵可贱，可富可贫，可以杀身成仁却不可以被迫使去做奸邪的事：这些就是保持尊宠、守住官位、终身不被人厌弃的方法。即使处在贫穷困窘孤立的境况，也能按照这种方法来立身处世，那就可称为吉祥的人。《诗》上说："用心服从圣王的管理，继承祖先的光荣传统。永远想着孝敬，才能耀祖光宗。"讲的就是这种人啊。

[原文]

求善处大重，理任大事，擅宠于万乘之国，必无后患之术：莫若好同之，援贤博施，除怨而无妨害人。能耐（通"能"。兰陵方言中，"能耐"是指有本事、有能力的人）任之，则慎行此道也。能而不耐任，且恐失宠，则莫若早同之，推贤让能而安随其后。如是，有宠则必荣，失宠则必无罪，是事君者之宝而必无后患之术也。故知（同"智"）者之举事也，满则虑嗛（通"歉"），平则虑险，安则虑危，曲重其豫（通"预"），犹恐及其祸，是以百举而不陷也。孔子曰："巧而好度必节，勇而好同必胜，知（同"智"）而好谦必贤。"此之谓也。愚者反是。处重擅权，则好专事而妒贤能，抑有功而挤有罪，志骄盈而轻旧怨，以悋啬（同"吝啬"）而不行施道乎上，为重招权于下以妨害人，虽欲无危，得乎哉！是以位尊则必危，任重则必废，擅宠则必辱，可立而待也，可炊而僥（通"竟"）也。是何也？则堕之者众而持之者寡矣。

[译文]

寻求妥善地身居要位，顺利地担任要职，在拥有万辆兵车的大国独自获得君主的恩宠，绝无后患的方法是：必然与君主同心同德，推荐引进贤能，广泛地施舍，消解对别人的怨恨，也不去坑害自己怨恨的人。自己的能力能够担当的职务，那就小心谨慎地奉行这种方法。自己的能力如果不能够胜任，而且害怕因此而失去君主对自己的宠爱，那就不如及早地与君主同心同德，推荐贤人，把职务让给能者，而自己则心甘情愿地追随在后。像这样，得到君主恩宠定会荣耀，失去宠爱也定会远离罪责。这是侍奉君主者的法宝，也是绝无后患的方法。所以明智之人做事的时候，圆满时考虑不足，顺利时考虑艰难，安全时考虑危险，周密细致地加以预防各种失误，做到这样仍然惧怕遭遇祸端，所以承办许许多多的事情也不会出错。孔子说："能干会干却又遵循法度，就一定能做得恰到好处；勇于担当却喜欢与别人同心协力，就一定能够取得胜利；智慧聪敏而又喜欢谦虚，就一定会成为德才兼备的圣贤。"讲的就是这种道理。愚蠢的人与此相反：他们身居要职、独揽大权时，就专横跋扈、嫉妒贤能，压制有功的人而排挤打击有罪过的人，骄傲自满且歧视与自己有旧怨的人，拥有许多钱财却吝啬小气不去施舍，位高权重却还要到处揽权以致损害别人。这种人虽然幻想平安无事，但他能办得到吗？因此，他们虽然官居高位必然充满危险，担当要职必然会被罢免，独受宠爱必然遭受耻辱，这种情景立即就会变为现实，做一顿饭的工夫就可以看到。这是为什么呢？就是因为毁害他的人多而扶持他的人少呀。

［原文］

天下之行术：以事君则必通，以为仁（通"人"）则必圣，立隆而勿贰也。然后恭敬以先之，忠信以统之，慎谨以行之，端悫以守之，顿穷则从之，疾力以申重之。君虽不知，无怨疾之心；功虽甚大，无伐德之色；省求，多功，爱敬不倦：如是，则常无不顺矣。以事君则必通，以为仁则必圣，夫是之谓天下之行术。

［译文］

在天下处处能行得通的办法是：用它来侍奉君主必定通达，用它来做人就必定圣明，确立崇高的礼义而不三心二意。然后用恭敬的态度来引导,用忠信来统率,小心谨慎地实行,端正诚实地坚守,即使到了困厄的时候也要努力遵循、反复强调。君主即使不了解、重用自己,也没有怨恨的心情;功劳即使很大,也没有炫耀自己的表情;少提要求而多立功劳,敬爱君主永不厌倦:像这样,那就永远没有不顺利的时候了。用它来侍奉君主就一定会通达,用它来做人就一定会圣明,这就叫作天下处处行得通的办法。

[原文]

少事长,贱事贵,不肖事贤,是天下之通义也。有人也,埶(同“势”)不在人上而羞为人下,是奸人之心也。志不免乎奸心,行不免乎奸道,而求有君子圣人之名,辟(通“譬”)之是犹伏而咶(通“舐”)天,救经而引其足也。说必不行矣,俞务而俞远。故君子时诎(通“屈”)则诎(通“屈”),时伸则伸也。

[译文]

年轻的侍奉年长的,卑贱的侍奉高贵的,不贤的侍奉贤能的,这是天下的普遍原则。有的人,地位不在别人之上,却羞于处在别人之下,这是奸邪之人的想法。思想上没有除掉邪念,行动上没有离开邪道,却想要享有君子、圣人的名声,就好像是趴在地上去舔舐天顶、抢救上吊的人却去拉扯他的双脚。这必定办不到,越是努力就离目标越远。所以君子在时机需要自己屈从忍耐时就屈从忍耐,在时机容许自己施展抱负时就施展抱负。

儒效篇第八

［原文］

大儒之效：武王崩，成王幼，周公屏成王而及武王以属天下，恶天下之倍（通“背”）周也。履天子之籍，听天下之断，偃然如固有之，而天下不称贪焉；杀管叔，虚（同“墟”）殷国，而天下不称戾焉；兼制天下，立七十一国，姬姓独居五十三人，而天下不称偏焉。教诲开导成王，使谕于道，而能揜（yǎn，同“掩”）迹于文、武。周公归周，反籍于成王，而天下不辍事周，然而周公北面而朝之。天子也者，不可以少当也，不可以假摄为也。能则天下归之，不能则天下去之，是以周公屏成王而及武王以属天下，恶天下之离周也。成王冠，成人，周公归周反籍焉，明不灭主之义也。周公无天下矣，乡（通“向”）有天下，今无天下，非擅（通“禅”）也；成王乡（同“向”）无天下，今有天下，非夺也：变埶（同“势”）次序节然也。故以枝代主而非越也，以弟诛兄而非暴也，君臣易位而非不顺也。因天下之和，遂文、武之业，明枝主之义，抑亦变化矣，天下厌然犹一也。非圣人莫之能为，夫是之谓大儒之效。

［译文］

大儒所起的作用是：周武王去世时，成王还年幼，周公拥立成王而代行天子之位来统领天下，是因为他担心有人要背叛周朝江山。他登上天子之位，处理天下大事，沉着应对就像原来应该拥有一样，而天下人并不说他贪婪；他杀了管叔，使殷国国都成了废墟,但天下人并不说他凶暴;他全面控制了天下,分封了七十一个诸侯国,其中出于周王家族的姬姓诸侯就占了五十三个,但天下人并不说他偏私。他教诲、开导成王,使成王明白礼义正道,从而能够继承文王、武王的江山社稷继续前行。周公把周朝天下与王位归还给成王,而天下人并没有停止侍奉周王朝,然后周公才回到大臣位置,与其他大臣一起面向北方朝拜成王。天子之位,不可以让年幼的人掌管,也不可以由别人代理行使。能负担起这个重任,天下人就会归顺他;不能,天下人就会背离他。因此,周公拥立成王而代行天子之位来统领天下,是因为他担心有人要背叛周朝江山。成王行了冠礼,已经长大成人,周公便把周朝天下和王位归还给成王,以此来表明他不灭掉正宗长子继承王位的传统与道义。于是周公不再拥有统治天下的权力。他过去统领天下,现在退出天子之位,这并不是禅让;成王过去不能统领天下,现在拥有天子之位,这并不是篡夺:这是君权更替法定程序的必然要求。所以,周公以旁支别系的身份代替正宗长子统领天下并不算是超越本分,以弟弟的身份诛杀兄长管叔也不算是残暴,君臣变换了位置也不算是不顺。周公凭借天下人的同心合力,完成了文王、武王的事业,彰明了旁支别系与正宗长子之间的关系准则,虽然先是代行后又退出天子之位,但周朝江山依然安定。除了圣人没有谁能够做到这一点,这可以说是大儒所起的作用。

[原文]

秦昭王问孙卿子曰:“儒无益于人之国?”

孙卿子曰:“儒者法先王,隆礼义,谨乎臣子而致贵其上者也。人主用之,则埶(同‘势’)在本朝而宜;不用,则退编百姓而悫,必为顺下矣。虽穷困冻餧(同‘馁’),必不以邪道为贪。无置锥之地而明于持社稷之大义。嘄(同‘叫’)呼而莫之能应,然而通乎财万物、养百姓之经纪。埶(同‘势’)在人上则王公之材也,在人下则社稷之臣,国君之宝

也。虽隐于穷阎（通‘巷’）漏（同‘陋’）屋，人莫不贵之，道诚存也。仲尼将为司寇，沈犹氏不敢朝饮其羊，公慎氏出其妻，慎溃氏逾境而徙，鲁之粥（同‘鬻’）牛马者不豫贾（gǔ），必蚤（同‘早’）正以待之也。居于阙党，阙党之子弟罔不分，有亲者取多，孝弟（同‘悌’）以化之也。儒者在本朝则美政，在下位则美俗。儒之为人下如是矣。”

［译文］

秦昭王问荀子说：“儒者对于国家治理没有多少用处吧？”

荀子说：“儒者，效法古代的圣王、崇尚礼义，能够使臣子谨守职责而极其敬重他们君主的人。君主如果任用他们，他们就会恰当地处理政事；如果不能任用他们，他们就会退身民间谨慎老实地做人；无论如何，他们一定会做一个顺从的臣民。他们即使贫穷困苦、受冻挨饿，也一定不会用不正当的手段去谋取财利。即使没有立锥之地，也深明维护江山社稷的大义。即使大声疾呼而没有人能去响应他们，可是他们精通管理万物、养育人民的纲领。如果他们的地位在别人之上，那就是担当王公大臣的干才；如果在别人之下，那就是捍卫江山社稷的国家栋梁、国君的宝贵财富。即使隐居在偏僻的里巷与狭小简陋的房屋之中，人们也没有不尊重他们的，因为治国正道确实掌握在他们手中。孔子将要担任鲁国大司寇的时候，沈犹氏不敢再在早晨让自己的羊去喝水，公慎氏休掉自己的妻子，慎溃氏越境搬走，鲁国卖牛马的也不再漫天要价，这是因为孔子总是预先用礼法正道去教化人们的缘故。孔子住在阙党的时候，阙党的子弟将网获的鱼兽进行分配时，有父母亲的子弟就多得一些，这是因为孔子用孝顺父母尊敬兄长的道理感化了他们。儒者在朝廷上做官，就能使朝政完美；在民间做个百姓，就能使风俗完美。儒者做臣民时就像这个样子呀。”

［原文］

王曰：“然则其为人上何如？”

孙卿曰："其为人上也广大矣：志意定乎内，礼节修乎朝，法则度量正乎官，忠信爱利形乎下。行一不义、杀一无罪而得天下，不为也。此君义信乎人矣，通于四海，则天下应之如欢。是何也？则贵名白而天下治也。故近者歌讴而乐之，远者竭蹶而趋之，四海之内若一家，通达之属莫不从服。夫是之谓人师。《诗》曰：'自西自东，自南自北，无思不服。'此之谓也。夫其为人下也如彼，其为人上也如此，何谓其无益于人之国也！"

昭王曰："善。"

［译文］

秦昭王说："那么儒者做了君主又会怎样呢？"

荀子说："儒者当了君主，影响就非常大了：他意志非常坚定，朝廷中的礼节因此得到整饬，严肃法纪促使官员遵循正道依法从政，申明'忠诚、信用、仁爱、利人'美德引导百姓涵养正气、循礼做人。即使做一件不义的事、杀一个无罪的人就能取得天下，他也不干。这种做君主的道义被民众相信，并传遍四面八方，全天下响应他的人就会欢声雷动。这是为什么呢？是因为他既有无人不晓的尊贵名声，又能带领天下走向大治。所以近处的人们歌颂他、热爱他，远处的人们竭力奔走相告投奔他，四海之内如同一家，凡是交通能到达的地方，没有谁不服从。这就是深受天下民众拥戴的师长。《诗》上说：'从西到东，从南到北，没有哪个不服从。'讲的就是这种情况呀。儒者做臣民的时候像上面说的那样，当了君主就像刚才说的这样，怎么能说儒者对于国家治理没有多少用处呢？"

秦昭王说："讲得好。"

［原文］

先王之道，仁之隆也，比中而行之。曷（同"何"）谓中？曰：礼义是也。道者，非天之道，非地之道，人之所以道也，君子之所道也。

［译文］

先王之道，是仁德的最高体现，因为他们是遵循中正之道来践行它的。什么叫作中正之道呢？

回答说：礼义就是中正之道。这里讲的“道”，既不是指上天运行的常数，也不是指大地演进的规律，而是指人类必须遵行的规范，君子必须遵循的准则。

［原文］

君子之所谓贤者，非能遍能人之所能之谓也；君子之所谓知（同“智”）者，非能遍知人之所知之谓也；君子之所谓辩者，非能遍辩人之所辩之谓也；君子之所谓察者，非能遍察人之所察之谓也：有所正矣。相高下，视硗肥，序五种，君子不如农人；通货财，相美恶，辩贵贱，君子不如贾（gǔ）人；设规矩，陈绳墨，便备用，君子不如工人；不恤是非然不然之情，以相荐（通“践”）撙，以相耻怍，君子不若惠施、邓析。若夫谪（通“商”）德而定次，量能而授官，使贤、不肖皆得其位，能、不能皆得其官，万物得其宜，事变得其应，慎、墨不得进其谈，惠施、邓析不敢窜其察，言必当理，事必当务，是然后君子之所长也。

［译文］

君子的所谓贤能，并不是能够全部做到别人所能做到的一切；君子的所谓智慧，并不是能够全部知道别人所知道的一切；君子的所谓善辩，并不是能够全部辩明别人所辩论的一切；君子的所谓明察，并不是能够全部体察到别人所观察的一切：君子的知识才能是有一定限度的。观察地势的高低，识别土质的贫瘠与肥沃，安排各种庄稼的种植季节，君子不如农民；使财物流通，鉴别货物的好坏，区别货物的贵贱，君子不如商人；使用圆规和矩尺，弹画墨线，完善各种器具，君子不如工匠；不顾是与非、对与不对的实际，互相贬低，互相污辱，君子不如惠施、邓析。至于评估德行来确定等级，衡量才干来授予官职，使有德与无德的人都能得到应有的地位，有才干与没有才干的人都能得到应有的官职，世间万物得到合理安排，突发事变得到恰当处理，使慎到、墨翟无法宣扬他们的言论，惠施、邓析不敢贩卖他们貌似明察的诡辩，说话必定符合道理，做事必定符合要求，这些才是君子所擅长的本领。

［原文］

凡事行，有益于理者立之，无益于理者废之，夫是之谓中事。凡知说，有益于理者为之，无益于理者舍之，夫是之谓中说。事行失中谓之奸事，知说失中谓之奸道。奸事奸道，治世之所弃，而乱世之所从服也。若夫充虚之相施（通“移”）易也，坚白、同异之分隔也，是聪耳之所不能听也，明目之所不能见也，辩士之所不能言也，虽有圣人之知，未能偻指也。不知无害为君子，知之无损为小人。工匠不知无害为巧，君子不知无害为治。王公好之则乱法，百姓好之则乱事。而狂惑戆陋之人，乃始率其群徒，辩其谈说，明其辟（同“譬”）称，老身长子，不知恶也。夫是之谓上愚，曾不如相鸡狗之可以为名也。《诗》曰：“为鬼为蜮，则不可得。有靦面目，视人罔极。作此好歌，以极反侧。”此之谓也。

［译文］

凡是事情和行为，有益于治理国家的就去行动，无益于治理国家的就不去实施，这叫作“正确地处理事情”。凡是知识和学说，有益于治理的就确立它，无益于治理的就废除它，这叫作“正确地对待学说”。事情和行为不得当，就叫作“奸邪的事情”；知识和学说不得当，就叫作“奸邪的学说”。奸邪的事情、奸邪的学说，是太平盛世所抛弃的，却是混乱的社会所依从的。至于天地间盈和虚的互相转化，“坚白”“同异”的分辨，这是耳朵灵敏的人也不能听懂的，是眼睛明亮的人也不能看清楚的，是能言善辩的学者也不能说明白的，即使有了圣人的智慧，也不能很快地将它们点明。但是，不知道这些学说，君子还是君子；懂得这些学说，小人还是小人。工匠不了解这些，无害于掌握技巧；卿大夫不懂得这些，无害于从事政治。帝王、诸侯爱好这些学说，就会乱了法度；老百姓喜欢这些学说，就会把各种事情搞乱。但是那些狂妄糊涂、愚蠢浅陋的人，却率领着他们的门徒，辩护他们的主张学说，阐明他们的比喻引证，一直到自己衰老了、儿子长大了，也不知道厌恶那一套。这可以叫作“极端的愚蠢”，还不如爱好鉴别鸡狗的优劣倒可以出名。《诗》上说：“你若是鬼蜮，那就无法看清楚。你的面目这样丑，给人看就看不透。作此好歌唱一唱，用来揭穿你的反复无常。”讲的就是这种人呀。

［原文］

我欲贱而贵，愚而智，贫而富，可乎？

曰：其唯学乎。彼学者，行之，曰士也；敦慕焉，君子也；知之，圣人也。上为圣人，下为士君子，孰禁我哉！乡（同“向”）也，混然涂之人也，俄而并乎尧、禹，岂不贱而贵矣哉！乡也，效门室之辨，混然曾不能决也，俄而原仁义，分是非，图回天下于掌上而（通“如”）辩（同“辨”）白黑，岂不愚而知（同“智”）矣哉！乡也，胥靡之人，俄而治天下之大器举在此，岂不贫而富矣哉！今有人于此，屑（同“屑”）然藏千溢（同“镒”）之宝，虽行貣（tè）而食，人谓之富矣。彼宝也者，衣之不可衣也，食之不可食也，卖之不可偻售也，然而人谓之富，何也？岂不大富之器诚在此也？是杅杅亦富人已，岂不贫而富矣哉！

[译文] 我想由下贱变成高贵，由愚昧变成明智，由贫穷变成富裕，可以吗？

回答说：通过学习就可以。那些学习的人，能遵行学到的东西，就可称为士人；能勤奋努力的，就是君子；能把所学知识融会贯通的，就是圣人。努力学习吧，最高可以成为圣人，最起码也可以成为士人、君子，谁还能阻止我上进呢？原来迷迷糊糊就是个大路上的普通人，一会儿就可以和尧、禹这样的圣王并列在一起，这难道不是由下贱变得高贵了吗？原来考查他对门外和室内的礼节有什么分别，他也迷迷糊糊不能判断，一会儿就能追溯仁义的本源，分辨是非，运转天下大事易如反掌，如同辨别黑白一样轻松，这难道不是由愚昧变得明智了吗？原来就是个无德无才的人，一会儿治国平天下的重大举措都被他掌管，这难道不是由贫穷变得富裕了吗？现在如果在这儿有这么一个人，他积少成多地收藏着价值千金的珍宝，那么即使他靠外出乞讨来糊口，人们也还是说他富有。他的那些珍宝，穿它吧，又不能穿；吃它吧，又不能吃；卖它吧，又不能很快地出售。但是人们说他富有，为什么呢？难道不是因为最值钱的宝器确确实实在他这儿吗？这样看来，那知识广博的学者也就是富有了，这岂不是由贫穷变得富有了吗！

[原文] **故君子无爵而贵，无禄而富，不言而信，不怒而威，穷处而荣，独居而乐，岂不至尊、至富、至重、至严之情举积此哉！故曰：贵名不可以比周争也，不可以夸诞有也，不可以埶（同“势”）重胁也，必将诚此然后就也。争之则失，让之则至；遵道则积，夸诞则虚。故君子务修其内而让之于外，务积德于身而处之以遵道。如是，则贵名起如日月，天下应之如雷霆。故曰：君子隐而显，微而明，辞让而胜。《诗》曰：“鹤鸣于九皋，声闻于天。”此之谓也。**

［译文］ 所以，君子没有爵位也尊贵，没有俸禄也富裕，不用辩说也被信任，不去发怒也威严，处境困窘也荣耀，一个人孤独也快乐，难道不是因为那最尊贵、最富裕、最庄重、最威严的实质都聚集在这种学习之中了吗？所以说：尊贵的名声，不可能靠结党营私来争夺，不可能靠自卖自夸来拥有，不可能靠权势地位来强行霸占，一定要认真地在学习上狠下功夫，然后才能获得。争夺名誉就会丧失名誉，让出名誉就会得到名誉；遵循礼法正道就能积累名誉，自卖自夸就会竹篮打水一场空。所以，君子既致力于内在素养的提升，也注意外在行为的谦虚退让，不仅致力于优秀品德的不断积累，也注意遵循礼法正道，处置面对的一切。像这样，他尊贵的名声就如同太阳、月亮升起，天下人对他的号召就会像雷霆排空那样轰轰烈烈地响应。所以说：君子即使隐居也显赫，即使卑微也荣耀，即使退让也会胜过别人。《诗》上说：“鹤在曲折深远的沼泽鸣叫，它的声音也会直上云霄。”讲的就是这种情况呀。

［原文］ **鄙夫反是。比周而誉俞（同“愈”）少，鄙争而名俞（同“愈”）辱，烦劳以求安利，其身俞（同“愈”）危。《诗》曰：“民之无良，相怨一方。受爵不让，至于己斯亡。”此之谓也。**

［译文］ 鄙陋的人与此相反。他们拉帮结派，赞誉却越来越少；卑鄙地去争夺，名声却越来越臭；拼命追求安逸与私利，自身却越来越危险。《诗》上说：“小人总是不善良，互相埋怨另一方。争夺爵位不谦让，直到自己被灭亡。”讲的就是这种人呀。

［原文］ **故能小而事大，辟（同“譬”）之是犹力之少而任重也，舍粹折无适也。身不肖而诬贤，是犹伛伸而好升高也，指其顶者愈众。故明主谲德而序位，所以为不乱也；忠臣诚能然**

后敢受职,所以为不穷也。分不乱于上,能不穷于下,治辩之极也。《诗》曰:"平平左右,亦是率从。"是言上下之交不相乱也。

[译文] 所以,能力小而做的事大,就好比是力气小而担子重,只能落个压碎骨头折断腰的悲惨下场。自己不贤却妄称贤能,这就好像是一个驼背人喜欢长得更高一样,指着他的头顶而笑话他的人就会更多。所以英明的君主评定各人的德行来安排官职,是为了不乱加任用;忠诚的臣子确实有能力胜任,然后才敢接受官职,是为了不陷入困境。在君主一方,职分的安排不乱来;在臣下一方,有能力胜任而不至于陷入困境:这是治国安邦的最高境界。《诗》上说:"左右臣子很能干,遵从君命不违反。"这就是说君上和臣下的交往不可互相错乱。

[原文] **以从俗为善,以货财为宝,以养生为己至道,是民德也。行法至坚,不以私欲乱所闻,如是,则可谓劲士矣。行法至坚,好修正其所闻以桥(通"矫")饰其情性,其言多当矣而未谕也,其行多当矣而未安也,其知虑多当矣而未周密也,上则能大其所隆,下则能开道(同"导")不己若者,如是,则可谓笃厚君子矣。修百王之法若辨白黑,应当时之变若数一二,行礼要(通"约")节而安之若生四枝(同"肢"),要时立功之巧若诏四时,平正(通"政")和民之善,亿万之众而博若一人:如是,则可谓圣人矣。**

[译文] 把顺从习俗看作美德,把货物钱财看作宝物,把保养身体作为自己最高的行为准则,这是老百姓的德行。行为合乎法度,意志坚定,不因为个人的欲望而曲解所听到的东西,像这样,就可以

称为正直的士人。行为合乎法度，意志坚定，喜欢修正自己所听到的东西来矫正自己的性情；他的言论多半是恰当的，但还没有完全说明白；他的行为多半是恰当的，但还没有完全稳妥；他的考虑多半是恰当的，但还不周密；上能发扬光大尊崇的礼义，下能开导不如自己的人：像这样，就可以称为忠诚厚道的君子了。学习历代帝王的法度，就像分辨黑白一样清楚；应付当时的变化，就像数一二那样容易；奉行礼法遵循礼节习以为常，就像平时伸展四肢一样自如；抓住时机建立功勋非常敏锐，就像预告四季的到来一样准确；处理政务、管理民事非常内行，就像亿万民众步伐整齐如同一人那样有效。像这样，就可以叫作圣人。

［原文］

井井兮其有理也，严严兮其能敬己也，分分兮其有终始也，猒（yàn）猒兮其能长久也，乐乐（同“落落”）兮其执道不殆（通“怠”）也，炤炤兮其用知之明也，修修（通“条条”）兮其用统类之行也，绥绥兮其有文章也，熙熙兮其乐人之臧也，隐隐兮其恐人之不当也，如是，则可谓圣人矣。此其道出乎一。

［译文］

整整齐齐啊有条不紊，威风凛凛啊让人敬尊，坚定不移啊有始有终，知足常乐啊一生平安，满腔热忱啊坚守正道、毫不懈怠，洞察一切啊施展智慧、料事如神，一丝不苟啊崇尚礼法、严格遵行，泰然自若啊仪态优雅、礼貌有加，充满自信啊善于包容、胸襟豁达，忧心忡忡啊总是担心他人违反礼法。像这样，就可以称为圣人。能够具备以上素养皆出于专一。

［原文］

曷谓一？曰：执神而固。曷谓神？曰：尽善挟（通“浃”）治之谓神，万物莫足以倾之之谓固。神固之谓圣人。

[译文]

什么叫作专一?答案是:执着于“神”与“固”。什么叫“神”与“固”?答案是:处理事情尽善尽美,解决问题周密稳妥(世间任何事情他都能处理得恰如其分)叫作“神”,世间一切都不能让他为之动摇叫作“固”。做到了“神”与“固”就叫作圣人。

[原文]

圣人也者,道之管也。天下之道管是矣,百王之道一是矣,故《诗》《书》《礼》《乐》之归是矣。《诗》言是,其志也,《书》言是,其事也;《礼》言是,其行也,《乐》言是,其和也,《春秋》言是,其微也。故《风》之所以为不逐者,取是以节之也,《小雅》之所以为《小雅》者,取是而文之也;《大雅》之所以为《大雅》者,取是而光(通“广”)之也;《颂》之所以为至者,取是而通之也。天下之道毕是矣。乡是者臧,倍是者亡;乡(同“向”)是如不臧,倍(通“背”)是如不亡者,自古及今,未尝有也。

[译文]

圣人,是礼法正道的掌握者,是实现天下大治正确指导思想的拥有者,是历代圣王治国经验教训的总结者。所以,《诗》《书》《礼》《乐》所蕴含的治国安邦的正确道理都向他的智慧里集中,都在他的言行中得以体现。《诗》说的是情感志向,《书》说的是政治案例,《礼》说的是如何行动,《乐》说的是协和化一,《春秋》说的是或褒或贬的微言大义。因此,《国风》之所以不失于流荡的作品,是因为以此去节制它的缘故;《小雅》之所以为《小雅》,是因为以此去润饰它的缘故;《大雅》之所以为《大雅》,是因为以此去发扬光大它的缘故;《颂》之所以成为登峰造极的篇章,是因为以此去融会贯通它的缘故。实现天下大治的正确遵循全向这里集中,全都在此体现。顺从它的就会有好结果,背离它的就会灭亡。顺从它而没有好结果、违背它而不灭亡的,从古到今,还不曾有过。

[原文]

客有道曰:“孔子曰:‘周公其盛乎!身贵而愈恭,家富而愈俭,胜敌而愈戒。’”

应之曰:是殆非周公之行,非孔子之言也。武王崩,成王幼,周公屏成王而及武王,履天子之籍,负扆而坐,诸侯趋走堂下。当是时也,夫又谁为恭矣哉!兼制天下,立七十一国,姬姓独居五十三人焉;周之子孙苟不狂惑者,莫不为天下之显诸侯。孰谓周公俭哉!武王之诛纣也,行之日以兵忌,东面而迎太岁,至汜而泛,至怀而坏,至共头而山隧(同“坠”)。霍叔惧曰:“出三日而五灾至,无乃不可乎?”周公曰:“刳比干而囚箕子,飞廉、恶来知政,夫又恶有不可焉!”遂选马而进,朝食于戚,暮宿于百泉,厌旦于牧之野。鼓之而纣卒易乡(同“向”),遂乘殷人而诛纣。盖杀者非周人,因殷人也。故无首虏之获,无蹈难之赏。反(同“返”)而定三革,偃五兵,合天下,立声乐,于是《武》《象》起而《韶》《护》废矣。四海之内,莫不变心易虑以化顺之,故外阖(同“阖”)不闭,跨天下而无蕲(通“圻”)。当是时也,夫又谁为戒矣哉!

[译文]

有个客人说道:“孔子说:‘周公可伟大啦。他身份高贵而更加谦逊有礼,家里富裕而更加节约俭朴,战胜了敌人而更加戒备警惕。’”

荀子对答说:“这大概不是周公的行为,也不是孔子的话吧。武王去世时,成王还年幼,周公拥护成王而继承武王,登上了天子之位,背靠屏风而立,诸侯在堂下有礼貌地小步快跑前来朝见。在这个时候,他又对谁谦逊有礼了呢?他全面控制了天下,设置了七十一个诸侯国，其中出于周王家族的姬姓诸侯就占了五十三个；周族的子孙，只要不是发疯糊涂的人，无不成为天下显贵的诸侯。谁说周公节俭呢？武王讨伐纣王的时候，出发的那天犯了兵家忌讳，向东进军冲犯了太岁之星，到达汜水时洪水泛滥，到达怀城时墙倒屋塌，到达共头山时岩石崩落。霍叔恐惧地说：'出兵三天遇到了五次灾害，恐怕不能继续前行吧。'周公说：'纣王将比干剖腹挖心，还囚禁了箕子，飞廉、恶来把持朝政，又有什么不可以呢？'于是挑选了良马继续前进，早晨在戚地吃饭，晚上在百泉宿营，等到第二天黎明来到牧地的郊野。击鼓进攻，纣王的士兵就掉转方向倒戈起义，于是就凭借纣王的士兵而诛杀了纣王。原来杀纣王的并不是周国的人，而是依靠了商朝的人，所以周国的将士没有首级、俘虏的缴获，也没有因为冲锋陷阵而得到的奖赏。周国的军队回去以后不再使用铠甲、头盔与盾牌三种皮革制品，放下了各种兵器，会合天下诸侯，创作了颂扬此事的诗篇与乐章，从此《武》《象》等乐章兴起而商王朝的《韶》《护》等乐章被废弃。四海之内，无不转变思想，因为这种教化而归顺周王朝。因此，家家不必关闭大门，走遍天下也没有什么分界。在这个时候，他又对谁戒备警惕了呢？"

［原文］

造父者，天下之善御者也，无舆马则无所见其能。羿者，天下之善射者也，无弓矢则无所见其巧。大儒者，善调一天下者也，无百里之地则无所见其功。舆固马选矣，而不能以至远一日而千里，则非造父也。弓调矢直矣，而不能以射远中微，则非羿也。用百里之地，而不能以调一天下，制强暴，则非大儒也。

［译文］

造父，是天下善于驾驭车马的人，但没有车马就没法表现他的才能。后羿，是天下善于射箭的人，但没有弓箭就没法表现他的技巧。大儒，是善于整治统一天下的人，但没有方圆百里的国土就没有办法显示他的功用。如果车子坚固、马匹精良了，却不能用它来到达远方，日行千里，那就不是造父。弓调好了，箭笔直了，却不能用它射到远处，命中微小的目标，那就不是后羿。统辖方圆百里的领土，却不能靠它来一统天下、制服强暴的国家，那就不是大儒。

［原文］ **彼大儒者，虽隐于穷阎（同“巷”）漏（同“陋”）屋，无置锥之地，而王公不能与之争名；在一大夫之位，则一君不能独畜，一国不能独容，成名况乎诸侯，莫不愿得以为臣。用百里之地，而千里之国莫能与之争胜；笞棰暴国，齐一天下，而莫能倾也。是大儒之征也。其言有类，其行有礼，其举事无悔，其持险应变曲当。与时迁徙，与世偃仰，千举万变，其道一也。是大儒之稽也。其穷也，俗儒笑之；其通也，英杰化之，嵬琐逃之，邪说畏之，众人愧之。通则一天下，穷则独立贵名，天不能死，地不能埋，桀、跖之世不能污，非大儒莫之能立，仲尼、子弓是也。**

［译文］ 那些大儒，即使隐居在偏僻的里巷与狭小简陋的房子里，贫无立锥之地，但王公贵族不能与之竞争名望；虽然只是处在一个大夫的职位上，既不是一个诸侯国的国君所能单独任用，也不是一个诸侯国所能单独容纳，他们的盛名堪比诸侯，各国君主无不愿意让他们来充当自己的臣子。他统辖方圆百里的封地，那方圆千里的国家也就没有哪一个能与他争胜；他鞭挞强暴的国家，统一天下，谁也推翻不了他。这就是大儒所具有的特征。他说话合乎法度，行动合乎礼义，做事没有因失误而引起的悔恨；他扶持危险的局势、应付突发的事变处处都恰当。他顺应时世，因时制宜，即使采取上千种措施，遇到上万次变化，但他奉行的原则始终如

一。这是衡量大儒的标准。他困窘失意的时候，庸俗的儒者讥笑他；他显达得志的时候，英雄豪杰都受到他的感化，怪诞鄙陋的人都逃避他，持异端邪说的人都害怕他，一般民众都自愧不如他。他得志时就统一天下，不得志时就特立独行留下美名。上天不能灭亡他，大地不能埋葬他，桀、跖横行的时代不能玷污他，不是伟大的儒者就没有谁能这样立身处世，仲尼、子弓就是这样的人。

［原文］

故有俗人者，有俗儒者，有雅儒者，有大儒者。不学问，无正义，以富利为隆：是俗人者也。逢衣浅带，解果（通“蟹堁”）其冠，略法先王而足乱世术，缪学杂举，不知法后王而一制度，不知隆礼义而杀《诗》《书》；其衣冠行伪（同“为”）已同于世俗矣，然而不知恶者；其言议谈说已无以异于墨子矣，然而明不能别；呼先王以欺愚者而求衣食焉，得委积足以揜（yǎn，同“掩”）其口，则扬扬如也；随其长子，事其便辟（通“嬖”），举其上客，僡（huàn，同“患”）然若终身之虏而不敢有他志：是俗儒者也。法后王，一制度，隆礼义而杀《诗》《书》，其言行已有大法矣，然而明不能齐（通“济”）法教之所不及，闻见之所未至，则知不能类也，知之曰知之，不知曰不知，内不自以诬，外不自以欺，以是尊贤畏法而不敢怠傲：是雅儒者也。法先王，统礼义，一制度；以浅持博，以古持今，以一持万，苟仁义之类也，虽在鸟兽之中，若别白黑；倚（通“奇”）物怪变，所未尝闻也，所未尝见也，卒（通“猝”）然起一方，则举统类而应之，无所儗（通“疑”）怎（zuò，同“怍”）；张法而度之，则晻（通“奄”）然若合符节：是大儒者也。故人主用俗人则万乘之国亡；用俗儒则万乘之国存；用雅儒则千乘之国安；用大儒则百里之地久，而后三年，天下为一，诸侯为臣，用万乘之国则举错（同“措”）而定，一朝而伯（通“白”）。

［译文］

有俗人，有俗儒，有雅儒，有大儒。不学习请教，不讲求正义，把求取财富实利当作自己的最高目标，这是庸俗的人。穿着宽大的衣服，束着宽阔的腰带，戴着中间高起的帽子，粗略地效法古代圣明的帝王而只够用来扰乱当代的政治措施，荒谬地学习，杂乱地做一些事，不懂得效法后代的帝王、统一制度，不懂得把礼义置于最高地位而把《诗》《书》置于次要地位；他的穿戴行为已经与社会上的流俗相同了，但还不知道厌恶这一套；他的言谈议论已经和墨子没有什么两样了，但是他的智慧不能分辨；他称道古代圣王来欺骗愚昧的人而向他们求取衣食，得到别人的一点积蓄够用来糊口，就得意洋洋了；跟随君主的太子，侍奉君主的宠信小臣，吹捧君主的贵客，提心吊胆好像是终身没入官府的奴隶而不敢有其他的志愿：这就是俗儒。效法后代的帝王，统一制度，推崇礼义而把《诗》《书》降到次要地位；他的言论和行为已经符合基本的法规了，但是他的智慧不能弥补法制教令没有涉及的地方和自己没有听见看见的地方，就是他的智慧还不能触类旁通，懂就说懂，不懂就说不懂，对内不自欺，对外不欺人，依照这种观点而尊重贤人、畏惧法令、不敢懈怠傲慢：这就是雅儒。效法古代的圣明帝王，以礼义为纲领，统一制度，以少知多，以古推今，以一通万；如果是合乎仁义的事情，即使存在于鸟兽之中，也能像辨别黑白一样把它辨认出来；奇特的事物、怪异的变化，虽然从来没有听见过，从来没有看到过，突然在某一地方发生，也能应之以道而无所迟疑和不安，衡之以法而如同符节之相合：这就是大儒。所以，君主如果任用庸俗的人，那么拥有万辆兵车的大国也会灭亡；如果任用了俗儒，那么拥有万辆兵车的大国仅能保存；如果任用了雅儒，那么就是拥有千辆兵车的小国也能安定；如果任用了大儒，那么即使只有方圆百里的国土也能长久生存，三年之后，天下就能够统一，诸侯就会成为臣属，如果是治理拥有万辆兵车的大国，那么一采取措施就能平定天下，一个早晨就能名扬天下。

［原文］

不闻不若闻之，闻之不若见之，见之不若知之，知之不若行之。学至于行之而止矣。行之，明也；明之为圣人。圣人也者，本仁义，当是非，齐言行，不失豪（通“毫”）厘，无它道焉，已乎行之矣。故闻之而不见，虽博必谬；见之而不知，虽识必妄；知之而不行，虽敦必困。不闻不见，则虽当，非仁也。其道百举而百陷也。

［译文］

没有听到不如听到，听到不如见到，见到不如理解，理解不如践行。学习了并能够得到践行就算告一段落。践行，才能明白事理，明白了事理就是圣人。圣人这种人，以仁义为根本，能恰当地判断是非，能使言行保持一致，不差丝毫，这并没有其他的窍门，就在于他能把学到的东西付诸行动罢了。所以听到了而没有见到，即使听到了很多，也必然存在谬误；见到了而不理解，即使记住了，也必然存在虚妄；理解了而不实行，即使知识丰富，也必然陷入困境。不去聆听教诲，不去观摩考察，即使偶尔做对了，也不算是仁德。这种方法实行一百次会失误一百次。

［原文］

故人无师无法而知则必为盗，勇则必为贼，云能则必为乱，察则必为怪，辩则必为诞；人有师有法而知则速通，勇则速威，云能则速成，察则速尽，辩则速论。故有师法者，人之大宝也；无师法者，人之大殃也。

［译文］

所以，人要是没有老师、不懂法度，如果有智慧，就一定会偷窃；如果勇敢，就一定会抢劫；如果有才能，就一定会作乱；如果明察，就一定会搞奇谈怪论；如果善辩，就一定会蒙蔽欺诈。人要是有了老师、懂了法度，如果有智慧，就会很快通达事理；如果勇敢，就会很快变得威武；如果有才能，就会很快成功；如果明察，就能很快理解一切；如果善辩，就能很快论断是非。所以有老师、懂法度，是人们的一大宝物；没有老师、不懂法度，是人们的一大祸害。

［原文］

人无师法则隆性矣，有师法则隆积矣，而师法者，所得乎情，非所受乎性，不足以独立而治。性也者，吾所不能为也，然而可化也；情也者，非吾所有也，然而可为也。注错（通“措”）习俗，所以化性也；并一而不二，所以成积也。习俗移志，安久移质，并一而不二则通于神明，参于天地矣。

［译文］

人若没有老师、不懂法度，就会任由天性扩展；有了老师、懂了法度，就会积累良好的习惯；老师、法度，是从合乎礼义的实践中得来的，并非源于天性。单纯依靠天性是不能完善自己的。天性这东西，虽然不是我们所能造就的，却是可以通过后天的教育培养来转化的；良好的习惯，虽然不是我们一开始就具有的，却是可以通过后天的努力逐步养成的。让人接受良好风俗的熏陶，是可以转化天性的；全心全意而不是三心二意地学习，是可以用来积累良好习惯的。风俗习惯能够改变人的价值取向，经过长时间的熏陶，人的天性就会得到迁移；全心全意而不是三心二意，就能融会贯通，有效地配置天地间的资源。

［原文］

故积土而为山，积水而为海，旦暮积谓之岁，至高谓之天，至下谓之地，宇中六指谓之极，涂之人百姓，积善而全尽谓之圣人。彼求之而后得，为之而后成，积之而后高，尽之而后圣。故圣人也者，人之所积也。人积耨耕而为农夫，积斫削而为工匠，积反货而为商贾（gǔ），积礼义而为君子。工匠之子莫不继事，而都国之民安习其服。居楚而楚，居越

而越，居夏而夏，是非天性也，积靡使然也。

[译文]

所以，堆积泥土就成为山，积聚水流就形成海，一朝一夕积累起来就叫作年，最高的叫作天，最低的叫作地，空间之中朝六个方向延伸出去叫作极，路上的普通老百姓积累善行而达到了尽善尽美就叫作圣人。这些都是努力追求以后才得到的，努力做了以后才成功的，不断积累以后才高超的，尽善尽美以后才圣明的。所以圣人这种人，实际上是普通人德行的积累。人积累了锄草耕地的本领就成为农夫，积累了砍削的技巧就成为工匠，积累了贩卖货物的经验就成为商人，积累了合乎礼义的德行就成为君子。工匠的儿子无不继承父亲的事业，而国都里的居民都安心习惯于本地的习俗，居住在楚国就像楚国人一样生活，居住在越国就像越国人一样生活，居住在中原各国就像中原各国的人一样生活。这不是天生的本性，而是后天的积习和磨炼使他们这样的啊。

[原文]

故人知谨注错（同“措”），慎习俗，大积靡，则为君子矣。纵情性而不足问学，则为小人矣。为君子则常安荣矣，为小人则常危辱矣。凡人莫不欲安荣而恶危辱，故唯君子为能得其所好，小人则日徼（通“邀”）其所恶。《诗》曰：“维此良人，弗求弗迪；维彼忍心，是顾是复。民之贪乱，宁为荼毒。”此之谓也。

[译文]

所以，人懂得谨慎地选择环境，小心地对待风俗习惯，加强德行的积累和磨炼，就成为君子了。如果放纵天性而不重视学习，就成为小人了。成为君子，就经常会得到安宁与光荣了；成为小人，就经常会遇到危险和耻辱了。凡是人没有不希望安宁、光荣而厌恶危险、耻辱的，但是只有君子才能得到他所喜欢的，小人却是天天在招致他所厌恶的。《诗》上说：“有了这些善良人，你不访求不进用;那些狠心残忍者,你却照顾又看重。民众一心想作乱,难道甘愿被残害?”说的就是这种情况。

[原文] **人论(通“伦”):志不免于曲私而冀人之以己为公也,行不免于污漫而冀人之以己为修也,甚愚陋沟瞀而冀人之以己为知也:是众人也。志忍私然后能公,行忍情性然后能修,知而好问然后能才,公修而才,可谓小儒矣。志安公,行安修,知通统类:如是则可谓大儒矣。大儒者,天子三公也。小儒者,诸侯大夫士也。众人者,工农商贾(gǔ)也。礼者,人主之所以为群臣寸尺寻丈检式也,人伦尽矣。**

[译文] 人的类别:思想没有脱离偏邪自私,却希望别人认为自己大公无私;行为没有脱离污秽肮脏,却希望别人认为自己善良美好;非常愚昧浅陋,却希望别人认为自己聪慧明智:这样的人是一般的民众。思想上克制了私心,然后才能出于公心;行动上抑制了天性,然后才能善良美好;聪明而又喜欢请教,然后才能多才多艺:去私为公、行为美好又有才干,可以称为小儒。思想上习惯于公正无私,行动上习惯于善良美好,智慧能够精通纲纪法度:像这样就可以称为大儒。大儒这种人,能够担任天子的三公。小儒,可以去做诸侯的大夫或士。民众,只能当工匠、农夫、商人。礼制,是君主用来鉴定群臣等级的标准,人的类别用它来鉴定就能包罗无遗。

[原文] **君子言有坛宇,行有防表,道有一隆。言道德之求,不下于安存;言志意之求,不下于上;言道德之求,不二后王。道过三代谓之荡,法二后王谓之不雅。高之、下之、小之、臣之,不外是矣。是君子之所以骋志意于坛宇宫庭也。故诸侯问政不及安存,则不告也;匹夫问学不及为士,则不教也;**

百家之说不及后王，则不听也。夫是之谓君子言有坛宇，行有防表也。

［译文］

君子说话有界限，行动有标准，主张有侧重。说到政治的要求，不低于使国家安定和生存；说到思想的要求，不低于做一个有德才的学士；说到道德的要求，是不背离当代的帝王。谈论政治原则时超过了夏、商、周三代便叫作放荡荒诞，谈到法度时背离了当代的帝王便叫作不正。使自己的主张或高、或低、或小、或大，都不超越这个原则范围。这就是君子能使自己的思想活跃奔放而又保持在一定的界限、范围内的原因啊。所以诸侯询问政治，如果不涉及如何使国家安定而存在下去，就不告诉他；一般人来求学，如果不涉及如何做一个有德才的学士，就不教他；各家的学说，如果不涉及当代的帝王，就不听它。这就叫作君子说话有界限、行动有标准。

王制篇第九

［原文］

请问为政？曰：贤能不待次而举，罢（通“疲”或“痞”）不能不待须而废，元恶不待教而诛，中庸民不待政而化。分未定也则有昭缪（同“穆”）。虽王公士大夫之子孙，不能属于礼义，则归之庶人。虽庶人之子孙也，积文学，正身行，能属于礼义，则归之卿相士大夫。故奸言、奸说、奸事、奸能、遁逃反侧之民，职而教之，须而待之，勉之以庆赏，惩之以刑罚。安职则畜，不安职则弃。五疾，上收而养之，材（通“才”）而事之，官施而衣食之，兼覆无遗。才行反时者死无赦。夫是之谓天德，王者之政也。

［译文］

请问怎样从事政治？回答说：对于有德才的人，不依级别次序而破格提拔；对于无德无能的人，不等片刻而立即罢免；对于元凶首恶，不需教育而马上杀掉；对于普通民众，不靠行政强制手段而进行教育感化。在名分还没有确定的时候，就应该像宗庙用左昭右穆排列辈分一样来排列臣民的等级次序。即使是王公、士大夫的子孙，如果不能顺从礼义，就把他们归入平民。即使是平民的子孙，如果积累了古代文献经典方面的知识，端正了身心行为，能顺从礼义，就把他们归入卿相士大夫。对于那些散布邪恶的言论、鼓吹邪恶的学说、干邪恶的事情、有工于邪恶的才能、逃亡流窜、不守本分的人，就安排强制性的工作并教育他们，静待他们转变，用奖赏去激励他们，用刑罚去惩处他们。安心工作的就留用，不安心工作的就流放出去。对于聋、哑、瘸、断肢、侏儒等五种残疾人，君主要收留并养活他们，根据才能使用他们，根据职事安排供给他们吃穿，全部予以照顾而不遗漏。对于那些造反的人，坚决处死，决不赦免。这叫作天德，是圣王的政治。

［原文］

听政之大分：以善至者待之以礼，以不善至者待之以刑。两者分别则贤不肖不杂，是非不乱。贤不肖不杂则英杰至，是非不乱则国家治。若是，名声日闻，天下愿，令行禁止，王者之事毕矣。凡听，威严猛厉而不好假道人，则下畏恐而不亲，周闭而不竭。若是，则大事殆乎弛，小事殆乎遂（通“坠”）。和解调通，好假道人而无所凝止之，则奸言并至，尝试之说锋（通“蜂”）起。若是，则听大事烦，是又伤之也。故法法而不议，则法之所不至者必废；职而不通，则职之所不及者必队（同“坠”）。故法而议，职而通，无隐谋，无遗善，而百事无过，非君子莫能。故公平者，职之衡也；中和者，听之绳也。其有法者以法行，无法者以类举，听之尽也；偏党而无经，听之辟（同“僻”）也。故有良法而乱者，有之矣；有君子而乱者，自古及今，未尝闻也。传曰：“治生乎君子，乱生乎小人。”此之谓也。

［译文］

在朝廷上听取奏报处理政事的根本原则是：对那些带着好的建议而来的人，就用礼节对待他；对那些怀着恶意而来的人，就用刑罚对待他。这两种情况能区别开来，有德才的人和没有德才的人就不会混杂在一起，是非也就不会混淆。有德才的人和没有德才的人不混杂，英雄豪杰就会到来；是非不混淆，国家就能安定。像这样，名声就会远播，天下的人就会仰慕向往，就能做到有令必行、有禁必止，圣王的事业就算得上尽善尽美了。大凡在朝廷上听取奏报处理政事的时候，如果威武严肃、凶猛刚烈而不喜欢以宽容的态度听取不同的意见，那么臣下就会害怕恐惧而不亲近，就会隐瞒真情而不把心里话全部说出来。像这样，那么大事会因推诿扯皮、犹犹豫豫而贻误，小事会因墨守成规、松松垮垮而落空。如果一味随和，喜欢宽容地听取不同意见而漫无边际，那么奸诈邪恶的言论就会纷至沓来，试探性的游说就会蜂拥而起。像这样，奏报就会不分主次、琐碎繁杂，国家大事同样得不到有效处理。制定了法律却不与臣下讨论研究，那么，法律没有涉及的事情就一定会因无人关注而被搁置；规定了各级官吏的职权范围而不彼此沟通，那么，职权范围没有涉及的地方就一定会因管理出现盲区而被荒废。所以，制定了法律而又能与臣下充分讨论研究，规定了各级官吏的职权范围而又彼此沟通，那就不会有被隐藏的谋略，不会有被遗忘的良策，大事小事不会出现过错失误，不是君子不会做到这样。公正，是处理政事的原则；适中，是处理政事的准绳。那些有法律依据的就按照法律来执行，没有法律条文可以遵循的就按照同比类推的办法来办理，这是处理政事最为周全稳妥的方法；偏听偏信而不讲原则，这是处理政事的旁门邪道。所以，有了良好的法制而发生动乱的，经常可以听闻；有了君子而发生动乱的，从古到今还不曾听说。古书上说："国家的安定产生于君子，国家的动乱来源于小人。"讲的就是这种情况呀。

［原文］

分均则不偏，埶（同"势"）齐则不壹，众齐则不使。有天有地而上下有差，明王始立而处国有制。夫两贵之不能相事，两贱之不能相使，是天数也。埶（同"势"）位齐而欲恶同，物不能澹（通"赡"）则必争，争则必乱，乱则穷矣。先王恶其乱也，故制礼义以分之，使有贫富贵贱之等，足以相兼临者，是养天下之本也。《书》曰："维齐非齐。"此之谓也。

[译文] 利益平均了,智能与力量就得不到集中;权势相等了,天下就会乱作一团;大家平等了,人们就会谁也不想接受别人的驱使。有了天地,就有了上下之间的差别;有了圣王治理国家,就有了贫富贵贱的等级。两个同样高贵的人不能互相侍奉,两个同样卑贱的人不能互相驱使,这是无法更改的“天数(自然规律)”。如果人们的权势地位相等,而爱好与厌恶又相同,那么由于物质资源不能满足所有人的需要,就一定会发生争夺,发生争夺就一定会产生动乱,动乱就会使国家陷于困境。古代的圣王痛恨动乱局面的出现,所以制定了礼义来区分天下苍生,使人们有了贫富贵贱的等级,在此基础上去统领、号令天下,这是治理天下的根本原则。《书》上说:“要整齐,就要不整齐。”讲的就是这个道理。

[原文] **马骇舆则君子不安舆,庶人骇政则君子不安位。马骇舆则莫若静之,庶人骇政则莫若惠之。选贤良,举笃敬,兴孝弟(同“悌”),收孤寡,补贫穷。如是,则庶人安政矣。庶人安政,然后君子安位。传曰:“君者,舟也;庶人者,水也。水则载舟,水则覆舟。”此之谓也。故君人者欲安则莫若平政爱民矣,欲荣则莫若隆礼敬士矣,欲立功名则莫若尚贤使能矣:是君人者之大节也。三节者当,则其余莫不当矣;三节者不当,则其余虽曲当,犹将无益也。孔子曰:“大节是也,小节是也,上君也。大节是也,小节一出焉,一入焉,中君也。大节非也,小节虽是也,吾无观其余矣。”**

[译文] 马拉车时受惊就会狂奔,君子就不能稳坐车中;老百姓在政治上感到恐惧,君主就不能稳坐江山。马拉车时受惊了,最好的办法是让它平静;老百姓在政治上感到恐惧,最好的办法是给他们送去实实在在的恩惠。选用有德才的人,提拔忠厚恭谨的人,提倡孝顺父母、敬爱兄长、收养孤儿寡妇、接济贫穷的人。像这

样，那么老百姓就会在政治上感到安全。老百姓在政治上感到安全，君主才会安居上位。古书上说："君主，好比是船；百姓，好比是水。水能承载船，水也能推翻船。"讲的就是这个道理。所以掌管大权的君主，要想国家安定，最好的选择就是要实行周到合理的政策，爱护广大民众；要想获得荣耀，最好的举措就是尊崇礼义，敬重读书人；要想建立功业和名望，最好的办法就是推崇品德高尚的人，使用才华出众的人：这是君主治国安邦的关键所在。这三个关键都做得恰当，那么其余的就没有什么不恰当；这三个关键做得不恰当，那么其余的即使处处恰当，也是于事无补的。孔子说："大节对，小节也对，这是上等的君主。大节对，小节有些出入，这是中等的君主。大节错了，小节即使对，我也不用再看其余的了。"

[原文]

成侯、嗣公，聚敛计数之君也，未及取民也；子产，取民者也，未及为政也；管仲，为政者也，未及修礼也。故修礼者王，为政者强，取民者安，聚敛者亡。故王者富民，霸者富士，仅存之国富大夫，亡国富筐箧，实府库。筐箧已富，府库已实，而百姓贫，夫是之谓上溢而下漏。入不可以守，出不可以战，则倾覆灭亡可立而待也。故我聚之以亡，敌得之以强。聚敛者，召寇、肥敌、亡国、危身之道也，故明君不蹈也。

[译文]

卫成侯、卫嗣公，是搜刮民财、精于计算的国君，是失去民心的人；子产，是赢得民心的人，却不善于处理政事；管仲，善于从理政事，但没做到遵循礼义。遵循礼义的能成就帝王大业，善于处理政事的能强大，取得民心的能使国家安定，搜刮民财的会灭亡。因此圣王使民众富足，霸主使战士富足，勉强生存的国家使大夫富足，亡国的君主只知装足自己的大箱小箱、塞满自己的粮仓米库。箱子装足,仓库塞满,百姓却陷于贫困,这叫作上面漫出来而下面漏得精光。这样的国家,内不能防守,外不能征战,那么它的垮台灭亡马上就会成为现实。所以,搜刮聚敛民脂民膏会招致灭亡,敌人得到这些东西会因此富强。搜刮聚敛民脂民膏,实是一条招致侵略、养肥敌人、灭亡本国、危害自身的绝路,所以贤明的君王是不走这条路的。

[原文] **王夺之人,霸夺之与,强夺之地。夺之人者臣诸侯,夺之与者友诸侯,夺之地者敌诸侯,臣诸侯者王,友诸侯者霸,敌诸侯者危。**

[译文] 圣王争夺民心,霸主争夺同盟国,好战者争夺别国土地。赢得民心的可以使诸侯成为自己的臣子,争来同盟国的可以使诸侯成为自己的朋友,夺得别国争夺土地的可以使诸侯成为自己的敌人。使诸侯臣服的能称王天下,同诸侯友好的能称霸诸侯,与诸侯为敌的就很危险。

[原文] **用强者,人之城守,人之出战,而我以力胜之也,则伤人之民必甚矣。伤人之民甚,则人之民恶我必甚矣;人之民恶我甚,则日欲与我斗。人之城守,人之出战,而我以力胜之,则伤吾民必甚矣。伤吾民甚,则吾民之恶我必甚矣;吾民之恶我甚,则日不欲为我斗。人之民日欲与我斗,吾民日不欲为我斗,是强者之所以反弱也。地来而民去,累多而功少,虽守者益,所以守者损,是以大者之所以反削也。诸侯莫不怀交接怨而不忘其敌,伺强大之间,承(同"乘")强大之敝(同"弊"),此强大之殆时也。**

［译文］ 使用强大武力与别国争夺的君主，人家或者据城守卫，人家或者出城迎战，我用武力战胜他们，那么伤害别国民众一定很严重。伤害别国民众很严重，那么别国的民众怨恨我也必然很厉害；别国的民众怨恨我很厉害，那就会天天想和我战斗。人家或者据城守卫，人家或者出城迎战，而我用武力去战胜他们，那么伤害自己的民众必然很严重。伤害自己的民众很严重，那么自己的民众怨恨我也必然很厉害；自己的民众怨恨我很厉害，那就天天不想为我战斗。别国的民众天天想和我战斗，我自己的民众天天不想为我战斗，这就是强国反被削弱的原因。土地夺来了而民众丧失了，忧患很多而功劳很少，虽然守卫的土地增加了，用来守卫土地的民众却减少了，这就是大国反被削弱的原因。诸侯无不互相结交那些对强国心怀怨恨的国家而不忘记他们的敌人，他们窥测那强国的漏洞，趁着强国的衰败来进攻，这就是强国的危险时刻了。

［原文］ **知强大者不务强也，虑以王命全其力，凝其德。力全则诸侯不能弱也，德凝则诸侯不能削也，天下无王霸主则常胜矣。是知强道者也。**

［译文］ 懂得强大之道的君主不致力于逞强黩武，而是考虑用天子的命令来保全自己的实力，积累自己的德望。实力保全了，那么各国的诸侯就不能使他衰弱了；德望积聚了，那么各国诸侯就不能削弱他了；天下如果没有能成就王业、霸业的君主，那么他就能常常取胜了。这是懂得强大之道的君主。

［原文］ **彼霸者不然，辟田野，实仓廪，便备用，案谨募选阅材伎之士，然后渐庆赏以先之，严刑罚以纠之。存亡继绝，卫弱禁暴，而无兼并之心，则诸侯亲之矣；修友敌之道以敬接诸**

侯，则诸侯说（同“悦”）之矣。所以亲之者，以不并也，并之见（同“现”）则诸侯疏矣；所以说（同“悦”）之者，以友敌也，臣之见（同“现”）则诸侯离矣。故明其不并之行，信其友敌之道，天下无王霸主，则常胜矣。是知霸道者也。

［译文］

那些奉行霸道的君主就不是这样。他开垦田野，充实粮仓，改进设备器用，严格谨慎地招募、选择、接纳有才能技艺的士人，然后加重奖赏来诱导他们，加重刑罚来督责他们。他使灭亡的国家能存在下去，使已经断绝了的后代继承关系能继续下去，保护弱小的国家，禁止残暴的国家，但是并没有吞并别国的野心，那么各国诸侯就会亲近他。他遵循与力量匹敌的国家相友好的原则去恭敬地接待各国诸侯，那么各国诸侯就会喜欢他。各国诸侯之所以亲近他，是因为他不吞并别国；如果吞并别国的野心暴露出来，那么各国诸侯就会疏远他。各国诸侯之所以喜欢他，是因为他和力量匹敌的国家相友好；如果要使各国诸侯臣服的意图暴露出来，那么各国诸侯就会背离他。所以，表明自己不会有吞并别国的行为，信守自己和匹敌的国家相友好的原则，天下如果没有成就王业的君主，这懂得称霸之道的君主就能攻无不克、战无不胜。这是懂得称霸之道的君主。

［原文］

闵王毁于五国，桓公劫于鲁庄，无它故焉，非其道而虑之以王也。

［译文］

齐湣王被五国联军摧毁，齐桓公被鲁庄公的臣子劫持，这没有其他的缘故，就是因为他们实行的不是王道却想靠它来称王。

［原文］

彼王者不然，仁眇天下，义眇天下，威眇天下。仁眇天下，故天下莫不亲也；义眇天下，故天下莫不贵也；威眇天

下，故天下莫敢敌也。以不敌之威，辅服人之道，故不战而胜，不攻而得，甲兵不劳而天下服。是知王道者也。

［译文］ 那些奉行王道的君主就不是这样。他的仁爱高于天下各国，道义高于天下各国，威势高于天下各国。仁爱高于天下各国，所以天下没有谁不亲近他；道义高于天下各国，所以天下没有谁不尊重他；威势高于天下各国，所以天下没有谁敢与他为敌。拿不可抵挡的威势去辅助使人心悦诚服的仁义之道，所以不战而胜，不攻而得，不费一兵一甲就使天下归服了。这是懂得称王之道的君主。

［原文］ **知此三具者，欲王而王，欲霸而霸，欲强而强矣。**

［译文］ 懂得了上述或王、或霸、或强的条件的君主，想要称王就能称王，想要称霸就能称霸，想要致强就能致强。

［原文］ **王者之人：饰（同“饬”）动以礼义，听断以类，明振毫末，举措应变而不穷。夫是之谓有原。是王者之人也。**

［译文］ 奉行王道而成就王业的君主所拥有的辅佐大臣：能用礼义来端正自己的行动，按照法度来处理决断政事，明察得能发现毫毛末端般的细微小事，能随各种变化而采取相应的措施，不会穷于应付。这叫作掌握了根本。这就是奉行王道的君主所拥有的辅佐大臣。

［原文］ **王者之制：道不过三代，法不贰后王。道过三代谓之荡，法贰后王谓之不雅。衣服有制，宫室有度，人徒有数，丧祭械用皆有等宜，声则凡非雅声者举废，色则凡非旧文者举**

息，械用则凡非旧器者举毁。夫是之谓复古。是王者之制也。

［译文］ 奉行王道的君主所实行的制度：奉行的政治原则不超出夏、商、周三代，实行的法度不背离后王。政治原则超过了三代便叫作荒诞，法度背离了后王便叫作不正。不同等级的人衣服各有规格，住房各有标准，随从人员各有一定的数目，丧葬祭祀用的器具各有相称的规定。音乐，凡是不合乎正声雅乐的全部废除；色彩，凡是不合乎原有文彩的全部禁止；器具，凡是不同于原来样式的全部毁掉。这叫作复古。这就是奉行王道的君主所实行的制度。

［原文］ **王者之论：无德不贵，无能不官，无功不赏，无罪不罚，朝无幸位，民无幸生，尚贤使能而等位不遗，析愿禁悍而刑罚不过，百姓晓然皆知夫为善于家而取赏于朝也，为不善于幽而蒙刑于显也。夫是之谓定论。是王者之论也。**

［译文］ 奉行王道的君主对臣民的审察处理：没有德行的不让他显贵，没有才能的不让他当官，没有功劳的不给奖赏，没有罪过的不加处罚。朝廷上没有无德无功而侥幸获得官位的，百姓中没有游手好闲而侥幸获得生存的。崇尚贤德，任用才能，授予他们的等级地位与德才相当而没有疏失；制裁狡诈，禁止凶暴，施加给他们的刑罚与罪行相当而不过分。老百姓清清楚楚地知道：即使在家里行善修德，也能在朝廷上取得奖赏；即使在暗地里为非作歹，也会在光天化日之下受到惩处。这叫作确定不变的审处。这就是奉行王道的君主对臣民的审察处理。

［原文］ **王者之法：等赋、政事、财（通“裁”）万物，所以养万民也。田野什一，关市几（通“讥”）而不征，山林泽梁以时禁**

发而不税，相地而衰政，理道之远近而致贡，通流财物粟米，无有滞留，使相归移也。四海之内若一家，故近者不隐其能，远者不疾其劳，无幽闲隐僻之国莫不趋使而安乐之。夫是之谓人师，是王者之法也。

［译文］奉行王道的君主的法度：规定好赋税等级，管理好民众事务，管理好万物，这是用来养育亿万民众的。对于农田，按收入的十分之一征税；对于关卡和集市，进行检查而不征税；对于山林湖堤，按时封闭和开放而不收税。考察土地的肥瘠来分别征税，区别道路的远近来收取贡品。使财物、粮米流通，没有滞留积压；使各地互通有无来供给对方，四海之内就像一家人一样。所以近处的人不隐藏自己的才能，远处的人不厌恶奔走的劳苦，即使是幽远偏僻的国家，也无不乐于前来归附而听从役使。这种君主叫作民众的师表。这就是奉行王道的君主所实行的法度。

［原文］**北海则有走马吠犬焉，然而中国得而畜使之；南海则有羽翮、齿革、曾青、丹干焉，然而中国得而财之；东海则有紫、紶（qū）、鱼、盐焉，然而中国得而衣食之；西海则有皮革、文旄焉，然而中国得而用之。故泽人足乎木，山人足乎鱼，农夫不斫削、不陶冶而足械用，工贾（gǔ）不耕田而足菽粟。故虎豹为猛矣，然君子剥而用之。故天之所覆，地之所载，莫不尽其美，致其用，上以饰贤良，下以养百姓而安乐之。夫是之谓大神。《诗》曰："天作高山，大王荒之。彼作矣，文王康之。"此之谓也。**

［译文］北海有善于奔跑的马和善于吠叫的狗，而中原各国可以得到并畜养役使它们；南海有羽毛、象牙、犀牛皮、曾青、朱砂，而中原

各国可以得到并使用它们；东海有紫色的粗麻布、鱼、盐，而中原各国可以得到并穿着、食用它们；西海有皮革和色彩斑斓的牦牛尾，而中原各国可以得到并使用它们。所以湖边打鱼的人会有足够的木材，山上伐木的人会有足够的鲜鱼，农民不砍削、不烧窑冶炼而有足够的器具，工匠、商人不种地而有足够的粮食。虎、豹要算是凶猛的了，但是君子能够剥下它们的皮毛来使用。所以苍天所覆盖的，大地所承载的，都能充分发挥它们的优势、特长、功效与作用，上可以用来优待、安抚贤良的人，下可以用来养活百姓而使他们安居乐业。这叫作大治。《诗》上说："天生这高高的岐山，周太王使它兴旺大发展。太王已经在此建都，文王使它长治久安。"讲的就是这个道理。

［原文］

以类行杂，以一行万，始则终，终则始，若环之无端也，舍是而天下以衰矣。天地者，生之始也；礼义者，治之始也；君子者，礼义之始也。为之，贯之，积重之，致好之者，君子之始也。故天地生君子，君子理天地。君子者，天地之参也，万物之揔也，民之父母也。无君子则天地不理，礼义无统，上无君师，下无父子，夫是之谓至乱。君臣、父子、兄弟、夫妇，始则终，终则始，与天地同理，与万世同久，夫是之谓大本。故丧祭、朝聘、师旅一也，贵贱、杀生、与夺一也，君君、臣臣、父父、子子、兄兄、弟弟一也，农农、士士、工工、商商一也。

［译文］

遵循各类事物变化发展的特殊法则进行分门归类，就可以对纷繁复杂的事情进行有效治理，使其有条不紊；遵循共性（普遍性）寓于个性（特殊性）之中的法则进行类比推理，就可以使用成功治理一件事物的方式方法来治理与它同类的事物，使其模式一致标准一致。从始到终，再从终到始，就像圆环既没有起点也没有终点一样往复无穷。如果舍弃了这个原则,那么天下就要走向衰败。天地,是生命的本源;礼义,是天下大治的本源;君子,是礼义的本源。学习研究礼义,熟悉贯通礼义,积累增多礼义方面的知识,极其爱好礼义,这是做君子的开始。所以天地生养君子,君子治理天地。君子,是沟通天地与苍生的纽带与桥梁,天下万物的总管,苍生的父母。没有君子,那么天地就不能治理,礼义就没有头绪,上没有君主与师长的尊严,下没有父子之间的伦理,这是世间极其混乱的表现。君臣、父子、兄弟、夫妻之间的纲常伦理关系,从始到终,从终到始,与天地有上下之分是同样的道理,与千秋万代同样长久,这是治国安邦的最大根本。所以丧葬祭祀的礼仪、诸侯定期朝见天子的礼仪、军队中的礼仪,其道理是一样的。使人高贵或卑贱、将人处死或赦免、给人奖赏或处罚,其道理是一样的。君主要像个君主、臣子要像个臣子、父亲要像个父亲、儿子要像个儿子、兄长要像个兄长、弟弟要像个弟弟,其道理是一样的。农民要像个农民、读书人要像个读书人、工人要像个工人、商人要像个商人,其道理是一样的。

[原文]

水火有气而无生,草木有生而无知,禽兽有知而无义,人有气、有生、有知,亦且有义,故最为天下贵也。力不若牛,走不若马,而牛马为用,何也?曰:人能群,彼不能群也。人何以能群?曰:分。分何以能行?曰:义。故义以分则和,和则一,一则多力,多力则强,强则胜物,故宫室可得而居也。故序四时,裁万物,兼利天下,无它故焉,得之分义也。

[译文]

水、火有气却没有生命,草木有生命却没有知觉,禽兽有知觉却不讲道义,人有气、有生命、有知觉,而且讲究道义,所以人是天下最为宝贵的。人的力气不如牛,奔跑不如马,但是牛、马被人役使，为什么呢？就是因为人能结合成社会群体，而它们不能结合成社会群体。人为什么能结合成社会群体？就是因为有等级名分。等级名分为什么能实行？就是因为有道义。所以，根据道义确定了名分，人就能和睦协调；和睦协调，就能团结一致；团结一致，力量就大；力量大了，就强盛；强盛了，就能战胜外物，所以，人才有可能建造起房屋并在房屋中安居。因此，人能够排列出春夏秋冬四季轮替的次序，进而管理好、配置好万事万物，使天下都能得到利益，这并没有其他的原因，而是在于掌握了名分与道义的真谛。

[原文]

故人生不能无群，群而无分则争，争则乱，乱则离，离则弱，弱则不能胜物，故宫室不可得而居也，不可少顷舍礼义之谓也。

[译文]

人生活着不能没有社会群体，但结合成了社会群体而没有等级名分的限制就会发生争夺，发生争夺就会产生动乱，产生动乱就会离心离德，离心离德就会使力量削弱，力量弱了就不能胜过外物，所以，也就不能在房屋中安居，或者说人在任何时候任何地点都不可以舍弃礼义。

[原文]

能以事亲谓之孝，能以事兄谓之弟，能以事上谓之顺，能以使下谓之君。君者，善群也。群道当则万物皆得其宜，六畜皆得其长，群生皆得其命。故养长时则六畜育，杀生时则草木殖，政令时则百姓一，贤良服。

[译文]

能够按礼义来侍奉父母叫作孝，能够按礼义来侍奉兄长叫作悌，能够按礼义来侍奉君主叫作顺，能够按礼义来役使臣民叫作君。所谓君，就是善于把人组织成社会群体。组织社会群体的原则恰当，那么万物都能得到应有的合宜安排，六畜都能得到应有的生长，一切生物都能得到应有的寿命。所以饲养适时，六畜就生育兴旺；砍伐种植适时，草木就繁殖茂盛；政策法令适时，百姓就能够齐心协力，贤良之人就能够充分施展才能。

［原文］

圣王之制也，草木荣华滋硕之时则斧斤不入山林，不夭其生，不绝其长也；鼋鼍、鱼鳖、鳝鳣孕别之时，罔罟毒药不入泽，不夭其生，不绝其长也；春耕、夏耘、秋收、冬藏四者不失时，故五谷不绝而百姓有余食也；污池、渊沼、川泽谨其时禁，故鱼鳖优多而百姓有余用也；斩伐养长不失其时，故山林不童而百姓有余材也。

［译文］

圣王的制度：草木正在开花长大的时候，砍伐的斧头不准进入山林，这是为了使它们的生命不夭折，使它们不断生长；鼋、鼍、鱼、鳖、泥鳅、鳝鱼等怀孕产卵的时候，渔网、毒药不准投入湖泽，这是为了不损折它们的生命，不阻断它们的生长；春天耕种、夏天锄草、秋天收获、冬天储藏，这四件事都不丧失时机，所以五谷不断地生长而百姓有多余的粮食；池塘、水潭、河流、湖泊，严格禁止在规定时期内捕捞，所以鱼、鳖丰饶而百姓有多余的资源；树木的砍伐与培育养护不错过季节，所以山林不会被砍伐一空而百姓有多余的木材。

［原文］

圣王之用也，上察于天，下错（通“措”）于地，塞备天地之间，加施万物之上，微而明，短而长，狭而广，神明博大以至约。故曰：一与一是为人者谓之圣人。

［译文］

圣明帝王的作用：上能明察天时的变化，下能安排好土地的开发；他的作用充满了天地之间，施加到万物之上；隐微而又明显，短暂而又长久，狭窄而又广阔；圣明博大，却又极其简要。所以说：从崇尚礼义到践行礼义，这样做人的，就叫作圣人。

［原文］

序（同“叙”）官：宰爵知宾客、祭祀、响食、牺牲之牢数。司徒知百宗、城郭、立器之数，司马知师旅、甲兵、乘白（同“伯”）之数。修宪命，审诗商（通“章”），禁淫声，以时顺修，使夷俗邪音不敢乱雅，大师之事也。修堤梁，通沟浍，行水潦（通“涝”），安水臧，以时决塞，岁虽凶败水旱，使民有所耘艾（yì，同“刈”），司空之事也。相高下，视肥硗，序五种，省农功，谨蓄藏，以时顺修，使农夫朴力而寡能，治田之事也。修火宪，养山林薮泽草木鱼鳖百索，以时禁发，使国家足用而财物不屈，虞师之事也。顺州里，定廛宅，养六畜，间树艺，劝教化，趋孝弟，以时顺修，使百姓顺命，安乐处乡，乡师之事也。论百工，审时事，辨功苦，尚完利，便备用，使雕琢文采不敢专造于家，工师之事也。相阴阳，占祲兆，钻龟陈卦，主攘择五卜，知其吉凶妖祥，伛巫、跛击之事也。修采清（通“埰圊”），易道路，谨盗贼，平室律，以时顺修，使宾旅安而货财通，治市之事也。抃急禁悍，防淫除邪，戮之以五刑，使暴悍以变，奸邪不作，司寇之事也。本政教，正法则，兼听而时稽之，度其功劳，论其庆赏，以时慎修，使百吏免（同“勉”）尽而众庶不偷，冢宰之事也。论礼乐，正身行，广教化，美风俗，兼覆而调一之，辟公之事也。全道德，致隆高，綦文理，一天下，振毫末，使天下莫不顺比从服，天王之事也。故政事乱则冢宰之罪也；国家失俗则辟公之过也；天下不一，诸侯俗（通“欲”）反，则天王非其人也。

［译文］

论列官职责权限：宰爵掌管接待宾客、祭祀时供给酒食和祭品的数量。司徒掌管宗族、城郭和器械的数量。司马掌管军队和铠甲、兵器、车马、士兵的数量。遵循法令，审查诗歌乐章，禁止淫荡的音乐，根据时势去整治，使蛮夷的风俗和邪恶的音乐不敢扰乱正声雅乐，这是太师的职事。修理堤坝桥梁，疏通沟渠，排除积水，修固水库，根据时势来放水堵水，即使是饥荒歉收、涝灾旱灾不断的凶年，也使民众能够继续耕耘而有所收获，这是司空的职事。观察地势的高低，识别土质的肥沃与贫瘠，合理地安排各种庄稼的种植季节，检查农事，认真储备，根据时势去整治，使农民质朴地尽力耕作而不求兼有其他技能，这是农官的职事。制订禁止焚烧山泽的法令，养护山林、湖泊中的草木、鱼鳖，对于人们的各种求索，根据时节来禁止与开放，使国家有足够用的物资而不匮乏，这是虞师的职事。治理乡里，划定各店铺与民居的区域，使百姓饲养六畜，熟习种植，劝导人们接受教育感化，促使人们孝顺父母、敬爱兄长，根据时势去整治，使百姓服从命令，安乐地住在乡里，这是乡师的职事。考核各个工匠的手艺，审察各个时节的生产事宜，辨别产品质量的好坏，提倡产品的坚固好用，使设备用具便于使用，雕刻图案的器具与制作有彩色花纹的礼服不敢私家制造，这是工师的职事。观察阴阳的变化，视云气来预测吉凶，钻灼龟板，排列卦象，掌管驱除不祥、选择吉日以及分析占卜时出现的各种兆形，预见那吉凶祸福，这是驼背的巫婆与瘸腿的男巫的职事。整治厕所，平整道路，严防盗贼，公正地审定贸易抵债券，根据时势来整治，使商人旅客安全而货物钱财能顺利流通，这是管理市镇官员的职事。制裁狡猾奸诈的人，禁止凶狠强暴的人，防止淫乱，铲除邪恶，用五种刑罚来惩治罪犯，使强暴凶悍的人因此而转变，使淫乱邪恶的事不再发生，这是司寇的职事。把政治教化作为治国的根本，端正法律准则，多方听取意见并按时对臣民进行考核，衡量他们的功劳，评定对他们的奖赏，根据时势来整治，使各级官吏都尽心竭力而老百姓都不敢苟且偷生，这是宰相的职事。讲究礼乐，端正立身行事，推广教化，改善风俗，普遍地庇护百姓并使他们协调一致，这是诸侯的职事。成全道德，达到崇高的政治境界，使礼仪制度极其完善，统一天下，明察得能发现毫毛末端般的细微小事，使天下没有谁不依顺亲近、听从归服，这是天子的职事。所以政事混乱，就是宰相的罪过；国家风俗败坏，就是诸侯的过错；天下不统一，诸侯想造反，那便是因为天子不是理想的人选。

［原文］

具具而王，具具而霸，具具而存，具具而亡。用万乘之国者，威强之所以立也，名声之所以美也，敌人之所以屈也，国之所以安危臧否也，制与在此，亡乎人。王、霸、安存、危殆、灭亡，制与在我，亡乎人。夫威强未足以殆邻敌也，名声未足以县（同“悬”）天下也，则是国未能独立也，岂渠得免夫累乎！天下胁于暴国，而党为吾所不欲于是者，日与桀同事同行，无害为尧，是非功名之所就也，非存亡安危之所堕也。功名之所就，存亡安危之所堕，必将于愉殷赤心之所。诚以其国为王者之所，亦王；以其国为危殆灭亡之所，亦危殆灭亡。

［译文］

具备了一定的条件就能够称王，具备了一定的条件就可以称霸，具备了一定的条件就能生存，具备了一定的条件就会灭亡。治理拥有万辆兵车的大国的君主，他那威武强大的地位之所以能确立，他的名声之所以美好，他的敌人之所以屈服，他的国家之所以又安全又稳定，决定性的东西在己不在人。是称王、称霸、安全生存，还是危险、灭亡，决定性的东西在己不在人。那威武强大的程度还不足以削弱或消灭相邻的敌国，名声还不足以号令天下让天下人信服，那么这国家就不能独立自主地掌握自己的命运，凭什么能够实现称王称霸的目标呢？天下被强暴的国家所威胁，假如这种情况是我所不想要的，这时被迫天天与桀那样的暴君一同做事、一同行动，虽然不妨害自己成为唐尧那样的贤君，但已不是自己功成名就的时候了，不是国家实现长治久安的时候了。自己功业名望的建立，国家长治久安目标的实现，必定取决于国家鼎盛、意气风发时自己的赤诚之心专注在什么地方。如果一心要把自己的国家变成一个实行王道的处所，就可能称王天下；要把自己的国家搞到危险灭亡的境地，就可能危险灭亡。

[原文]

殷之日，案以中立无有所偏而为纵横之事，偃然案（同“按”）兵无动，以观夫暴国之相卒（zuó，同“捽”）也。案平政教，审节奏，砥砺百姓，为是之日，而兵剸（同“专”）天下劲矣。案然修仁义，伉（kàng，通“亢”）隆高，正法则，选贤良，养百姓，为是之日，而名声剸（同“专”）天下之美矣。权者重之，兵者劲之，名声者美之。夫尧、舜者，一天下也，不能加毫末于是矣。

[译文]

在国家到达全盛的时候，要采取中立的态度，不要有所偏袒而去干合纵连横的事情，要偃旗息鼓地按兵不动，来静观那些残暴的国家互相争斗，要搞好政治教化，审察礼节制度，磨炼百姓，当做到了这一点的时候，那么他的军队就是天下最为强劲的。奉行仁义之道，达到崇高的政治境界，整治法律条令，选拔贤良的人，使百姓休养生息，当做到了这一点的时候，那么他的名声就是天下最美好的。权势，使其举足轻重；军队，使其强劲有力；名声，使其美好无比。就是尧、舜那样统一了天下的人，也不能在这三个方面再增加丝毫了！

[原文]

权谋倾覆之人退，则贤良知圣之士案自进矣。刑政平，百姓和，国俗节，则兵劲城固，敌国案自诎（qū）矣。务本

事,积财物,而勿忘栖迟薛越也,是使群臣百姓皆以制度行,则财物积,国家案自富矣。三者体此而天下服,暴国之君案自不能用其兵矣。何则?彼无与至也。彼其所与至者,必其民也。其民之亲我也欢若父母,好我芳若芝兰,反顾其上则若灼黥,若仇雠(同"仇");彼人之情性也虽桀、跖,岂有肯为其所恶贼其所好者哉!彼以夺矣。故古之人有以一国取天下者,非往行之也,修政其所莫不愿,如是而可以诛暴禁悍矣。故周公南征而北国怨,曰:"何独不来也!"东征而西国怨,曰:"何独后我也!"孰能有与是斗者与?安以其国为是者王。

[译文] 玩弄权术阴谋、专搞倾轧陷害的小人被废黜,贤能善良明智圣哲的君子自然就会进用。刑法政令公正不阿,百姓和睦协调,国家风俗节约俭朴,兵力就强大,城防就坚固,敌国自然屈服。致力于农业生产,积聚财物,而不要胡乱地遗弃糟蹋,使群臣百姓都按照礼法制度来办事,财物就能积累,国家自然富足。以上三个方面都能做到,那么天下就会归顺我们,强暴之国的君主也就无法对我们用兵。为什么呢?因为他已经无法号令军队来攻打我们。和他一起来的,一定是他统治下的民众。而他的民众亲近我就像喜欢父母一样,热爱我就像酷爱芳香的芝兰一样,反观他们的国君,就像是看到了烧烤皮肤、刺脸涂墨一样害怕,像是看到了仇人一样愤怒;一个人的本性即使像夏桀、盗跖那样,也不肯为他所憎恶的人去残害他所喜爱的人呀!他们已经被我们争取过来了。所以古代的人,有凭借一个国家来夺取天下的,不是到别的国家侵略掠夺,而是在自己国内搞好政治,结果没有人不愿意听从他的领导,像这样就可以铲除强暴、制止凶悍。所以周公向南征伐时北方的国家都抱怨,说:"为什么偏偏不来我们这里呢?"向东征伐时西面的国家都抱怨,说:"为什么单单把我们丢在后面

呢?”谁能有同这种人争斗的呢?把自己的国家搞成这样的君主就能称王天下。

[原文]

殷之日,安以静兵息民,慈爱百姓,辟田野,实仓廪,便备用,安谨募选阅材伎之士,然后渐赏庆以先之,严刑罚以防之,择士之知事者使相率贯也,是以厌然畜(同“蓄”)积修饰而物用之足也。兵革器械者,彼将日日暴露毁折之中原;我今将修饰之,拊循之,掩盖之于府库。货财粟米者,彼将日日栖迟薛越之中野,我今将畜(同“蓄”)积并聚之于仓廪。材伎股肱,健勇爪牙之士,彼将日日挫顿竭之于仇敌,我今将来致之、并阅之、砥砺之于朝廷。如是,则彼日积敝,我日积完;彼日积贫,我日积富;彼日积劳,我日积佚(同“逸”)。君臣上下之间者,彼将厉厉焉日日相离疾也,我今将顿顿(同“敦敦”)焉日日相亲爱也,以是待其敝。安以其国为是者霸。

[译文]

在国家到达全盛的时候,不要轻易兴兵动武,使民众得到休养生息,爱护百姓,开垦田野,充实粮仓,改进设备器用,严格谨慎地招募、选择、接纳有一技之长的专业人才,然后加重奖赏来引导他们,加重刑罚来防范他们,挑选他们中明白事理的人率领他们,因此他们就能安心地积蓄粮食财物、修理改进兵器用具,财物用具因此十分充足。武器装备之类,他国是一天天把它们丢弃毁坏在原野之中,而我们现在则修理改进它们,爱护保养它们,并把它们收藏在仓库里。财物粮食之类,他国是一天天把它们遗弃散落在田野之中,而我们现在则把它们储藏积累汇合聚集在仓库里。有才能技艺的辅佐大臣、健壮勇敢的武士,他国是一天天让他们在敌人手中受挫折、遭困顿、被消耗,而我们现在则在朝廷上招募他们、容纳他们、锻炼他们。像这样，那么他国一天天愈来愈破败，我们则一天天愈来愈完好；他国一天天愈来愈贫困，我们则一天天愈来愈富裕；他国一天天愈来愈劳苦，我们则一天天愈来愈安逸。君臣、上下之间，他国是恶狠狠地一天天互相疏远憎恨，我们则诚心诚意地一天比一天更加相亲相爱，以此来等待他们的衰败。把自己的国家搞成这样的君主就能称霸诸侯。

[原文] **立身则从佣（通“庸”）俗，事行则遵佣（通“庸”）故，进退贵贱则举佣（通“庸”）士，之所以接下之人百姓者则庸（通“用”）宽惠，如是者则安存。**

[译文] 做人则依从一般的风俗习惯，做事则遵循平常的成规旧例，在任用、罢免、提升、贬抑方面则提拔普通的人，他用来对待下面的老百姓的态度则是宽容和仁爱，像这样的君主则能安全生存。

[原文] **立身则轻楛，事行则蠲疑，进退贵贱则举佞侻，之所以接下之人百姓者则好取侵夺，如是者危殆。**

[译文] 做人则轻佻恶劣，做事则肆无忌惮，在任用、罢免、提升、贬抑方面则提拔巧言令色的人，他用来对待下面的老百姓的态度则是热衷于索取侵占掠夺，像这样的君主就危险了。

[原文] **立身则憍（jiāo，通“骄”）暴，事行则倾覆，进退贵贱则举幽险诈故，之所以接下之人百姓者，则好用其死力矣，而慢其功劳，好用其籍敛矣，而忘其本务，如是者灭亡。**

[译文] 做人则骄傲暴虐，做事则搞倾轧破坏，在任用、罢免、提升、贬抑方面则提拔阴险狡诈的人，他用来对待下面的老百姓的态度，

则是喜欢利用他们为自己卖命出力而不把他们的功劳放在心上，喜欢利用他们上缴税收而不管他们的本业，像这样的君主就会灭亡。

［原文］

此五等者，不可不善择也，王、霸、安存、危殆、灭亡之具也。善择者制人，不善择者人制之；善择之者王，不善择之者亡。夫王者之与亡者，制人之与人制之也，是其为相县（同“悬”）也亦远矣。

［译文］

以上这五种不同的做法，是不能不好好地加以选择的，它们是称王、称霸、安存、危险、灭亡的条件。善于选择的，就能制服别人；不善于选择的，别人就要制服他。善于选择的，就能称王天下；不善于选择的，就会灭亡。那称王和灭亡、制服别人和被人制服，它们之间相差也太远了。

富国篇第十

［原文］

万物同宇而异体，无宜而有用为人，数也。人伦并处，同求而异道，同欲而异知（同“智”），生（同“性”）也。皆有可也，知愚同；所可异也，知愚分。埶（同“势”）同而知异，行私而无祸，纵欲而不穷，则民心奋而不可说也。如是，则知（同“智”）者未得治也，知者未得治则功名未成也，功名未成则群众未县（同“悬”）也，群众未县则君臣未立也。无君以制臣，无上以制下，天下害生纵欲。欲恶同物，欲多而物寡，寡则必争矣。故百技所成，所以养一人也。而能不能兼技，人不能兼官，离居不相待则穷，群而无分则争。穷者患也，争者祸也，救患除祸，则莫若明分使群矣。强胁弱也，知惧愚也，民下违上，少陵长，不以德为政，如是，则老弱有失养之忧，而壮者有分争之祸矣。事业所恶也，功利所好也，职业无分，如是，则人有树事之患，而有争功之祸矣。男女之合，夫妇之分，婚姻娉（通“聘”）内（通“纳”）送逆无礼，如是，则人有失合之忧，而有争色之祸矣。故知者为之分也。

［译文］

万物并存于宇宙之中而形体各不相同，它们不能主动地迎合人们的需要却对人都有用，这是天数（客观规律）。人类群居在一起，同样有追求而思想原则却不同，同样有欲望而智慧却不同，这是人的天性。人们都有所认可，这是智者和愚人相同的；但各人所认可的事物是不同的，这是智者和愚人的区别。如果人们地位相同而智慧不同，谋取私利而不受惩罚，随心所欲而不会碰壁，那么人们将奋起竞争，求取私欲，而不可说服了。像这样，有智慧的人就不能进行治理；有智慧的人不能治理，他们的功业和名望就不能成就；他们的功业和名望不能成就，人群就不会有等级差别；人群没有等级差别，君主与臣下的关系就不能确立。没有君主来统治臣子，没有上级来控制下级，那么天下的祸害就会因为各人的为所欲为而不断发生。人们需要和厌弃同样的东西，可是需要的多而东西少，东西少就一定会发生争夺了。用来供养一个人的，是各行各业所制成的产品。一个人的能力不可能同时精通所有的技艺，一个人不可能同时从事所有的职业，所以人如果离群索居而不互相依靠就会陷入困境，如果群居而没有名分规定就会发生争夺。陷于困境，是一种祸患；争夺，是一种灾难。要消除祸患免除灾难，就没有比明确各人的名分、使人们结合成社会群体更好的了。如果强暴的威胁弱小的，聪明的害怕愚昧的，下民违抗君上，年轻的欺凌年长的，不根据道理来治理政事，像这样，年老体弱的人就会有无人扶养的忧虑，而身强力壮的人也会有分裂相争的祸患了。做事干活是人们所厌恶的，功名利益是人们所喜欢的，如果各人的职事没有名分规定，像这样，人们就会有事情难以兴办而互相争夺功劳的祸患了。男女的结合、夫妇的区别、娶妻出嫁、定亲送礼、送女迎亲等如果没有礼制规定，人们就会有失去配偶的忧虑，而有争夺女色的祸患了。所以智者给人们制定了名分。

［原文］

足国之道，节用裕民而善臧（同“藏”）其余。节用以礼，裕民以政。彼裕民，故多余。裕民则民富，民富则田肥以易，田肥以易则出实百倍。上以法取焉，而下以礼节用之，余若丘山，不时焚烧，无所臧之，夫君子奚患乎无余？故

知节用裕民，则必有仁义圣良之名，而且有富厚丘山之积矣。此无它故焉，生于节用裕民也。不知节用裕民则民贫，民贫则田瘠以秽，田瘠以秽则出实不半，上虽好取侵夺，犹将寡获也。而或以无礼节用之，则必有贪利纠譑（jiǎo，通“挢”）之名，而且有空虚穷乏之实矣。此无它故焉，不知节用裕民也。《康诰》曰：“弘覆乎天，若德裕乃身。”此之谓也。

［译文］

使国家富足的途径：节约费用，使民众富裕，并妥善贮藏那些多余的粮食财物。节约费用依靠礼制，使民众富裕依靠政策。推行节约费用的制度，所以粮食财物会有盈余；实行使民众富裕的政策，所以民众会富裕起来。民众富裕了，农田就会被多施肥并且得到精心的耕作；农田被多施肥并且得到精心耕作，生产出来的谷物就会增长上百倍。国君按照法律规定向他们收税，而臣民按照礼制规定节约地使用它们。这样，余粮就会堆积如山，即使时常被烧掉，也还是多得没有地方贮藏它们。那君子哪里还用担心没有余粮呢？所以，懂得节约费用、使民众富裕，就一定会享有仁爱、正义、圣明、善良的名声，而且还会拥有丰富得像山陵一样的积蓄。这没有其他的缘故，而是由于贯彻了节约费用、使民众富裕的方针。不懂得节约费用、使民众富裕，民众就会贫困；民众贫困了，农田就会贫瘠而且荒芜；农田贫瘠而且荒芜，生产出来的谷物就还达不到正常收成的一半。这样，国君即使热衷于索取侵占掠夺，仍将得到很少。如果有时还没有按照礼制规定节约地使用它们，那就一定会有贪婪搜刮的名声，而且还会有粮仓空空穷困贫乏的实际后果。这没有其他的缘故，而是因为不懂得节约费用、使民众富裕的办法。《康诰》上说：“广大地庇护民众啊就像上天覆盖大地，遵行礼义道德就能使你本人也得到富裕。”讲的就是这个呀。

[原文]

礼者,贵贱有等,长幼有差,贫富轻重皆有称者也。故天子袾裷(同"衮")衣冕,诸侯玄裷衣冕,大夫裨冕,士皮弁服。德必称位,位必称禄,禄必称用。由士以上则必以礼乐节之,众庶百姓则必以法数制之。量地而立国,计利而畜民,度人力而授事,使民必胜事,事必出利,利足以生民,皆使衣食百用出入相揜(yǎn,同"掩"),必时臧(同"藏")余,谓之称数。故自天子通于庶人,事无大小多少,由是推之。故曰:"朝无幸位,民无幸生。"此之谓也。

[译文]

所谓礼,就是高贵和卑贱有不同的等级,年长和年幼有一定的差别,贫穷和富裕、权轻势微和权重势大都各有相宜的规定。所以天子穿大红色的礼袍、戴礼帽,诸侯穿黑色的礼袍、戴礼帽,大夫穿裨衣、戴礼帽,士戴白鹿皮做的帽子、穿白色褶子裙。德行必须和职位相称,职位必须与俸禄相称,俸禄必须与能力相称。从士以上就必须用礼乐制度去节制他们,对群众百姓就必须用法度去统治他们。丈量土地多少来建立分封诸侯国,计算收益多少来使用民众,评估人的能力大小来授予工作,使人民一定能胜任自己的工作,工作一定能产生经济效益,而这种收益又足够用来养活民众,普遍地使他们吃穿以及各种费用等支出能和收入相抵,一定及时地把他们多余的粮食财物储藏起来,这叫作合乎法度。从天子直到老百姓,事情无论大小多少,都以此类推。古书上说:"朝廷上没有无德无功而侥幸获得官位的,百姓中没有游手好闲而侥幸获得生存的。"讲的就是这个。

[原文]

轻田野之税,平关市之征,省商贾(gǔ)之数,罕兴力役,无夺农时,如是,则国富矣。夫是之谓以政裕民。

[译文] 减轻农田的税收，让关卡集市的赋税合宜适中，减少商人的数量，少搞劳役，不耽误农时，像这样，国家就会富裕。这叫作用政策使民众富裕。

[原文] **人之生，不能无群，群而无分则争，争则乱，乱则穷矣。故无分者，人之大害也；有分者，天下之本利也；而人君者，所以管分之枢要也。故美之者，是美天下之本也；安之者，是安天下之本也；贵之者，是贵天下之本也。古者先王分割而等异之也，故使或美或恶，或厚或薄，或佚（同“逸”）或乐，或劬或劳，非特以为淫泰夸丽之声，将以明仁之文，通仁之顺也。故为之雕琢、刻镂、黼黻、文章，使足以辨贵贱而已，不求其观；为之钟鼓、管磬、琴瑟、竽笙，使足以辨吉凶、合欢定和而已，不求其余；为之宫室台榭，使足以避燥湿、养德辨轻重而已，不求其外。《诗》曰：“雕琢其章，金玉其相。亹亹我王，纲纪四方。”此之谓也。**

[译文] 人的生存不能没有社会群体，但是结合成了社会群体，如果没有等级名分的限制就会发生争夺，一发生争夺就会产生动乱，一产生动乱就会陷入困境。所以没有等级名分，是人类的大灾难；有等级名分，是天下的根本利益；而君主，是掌管等级名分的枢纽。所以赞美君主，这就是赞美天下的根本；维护君主，这就是维护天下的根本；尊重君主，这就是尊重天下的根本。古时候先王用名分来治理民众、用等级来区别他们，所以使有的人受到褒奖、有的人受到惩罚，有的人待遇优厚、有的人待遇微薄，有的人安乐、有的人劳苦，这并不是特意要用来造成放荡奢侈或美好的名声，而是要用它来彰明仁德的礼仪制度，贯彻仁德的秩序。所以给人们在各种器具上雕刻图案、在礼服上绘画各种彩色花纹，使它们能够用来分辨高贵与卑贱就可以呀，并不追求美观；给人

们设置了钟、鼓、管、磬、琴、瑟、竽、笙等乐器，使它们能够用来区别吉事凶事、用来一起欢庆而造成和谐的气氛就可以呀，并不追求其他；给人们建造了宫、室、台、榭，使它们能够用来避免日晒雨淋、修养德性、分辨尊卑就可以呀，并无另外的追求。《诗》上说："雕琢它们有了纹理有了华章，质地如同金玉一个样。勤勤恳恳呀是我们的君王，他治理着四面八方。"讲的就是这个。

[原文]

若夫重色而衣之，重味而食之，重财物而制之，合天下而君之，非特以为淫泰也，固以为王天下、治万变、材（同"裁"）万物、养万民、兼制天下者，为莫若仁人之善也夫！故其知虑足以治之，其仁厚足以安之，其德音足以化之，得之则治，失之则乱。百姓诚赖其知也，故相率而为之劳苦以务佚之，以养其知也；诚美其厚也，故为之出死断亡以覆救之，以养其厚也；诚美其德也，故为之雕琢、刻镂、黼黻、文章以藩饰之，以养其德也。故仁人在上，百姓贵之如帝，亲之如父母，为之出死断亡而愉者，无它故焉，其所是焉诚美，其所得焉诚大，其所利焉诚多。《诗》曰："我任我辇，我车我牛，我行既集，盖云归哉！"此之谓也。

[译文]

至于穿多种颜色的衣服，吃多种口味的食品，积聚多种多样的财物而控制它，兼并了天下且统治它，这并不是特意要用它们来造成放荡奢侈，而不过是认为统一天下、处理各种事变、管理万物、养育民众、使天下人都得到好处的人，实在没有比仁德的君子更好的了。那仁人君子的智慧足够用来治理民众，他的仁爱厚道足够用来安抚民众，他的道德声望足够用来感化民众。得到了这样的人，天下就安定；失去了这样的人，天下就混乱。老百姓实在是要依靠他的智慧，所以才成群结队地替他劳动来努力使他安逸，以此来保养他的智慧；老百姓实在是赞美他的仁厚，所以才出生入死来保卫解救他，以此来保养他的仁厚；老百姓实在是赞美他的德行，所以才给他在各种器具上雕上图案、在礼服上画上各种彩色花纹来遮蔽装饰他，以此来保养他的德行。所以仁人君子处在君位上，老百姓尊重他就像天帝一样，亲爱他就像父母一样，为他出生入死也心甘情愿，这并没有其他的缘故，而是因为他所肯定的主张真正好，他所取得的成就真正大，他所带来的好处真正多啊。《诗》上说："我背粮食我拉车，我扶车子我牵牛，我们的任务已完成，吩咐我们都回家乡。"讲的就是这个。

［原文］

故曰：君子以德，小人以力。力者，德之役也。百姓之力，待之而后功；百姓之群，待之而后和；百姓之财，待之而后聚；百姓之埶（同"势"），待之而后安；百姓之寿，待之而后长。父子不得不亲，兄弟不得不顺，男女不得不欢，少者以长，老者以养。故曰："天地生之，圣人成之。"此之谓也。

［译文］

所以说：君子靠德行，小人靠力气。干力气活的小人，是为有德行的君子所役使的。百姓的体力劳动，要依靠君子来治理以后才有成效；百姓的合群生活，要依靠君子来治理以后才能和睦；百姓的财物，要依靠君子来治理以后才能积聚起来；百姓的地位，要依靠君子来治理以后才能安稳；百姓的寿命，要依靠君子来治理以后才能长久。父子之间得不到君子的治理就不亲密，兄弟之间得不到君子的治理就不和顺，夫妇之间得不到君子的治理就不欢乐，青少年依靠他的治理长大成人，老年人依靠他的治理得到赡养。所以说："大自然养育了他们，圣人成就了他们。"讲的就是这个。

［原文］

今之世而不然：厚刀布之敛以夺之财，重田野之税以夺之食，苛关市之征以难其事。不然而已矣：有（通"又"）掎

挈伺诈,权谋倾覆,以相颠倒,以靡敝之,百姓晓然皆知其污漫暴乱而将大危亡也。是以臣或弑其君,下或杀其上,粥(同"鬻")其城,倍(通"背")其节,而不死其事者,无它故焉,人主自取之。《诗》曰:"无言不雠(同'仇'),无德不报。"此之谓也。

[译文] 现在的社会却不是这样。在上位的人加重对金钱货币的搜刮来掠夺百姓的财产,加重对田地的税收来抢夺百姓的粮食,加重对关卡和集市的税费来为难百姓的贸易活动。而且并不是这样就完结了,他们还抓住对方的弱点伺机欺诈,玩弄权谋倾轧陷害,用以贬损对方、推翻对方,并且形成恶劣风气,继续为非作歹,连百姓们都知道这种人污秽肮脏残暴淫乱而将会导致极大的危难或灭亡。因此臣子中就有人杀死了他们的君主,下级中就有人杀死了他们的上司,出卖城池、违反节操而不为君主效力,这没有其他的缘故,而是君主自作自受的啊。《诗》上说:"说话总会有应答,施恩总会有报答。"讲的就是这种道理。

[原文] **兼足天下之道在明分。掩地表亩,刺屮殖谷,多粪肥田,是农夫众庶之事也。守时力民,进事长功,和齐百姓,使人不偷,是将率之事也。高者不旱,下者不水,寒暑和节而五谷以时孰(同"熟"),是天之事也。若夫兼而覆之,兼而爱之,兼而制之,岁虽凶败水旱,使百姓无冻餧(同"馁")之患,则是圣君贤相之事也。**

[译文] 使天下普遍富足的方法在于明确名分。开垦田地,筑好田垄作为标记,铲除杂草,种植谷物,多施粪使土地肥沃,这是农民群众的事情。掌握农时,使民众尽力,促进生产发展,增加收益,使

老百姓协调一致,使人们不偷懒,这是将帅的事情。使高地不干旱,洼地不受涝,寒暑和顺适宜,而庄稼按时成熟,这是自然界的事情。至于普遍地庇护百姓,普遍地爱抚百姓,全面地管理百姓,即使遇到饥荒歉收旱涝年岁,也使百姓没有受冻挨饿的祸患,这便是圣明的君主、贤能的宰相的事情。

[原文]

墨子之言,昭昭然为天下忧不足。夫不足,非天下之公患也,特墨子之私忧过计也。今是土之生五谷也,人善治之则亩数盆,一岁而再获之,然后瓜桃枣李一本数以盆鼓,然后荤菜百疏(同“蔬”)以泽量,然后六畜禽兽一而剸(tuán,同“团”)车,鼋鼍、鱼鳖、鳝鳣以时别,一而成群,然后飞鸟凫雁若烟海,然后昆虫万物主其间,可以相食养者不可胜数也。夫天地之生万物也,固有余足以食人矣;麻葛、茧丝、鸟兽之羽毛齿革也,固有余足以衣人矣。夫有余不足,非天下之公患也,特墨子之私忧过计也。

[译文]

墨子的论调,非常不安地为天下人担忧物资不够用。他所谓的不够,并不是天下共同的祸患,而只是墨子个人的担忧与过虑。现在那土地上生长五谷,如果人们善于管理它,那么每亩田就可以出产数盆谷物,一年可以收获两次;此外,瓜、桃、枣、李每一棵的果实也得用盆、鼓来计算;其次,葱、蒜之类以及各种蔬菜也多得漫山遍野;其次,各种家畜与猎取的禽兽都肥大得一只就要独占一车;鼋、鼍、鱼、鳖、泥鳅、鳝鱼按时繁殖,一只一条能变成一群;再次,飞鸟、野鸭、大雁之类多得就像烟雾覆盖在大海上;还有,昆虫和各种各样的生物生长在天地之间:可以供养人的东西多得不能尽举。天地长出万物,本来就绰绰有余,足够用来供人食用了;大麻、葛、蚕丝、鸟兽的羽毛、牙齿、皮革等,本来就绰绰有余,足够用来供人穿戴了。那所谓的物资不够,并不是天下共同的祸患，而只是墨子个人的担忧与过虑啊。

[原文]

天下之公患，乱伤之也。胡不尝试相与求乱之者谁也？我以墨子之“非乐”也则使天下乱，墨子之“节用”也则使天下贫，非将堕之也，说不免焉。墨子大有天下，小有一国，将蹙然衣粗食恶，忧戚而非乐。若是则瘠，瘠则不足欲；不足欲则赏不行。墨子大有天下，小有一国，将少人徒，省官职，上功劳苦，与百姓均事业，齐功劳。若是则不威，不威则罚不行。赏不行，则贤者不可得而进也；罚不行，则不肖者不可得而退也。贤者不可得而进也，不肖者不可得而退也，则能不能不可得而官也。若是则万物失宜，事变失应，上失天时，下失地利，中失人和，天下敖（同“熬”）然，若烧若焦，墨子虽为之衣褐带索，嚽（同“啜”）菽饮水，恶能足之乎？既以伐其本，竭其原（同“源”），而焦天下矣。

[译文]

天下共同的祸患，是惑乱人心损害社会。为什么不试探着互相在一起来寻找一下扰乱社会的是谁呢？我认为，墨子“非乐”的观点，会使天下混乱；墨子“节用”的主张，会使天下贫穷。这并不是要诋毁墨子，而是他的学说不可避免地会导致这种结果。墨子如果权势大得掌管了天下，或者小一些统治了一个国家，那将会局促不安地穿粗布衣服、吃劣质食品，忧愁地反对音乐。像这样，那么生活就一定很艰苦；生活艰苦，就不值得追求；不值得追求，那么奖赏就不能实行。墨子如果权势大得掌管了天下，或者小一些统治了一个国家，那将会减少仆从，精简官职，崇尚辛勤，与老百姓做同样的事情、有同样的功劳。像这样，君主就没有威严；君主没有威严，那么处罚就不能实行。奖赏不能实行，那么有德才的人就不可能得到提拔任用；处罚不能实行，那么没有德才的人就不可能遭到罢免贬斥。有德才的人不能得到提拔任用,无德才的人不会遭到罢免贬斥,那么有能力的人和没有能力的人就不可能得到与其才能相称的职事。像这样,那么万物就得不到适当的利用,突发的事件就得不到相应的处理,上错天时,下弃地利,中失人和,天下就像被熬干了似的,就像烧过了似的,就像烧枯了似的,墨子即使为此而只穿粗布衣服,用粗绳做腰带,吃豆叶,喝白水,又怎么能使天下富足呢?既然已经砍掉了根本,又汲尽了源头,那就会使天下的财物枯竭了。

[原文]

故先王圣人为之不然。知夫为人主上者不美不饰之不足以一民也,不富不厚之不足以管下也,不威不强之不足以禁暴胜悍也,故必将撞大钟、击鸣鼓、吹笙竽、弹琴瑟以塞其耳,必将錭(同"雕")琢、刻镂、黼黻、文章以塞其目,必将刍豢稻粱,五味芬芳以塞其口,然后众人徒,备官职,渐庆赏,严刑罚以戒其心。使天下生民之属皆知己之所愿欲之举在是于也,故其赏行;皆知己之所畏恐之举在是于也,故其罚威。赏行罚威,则贤者可得而进也,不肖者可得而退也,能、不能可得而官也。若是,则万物得宜,事变得应,上得天时,下得地利,中得人和,则财货浑浑如泉源,汸汸如河海,暴暴如丘山,不时焚烧,无所臧之。夫天下何患乎不足也?故儒术诚行,则天下大(同"泰")而富,使而功,撞钟击鼓而和。《诗》曰:"钟鼓喤喤,管磬玱玱,降福穰穰。降福简简,威仪反反。既醉既饱,福禄来反。"此之谓也。

[译文]

先王、圣人做事就不是这样,他们知道那当君主的不美化、不修饰就不能够统一民心,财产不富足、待遇不优厚就不能够管理臣民,不威严、不强大就不能够禁止残暴的人、战胜凶悍的人。所以一定要敲大钟、打响鼓、吹笙竽、弹琴瑟来满足耳朵的需要，一定要在器物上雕刻花纹、在礼服上绘制图案来满足眼睛的需要，一定要用牛羊猪狗等肉食、稻米谷子等细粮、带有各种味道又芳香扑鼻的美味佳肴来满足嘴巴的需要；此外，还要增多随从人员、配备各种官职、加重奖赏、严格刑罚来警戒人们的心志，使天下所有的人民都知道所希望得到的全在君主这里了，所以君主的奖赏能实行；都知道所害怕的全在君主这里了，所以君主的处罚有威力。奖赏能实行，处罚有威力，那么有德才的人就能得到提拔任用，没有德才的人就会遭到罢免贬斥，有能力的人和没有能力的人就能得到应有的职事。像这样，那么万物就得到适当的利用，突发的事件就得到相应的处理，上得天时，下得地利，中得人和，于是财物滚滚而来就像泉水的源头，浩浩荡荡就像江河海洋，高大堆积就像崇山峻岭，即使时常被烧掉，也还是多得没有地方贮藏它们，那天下怎么还会担心财物不够呢？所以儒家的学说如果真的能够实行，那么天下就会平安而且富足，民众就能被役使而且有成效，敲钟打鼓而和睦相处。《诗》上说："钟鼓敲得咚咚响，管磬相和声锵锵，幸福纷纷从天降。天赐幸福宽又广，威严仪容多端庄。酒醉饭饱德无量，福禄来归万年长。"讲的就是这种情况。

[原文]

故墨术诚行则天下尚俭而弥贫，非斗而日争，劳苦顿萃而愈无功，愀然忧戚非乐而日不和。《诗》曰："天方荐瘥，丧乱弘多。民言无嘉，憯莫惩嗟。"此之谓也。

[译文]

所以墨子的学说如果真正实行了，那么天下崇尚节俭却越来越贫穷，反对争斗却天天有争夺，勤劳辛苦困顿憔悴却更无成效，哭丧着脸忧愁地反对音乐却一天比一天更加不和睦。《诗》上说："上天接连降疾病，死亡祸乱特别多。民众开口没好话，你却从未警醒过。”讲的就是这种情况。

[原文]

垂事养民,拊循之,唲呕之,冬日则为之饘粥,夏日则为之瓜麮(qù),以偷取少顷之誉焉,是偷道也。可以少顷得奸民之誉,然而非长久之道也。事必不就,功必不立,是奸治者也。傮(zāo)然要时务民,进事长功,轻非誉而恬失民,事进矣而百姓疾之,是又不可偷偏者也。徙坏堕落,必反无功。故垂事养誉不可,以遂功而忘民亦不可,皆奸道也。

[译文]

放下生产不管而搞些小恩小惠去养育民众,抚慰他们,疼爱他们,冬天给他们熬煮稀饭,夏天给他们供应瓜果、大麦粥,以此来窃取一时的名誉,这是一种只顾眼前的做法。它可以暂时得到奸邪之人的赞誉,但并不是长久的办法。其结果,事业必定不能成就,功绩必定不能建立,这是奸诈的统治者。急急忙忙地抢时节而使民众卖力从事劳动,要求生产快速发展、功效迅速增长,不顾民众是非议还是赞誉,不在乎丧失民心,生产发展了而百姓却怨恨他,这又是一种不可学习的只顾眼前的偏激做法。这种人反其道而行之,必将一事无成,走向败坏堕落。所以放下事业而沽名钓誉,不可以;因为要成就功业而不顾民众,也不可以:这些都是奸邪不正的办法。

[原文]

故古人为之不然,使民夏不宛(通“蕴”)暍,冬不冻寒,急不伤力,缓不后时,事成功立,上下俱富,而百姓皆爱其上,人归之如流水,亲之欢如父母,为之出死断亡而愉者,无它故焉,忠信调和均辨(通“遍”)之至也。故君国长民者欲趋时遂功,则和调累解,速乎急疾;忠信均辨(通“遍”),说乎庆赏矣;必先修正其在我者,然后徐责其在人者,威乎刑

罚。三德者诚乎上，则下应之如景向，虽欲无明达，得乎哉！《书》曰：“乃大明服，惟民其力懋和，而有疾。”此之谓也。

［译文］

古代的人做事就不是这样。古代的君主役使民众时，夏天不让他们闷热中暑，冬天不让他们挨寒受冻，紧急时不伤害体力，放松时不耽误农时，结果事业成就、功绩建立，君主和臣民都富裕，而老百姓都爱戴他们的君主，人们归附他就像水流入大海，亲近他高兴得就像亲近父母，为了他出生入死也心甘情愿，这没有其他的缘故，而是因为君主极其忠信、调和、公平。所以统治国家领导人民的君主，要想争取时间成就功业，那么调和无为，能比急切从事收效更快；忠信公平，能比赏赐表扬更令人喜欢；一定先纠正那些在自己身上的缺点，然后慢慢地去责备那些在别人身上的缺点，这比使用刑罚更有威力。调和无为、忠信公平、正人先正己这三种德行如果真正存在于君主身上，那么臣民响应他就会像影子紧随物形、回响紧随原声一样，即使想不显赫通达，可能吗？《尚书》上说：“君主十分英明地来制服民众，民众就会尽力劳动，协调而又迅速。”讲的就是这种情况。

［原文］

故不教而诛，则刑繁而邪不胜；教而不诛，则奸民不惩；诛而不赏，则勤属之民不劝；诛赏而不类，则下疑俗险而百姓不一。故先王明礼义以一之，致忠信以爱之，尚贤使能以次之，爵服庆赏以申重之，时其事、轻其任以调齐之，潢然兼覆之，养长之，如保赤子。若是，故奸邪不作，盗贼不起，而化善者劝勉矣。是何邪？则其道易，其塞固，其政令一，其防表明。故曰：上一则下一矣，上二则下二矣，辟之若屮木，枝叶必类本。此之谓也。

［译文］

所以不加教育就进行惩罚，那么刑罚用得很多，而邪恶仍然不能驱除；教育而不进行惩罚，那么邪恶的人就不会洗手不干；只进行惩罚而不实行奖赏，那么勤奋的人就不能受到鼓励；惩罚奖赏如果不符合法律，那么民众就会疑惑、社会风气就会险恶而百姓就不会行动一致。所以古代的圣王彰明礼义来统一民众的言行；努力做到忠信来爱护民众；尊崇贤人、任用能人来安排各级职位；用爵位、服饰、表扬、赏赐去反复激励他们；根据时节安排他们的劳动、减轻他们的负担来调剂他们；广泛普遍地庇护他们，抚养他们，就像保护初生的婴儿一样。像这样，奸诈邪恶的人就不会产生，盗贼就不会出现，而皈依善道的人就受到鼓励了。这是为什么呢？就是因为古代圣王引导人们为善的政治原则平易可行，他对为非作歹的堵塞禁止强固有力，他的政策法令稳定一致，他的制度准则明白清楚。所以古语说："上面一心一意，下面就一心一意；上面三心二意，下面也就三心二意；比方像草木一样，什么根长出什么枝叶。"说的就是这种情况。

［原文］

不利而利之，不如利而后利之之利也；不爱而用之，不如爱而后用之之功也。利而后利之，不如利而不利者之利也；爱而后用之，不如爱而不用者之功也。利而不利也，爱而不用也者，取天下矣。利而后利之，爱而后用之者，保社稷也。不利而利之，不爱而用之者，危国家也。

［译文］

不使民众得利而从他们身上取利，不如使他们得利以后再从他们身上取利来得有利；不爱护民众而使用他们，不如爱护他们以后再使用他们更有成效。使民众得利以后再从他们身上取利，不如使他们得利而不从他们身上取利来得有利；爱护民众以后再使用他们，不如爱护他们而不使用他们更有成效。使民众得利而不从民众身上取利、爱护民众而不使用民众的国君，就能得到天下了。使民众得利以后再从民众身上取利、爱护民众以后再使用民众的国君,能够保住国家。不使民众得利而从民众身上取利、不爱护民众而使用民众的国君,只能使国家变得危险。

[原文]

观国之治乱臧否,至于疆易(同"埸")而端已见矣。其候徼支缭,其竟(同"境")关之政尽察,是乱国已。入其境,其田畴秽,都邑露,是贪主已。观其朝廷则其贵者不贤,观其官职则其治者不能,观其便嬖则其信者不悫,是暗主已。凡主相臣下百吏之俗,其于货财取与计数也,须孰尽察,其礼义节奏也,芒(同"茫")轫僈(同"慢")楛,是辱国已。其耕者乐田,其战士安难,其百吏好法,其朝廷隆礼,其卿相调议,是治国已。观其朝廷则其贵者贤,观其官职则其治者能,观其便嬖则其信者悫,是明主已。凡主相臣下百吏之属,其于货财取与计数也,宽饶简易,其于礼义节奏也,陵谨尽察,是荣国已。贤齐则其亲者先贵,能齐则其故者先官,其臣下百吏,污者皆化而修,悍者皆化而愿,躁者皆化而悫,是明主之功已。

[译文]

观察一个国家的治乱好坏,来到它的边界,那苗头就已经露出来了。如果那国家的哨兵来回分散巡逻,那边境关卡的管理过于苛刻:这就是个混乱的国家了。进入那国境,田地荒芜,城镇破败:这就是个贪婪的君主了。观察他的朝廷,高贵者并不贤明;观察他的官员,主政者并无才能;观察他的亲信,重用者并不诚实:这就是个昏君了。凡是君主、宰相、大臣和各种官吏这一类人,他们对于货物钱财的收取和支出的计算,谨慎仔细,极其苛刻;他们对于礼义制度,茫然无知,怠惰疲沓,漫不经心:这就是个没有廉耻的国家了。那农民乐意种田,那战士不避危难,那百官热衷于法制,那朝廷崇尚礼义,那卿相能协调一致:这就是个治理得好的国家了。观察他的朝廷,高贵者很贤明;观察他的官员,主政者很能干;观察他的亲信,重用者很诚实:这就是个英明的君主了。凡是君主、宰相、大臣和各种官吏这一类人,他们对于货物钱财的收取和支出的计算,宽容大方,简略便易;他们对于礼义法度,严肃认真,一丝不苟:这就是个繁荣昌盛的国家了。如果贤德相等,那么有亲戚关系的人先尊贵;如果能力相同,那么有旧关系的人先当官;他的臣下百官,思想行为肮脏的都变得善良美好,凶狠强暴的都变得朴实善良,狡猾奸诈的都变得忠厚老实:这就是圣明君主的功劳了。

[原文]

观国之强弱贫富有征:上不隆礼则兵弱,上不爱民则兵弱,已诺不信则兵弱,庆赏不渐则兵弱,将率不能则兵弱。上好功则国贫,上好利则国贫,士大夫众则国贫,工商众则国贫,无制数度量则国贫。下贫则上贫,下富则上富。故田野县(同“悬”)鄙者,财之本也;垣窌(同“窖”)仓廪者,财之末也。百姓时和、事业得叙者,货之源也;等赋府库者,货之流也。故明主必谨养其和,节其流,开其源,而时斟酌焉,潢然使天下必有余而上不忧不足。如是则上下俱富,交无所藏之,是知国计之极也。故禹十年水,汤七年旱,而天下无菜色者,十年之后,年谷复孰(同“熟”),而陈积有余。是无它故焉,知本末源流之谓也。故田野荒而仓廪实,百姓虚而府库满,夫是之谓国蹶。伐其本,竭其源,而并之其末,然而主相不知恶也,则其倾覆灭亡可立而待也。以国持之而不足以容其身,夫是之谓至贪,是愚主之极也。将以求富而丧其国,将以求利而危其身,古有万国,今有十数焉,是无它故焉,其所以失之一也。君人者亦可以觉矣。百里之国足以独立矣。

［译文］

观察一个国家的强弱贫富有一定的征兆：君主不崇尚礼义，那兵力就衰弱；君主不爱护民众，那兵力就衰弱；禁止与许诺都不讲信用，那兵力就衰弱；奖赏不厚重，那兵力就衰弱；将帅无能，那兵力就衰弱。君主好大喜功，那国家就贫穷；君主贪财好利，那国家就贫穷；官吏众多，那国家就贫穷；工人商人众多，那国家就贫穷；没有规章制度，那国家就贫穷。民众贫穷，那君主就贫穷；民众富裕，那君主就富裕。郊外的田野乡村，是财物的根本；粮囤地窖谷囤米仓，是财物的末梢。百姓不失农时，和谐安定，生产有条不紊，这是钱财的源头；按照等级征收的赋税和国库，这是钱财的支流。所以英明的君主必定谨慎地保持和谐安定的政治局面，节流，开源，而对钱财的收支时常加以调节，使天下的财富一定像大水涌来一样绰绰有余，而君主也就不再担忧财物不够了。像这样，君主和民众都富足，双方都没有地方来储藏财物，这是懂得国计民生达到了顶点。所以夏禹时碰上了十年水灾，商汤时遇到了七年旱灾，但天下并没有面有菜色的人；十年以后，谷物又丰收了，而旧有的储备粮还有剩余。这并没有其他的缘故，可以说是因为他们正确处理了本和末、源和流的关系啊。所以，田野荒芜而国家粮仓充实，百姓家里空空荡荡而国家的仓库满满的，这可以说是国家垮了。砍断了根本，枯竭了源头，把财物都归并到国库中，然而君主、宰相还不知道这是坏事，那么他们的垮台灭亡就可以立刻到来了。拿整个国家来扶持供养他，还是不能够容纳他这个人，这叫作极其贪婪，这是昏君的顶点了。想要求得富裕反而丧失了自己的国家，想要求得利益反而危害了他本身，古时候有上万个国家，现在只有十几个了，这没有其他的缘故，他们丧失国家的原因是一样的。统治人民的君主，也可以醒悟了。方圆百里的小国，是完全能够独立存在的。

［原文］

凡攻人者，非以为名，则案以为利也，不然，则忿之也。

仁人之用国，将修志意，正身行，伉（同“亢”）隆高，致忠信，期（通“綦”）文理。布衣紃屦之士诚是，则虽在穷阎漏屋，而王公不能与之争名；以国载之，则天下莫之能隐匿也。若是，则为名者不攻也。将辟田野，实仓廪，便备用，上下一心，三军同力，与之远举极战则不可。境内之聚也，保固视可，午其军，取其将，若拨麷（fēng）。彼得之不足以药伤补败。彼爱其爪牙，畏其仇敌，若是，则为利者不攻也。将修小大、强弱之义以持慎之，礼节将甚文，珪璧将甚硕，货赂将甚厚，所以说之者，必将雅文辩慧之君子也。彼苟有人意焉，夫谁能忿之？若是，则忿之者不攻也。为名者否，为利者否，为忿者否，则国安于盘石（同“磐石”），寿于旗（同“箕”）、翼。人皆乱，我独治；人皆危，我独安；人皆丧失之，我按起而治之。故仁人之用国，非特将持其有而已也，又将兼人。《诗》曰：“淑人君子，其仪不忒。其仪不忒，正是四国。”此之谓也。

［译文］

凡是进攻别国的，不是因为追求惩除暴虐的美名，就是因为要谋取利益；否则，就是因为怨恨他们。讲究仁德的人在国内掌权，将提高志向思想，端正立身行事，达到崇高的政治境界，做到忠厚有信用，使礼仪制度极其完善。身穿布衣、脚穿麻鞋的读书人如果真能做到这样，那么虽然住在偏僻的里巷与狭小简陋的房屋之中，而天子诸侯也没有能力和他竞争名望；如果把国家委任给他，那么天下就没有谁能遮掩他的崇高德行。像这样，那么追求美名的就不会前来攻打了。讲究仁德的人在国内掌权，将开垦田野，充实粮仓，改进设备器具，上下团结一心，三军共同努力。别国如果远距离地兴师动众竭尽全力来作战，那肯定不行。因为这样的国家境内所集结的军队守卫得很牢固，看情况允许，便会迎击,擒获敌方将领像掰断麦芽一样容易;而那进攻的国家所得到的还不够用来医治伤员、弥补损失。他们爱惜自己的武将,仇恨自己的敌人,像这样,那么谋取利益的就不会前来攻打了。讲究仁德的人主政,将谨慎遵行小国与大国、强国与弱国之间的道义,礼节将十分完善,会见时赠送的玉器将很大,敬献的财物将非常丰厚,用来游说对方的人一定是正派有礼善辩聪慧的君子。那别国的君主如果是正人君子的话,谁还能怨恨他呢?像这样,那么出于怨恨而动武的人也就不会前来攻打他了。追求美名的不来攻打,谋取利益的不来攻打,要发泄怨愤的也不来攻打,那么国家就会像磐石一样稳固,像天上的箕宿、翼宿一样长久。别人都混乱,只有我治理得好;别人都危险,只有我安稳;别人都丧权失国,我便起来制服他们。所以讲究仁德的人主政,不单单将保住他所有的,还要兼并别人。《诗》上说:“贤人君子守仁德,遵循道义不变更。遵循道义不变更,四方国家都想向他来靠拢。”讲的就是这种情况。

[原文] 持国之难易:事强暴之国难,使强暴之国事我易。事之以货宝,则货宝单(同“殚”)而交不结;约信盟誓,则约定而畔(通“叛”)无日;割国之锱铢以赂之,则割定而欲无猒(通“厌”)。事之弥烦,其侵人愈甚,必至于资单国举然后已。虽左尧而右舜,未有能以此道得免焉者也。辟(通“譬”)之是犹使处女婴宝珠,佩宝玉,负戴黄金而遇中山之盗也,虽为之逢蒙视,诎(通“屈”)要桡腘,君卢屋妾,由将不足以免也。故非有一人之道也,直将巧繁拜请而畏事之,则不足以持国安身,故明君不道也。必将修礼以齐朝,正法以齐官,平政以齐民,然后节奏齐于朝,百事齐于官,众庶齐于下。如是,则近者竞亲,远方致愿,上下一心,三军同力,名声足以暴炙之,威强足以捶笞之,拱揖指挥,而强暴之国莫不趋

使，譬之是犹乌获与焦侥搏也。故曰：事强暴之国难，使强暴之国事我易。此之谓也。

［译文］　保住自己国家的难易之法：用侍奉强暴之国的办法来保住自己的国家是困难的，采取使强暴之国侍奉我的办法来保住自己的国家就容易了。因为用钱财珍宝去侍奉强暴的国家，那么钱财珍宝送光了而邦交仍然不能建立；和他们订盟约、立誓言吧，那么盟约签订后没几天他们就背信毁约；割让国家的少量土地去贿赂他们吧，那么割让完毕后他们的欲望却没有满足。侍奉他们越依顺，他们侵略别人就越厉害，一定要到财物送光、把国家全部拿来送给他们，然后才罢休。即使你身边有尧、舜那样的贤人，也没有能靠这种办法来避免灭亡的。拿它打个比方，这就好像让一个姑娘脖子上系着宝珠、身上佩着宝玉、背着黄金而碰上了山中的强盗，即使对他只敢眯着眼睛看，弯腰、屈膝，像家里的婢妾，仍然无法避免那厄运。所以，如果没有使本国人民团结一致来对抗强国的办法，只靠说好话、献殷勤、跪拜请求而诚惶诚恐地去侍奉他们，那是不能够保住自己的国家、使自己安然无恙的，所以英明的君主不这样做。他一定要修订礼制来整治朝廷，端正法制来整治官吏，公正地处理政事来整治民众，从而使礼仪制度在朝廷上得到严格执行，各种事情在官府中治理得有条不紊，群众在下面齐心合力。像这样，那么邻近的国家就会争先恐后地来亲近，远方的国家也会表达出仰慕之情；国内上下团结一心，三军共同努力；名声足够用来向别国炫耀而威慑他们，武力足够用来惩处他们；从容地指挥，而强暴的国家没有不奔走前来供驱使的；拿它打个比方，这就好像是大力士乌获与矮子焦侥搏斗一样。所以说：“采取侍奉强暴之国的办法来保住自己的国家是困难的，采取使强暴之国侍奉我的办法来保住自己的国家就容易了。”讲的就是这种情况。

王霸篇第十一

[原文]

国者,天下之制利用也;人主者,天下之利埶(同“势”)也。得道以持之,则大安也,大荣也,积美之源也。不得道以持之,则大危也,大累也,有之不如无之,及其綦也,索为匹夫不可得也,齐湣、宋献是也。故人主,天下之利埶(同“势”)也,然而不能自安也,安之者必将道也。

[译文]

国家政权,是天下最有利的政治工具;君主,处在天下最有利的位置。如果能够遵循礼法正道治理国家、掌握君权,就会非常安定,非常荣耀,成为积聚美好功名的源泉。如果违背礼法正道,就会非常危险,非常烦劳。如果是这样,有了这两件还不如没有它,这种态势发展到了极点就有可能国破身灭,想做个平民百姓也没了可能,齐湣王、宋献公就是这样。所以,君主处于天下最有利的位置,但是他并不能因此自然而然地实现国泰民安,要国泰民安就一定要遵循正确的政治原则。

[原文]

故用国者,义立而王,信立而霸,权谋立而亡。三者,明主之所谨择也,仁人之所务白也。

[译文]

治理国家的人,把道义确立了就能称王天下,把信用确立了就能称霸诸侯,把权谋搞起来了就会灭亡。这三种情况,是英明的君主要谨慎选择的,是讲究仁德的人一定要弄明白的。

［原文］

挈国以呼礼义而无以害之,行一不义、杀一无罪而得天下,仁者不为也,擽然扶持心、国,且若是其固也。之所与为之者之人,则举义士也;之所以为布陈于国家刑法者,则举义法也;主之所极(同“亟”)然帅群臣而首乡(同“向”)之者,则举义志也。如是,则下仰上以义矣,是綦定也。綦定而国定,国定而天下定。仲尼无置锥之地,诚义乎志意,加义乎身行,箸(同“著”)之言语,济之日,不隐乎天下,名垂乎后世。今亦以天下之显诸侯诚义乎志意,加义乎法则度量,著之以政事,案申重之以贵贱杀生,使袭然终始犹一也,如是,则夫名声之部(通“勃”)发于天地之间也,岂不如日月雷霆然矣哉!故曰:以国齐义,一日而白,汤、武是也。汤以亳,武王以鄗,皆百里之地也,天下为一,诸侯为臣,通达之属,莫不从服,无它故焉,以济义矣。是所谓义立而王也。

［译文］

领导全国上下来提倡礼义而不是反其道而行之,如做一件不义的事、杀一个无罪的人就能取得天下,讲究仁德的人也不干,他坚定不移地用礼义来驾驭自己的思想和国家,无论遇到什么困难他都一以贯之绝不动摇!所以,与他一起治理国家的人们,都能奉行道义;颁布的刑法,都能体现道义;他急切地率领群臣去追求的目标,都能合乎道义。像这样,臣民景仰君主全是因为君主崇尚道义,做到了这样,国家的政治基础就会稳如泰山。政治基础稳如泰山,国家就会安定;国家安定,天下就会大治。孔子没有立锥之地,但他真诚地把道义贯彻到思想中,落实在立身行事上,表现在言语中,到成功的时候,他就显扬于天下,名声流传到后代。现在如果也让天下那些显赫的诸侯真诚地把道义贯彻到自己的思想中,落实到法律制度上,体现在政治运作中,又用提拔、废黜、处死、赦免等手段来反复强调它，使它连续不断地始终如一。像这样，那么他的名声传扬于天地之间，难道不像日月雷霆那样了么？所以说：使国家统一于道义，一天的功夫就能名声显赫，商汤、周武王就是这样。商汤凭借亳邑，周武王凭借鄗京，都不过是方圆百里之地，而天下被他们统一了，诸侯做了他们的臣属，凡交通能到达的地方，没有不服从的，这没有其他的缘故，而是因为他们完全遵行了道义。这就是我所说的把道义确立为自己矢志不渝的奋斗目标就能称王天下。

［原文］

德虽未至也，义虽未济也，然而天下之理略奏（同“凑”）矣，刑赏已、诺，信乎天下矣，臣下晓然皆知其可要也。政令已陈，虽睹利败，不欺其民；约结已定，虽睹利败，不欺其与。如是，则兵劲城固，敌国畏之；国一綦（通“期”）明，与国信之，虽在僻陋之国，威动天下，五伯（同“霸”）是也。非本政教也，非致隆高也，非綦文理也，非服人之心也，乡（同“向”）方略，审劳佚（同“逸”），谨畜（同“蓄”）积，修战备，齺（zōu）然上下相信，而天下莫之敢当。故齐桓、晋文、楚庄、吴阖闾、越句（同“勾”）践，是皆僻陋之国也，威动天下，强殆中国，无它故焉，略信也。是所谓信立而霸也。

［译文］

德行虽然还没有尽善尽美，道义虽然还没有完全做到，然而天下的事理大体上掌握了，刑罚、奖赏、禁止、许诺在天下已取得了信用，臣下都明白地知道他是可以结交的。政令已经发布，即使看到自己的利益将要有所损害，也不失信于他的民众；盟约已经签订，即使看到自己的利益将要有所损害，也不失信于他的盟友。像这样，就会军队强劲、城防牢固，而敌国害怕他；国家统一，道义彰明，而同盟国信任他，即使住在偏僻落后的国家，他的威势也可震动天下，五霸就是这样。他们虽然没有把政治教化作为立国之本，没有达到最崇高的政治境界，没有健全礼仪制度，没有使人心悦诚服，但他们注重方法策略，注意使民众有劳有逸，认真积蓄，加强战备，像牙齿啮合那样君臣上下互相信任配合，因而天下也就没有人敢抵挡他们了。齐桓公、晋文公、楚庄王、吴王阖闾、越王勾践，这些人都处在偏僻落后的国家，他们的威势却震动天下，他们的强盛危及中原各国，这没有别的缘故，就是因为他们取得了信用啊。这就是我所说的把信用确立了就能称霸诸侯。

［原文］

挈国以呼功利，不务张其义，齐其信，唯利之求，内则不惮诈其民而求小利焉，外则不惮诈其与而求大利焉，内不修正其所以（同“已”）有，然常欲人之有，如是，则臣下百姓莫不以诈心待其上矣。上诈其下，下诈其上，则是上下析也，如是，则敌国轻之，与国疑之，权谋日行而国不免危削，綦之而亡，齐闵、薛公是也。故用强齐，非以修礼义也，非以本政教也，非以一天下也，绵绵常以结引驰外为务。故强，南足以破楚，西足以诎（同“屈”）秦，北足以败燕，中足以举宋。及以燕、赵起而攻之，若振槁然，而身死国亡，为天下大戮，后世言恶则必稽焉。是无它故焉，唯其不由礼义而由权谋也。

［译文］

领导全国人民去提倡功利，不致力于伸张那道义、成就那信用，唯利是图，对内则肆无忌惮地欺诈民众以追求小利，对外则毫无顾忌地欺骗盟国以追求大利，在内不好好管理已有的土地财富，却常常想取得别人所拥有的土地财富。像这样，那么臣下、百姓就没有不用欺诈之心去对待君主的了。君主欺诈臣民，臣民欺诈君主，这就是上下离心离德。像这样，那么敌国就会轻视他，盟国就会怀疑他，即使权谋天天在搞，而国家也免不了危险削弱，到了极点，国家就灭亡了，齐湣王、孟尝君就是这样。他们在强大的齐国执政，不是用手中的权力去修明礼义，不因此而把政治教化作为立国之本，不凭借它来统一天下，而是接连不断地把勾结拉拢别国、驰骋于外国作为自己的要务。所以他们强大的时候，南能攻破楚国，西能使秦国屈服，北能打败燕国，中能攻占宋国。但等到燕国、赵国联合起来进攻他们的时候，就像摧枯拉朽一样，齐湣王便身死国亡了，成为天下的奇耻大辱，后世的人们论及恶人，就一定要把他当作例证。这并没有其他的缘故，是因为他们不遵循礼义而专搞权谋呀。

［原文］

三者，明主之所以谨择也，而仁人之所以务白也。善择者制人，不善择者人制之。

［译文］

这三种情况，是英明的君主要谨慎选择的，也是讲究仁德的人一定要弄明白的。善于选择的，就能制服别人；不善于选择的，别人就会制服他。

［原文］

国者，天下之大器也，重任也，不可不善为择所而后错（同“措”）之，错（同“措”）险则危；不可不善为择道然后道之，涂（同“途”）薉（huì，同“秽”）则塞，危塞则亡。彼国错（同“措”）者，非封焉之谓也，何法之道，谁子之与也。故道王者之法与王者之人为之，则亦王；道霸者之法与霸者之人为之，则亦霸；道亡国之法与亡国之人为之，则亦亡。三者，明主之所以谨择也，而仁人之所以务白也。

［译文］

国家政权，是天下最重要的工具，是责任最重大的担当，必须小心谨慎地为它选择个合适的地方然后再去安置它，如果把它放在险恶的地方就会危险；必须小心谨慎地为它选择条合适的道路然后再去引导它，如果道路上杂草丛生就会被堵塞；危险、堵塞，国家就会灭亡。那国家政权的安置问题，并不是指给它立好疆界，而是指遵行什么方法、与什么人一起来治国。遵行王者的方法，与那奉行王道的大臣治理国家，就能称王于天下；遵行霸者的方法，与那奉行霸道的大臣治理国家，就能称霸于诸侯；遵行使国家灭亡的方法，与那奉行亡国之道的大臣去游戏国家，也就会自取灭亡。这三种情况，是英明的君主要谨慎选择的，也是讲究仁德的人一定要弄明白的。

[原文]

故国者，重任也，不以积持之则不立。故国者，世所以新者也，是惮惮，非变也，改王改行也。故一朝之日也，一日之人也，然而厌焉有千岁之固，何也？曰：援夫千岁之信法以持之也，安与夫千岁之信士为之也。人无百岁之寿，而有千岁之信士，何也？曰：以夫千岁之法自持者，是乃千岁之信士矣。故与积礼义之君子为之则王，与端诚信全之士为之则霸，与权谋倾覆之人为之则亡。三者，明主之所以谨择也，而仁人之所以务白也。善择之者制人，不善择之者人制之。

[译文]

国家政权，是责任最重大的担当，不依靠长期积累起来的治理手段去扶持它，它就会垮台。所以，国家虽然每一代都有更新，但这不过是一种传承而不是一种根本性的改变，更替的只是君主，改变的只是具体礼节。日子急促得就像一个早上，人生短暂得就像一天，然而安然地存在着历经千秋万代的国家，这是为什么呢？回答说：这是因为采取了那些积累了千秋万代的、确信无疑的举措来扶持，又与那些千秋万代的真诚之士一起来治理的缘故。人生虽无百年的寿命，却会有千秋万代的真诚之士，为什么呢？回答说：用那些积累了千秋万代的礼法来把握自己的人，这就是千秋万代的真诚之士。所以，与坚持不懈奉行礼义的君子一起治理，就能称王天下；与坚守正道诚信完美的人士一起治理，就能称霸诸侯；与大搞权谋倾轧颠覆的人一起执政，就会导致灭亡。这三种情况，是英明的君主要谨慎选择的，也是讲究仁德的人一定要弄明白的。善于选择的，就能制服别人；不善于选择的，就会被别人制服。

［原文］

彼持国者必不可以独也，然则强固荣辱在于取相矣。身能相能，如是者王；身不能，知恐惧而求能者，如是者强；身不能，不知恐惧而求能者，安唯便僻左右亲比己者之用，如是者危削，綦之而亡。国者，巨用之则大，小用之则小，綦大而王，綦小而亡，小巨分流者存。巨用之者，先义而后利，安不恤亲疏，不恤贵贱，唯诚能之求，夫是之谓巨用之。小用之者，先利而后义，安不恤是非，不治曲直，唯便僻亲比己者之用，夫是之谓小用之。巨用之者若彼，小用之者若此，小巨分流者亦一若彼，一若此也。故曰："粹而王，驳而霸，无一焉而亡。"此之谓也。

［译文］

那些掌握国家政权的君主，一定不可以单靠自己，这样看来，那么是强大还是衰弱、是光荣还是耻辱就在于选取宰相了。自己有才能，宰相也有才能，像这样的国君就能称王天下；自己没有才能，但知道恐惧而去寻觅有才能的人，像这样的国君就能强大；自己没有才能，又不懂得恐惧而去寻求有才能的人，只是任用些善于阿谀奉承的宠臣、身边的侍从以及亲近依附自己的人，像这样的国君就会危险削弱，达到极点就会灭亡。国家，大治它就会强大，小治它就会弱小；极其强大就能称王天下，极其弱小就会灭亡，小大各占一半的则能保存。所谓大治国家，就是先义而后利，任用人不分亲疏，不别贵贱，只寻求真正有才能的人，这就叫作大治国家。所谓小治国家，就是先利而后义，不辨是非，不论曲直，只是任用善于阿谀奉承的宠臣和亲近依附自己的人，这就叫作小治国家。大治国家就像那样；小治国家就像这样；所谓小大各占一半的，也就是一部分像那样、一部分像这样。所以说："纯粹地考虑道义、任用贤人的就能称王天下，驳杂地义利兼顾、贤人亲信并用的就能称霸诸侯，一样也做不到的就会灭亡。"此话讲的就是这种道理。

[原文] **国无礼则不正。礼之所以正国也，譬之犹衡之于轻重也，犹绳墨之于曲直也，犹规矩之于方圆也，既错（同"措"）之而人莫之能诬也。《诗》云："如霜雪之将将，如日月之光明，为之则存，不为则亡。"此之谓也。**

[译文] 国家没有礼法就不循正道。礼法之所以能用来治理国家，打个比方，就好像秤能用来分辨轻重，就好像墨线能用来分辨曲直，就好像圆规、曲尺能用来确定方圆一样，事先已经把它们设置完备，人们就没有谁再能搞欺骗了。《诗》上说："像霜雪那样无情，像日月那样光明，实行它就能生存，不实行就会丧命。"讲的就是这个呀。

[原文] **国危则无乐君，国安则无忧民。乱则国危，治则国安。今君人者急逐乐而缓治国，岂不过甚矣哉！譬之是由好声色而恬无耳目也，岂不哀哉！夫人之情，目欲綦色，耳欲綦声，口欲綦味，鼻欲綦臭，心欲綦佚（同"逸"）。此五綦者，人情之所必不免也。养五綦者有具，无其具则五綦者不可得而致也。万乘之国，可谓广大、富厚矣，加有治辨、强固之道焉，若是，则恬愉无患难矣，然后养五綦之具具也。故百乐者生于治国者也，忧患者生于乱国者也，急逐乐而缓治国**

者,非知乐者也。故明君者必将先治其国,然后百乐得其中;暗君者必将急逐乐而缓治国,故忧患不可胜校也,必至于身死国亡然后止也,岂不哀哉!将以为乐,乃得忧焉;将以为安,乃得危焉;将以为福,乃得死亡焉,岂不哀哉!於乎!君人者亦可以察若言矣。

[译文] 国家危险就没有快乐的君主,国家安定就没有忧愁的人民。政治运作杂乱无章,国家就危险;政治运作整齐有序,国家就安定。现在统治民众的君主,急于追求享乐而放松对国家的治理,难道不是错误得很厉害吗?打个比方,就好像是爱好音乐美色而不在乎没有耳朵眼睛,难道不可悲吗?就人的性情来说,眼睛想看最美丽的颜色,耳朵想听最美妙的音乐,嘴巴想吃最美味的佳肴,鼻子想闻最浓郁的芬芳,心中想追求最舒适的安逸。追求上述享受,是人的性情不可避免的。但获得这五种极好的享受必须具备一定条件,没有一定条件,这些享受就不可能获得。拥有万辆兵车的国家可以说是辽阔富裕,再有一套使它得到治理而强大巩固的办法,如果是这样,就会安逸快乐而没有祸患忧虑,达到这种地步以后,获得五种极好享受的条件才具备。所以,安逸快乐产生于治理有序的国家;忧虑祸患产生于混乱不堪的国家。急于追求享乐而放松治国的人,不是懂得安逸快乐的人。所以,英明的君主,一定要先治理好自己的国家,快乐也就从中获得。而昏庸愚昧的君主,一定要迫不及待地追求享乐而放松治国,所以,祸患忧虑多得不可胜数,一定要到身死国亡以后才算完结,难道不可悲吗?准备用这种办法去求得快乐,却从中得到了忧虑;准备用这种办法去求得安定,却从中得到了危险;准备用这种办法去求得幸福,却从中得到了灭亡,难道不可悲吗?唉!统治民众的君主,应该好好考察一下这些话语了!

［原文］

故治国有道，人主有职。若夫贯日而治详，一日而曲列之，是所使夫百吏官人为也，不足以是伤游玩安燕之乐。若夫论一相以兼率之，使臣下百吏莫不宿道乡方而务，是夫人主之职也。若是，则一天下，名配尧、禹。之主者，守至约而详，事至佚而功，垂衣裳，不下簟席之上，而海内之人莫不愿得以为帝王。夫是之谓至约，乐莫大焉。

［译文］

所以治理国家有一定的原则，君主有一定的职责。至于那连续几天而把事情治理得周详完备，一天之内就曲折周到地解决政事，这是让那各级官吏与政府官员去做的事情，不值得因此而妨害了自己游玩安逸的快乐。至于选择一个宰相去全面地领导群臣百官，使臣下百官无不安守道义向往正道而努力，这才是那君主的职责啊。像这样，就能统一天下，名望可以和尧、禹相匹配。这样的君主，掌管的事情极其简要却十分周详，工作虽然极其闲适却很有成效，衣裳下垂着，不从坐席之上走下来，而天下的人无不希望请他担任帝王。这叫作极其简约，快乐没有比这个更大的了。

［原文］

人主者，以官人为能者也；匹夫者，以自能为能者也。人主得使人为之，匹夫则无所移之。百亩一守，事业穷，无所移之也。今以一人兼听天下，日有余而治不足者，使人为之也。大有天下，小有一国，必自为之然后可，则劳苦秏顇（同“瘁”）莫甚焉。如是，则虽臧获不肯与天子易埶（同“势”）业。以是县（同“悬”）天下，一四海，何故必自为之？为之者，役夫之道也，墨子之说也。论德使能而官施之者，圣王之道也，儒之所谨守也。传曰：“农分田而耕，贾分货而贩，百工分事而劝，士大夫分职而听，建国诸侯之君分土而

守，三公揔（同‘总’）方而议，则天子共己而已。”出若入若，天下莫不平均，莫不治辨，是百王之所同也，而礼法之大分也。

［译文］

君主，以能够用人为有本领；平民百姓，以自己能干为有本领。君主可以指使别人去做事，平民百姓就没有地方推卸责任。一百亩土地由一个农夫来管理，结果经营不好，这是因为他无法把这些事情推给别人。现在君主凭一个人的力量同时治理整个天下，反而时间绰绰有余而要治理的事却很少，这是因为让别人去做事的缘故。权力大的当了天子而拥有整个天下，权力小的当了诸侯而统治一国，如果所有的事情一定要自己去做了以后才行，那么辛劳艰苦耗损憔悴就没有比这个更厉害的了。像这样，那么即使是奴婢也不肯和天子交换地位与职事了。因此，君主在上面掌握天下，统一天下，为什么一定要亲自去做所有的事情呢？亲自去做各种事情，是服役的人所遵行的原则，是墨子的学说。选择有道德的人、使用有才能的人而把官职委任给他们，这是圣明帝王的办法，是儒家所谨慎遵守的原则。古书上说：“农民分得田地去耕种，商人分取货物去贩卖，各种工匠分配一定的工作去用力，士大夫分任一定的职务去处理政事，诸侯国的国君分封一定的领土去守卫，三公统管各个方面来议政，那么天子只要让自己拱着手就是了。”朝廷外面如此，朝廷内部如此，天下就没有人不协调一致，就没有什么不治理得井然有序的，这是历代圣王的共同遵循的原则，也是礼制法度的要领。

［原文］

百里之地，可以取天下，是不虚，其难者在人主之知之也。取天下者，非负其土地而从之之谓也，道足以壹人而已矣。彼其人苟壹，则其土地奚去我而适它？故百里之地，其等位爵服足以容天下之贤士矣，其官职事业足以容天下之

能士矣，循其旧法，择其善者而明用之，足以顺服好利之人矣。贤士一焉，能士官焉，好利之人服焉，三者具而天下尽，无有是其外矣。故百里之地足以竭埶（同“势”）矣；致忠信，著仁义，足以竭人矣。两者合而天下取，诸侯后同者先危。《诗》曰：“自西自东，自南自北，无思不服。”一人之谓也。

［译文］ 凭借百里的领土可以取得天下，这并不是子虚乌有，它的难处在于君主要懂得凭借小国可以取得天下的道理。所谓取得天下，并不是指其他的国家都带着他们的土地来追随我，而是指我的政治原则足够用来使天下的人和我团结一致罢了。别国君主统治下的那些人如果都和我团结一致，那么他们的土地又怎么会离开我而到别的国家去呢？所以尽管只是方圆百里的领土，但它的等级、官位、品爵、服饰，足够用来容纳天下的贤德之士了；它的官职和工作，足够用来容纳天下的贤能之士了；根据它原有的法度，选择其中好的东西而把它公布实施，也足够用来使贪图财利的人顺服了。贤德之士和我团结一致了，贤能之士被我任用了，贪图财利的人顺服了，这三种情况如果都具备，那么天下就全都归我了，在此之外就没有什么了。所以凭借方圆百里的土地，足够用来集中全部的权势了；做到忠诚守信，彰明仁义，就完全可以招致所有的人了。这两者合起来，那么天下就取得了，诸侯中归附晚的就先有危险了。《诗》上说：“从那西边又从东，从那南边又从北，没有哪个不服从。”讲的就是使天下人和我团结一致的道理啊。

［原文］ **羿、蠭门者，善服射者也；王良、造父者，善服驭者也；聪明君子者，善服人者也。人服而埶（同“势”）从之，人不服而埶（同“势”）去之，故王者已于服人矣。故人主欲得善**

射，射远中微则莫若羿、蠭门矣；欲得善驭，及速致远，则莫若王良、造父矣；欲得调壹天下，制秦、楚，则莫若聪明君子矣。其用知（同“智”）甚简，其为事不劳而功名致大，甚易处而綦可乐也。故明君以为宝，而愚者以为难。

［译文］　羿、蠭门，善于使射箭的人佩服；王良、造父，善于使驾车的人佩服；聪明的君子，善于使所有的人佩服。人们都敬佩服从他，那么权势也就从属于他；人们不敬佩服从他，那么权势也就和他分离了。所以称王天下的君主达到了使人敬佩服从的地步也就成功了。君主想要得到善于射箭的人，既射得远，又能命中微小的目标，那就没有比羿、蠭门更好的了；想要得到善于驾车的人，既能追上快速奔驰的车子，又能到达远方的目的地，那就没有比王良、造父更好的了；想要得到治理天下、统一天下的人，制服秦国、楚国，那就没有比聪明的君子更好的了。聪明的君子使用心计非常简少，他们做事不费力而功绩名声极大，非常容易安顿而极其乐观。所以英明的君主把他们当作宝器，愚昧的君主却把他们看作是祸患。

［原文］　**夫贵为天子，富有天下，名为圣王，兼制人，人莫得而制也，是人情之所同欲也，而王者兼而有是者也。重色而衣之，重味而食之，重财物而制之，合天下而君之，饮食甚厚，声乐甚大，台谢（同“榭”）甚高，园囿甚广，臣使诸侯，一天下，是又人情之所同欲也，而天子之礼制如是者也。制度以（同“已”）陈，政令以挟（通“浃”），官人失要则死，公侯失礼则幽，四方之国有侈（同“誃”）离之德则必灭，名声若日月，功绩如天地，天下之人应之如景（同“影”）向，是又人情之所同欲也，而王者兼而有是者也。故人之情，口好味而臭**

味莫美焉，耳好声而声乐莫大焉，目好色而文章致繁妇女莫众焉，形体好佚（同“逸”）而安重闲静莫愉焉，心好利而谷禄莫厚焉，合天下之所同愿兼而有之，睾牢天下而制之若制子孙，人苟不狂惑戆陋者，其谁能睹是而不乐也哉！欲是之主并肩而存，能建是之士不世绝，千岁而不合，何也？曰：人主不公，人臣不忠也。人主则外贤而偏举，人臣则争职而妒贤，是其所以不合之故也。人主胡不广（同“旷”）焉无恤亲疏，无偏贵贱，唯诚能之求？若是，则人臣轻职业让贤而安随其后，如是，则舜、禹还至，王业还起。功壹天下，名配舜、禹，物由（同“犹”）有可乐如是其美焉者乎？呜呼！君人者亦可以察若言矣。杨朱哭衢涂（同‘途’），曰：“此夫过举蹞（同‘跬’）步而觉跌千里者夫！”哀哭之。此亦荣辱安危存亡之衢已，此其为可哀甚于衢涂（同“途”）。呜呼哀哉！君人者千岁而不觉也。

［译文］

高贵得担任天子，富裕得拥有天下，被称为圣王，全面统领所有的人，而别人没有谁能统领他，这是人们心中所共同追求的，而称王天下的君主则完全拥有了这一切。穿五颜六色的衣服，吃品种繁多的食物，控制多种多样的财物，兼并了天下而统治它，饮食非常丰富，声乐非常洪亮，台阁非常高大，园林兽苑非常宽广，把诸侯当作臣子来使唤，统一天下，这又是人们心中所共同追求的，而天子的礼俗制度就像这个样子。制度已经公布，政令已经完备，群臣百官违反了政令的规定就处死，公爵、侯爵违背了礼制就囚禁，四方的诸侯如果离心离德就一定加以消灭，名声像日月一样显赫，功绩像天地一样伟大，普天下的人响应他就像影子紧随形体、回响紧随原声一样，这又是人们心中所共同追求的，而称王天下的君主则完全拥有了这一切。所以人的性情，嘴巴喜欢吃美味的食物,而气味滋味没有比王者吃到的更好的了;耳朵喜欢听悦耳的声音,而歌声乐曲没有比王者听到的更洪亮的了;眼睛喜欢看美色,而极其繁复的彩色花纹和少妇美女没有比王者看到的更多的了;身体喜欢安逸,而安稳清闲没有比王者享受到的更愉快的了;心里喜欢财利,而俸禄没有比王者得到的更丰厚的了;综合了天下人所共同企求的东西而完全地拥有了它们,总揽天下之人而控制他们就像控制子孙一样,人如果不是发疯的、糊涂的、愚蠢的、鄙陋无知的,那还有谁能看到这些而不高兴呢?想要获得这一切的君主多得比肩接踵,能够建立起这种事业的贤人世世代代都没有断绝过,但近千年来这样的君主和这样的贤人却没有能够配合起来,这是为什么呢?回答说:是因为君主用人不公正,臣下对上不忠诚。君主排斥贤能的人而偏私地提拔人,臣子争夺职位而嫉妒贤能的人,这就是他们不能配合的缘故。君主为什么不广招人才,不去顾及亲疏,不去考虑贵贱,只寻求真正贤能的人呢?如果能这样,那么臣子就会看轻职位而把它让给贤能的人,并甘心跟随在他们的后面;如果这样,那么舜、禹重新会到来,称王天下的大业又能建立起来了。取得统一天下的功绩,名声可以和舜、禹相配,事情还有像这样美好而值得高兴的吗?唉!统治民众的君主也可以好好考察一下这些话语了!杨朱在十字路口哭泣,说:"在这里错误地跨出一步,觉察时就已走错千里了!"他为此而悲哀地哭泣。这用人之事也就是通往光荣或耻辱、安定或危险、生存或灭亡的十字路口啊,在这上面犯了错误所造成的可悲,要比在十字路口走错路更严重。唉!可悲啊!统治民众的君主竟然上千年了还没有觉悟啊。

[原文]

无国而不有治法,无国而不有乱法;无国而不有贤士,无国而不有罢(通"疲"或"痞")士;无国而不有愿民,无国而不有悍民;无国而不有美俗,无国而不有恶俗。两者并行

而国在，上偏而国安，在下偏而国危，上一而王，下一而亡。故其法治，其佐贤，其民愿，其俗美，而四者齐，夫是之谓上一。如是则不战而胜，不攻而得，甲兵不劳而天下服。故汤以亳，武王以鄗，皆百里之地也，天下为一，诸侯为臣，通达之属莫不从服，无它故焉，四者齐也。桀、纣即序于有天下之埶（同“势”），索为匹夫而不可得也，是无它故焉，四者并亡也。故百王之法不同若是，所归者一也。

［译文］

任何一个国家都存在促成社会安定与导致社会动乱的法令制度，任何一个国家都同时存在贤人与痞子，任何一个国家都存在朴实善良的百姓与凶狠残暴的成员，任何一个国家都存在美好的习俗与恶劣的风气。以上两种情况同时存在的，国家仍存在；偏于上一种情况的，国家就安定；偏于下一种情况的，国家就危险；全属于上一种情况的，就能称王天下；全属于下一种情况的，就会灭亡。那国家的法令制度能使社会安定，它的辅佐大臣贤能，它的民众朴实善良，它的习俗美好，这四者齐备，那就叫作全属于上一种情况。像这样，那么不打仗就能战胜敌人，不进攻就能取得战果，军队不用费力而天下就服从了。商汤凭借亳，周武王凭借鄗，都不过是方圆百里的领土，而天下被他们统一了，诸侯做了他们的臣属，凡能到达的地方，没有不服从的，这没有其他的缘故，而是因为上述四种条件齐备了。夏桀、商纣即使实力雄厚得掌握了统治天下的权力，但最后要求做个普通百姓也不可能实现，这没有其他的缘故，而是因为上述四种条件全都丧失了。各代君主的治国方法就像这样的不同，但归结起来的道理只有这么一个。

［原文］

上莫不致爱其下而制之以礼，上之于下，如保赤子。政令制度，所以接下之人百姓，有不理者如豪（同“毫”）末，则

虽孤独鳏寡必不加焉。故下之亲上欢如父母,可杀而不可使不顺。君臣上下,贵贱长幼,至于庶人,莫不以是为隆正。然后皆内自省以谨于分,是百王之所以同也,而礼法之枢要也。然后农分田而耕,贾(gǔ)分货而贩,百工分事而劝,士大夫分职而听,建国诸侯之君分土而守,三公揔(同"总")方而议,则天子共己而止矣。出若入若,天下莫不平均,莫不治辨,是百王之所同而礼法之大分也。

[译文]

君主无不对他的臣民爱护有加,因而用礼法来限制他们。君主对于臣民,就像爱护婴儿一样。政令制度,是用来对待下面的百姓的;如果它有不合理的地方,即使像毫毛的末端一样细微,那么就是对孤儿、孤独老人、鳏夫、寡妇,也一定不加到他们头上。所以臣民亲近君主高兴得就像亲近父母一样,即使杀死他们也不可能使他们不顺从君主。君主、臣子、上级、下级,高贵的、卑贱的、年长的、年幼的,直到平民百姓,没有谁不把这礼法制度当作为最高的准则,然后又都在内心反省自己而谨守本分,这就是历代圣王所使用的相同的政治措施,也是礼法制度的关键。这些做到以后,农民就分得田地去耕种,商人就分取货物去贩卖,各种工匠分配一定的工作去用力,士大夫分任一定的职务去处理政事,诸侯国的国君分封一定的领土去守卫,三公统管各个方面来议政,那么天子只要让自己拱着手就是了。朝廷外面如此,朝廷内部如此,天下就没有人不协调一致,就没有什么不治理得井然有序的,这是历代圣王共同的政治原则,也是礼法制度的要领。

[原文]

若夫贯日而治平,权物而称用,使衣服有制,宫室有度,人徒有数,丧祭械用皆有等宜,以是用挟(同"浃")于万物,尺寸寻丈莫得不循乎制度数量然后行,则是官人使吏之事也,不足数于大君子之前。故君人者立隆政(同"正")本朝

而当，所使要百事者诚仁人也，则身佚(同“逸”)而国治，功大而名美，上可以王，下可以霸；立隆正本朝而不当，所使要百事者非仁人也，则身劳而国乱，功废而名辱，社稷必危：是人君者之枢机也。故能当一人而天下取，失当一人而社稷危，不能当一人而能当千人百人者，说无之有也。既能当一人，则身有何劳而为，垂衣裳而天下定。故汤用伊尹，文王用吕尚，武王用召公，成王用周公旦。卑者五伯(同“霸”)，齐桓公闺门之内，县(同“悬”)乐奢泰(同“汰”)游抏(同“玩”)之修，于天下不见谓修，然九合诸侯，一匡天下，为五伯(同“霸”)长，是亦无它故焉，知一政于管仲也，是君人者之要守也。知者易为之兴力而功名綦大，舍是而孰足为也？故古之人有大功名者，必道是者也；丧其国、危其身者，必反是者也。故孔子曰：“知(同“智”)者之知，固以多矣，有以守少，能无察乎！愚者之知，固以少矣，有以守多，能无狂乎？”此之谓也。

［译文］

至于那连续几天把政事治理妥当，合理地调节万物来使它们适用，使各级官吏穿的衣服有一定的规格、住的房子有一定的标准、役使的仆从有一定的编制、丧葬祭祀器械用具都有和等级相适合的规定，把这种做法贯彻到各种事情中去，诸如尺寸寻丈之类的标准，无一不是遵循了法度然后才加以施行，这些都是政府官员和供役使的官吏所做的事，不值得在伟大的君主面前诉说。那统治民众的君主，如果为本朝所确立的最高准则完全得当，所任用的总管各种事务的宰相是真正有仁德的人，那么他就会自身安逸而国家安定，功绩伟大而名声美好，高一点的可以称王天下，低一点的也可以称霸诸侯；如果为本朝所确立的最高准则不得当，所任用的总管各种事务的宰相不是具有仁德的人，那么他就会自身劳累而国家混乱，前功尽弃而声名狼藉，国家一定会危险；这是担任君主的关键啊。所以，能恰当地任用一个人，那么天下就能取得；不能恰当地任用一个人，那么国家就会危险。不能恰当地任用一个人而能恰当地任用一千个人、一百个人，在理论上是没有这种事情的。既然能恰当地任用一个人，那么他本身又有什么劳累的事要做呢？只要穿着长袍无所事事而天下就能平定了。所以商汤任用了伊尹，周文王任用了吕尚，周武王任用了召公，周成王任用了周公。功德低一点的是五霸，齐桓公在宫门之内悬挂乐器、奢侈放纵，游荡玩耍，但天下并没有说他是追求享乐，反而他还多次会合诸侯，使天下归于一致而恢复了正道，成为五霸中的第一个，这也没有其他的缘故，而是因为他懂得把政事全部交给管仲，这就是担任君主的重要守则啊。聪明的君主容易做到这一点，所以能造成强大的实力而功业名望极大，除了这个还有什么值得去做呢？所以古代的人，凡是有伟大的功业名望的，一定是遵行了这一点；凡是丧失了自己的国家、危害到他本人的，一定是违反了这一点。所以孔子说："智者的知识，本来已经很多了，又因为管的事很少，能不明察吗？蠢人的知识，本来已经很少了，又因为管的事很多，能不惑乱吗？"讲的就是这个道理。

[原文]

治国者，分已定，则主相、臣下、百吏各谨其所闻，不务听其所不闻；各谨其所见，不务视其所不见。所闻所见诚以齐矣，则虽幽闲隐辟，百姓莫敢不敬分安制以礼化其上，是治国之征也。

[译文]

治理得好的国家，名分已经确定以后，那么君主、宰相、大臣、百官就各自谨守自己应该听见的东西，不致力于打听自己不应该听见的东西；各自谨守自己应该看见的东西，不致力于察看自己不应该看见的东西。君主宰相大臣百官的所见所闻，如果真正和各自的名分一致了,那么即使是在那些幽远闭塞隐蔽偏僻的地方,百姓中也没有人敢不严守本分、遵守制度、用礼来顺服他们的君主,这是大治国家的标志。

［原文］

主道治近不治远,治明不治幽,治一不治二。主能治近则远者理,主能治明则幽者化,主能当一则百事正。夫兼听天下,日有余而治不足者如此也,是治之极也。既能治近,又务治远;既能治明,又务见幽;既能当一,又务正百:是过者也。过,犹不及也。辟(同"譬")之是犹立直木而求其景(同"影")之枉也。不能治近,又务治远;不能察明,又务见幽;不能当一,又务正百:是悖者也。辟之是犹立枉木而求其景之直也。故明主好要而暗主好详。主好要则百事详,主好详则百事荒。君者,论一相,陈一法,明一指(同"旨"),以兼覆之,兼炤(同"照")之,以观其盛者也。相者,论列百官之长,要百事之听,以饰(同"饬")朝廷臣下百吏之分,度其功劳,论其庆赏,岁终奉其成功以效于君。当则可,不当则废。故君人劳于索之,而休于使之。

［译文］

君主的统治原则:治理近处的事而不治理远方的事,治理明处的事而不治理暗处的事,治理根本性的一件大事而不治理各种各样的小事。君主能够治理好近处的事,那么远方的事就会因此而得到治理;君主能够治理好明处的事,那么暗处的事就会因此而变化;君主能恰当地治理好根本性的一件大事,那么各种各样的小事就会因此而得到正确处理。同时治理整个天下,时间绰绰有余而要治理的事却很少就像这样,这就是政治的最高境界了。既能治理近处的事,又力求治理远方的事;既能治理明处的事,又力求察见暗处的事;既能恰当地治理好根本性的大事,又力求治理好各种各样的小事:这是过分的做法,如同达不到一样。打个比方,这就好像是树起笔直的木头而要求它的影子弯曲一样。不能治理近处的事,又力求治理远处的事;不能明察明处的事,又力求察见暗处的事;不能恰当地治理好根本性的大事,又力求治理好各种各样的小事:这是昏乱的做法。打个比方,这就好像是树起弯曲的木头而要求它的影子笔直一样。所以英明的君主喜欢抓住要领,而愚昧的君主喜欢管得周详。君主喜欢抓住要领,那么各种事情就能办得周详;君主喜欢管得周详,那么各种事情就会荒废。君主,只需选择一个宰相、公布一套法制、阐明一个宗旨,用这种手段来全面地统治一切、普遍地洞察一切,从而来坐观自己的成功。宰相,要选拔安排好各部门的长官,总管各种事情的处理,以此来整顿朝廷上的大臣和各级官吏的职分,衡量功劳,论定奖赏,年终把成绩功劳呈报给君主,称职的就留用,不称职的就罢免。所以当君主的在寻觅贤相时劳累,在使用他以后就安逸了。

[原文]

用国者,得百姓之力者富,得百姓之死者强,得百姓之誉者荣。三得者具而天下归之,三得者亡而天下去之;天下归之之谓王,天下去之之谓亡。汤、武者,循其道,行其义,兴天下同利,除天下同害,天下归之。故厚德音以先之,明礼义以道(同"导")之,致忠信以爱之,赏贤使能以次之,爵服赏庆以申重之,时其事、轻其任以调齐之,潢然兼覆之,养长之,如保赤子。生民则致(同"至")宽,使民则綦理,辩(同"辨")政令制度,所以接天下之人百姓,有非理者如豪(同"毫")末,则虽孤独鳏寡必不加焉。是故百姓贵之如帝,亲之如父母,为之出死断亡而不愉者,无它故焉,道德诚明,利泽诚厚也。

[译文]

治理国家的君主,得到百姓为他卖力的就富足,得到百姓为他献身的就强大,得到百姓称赞颂扬的就荣耀。这三种得到的东西都具备,那么天下人就会归附他;这三种得到的东西都没有,那么天下人就会叛离他。天下人归附他叫作称王,天下人叛离他叫作灭亡。商汤、周武王这些人,遵循这条原则,奉行这种道理,兴办天下人的共同福利,除掉天下人的共同祸害,因而天下人都归附他们。所以,君主提高道德声誉来引导民众,彰明礼义来指导他们,尽力做到忠诚守信来爱护他们,尊崇贤人、任用能人来安排职位,用爵位、服饰、赏赐、表扬去反复激励他们,根据时节安排他们的劳动、减轻他们的负担来调剂他们,广泛普遍地庇护他们,抚养他们,就像保护初生的婴儿一样。养育人民极其宽厚,使用人民则极其合理。制定政令制度,是用来对待下面的老百姓的;如果它有不合理的地方,即使像毫毛的末端一样细微,那么就是对孤儿、孤独老人、鳏夫、寡妇,也一定不加到他们头上。所以百姓尊重他就像尊重天帝一样,亲近他就像亲近父母一样,为他豁出生命决心牺牲而心甘情愿,这没有其他的缘故,而是因为君主的道德确实贤明,君主的恩泽确实深厚啊。

[原文]

乱世不然,污漫、突盗以先之,权谋倾覆以示之,俳优、侏儒、妇女之请谒以悖之,使愚诏知,使不肖临贤,生民则致贫隘,使民则綦劳苦。是故百姓贱之如偃(同"尪"),恶之如鬼,日欲司(同"伺")间而相与投藉之,去逐之。卒(同"猝")有寇难之事,又望百姓之为己死,不可得也,说无以取之焉。孔子曰:"审吾所以适人,适人之所以来我也。"此之谓也。

[译文]

混乱的社会就不是这样。君主以污秽卑鄙、强取豪夺的行为来做民众的先导,玩弄权术阴谋、搞倾轧陷害来给他们做示范,让倡优、矮子、女人私下求见说情来搞昏自己,让愚蠢的人去教诲有智慧的人,让没有德才的人去领导有德才的人,养育人民则使他们极其贫穷困厄,使用人民则使他们极其疲劳辛苦。所以百姓鄙视他就像鄙视残疾人一样,厌恶他就像厌恶鬼魅一样,天天想寻找机会一起来抛弃践踏他,摒除驱逐他。突然发生了外敌入侵的事,他还指望百姓为他卖命,这是不可能得到的啊。任何理论学说都无法从这些所作所为中汲取什么。孔子说:"想弄清楚我到别人那里怎样,只要看别人来我这里怎样。"讲的就是这个道理。

[原文]

伤国者何也?曰:以小人尚民而威,以非所取于民而巧,是伤国之大灾也。大国之主也,而好见小利,是伤国;其于声色、台谢(同"榭")、园囿也,愈厌而好新,是伤国;不好循正其所以有,啖啖常欲人之有,是伤国。三邪者在匈(同"胸")中,而又好以权谋倾覆之人断事其外,若是,则权轻名辱,社稷必危,是伤国者也。大国之主也,不隆本行,不敬旧法,而好诈故,若是,则夫朝廷群臣亦从而成俗于不隆礼义而好倾覆也。朝廷群臣之俗若是,则夫众庶百姓亦从而成俗于不隆礼义而好贪利矣。君臣上下之俗莫不若是,则地虽广,权必轻;人虽众,兵必弱;刑罚虽繁,令不下通。夫是之谓危国,是伤国者也。

[译文]

危害国家的因素是什么呢?回答说:让小人骑在民众头上作威作福,用非法的手段向民众搜刮勒索却十分巧妙,这是危害国家的重大灾难。身为大国的君主,却喜欢注意小利,这就会危害国家;他对于音乐美色、高台亭阁、园林兽苑,乐此不疲而追求新奇,这就会危害国家;不喜欢好好管理自己已有的土地财富,却垂涎欲滴地常常想求得别人所拥有的土地财富,这就会危害国家。这三种邪恶的念头在胸中,而又喜欢让那搞权谋倾轧陷害的人在外朝决断政事，像这样，那么君主就会权势轻微、声名狼藉，国家政权必然危险，这是危害国家的君主啊。身为大国的君主，却不尊崇根本性的德行，不谨守原有的法制，而喜欢搞欺诈，像这样，那么朝廷上的群臣也就跟着养成一种不尊崇礼义而喜欢搞倾轧陷害的习俗。朝廷上群臣的习俗像这样，那么群众百姓也就跟着养成一种不尊崇礼义而喜欢贪图财利的习俗了。君臣上下的习俗无不如此，那么领土即使辽阔，权势也必然轻微；人口即使众多，兵力也必然衰弱；刑罚即使繁多，政令也不能向下贯彻。这就叫作危险的国家，这是危害国家的君主呀。

［原文］

儒者为之不然，必将曲辨：朝廷必将隆礼义而审贵贱，若是，则士大夫莫不敬节死制者矣。百官则将齐其制度，重其官秩，若是，则百吏莫不畏法而遵绳矣。关市几（同"讥"）而不征，质律禁止而不偏，如是，则商贾（gǔ）莫不敦悫而无诈矣。百工将时斩伐，佻（yáo，同"傜"）其期日而利其巧任，如是，则百工莫不忠信而不楛矣。县（同"悬"）鄙将轻田野之税，省刀布之敛，罕举力役，无夺农时，如是，则农夫莫不朴力而寡能矣。士大夫务节死制（同"敬节死制"），然而兵劲。百吏畏法循绳，然后国常不乱。商贾（gǔ）敦悫无诈则商旅安，货通财，而国求给矣。百工忠信而不楛，则器用巧便而财不匮矣。农夫朴力而寡能，则上不失天时，下不失地利，中得人和，而百事不废。是之谓政令行，风俗美，以守则固，以征则强，居则有名，动则有功。此儒之所谓曲辨也。

［译文］

儒者做事就不是这样，而一定要细致周到地治理好。在朝廷上一定要尊崇礼义而辨明贵贱，像这样，那么士大夫就没有不看重节操、为礼制殉身的了。对于群臣百官，将统一他们的管理制度，注重他们的官职俸禄，像这样，那么群臣百官就无不害怕法制而遵守准则条例了。对于关卡和集市进行检查而不征税，对于贸易抵押禁止弄虚作假而不偏听，像这样，那么商人就无不忠厚老实而没有欺诈了。对于各种工匠将要求他们按照时节砍伐木材，放宽对他们的限期以便利他们发挥技巧，像这样，那么各种工匠就无不忠诚老实而不粗制滥造了。在边远地区将减轻对农田的收税，减少财货的搜刮，少发动劳役，不侵占农时，像这样，那么农民就无不朴实地尽力耕作而很少有其他的技能了。士大夫追求名节而殉身于礼制，这样兵力就会强劲。群臣百官害怕法制而遵守准则条例，这样国家就经常不乱。商人忠厚老实而不搞欺诈，那么流动的商贩就安全保险，货物钱财就能流通，而国家的各种需求就能得到供应了。各种工匠忠诚老实而不粗制滥造，那么器械用具就做得精巧便利而材料也不会缺乏了。农民朴实地尽力耕作而没有能力从事其他行业，那么就上不会失天时，下不会失地利，中能得人和，而各种事情就不会荒废。这些情况叫作政令通行，风俗美好。凭借这种政治局面来防守就能守得很牢固，去出征就能强劲有力；安居无事就会有声望，采取行动就会有功绩。这就是儒家所说的细致周到地治理啊。

君道篇第十二

[原文]

有乱君，无乱国；有治人，无治法。羿之法非亡也，而羿不世中；禹之法犹存，而夏不世王。故法不能独立，类不能自行；得其人则存，失其人则亡。法者，治之端也；君子者，法之原也。故有君子则法虽省，足以遍矣；无君子则法虽具，失先后之施，不能应事之变，足以乱矣。不知法之义而正法之数者，虽博，临事必乱。故明主急得其人，而暗主急得其埶（同“势”）。急得其人，则身佚（同“逸”）而国治，功大而名美，上可以王，下可以霸；不急得其人而急得其埶（同“势”），则身劳而国乱，功废而名辱，社稷必危。故君人者劳于索之，而休于使之。《书》曰：“惟（同‘唯’）文王敬忌，一人以择。”此之谓也。

[译文]

有搞乱国家的君主，没有自行混乱的国家；有治理国家的人才，没有自行治理的法制。后羿的射箭方法并没有失传，但后羿并不能使世世代代的人都百发百中；大禹的法制仍然存在，但夏后氏并不能世世代代称王天下。所以法制不可能单独有所建树，律例不可能自动推行；得到了那种善于治国的人才，法制就存在；失去了那种人才，法制也就灭亡了。法制，是政治的开头；君子，是法制的本原。所以有了君子，法律即使简略，也足够用在一切方面了；如果没有君子，法律即使完备，也会失去先后的实施次序，不能应付事情的各种变化，足够形成混乱了。不懂得法的道理却去制定法律的条款的人,即使了解得很多,碰到具体事情也一定会混乱。所以英明的君主急于得到治国的人才,而愚昧的君主急于取得权势。急于得到治国的人才,就会自身安逸而国家安定,功绩伟大而名声美好,上可以称王天下,下可以称霸诸侯;不急于得到治国的人才,而急于取得权势,就会自身劳苦而国家混乱,功业败坏而声名狼藉,国家政权必然危险。所以统治人民的君主,在寻觅人才时劳累,而在使用他以后就安逸了。《书》上说:“要想想文王的恭敬戒惧,亲自去选择人才。”讲的就是这种道理呀。

[原文]

合符节、别契券者,所以为信也;上好权谋,则臣下百吏诞诈之人乘是而后欺。探筹、投钩者,所以为公也;上好曲私,则臣下百吏乘是而后偏。衡石、称(同“秤”)县(同“悬”)者,所以为平也;上好倾覆,则臣下百吏乘是而后险。斗、斛、敦、概者,所以为啧(同“赜”)也;上好贪利,则臣下百吏乘是而后丰取刻与,以无度取于民。故械数者,治之流也,非治之原也;君子者,治之原也。官人守数,君子养原,原清则流清,原浊则流浊。故上好礼义,尚贤使能,无贪利之心,则下亦将綦辞让、致忠信而谨于臣子矣。如是则虽在小民,不待合符节、别契券而信,不待探筹、投钩而公,不待衡石、称(同“秤”)县(同“悬”)而平,不待斗、斛、敦、概而啧(同“赜”)。故赏不用而民劝,罚不用而民服,有司不劳而事治,政令不烦(通“繁”)而俗美,百姓莫敢不顺上之法,象上之志,而劝上之事,而安乐之矣。故藉敛忘费,事业忘劳,寇难忘死,城郭不待饰(同“饬”)而固,兵刃不待陵而劲,敌国不待服而诎(同“屈”),四海之民不待令而一,夫是之谓至平。《诗》曰:“王犹允塞,徐方既来。”此之谓也。

[译文] 对合符节、辨认契券，是用来实现信用的；但如果君主喜欢搞权谋，那么大臣百官中那些搞欺骗诡诈的人就会乘机跟着搞欺诈。抽签、抓阄，是用来实现公正的；但如果君主喜欢偏私，那么大臣百官就会乘机跟着搞偏私。用衡器来称量，是用来实现公平的；但如果君主喜欢偏斜颠倒，那么大臣百官就会乘机跟着邪恶不正。各种量器量具，是用来实现统一标准的；但如果君主热衷于贪图财利，那么大臣百官就会乘机跟着去多拿少给以至于没有限度地盘剥老百姓。所以各种有助于治理的器物与方法，只是政治的末流，并不是政治的源头；君主，才是政治的源头。官吏拘守具体的方法条例，君主则保养源头。源头清澈，下边的流水也清澈；源头混浊，下边的流水也混浊。所以君主如果爱好礼义，尊重贤德的人，使用有才能的人，没有贪图财利的思想，那么臣下也就会极其谦让，极其忠诚老实，而谨慎地做一个臣子了。像这样，即使是在卑微的老百姓之中，也不等对合符节、辨认契券就能做到有信用，不等抽签、抓阄就能做到公正，不靠衡器来称量就能做到公平，不需要各种量器量具就能做到标准统一。所以不用奖赏而民众就能勤勉，不用刑罚而民众就能服从，官吏不费力而事情就能处理好，政策法令不繁多而习俗就能变好，百姓没有谁敢不顺从君主的法令、依照君主的意志而为君主的事情效力，而且对此感到安乐。所以，民众在纳税时不觉得破费，为国家干事业时忘掉了疲劳，外敌发动战争时能拼死作战，城墙不等修整就坚固，兵器的刀口不用淬炼就坚硬，敌国不等去征服就屈从，天下的民众不用命令就能统一行动。这叫作极其太平。《诗》上说："王道真大遍布四海，徐国已经来朝拜。"讲的就是这种情形呀。

[原文] **请问为人君？曰：以礼分施，均遍而不偏。请问为人臣？曰：以礼待君，忠顺而不懈。请问为人父？曰：宽惠而有礼。请问为人子？曰：敬爱而致文。请问为人兄？曰：慈**

爱而见友。请问为人弟？曰：敬诎（同“屈”）而不苟。请问为人夫？曰：致功而不流，致临（通“隆”）而有辨。请问为人妻？曰：夫有礼，则柔从听侍；夫无礼，则恐惧而自竦也。此道也，偏立而乱，俱立而治，其足以稽矣。请问兼能之奈何？曰：审之礼也。古者先王审礼以方皇周浃于天下，动无不当也。故君子恭而不难（同“戁”），敬而不巩（通“蛩”），贫穷而不约，富贵而不骄，并遇变态而不穷，审之礼也。故君子之于礼，敬而安之；其于事也，径而不失；其于人也，寡怨宽裕而无阿；其所为身也，谨修饰而不危（同“诡”）；其应变故也，齐给便捷而不惑；其于天地万物也，不务说其所以然而致善用其材；其于百官之事、技艺之人也，不与之争能而致善用其功；其待上也，忠顺而不懈；其使下也，均遍而不偏；其交游也，缘义而有类；其居乡里也，容而不乱。是故穷则必有名，达则必有功，仁厚兼覆天下而不闵，明达用天地、理万变而不疑，血气和平，志意广大，行义塞于天地之间，仁知之极也。夫是之谓圣人。审之礼也。

［译文］

请问怎样做君主？回答说：要按照礼义去施舍，公平而不偏私。请问怎样做臣子？回答说：要按照礼义去侍奉君主，忠诚顺从而不懈怠。请问怎样做父亲？回答说：要宽厚仁爱而有礼节。请问怎样做儿子？回答说：要敬爱父母而极有礼貌。请问怎样做哥哥？回答说：要仁慈地爱护弟弟而付出自己的友爱。请问怎样做弟弟？回答说：要恭敬顺服而一丝不苟。请问怎样做丈夫？回答说：要尽力取得功业而不放荡淫乱，尽力亲近妻子而又有一定的界限。请问怎么做妻子 ？回答说：丈夫遵循礼义就温柔顺从听命侍候他，丈夫不遵循礼义就诚惶诚恐而自知警惕。这些原则，只能部分地做到，那么天下仍然混乱；全部确立了，天下就会大治。它们足够用来作为楷模了。请问要全部做到这些该怎么办？回答说：必须弄清楚礼义。古代圣王弄清楚了礼义而普遍施行于天下，行动没有不恰当的。所以君子谦恭但不胆怯，肃敬但不恐惧，贫穷却不卑屈，富贵却不骄纵，同时遇到各种事变，也能应付自如而不会束手无策，这都是因为弄明白了礼义的缘故。所以君子对于礼义，敬重并遵守它；他对于事务，做起来直截了当但不出错；他对于别人，很少埋怨，宽宏大量但不阿谀奉迎；他做人的原则，是谨慎地加强修养而不险诈；他应付事变，迅速敏捷而不糊涂；他对于天地万物，不致力于解说它们形成的原因而能做到很好地利用其材；他对于各种官府中的官吏和有技术的人才，不和他们竞争技能的高下而能做到很好地利用他们的工作成果；他侍奉君主，忠诚顺从而不懈怠；他使唤下属，公平而不偏私；他与人交往，依循道义而有法度；他住在家乡，待人宽容而不胡作非为。所以君子处境困窘时就一定享有名望，显达时就一定能建立功勋；他的仁爱宽厚之德普照天下而不昏暗，他的明智通达能够整治天地万物，处理各种事变而不疑惑；他心平气和，思想开阔，德行道义充满在天地之间，仁德智慧达到了极点。这种人就叫作圣人。这是因为他弄明白了礼义的缘故啊。

［原文］

请问为国？曰：闻修身，未尝闻为国也。君者，仪也，仪正而景（同“影”）正；君者，槃（同“盘”）也，槃圆而水圆；君者，盂也，盂方而水方。君射则臣决。楚庄王好细腰，故朝有饿人。故曰：闻修身，未尝闻为国也。

［译文］

请问怎样治理国家？回答说：我只听说君主要修养自己的品德，不曾听说过怎样去治理国家。君主，就像测定时刻的标杆；民众，就像这标杆的影子；标杆正直，影子也正直。君主，就像盘子；民众，就像盘子里的水；盘子是圆形的，盘里的水也是圆形的。君主，就像盂；民众就像盂中的水；盂是方形的，盂中的水也是方形的。君主射箭，臣子就会套上扳指。楚灵王喜欢细腰的美女，所以宫中有许多人饿死。所以说：我听说君主要修养身心，不曾听说过怎样治理国家。

［原文］

君者，民之原也，原清则流清，原浊则流浊。故有社稷者而不能爱民，不能利民，而求民之亲爱己，不可得也。民不亲不爱，而求其为己用，为己死，不可得也。民不为己用，不为己死，而求兵之劲，城之固，不可得也。兵不劲，城不固，而求敌之不至，不可得也。敌至而求无危削，不灭亡，不可得也。危削灭亡之情举积此矣，而求安乐，是狂生者也。狂生者不胥时而落。故人主欲强固安乐，则莫若反之民；欲附下一民，则莫若反之政；欲修政美国，则莫若求其人。彼或蓄积而得之者不世绝。彼其人者，生乎今之世而志乎古之道。以天下之王公莫好之也，然而于是独好之；以天下之民莫欲之也，然而于是独为之；好之者贫，为之者穷，然而于是独犹将为之也，不为少顷辍焉。晓然独明于先王之所以得之，所以失之，知国之安危臧否若别白黑。是其人者也，大用之则天下为一，诸侯为臣，小用之则威行邻敌，纵不能用，使无去其疆域，则国终身无故。故君人者爱民而安，好士而荣，两者无一焉而亡。《诗》曰："介人维藩，大师维垣。"此之谓也。

［译文］

君主，就像民众的源头。源头清澈，下边的流水也清澈；源头混浊，下边的流水也混浊。所以掌握了国家政权的人如果不能够爱护民众、不能够使民众得利，而要求民众亲近爱戴自己，那是不可能办到的。民众不亲近、不爱戴，而要求民众为自己所用、为自己牺牲，那也是不可能办到的。民众不为自己所用、不为自己牺牲，而要求兵力强大、城防坚固，那是不可能办到的。兵力不强大、城防不坚固，而要求敌人不来侵犯，那是不可能办到的。敌人来了而要求自己的国家不危险削弱、不灭亡，那是不可能办到的。国家危险削弱、灭亡的情况全都积聚在他这里了，却还想求得安逸快乐，这是狂妄无知的人。狂妄无知的人，不要等多久就会衰败死亡的。所以君主想要强大稳固安逸快乐，那就没有什么比得上回到民众中去；想要使臣下归附、使民众与自己同心同德，那就没有什么比得上回到政事上来；想要治理好政事、使风俗淳美，那就没有什么比得上寻觅善于治国的人。那些善于治国的人或许有所积储，因而得到这种人的君主世世代代没断绝过。那些善于治国的人，生在今天的时代而向往着古代的政治原则。虽然天下的君主没有谁爱好古代的政治原则，但是这种人偏偏爱好它；虽然天下的民众没有谁想要古代的政治原则，但是这种人偏偏遵行它。爱好古代政治原则的会贫穷，遵行古代政治原则的会困窘，但是这种人还是要遵行它，并不因此而停止片刻。唯独这种人清楚地明了古代帝王取得国家政权的原因、失去国家政权的原因，他了解国家的安危、政治的好坏就像分辨黑白一样清楚。这种善于治国的人，如果君主重用他，那么天下就能被统一，诸侯就会来称臣；如果君主一般地任用他，那么威势也能扩展到邻邦敌国；即使君主不能任用他，但如果能使他不离开自己的国土，那么国家在他活着的时候也就不会有什么不测。所以统治民众的君主，爱护民众就会安宁，喜欢士人就会荣耀，这两者一样都没有就会灭亡。《诗》上说："贤士就是那屏障，大众就是那围墙。"讲的就是这个道理。

［原文］

道者何也？曰：君道也。君者何也？曰：能群也。能群也者何也？曰：善生养人者也，善班（同"辨"，本段下同）治

人者也，善显设人者也，善藩饰人者也。善生养人者人亲之，善班治人者人安之，善显设人者人乐之，善藩饰人者人荣之。四统者俱（通“具”）而天下归之，夫是之谓能群。不能生养人者人不亲也，不能班治人者人不安也，不能显设人者人不乐也，不能藩饰人者人不荣也。四统者亡而天下去之，夫是之谓匹夫。故曰：道存则国存，道亡则国亡。省工贾（gǔ），众农夫，禁盗贼，除奸邪，是所以生养之也。天子三公，诸侯一相，大夫擅官，士保职，莫不法度而公，是所以班治之也。论德而定次，量能而授官，皆使人载其事而各得其所宜。上贤使之为三公，次贤使之为诸侯，下贤使之为士大夫，是所以显设之也。修冠弁、衣裳、黼黻、文章、琱（同“雕”）琢、刻镂皆有等差，是所以藩饰之也。

［译文］ “道”这个词，是什么意思？回答说：是君主所遵行的原则。君这个词，是什么意思？回答说：是能够把人组织成社会群体的意思。所谓能够把人组织成社会群体，是指什么？回答说：是指善于养活、抚育人，善于治理人，善于任用安置人，善于用不同的服饰来区分人。善于养活抚育人的，人们就亲近他；善于治理人的，人们就安心顺从他；善于任用安置人的，人们就喜欢他；善于用服饰来区分人的，人们就赞美他。这四个要领都具备了，天下的人就会归顺他，这就叫作能把人组织成社会群体的君主。不能养活、抚育人的，人们就不会亲近他；不能治理人的，人们就不会安心顺从他；不能任用安置人的，人们就不会喜欢他；不能用服饰区分人的，人们就不会赞扬他。这四个要领都没有做到，天下的人就会背离他，这就叫作孤身一人的独夫。所以说：正确的政治原则存在，国家就存在；正确的政治原则丧失了，国家就灭亡。减少手工业者和商人，增多农民人数，禁止小偷强盗，铲除奸诈邪恶

之徒，这就是用来养活、抚育人的办法。天子配备太师、太傅、太保三公，诸侯配备一个相，大夫独掌某一官职，士谨守自己的职责，无不按照法令制度而秉公办事，这就是用来治理人的方法。审察德行来确定等级，衡量才能来授予官职，使他们每人都承担他们的工作而各人都能得到和他的才能相适合的职务，上等的贤才使他们担任三公，次一等的贤才使他们做诸侯，下等的贤才使他们当大夫，这就是任用安置人的办法。修饰帽子衣裳、在礼服上绘画各种彩色花纹、在各种器具上雕刻图案等都有一定的等级差别，这就是用服饰来区分人的方法。

［原文］

故由天子至于庶人也，莫不骋其能，得其志，安乐其事，是所同也。衣暖而食充，居安而游乐，事时制明而用足，是又所同也。若夫重色而成文章，重味而成珍备，是所衍也。圣王财（通“裁”）衍以明辨异，上以饰贤良而明贵贱，下以饰长幼而明亲疏。上在王公之朝，下在百姓之家，天下晓然皆知其非所以为异也，将以明分达治而保万世也。故天子诸侯无靡费之用，士大夫无流淫之行，百吏官人无怠慢之事，众庶百姓无奸怪之俗，无盗贼之罪，其能以称义遍矣。故曰：“治则衍及百姓，乱则不足及王公。”此之谓也。

［译文］

从天子一直到普通老百姓，没有谁不想施展自己的才能、实现自己的志向、安逸愉快地从事自己的工作，这是每个人都相同的。穿得暖和而吃得饱，住得安适而玩得快乐，事情办得及时、制度明白清楚而财物用度充足，这些又是每个人共同的愿望。至于那重叠使用多种颜色而绘成衣服上的彩色花纹，汇集多种食物而烹煮成珍馐美味，这是富饶有余的表现了。圣明的帝王控制好这种富饶有余的东西来彰明区别等级差别，在上用来修饰贤能善良的人而显示每个人地位的高低，在下用来装饰老少而表明每个人的亲疏关系。这样，上面在君主的朝廷，下面在平民百姓的家庭，天下人都明明白白地知道圣明的帝王并不是要用这些东西故意制造等级差别，而是要用它来明确名分、达到治理的目的，从而保持千秋万代永远太平。所以天子诸侯没有浪费的用度，士大夫没有放荡的行为，群臣百官没有怠慢的政事，群众百姓没有奸诈怪僻的习俗、没有偷盗抢劫的罪行，这就能够称为道义普及了。所以说："国家安定，富裕就会遍及百姓；国家混乱，拮据就会波及天子王公。"讲的就是这个道理。

［原文］

至道大形，隆礼至法则国有常，尚贤使能则民知方，纂论公察则民不疑，赏克罚偷则民不怠，兼听齐明则天下归之。然后明分职，序事业，材技官能，莫不治理，则公道达而私门塞矣，公义明而私事息矣。如是，则德厚者进而佞说者止，贪利者退而廉节者起。《书》曰："先时者杀无赦，不逮时者杀无赦。"人习其事而固，人之百事如耳目鼻口之不可以相借官也。故职分而民不探，次定而序不乱，兼听齐明而百事不留。如是，则臣下百吏至于庶人莫不修己而后敢安正，诚能而后敢受职，百姓易俗，小人变心，奸怪之属莫不反（同"返"）悫。夫是之谓政教之极。故天子不视而见，不听而聪，不虑而知，不动而功，块然独坐而天下从之如一体，如四职（同"肢"）之从心。夫是之谓大形。《诗》曰："温温恭人，维德之基。"此之谓也。

［译文］

最好的政治原则的最大作用：推崇礼义，使法制高于一切，国家就会纳入实现政通人和的正常轨道；尊重贤德的人，任用有才能的人，那么民众就会知道努力的方向；集体审查，公正考察，那么民众就不会怀疑了；奖赏勤劳的人，惩罚偷懒的人，那么民众就不会懒惰了;同时听取各种意见,完全明察一切事情,那么天下人就会归顺他。然后明确名分职责,根据轻重缓急的次序来安排工作,安排有技术的人做事,任用有才能的人当官,没有什么得不到治理,那么为天下效劳的道路就畅通了而谋私的门路就被堵住了,为公的原则昌明了而谋私的事情就终止了。像这样,品德高尚的人就得到起用而巧言谄媚的人就受到遏止,贪图财利的人被黜退而廉洁奉公的人被提拔。《书》上说:"在规定的时刻之前行动的,杀而不赦;没有赶上规定时刻而落后的,杀而不赦。"人们往往因为熟悉了自己的工作而固守本职不改行。人们的各种工作,就像耳朵、眼睛、鼻子、嘴巴等不可以互相替代官能一样。所以,职务划分后,民众就不会再谋求他职;等级确定后,秩序就不会混乱;同时听取各种意见,完全明察一切,那么各种工作就不会推诿扯皮。像这样,那么大臣百官直到平民百姓就无不提高了自己的修养以后才敢安居,真正有了才能以后才敢接受官职;百姓改变了习俗,小人转变了思想,奸邪怪僻之流无不转向诚实谨慎。这就叫作政治教化的最高境界。所以天子不用察看就能发现问题,不用打听就能明白真相,不用考虑就能知道事理,不用动手就能功成业就,从容不迫地独自坐着而天下人顺从他就像长在一个身体上一样、就像四肢顺从心的支配一样,这就是最好的政治原则的最大作用。《诗》上说:"温柔谦恭的人们,是以道德为根本。"讲的就是这种人。

[原文]

为人主者,莫不欲强而恶弱,欲安而恶危,欲荣而恶辱,是禹、桀之所同也。要此三欲,辟(同"避")此三恶,果何道而便?曰:在慎取相,道莫径是矣。故知(同"智",本段下同)而不仁不可,仁而不知不可,既知且仁,是人主之宝也,而王霸之佐也。不急得,不知;得而不用,不仁。无其人而幸有其功,愚莫大焉。

［译文］

做君主的无不希望强盛而厌恶衰弱，希望安定而厌恶危险，希望荣耀而厌恶耻辱，这是禹和桀所相同的欲望。要实现这三种愿望，避免这三种厌恶，究竟采取什么办法最便利？回答说：在于慎重地选取相，没有什么办法比这个更简便的了。对于相的人选，有智慧而没有仁德，不行；有仁德而没有智慧，也不行；既有智慧又有仁德，这便是君主的宝贵财富，是成就王业霸业的助手。君主不急于求得相才，是不明智；得到了相才而不重用，是不仁厚。没有那德才兼备的相而希望取得那王霸之功，没有比这个更愚蠢的了。

［原文］

今人主有六（当为“大”）患：使贤者为之，则与不肖者规之；使知者虑之，则与愚者论之；使修士行之，则与污邪之人疑之。虽欲成功，得乎哉！譬之是犹立直木而恐其景（同“影”）之枉也，惑莫大焉。语曰：“好女之色，恶者之孽也。公正之士，众人之痤也。循乎道之人，污邪之贼也。”今使污邪之人论其怨贼而求其无偏，得乎哉！譬之是犹立枉木而求其景（同“影”）之直也，乱莫大焉。

［译文］

现在的君主有个大毛病：让贤能的人去做事，却和不贤的人去纠正他；让明智的人去考虑问题，却和愚蠢的人去评判他；让品德美好的人去干事，却和肮脏邪恶的人去评估他。像这样，虽然想成功，能办得到吗？打个比方，这就好像是竖起一根笔直的木头而怕它的影子弯曲，没有比这个更糊涂的了。俗话说：“美女的姿色，是丑陋者的灾祸。公正的贤士，是众人的痤疽。遵循道义的人，是肮脏邪恶者的祸害。”现在让肮脏邪恶的人来评判他们所怨恨的人而要求他们没有偏见，能办得到吗？打个比方，这就好像竖起一根弯曲的木头而要求它的影子笔直，没有比这个更混乱的了。

[原文]

故古之人为之不然,其取人有道,其用人有法。取人之道,参之以礼;用人之法,禁之以等。行义动静,度之以礼;知虑取舍,稽之以成;日月积久,校之以功。故卑不得以临尊,轻不得以县(同“悬”)重,愚不得以谋知(同“智”),是以万举不过也。故校之以礼,而观其能安敬也;与之举错(同“措”)迁移,而观其能应变也;与之安燕(同“宴”),而观其能无流慆(同“滔”)也;接之以声色、权利、忿怒、患险,而观其能无离守也。彼诚有之者与诚无之者,若白黑然,可诎邪哉!故伯乐不可欺以马,而君子不可欺以人,此明王之道也。

[译文]

古代的君主做事就不是这样。他挑选人有一定的原则,他任用人有一定的法度。挑选人的原则,是用礼制去检验他们;任用人的法度,是用等级去限制他们。对他们的品行举止,用礼制来衡量;对他们的智慧以及赞成或反对的意见,用最后的成果来考查;对他们日积月累的长期工作,用取得的功绩来考核。所以,地位卑下的人不准用来监督地位尊贵的人,权势轻微的人不准用来评判掌有大权的人,愚蠢的人不准用来给明智的人出谋划策,因此一切举措都不会失误。所以用礼制来考核他,看他是否能安泰恭敬;给他上下调动来回迁移,看他是否能应付各种变化;让他安逸舒适,看他是否能不放荡地享乐;让他接触音乐美色、权势财利、怨恨愤怒、祸患艰险,看他是否能不背离节操。这样,那些真正有德才的人与的确没德才的人就像白与黑一样分明,还能进行歪曲吗?所以伯乐不可能被马的好坏骗了,而君子不可能被人的好坏骗了。以上这些就是英明帝王的政治措施。

［原文］ 人主欲得善射，射远中微者，县（同“悬”）贵爵重赏以招致之，内不可以阿子弟，外不可以隐远人，能中是者取之，是岂不必得之之道也哉！虽圣人不能易也。欲得善驭速致远者，一日而千里，县（同“悬”）贵爵重赏以招致之，内不可以阿子弟，外不可以隐远人，能致是者取之，是岂不必得之之道也哉！虽圣人不能易也。

欲治国驭民，调壹上下，将内以固城，外以拒难，治则制人，人不能制也，乱则危辱灭亡可立而待也。然而求卿相辅佐，则独不若是其公也，案唯便嬖亲比己者之用也，岂不过甚矣哉！故有社稷者莫不欲强，俄则弱矣；莫不欲安，俄则危矣；莫不欲存，俄则亡矣。古有万国，今有数十焉，是无它故，莫不失之是也。故明主有私人以金石珠玉，无私人以官职事业，是何也？曰：本不利于所私也。彼不能而主使之，则是主暗也；臣不能而诬能，则是臣诈也。主暗于上，臣诈于下，灭亡无日，俱害之道也。

夫文王非无贵戚也，非无子弟也，非无便嬖也，倜然乃举太公于州人而用之，岂私之也哉！以为亲邪？则周姬姓也，而彼姜姓也，以为故邪？则未尝相识也。以为好丽邪？则夫人行年七十有二，齫然而齿堕矣。然而用之者，夫文王欲立贵道，欲白贵名，以惠天下，而不可以独也，非于是子莫足以举之，故举是子而用之。于是乎贵道果立，贵名果明，兼制天下，立七十一国，姬姓独居五十三人，周之子孙苟不狂惑者，莫不为天下之显诸侯，如是者，能爱人也。故举天下之大道，立天下之大功，然后隐其所怜所爱，其下犹足以为天下之显诸侯。故曰：“唯明主为能爱其所爱，暗主则必危其所爱。”此之谓也。

[译文] 君主想要得到善于射箭的人——既射得很远而又能命中微小目标的人,就拿出高贵的爵位、丰厚的奖赏来招引他们。对内不偏袒自己的子弟,对外不埋没关系疏远的人,能够射中这种目标的人就录取他,这难道不就是一定能求得善射者的办法吗?即使是圣人也不能改变它。君主想要得到善于驾驭车马的人——既追得上快速奔驰的车子又能到达远方的目的地的人,一天能跑千里,就拿出高贵的爵位、丰厚的奖赏来招引他们。对内不偏袒自己的子弟,对外不埋没关系疏远的人,能到达这种目的地的人就录取他,这难道不就是一定能求得善于驾车者的办法吗?即使是圣人也不能改变它。

君主想要治好国家,管好民众,协调统一上上下下;准备对内用他们来巩固城防,对外用他们来抵抗敌人的侵略。因为国家治理好了,就能制服别人,而别人不能制服自己;国家混乱,那么危险、屈辱、灭亡的局面就能立刻到来。但是君主在求取卿相辅佐的时候,他的公正却偏偏不像这样,而只任用些宠爱的小臣以及亲近依附自己的人,这难道不是错得很厉害了吗?所以掌握了国家政权的君主无不希望强盛,但不久就衰弱了;无不希望安定,但不久就危险了;无不希望国家存在,但不久就灭亡了。古代有上万个国家,今天只有十几个了,这没有其他的缘故,都是因为这用人不公而丢失了政权啊。所以英明的君主有把金银宝石珍珠玉器私下给人的,但从来没有把官职政务私下给人的。这是为什么呢?回答说:因为私下给人官职根本不利于那些被偏爱的人。那些人没有才能而君主任用他,那么这就是君主昏庸;臣子无能而冒充有才能,那么这就是臣子欺诈。君主昏庸于上,臣子欺诈于下,用不了几天就灭亡了。所以这是对君主以及所宠爱的臣子都有害处的做法啊。

那周文王,并不是没有皇亲国戚,并不是没有儿子兄弟,并不是没有宠臣亲信,他却离世脱俗地在别国人之中提拔了姜太公而重用他，这哪里是偏袒他呢！以为他们是亲族吧？但周族姓姬，而太公姓姜。以为他们是老关系吧？但他们从来不相识。以为周文王爱漂亮吧？但姜太公已经七十二岁，牙齿全部掉光。但是还要任用他，那是因为文王想要树立宝贵的政治原则，想要显扬尊贵的名声，以此来造福天下，而这些是不能单靠自己一个人办到的，但除了这姜太公又没有什么人可以选用，所以提拔了这个人而任用了他。于是宝贵的政治原则果然树立起来了，尊贵的名声果然显扬，全面控制了天下，设置了七十一个诸侯国，其中姬姓诸侯就独占五十三个，周族的子孙，只要不是发疯糊涂的人，无不成为天下显贵的诸侯。像这样，才算是能宠爱人啊。所以实施了统一天下的重大原则，建立了统一天下的丰功伟绩，然后再偏私自己所疼所爱的人，那么这些被疼爱的人最差的也还能成为天下的显贵诸侯。所以说："只有英明的君主才能爱护他所宠爱的人，昏庸的君主就必然会危害他所宠爱的人。"讲的就是这个道理。

[原文]

墙之外，目不见也；里之前，耳不闻也；而人主之守司，远者天下，近者境内，不可不略知也。天下之变，境内之事，有弛易齵差者矣，而人主无由知之，则是拘胁蔽塞之端也。耳目之明，如是其狭也；人主之守司，如是其广也；其中不可以不知也，如是其危也。然则人主将何以知之？

曰：便嬖左右者，人主之所以窥远收（通"纠"）众之门户牖向也，不可不早具也。故人主必将有便嬖左右足信者然后可，其知惠（通"智慧"）足使规物、其端诚足使定物然后可，夫是之谓国具。

人主不能不有游观安燕之时，则不得不有疾病物故之变焉。如是国者，事物之至也如泉原（同"源"），一物不应，乱之端也。故曰：人主不可以独也。卿相辅佐，人主之基（同"几"）、杖也，不可不早具也。故人主必将有卿相辅佐

足任者然后可，其德音足以填抚百姓，其知虑足以应待万变然后可，夫是之谓国具。

四邻诸侯之相与，不可以不相接也，然而不必相亲也。故人主必将有足使喻志决疑于远方者然后可。其辩说足以解烦，其知虑足以决疑，其齐断足以距（同“拒”）难，不还秩，不反（同“返”）君，然而应薄（通“迫”）扞（同“捍”）患足以持社稷，然后可，夫是之谓国具。

故人主无便嬖左右足信者谓之暗，无卿相辅佐足任者谓之独，所使于四邻诸侯者非其人谓之孤，孤独而晻（同“暗”）谓之危。国虽若存，古之人曰亡矣。《诗》曰：“济济多士，文王以宁。”此之谓也。

［译文］

墙壁外面，眼睛看不到；里门前面，耳朵听不到；但君主所管辖的范围，远的遍及天下，近的国境之内，不可不概略地知道一些。天下的变化，境内的事情，已经有变动纷乱的了，然而君主无从知道这种情况，那么这就是被挟制蒙蔽的开端了。耳朵眼睛的辨察力，这样的狭窄；君主的管辖范围，这样的广大；其中的情况不可以不知道，不知道其中的情况，就会有被挟制蒙蔽的危险。既然如此，那么君主将靠什么来了解情况呢？

回答说：君主身边的亲信和侍从，是君主用来观察远处监督群臣百官的耳目，不能不及早配备好。所以君主一定要有足可信赖的亲信侍从，然后才行；他们的智慧要足可用来谋划事情，他们的正直诚实足可用来决定方案，然后才行。这种人叫作治国的工具。

君主不能没有游览安逸的时候，也不可能没有疾病死亡的变故。在这种时候，国家的事情还像源泉一样不断地涌来，一件事情都不能应付，就是祸乱的发端。所以说：君主不能单枪匹马。卿相辅佐，是君主的依靠，不能不及早配备好。所以君主一定要有足可胜任的卿相辅佐,然后才行。他们的道德声望足可用来安抚百姓,他们的智慧要足可用来应付千变万化,然后才行。这种人叫作治国的工具。

四邻诸侯国互相交往,不可能不互相接触,但是不一定都互相友好,所以君主一定要有足可出使到远方去传达君主旨意、解决疑难问题的人,然后才行。他们的辩说足可用来消除麻烦,他们的智慧要足可用来解决疑难,他们的敏捷果断足可用来排除危难,他们既不推卸职责,也不回到君主身边请示,然而应付紧急情况、抵御患难的时候足可保住国家政权,只有这样才行。这种人叫作治国的工具。

君主没有足可信赖的亲信侍从叫作不明,没有足可胜任的卿相辅佐叫作单独,被派遣到四邻诸侯国的使者不称职叫作孤立,孤立、单独而不明叫作危险。国家虽然似乎存在着,但是古代的人说它灭亡了。《诗》上说:“人才济济多精英,文王因此得安宁。”讲的就是这个道理。

[原文]

材人:愿悫拘录(同“劬碌”),计数纤啬而无敢遗丧,是官人使吏之材也。修饬端正,尊法敬分而无倾侧之心,守职循业,不敢损益,可传世也,而不可使侵夺,是士大夫官师之材也。知隆礼义之为尊君也,知好士之为美名也,知爱民之为安国也,知有常法之为一俗也,知尚贤使能之为长功也,知务本禁末之为多材(同“财”)也,知无与下争小利之为便于事也,知明制度、权物称用之为不泥也,是卿相辅佐之材也,未及君道也。能论官此三材者而无失其次,是谓人主之道也。若是,则身佚(同“逸”)而国治,功大而名美,上可以王,下可以霸,是人主之要守也。人主不能论此三材者,不知道此道,安值(同“直”)将卑埶(同“势”)出劳,并(同“屏”)耳目之乐,而亲自贯日而治详,一内而曲辨之,虑与

臣下争小察而綦偏能,自古及今,未有如此而不乱者也。是所谓“视乎不可见,听乎不可闻,为乎不可成”,此之谓也。

[译文] 安排任用人才的原则:诚实勤劳,计算查点时精细拘谨而不敢遗漏,这种人是一般官吏与差役的备选。加强修养、端正身心,崇尚法制、尊重名分,而没有偏斜不正的思想;谨守职责、遵循法典,不敢有所增减,使它们世代相传,而不让它们受损被夺,这种人是士大夫和群臣百官的备选。知道崇尚礼义是为了使君主尊贵,知道喜爱士人是为了使名声美好,知道爱护民众是为了使国家安定,知道有了固定的法制是为了统一习俗,知道尊重贤士、使用能人是为了增长功效,知道致力于根本性的农业生产而限制非根本的工商业是为了增多国家财富,知道不与下属争夺小利是为了有利于办大事,知道彰明制度、权衡事情要符合实用是为了不拘泥于成规,这种人是做卿相辅佐的备选,还没有能懂得君主之道。能够选择任用这三种人才而对他们的安排没有失误,这才可以称为君主之道。如果能这样,那么君主自身安逸而国家安定,功业伟大而名声美好;上可以称王天下,下可以称霸诸侯,这是君主的主要职守。君主不能选择任用这三种人才,不知道遵循这个原则,而只是降低自己的地位而竭尽劳力,抛弃声色娱乐,而亲自连续几天把事情治理得周详完备,一天之内就细致周到地把事办好,总是想和臣下在细小的方面比精明而使尽某一方面的才能,从古到今,还没有像这样做而国家不混乱的。这就是所谓“看不可能看见的,听不可能听见的,做不可能成功的”。讲的就是这种情况。

臣道篇第十三

［原文］

人臣之论(通“伦”):有态臣者,有篡臣者,有功臣者,有圣臣者。内不足使一民,外不足使距(同“拒”)难,百姓不亲,诸侯不信,然而巧敏佞说(通“悦”),善取宠乎上,是态臣者也。上不忠乎君,下善取誉乎民,不恤公道通义,朋党比周,以环(通“营”)主图私为务,是篡臣者也。内足使以一民,外足使以距难,民亲之,士信之,上忠乎君,下爱百姓而不倦,是功臣者也。上则能尊君,下则能爱民,政令教化,刑下如影,应卒(同“猝”)遇变,齐给如响,推类接誉(通“与”),以待无方,曲成制象,是圣臣者也。故用圣臣者王,用功臣者强,用篡臣者危,用态臣者亡。态臣用则必死,篡臣用则必危,功臣用则必荣,圣臣用则必尊。故齐之苏秦,楚之州侯,秦之张仪,可谓态臣者也。韩之张去疾,赵之奉阳,齐之孟尝,可谓篡臣也。齐之管仲,晋之咎(同“舅”)犯,楚之孙叔敖,可谓功臣矣。殷之伊尹,周之太公,可谓圣臣矣。是人臣之论也,吉凶贤不肖之极也。必谨志之而慎自为择取焉,足以稽矣。

［译文］

臣子的类别:有阿谀奉承的臣子,有篡夺君权的臣子,有立功的臣子,有圣明的臣子。对内不能用他来统一民众,对外不能用他去抵御患难,百姓不亲近他,诸侯不信任他,但是他灵巧敏捷能说会道,善于从君主那里博得宠幸:这是阿谀奉承的臣子。上不忠于君主,下善于在民众中骗取声誉;不顾有利于天下的原则和普遍适用的道义,拉党结派互相勾结,把封锁蒙蔽君主、图谋私利作为自己的主要事务:这是篡夺君权的臣子。内足可用他来统一民众,外足可用他来抵御患难,民众亲近他,士人信赖他,上忠于君主,下爱护百姓而不懈怠:这是立功的臣子。上能尊敬君主,下能爱护百姓;对政策法令和教育感化,他如影随形马上给下民做榜样,应付突发事件、对待事变,他就像回声一样敏捷迅速,推论类似的事物,综合对照同类的东西,用这种方法来对付变化无常的情况,他的举措处处能成为准则榜样:这是圣明的臣子。所以任用圣明的臣子就能称王天下,任用立功的臣子就会强盛,任用篡权的臣子就会危险,任用阿谀奉承的臣子就会灭亡。阿谀奉承的臣子被任用,那么君主一定会丧命;篡权的臣子被任用,那么君主一定会危险;立功的臣子被任用,那么君主一定会荣耀;圣明的臣子被任用,那么君主一定会尊贵。齐国的苏秦、楚国的州侯、秦国的张仪,可以叫作阿谀奉承的臣子。韩国的张去疾、赵国的奉阳君、齐国的孟尝君,可以叫作篡夺君权的臣子。齐国的管仲、晋国的咎犯、楚国的孙叔敖,可以称为立功的臣子了。商朝的伊尹、周朝的姜太公,可以称为圣明的臣子了。以上这些就是臣子的类别,它是预测国家安危与辨别君主贤不贤的标准,君主一定要谨慎地记住它,并慎重地亲自选用大臣,这足可用作参考的准则了。

[原文]

从命而利君谓之顺,从命而不利君谓之谄;逆命而利君谓之忠,逆命而不利君谓之篡;不恤君之荣辱,不恤国之臧否,偷合苟容,以持禄养交而已耳,谓之国贼。君有过谋过事,将危国家、殒社稷之惧也,大臣父兄有能进言于君,用则可,不用则去,谓之谏;有能进言于君,用则可,不用则死,谓之争;有能比知(同“智”)同力,率群臣百吏而相与强君挢(同“矫”)君,君虽不安,不能不听,遂以解国之大患,除国

之大害，成于尊君安国，谓之辅；有能抗君之命，窃君之重，反君之事，以安国之危，除君之辱，功伐足以成国之大利，谓之拂。故谏、争、辅、拂之人，社稷之臣也，国君之宝也，明君所尊厚也，而暗主惑君以为己贼也。故明君之所赏，暗君之所罚也；暗君之所赏，明君之所杀也。伊尹、箕子，可谓谏矣；比干、子胥，可谓争矣；平原君之于赵，可谓辅矣；信陵君之于魏，可谓拂矣。传曰："从道不从君。"此之谓也。

［译文］　服从君主的命令而有利于君主叫作顺从，服从君主的命令而不利于君主叫作谄媚；违抗君主的命令而有利于君主叫作忠诚，违抗君主的命令而不利于君主叫作篡夺。不顾君主的荣辱，不顾国家的得失，只是苟且迎合君主，无原则地求取容身，以此来保住自己的俸禄，去豢养结交的党羽，这种人叫作国家的奸贼。君主有了错误的谋划、错误的行为，国家将危险，政权将灭亡，这时大臣、父兄中如果有人能向君主进呈意见，意见被采用就好，不被采用就离去，这叫作劝谏；如果有人能向君主进呈意见，意见被采用就好，不被采用就殉身，这叫作死诤；如果有人能联合有智慧的人同心协力，率领群臣百官一起强迫君主、纠正君主，君主虽然不服，却不能不听从，于是就靠此消除了国家的大忧患，去掉了国家的大祸害，结果使君主尊贵、国家安定，这叫作辅助；如果有人能抗拒君主的命令，借用君主的权力，反对君主的错误行为，因而使国家转危为安，除去了君主蒙受的耻辱，功劳足够用来成就国家的重大利益，这叫作匡正。所以劝谏、死诤、辅助、匡正的人，是维护国家政权的大臣，是国君的宝贵财富，是英明的君主所尊敬优待的，愚昧的主子、糊涂的国君却把他们看作为自己的敌人。所以英明的君主所奖赏的人，却是愚昧的君主所惩罚的对象；愚昧的君主所奖赏的人，却是英明的君主所杀戮的对象。伊尹、箕子可以称为劝谏了；比干、子胥可以称为死诤了；平原君对于赵国来

说,可以称为辅助了;信陵君对于魏国来说,可以称为匡正了。古书上说:“依从正确的原则而不依从国君。”讲的就是这种人呀。

[原文]　**故正义之臣设,则朝廷不颇;谏、争、辅、拂之人信,则君过不远;爪牙之士施,则仇雠(同“仇”)不作;边境之臣处,则疆垂(同“陲”)不丧,故明主好同而暗主好独,明主尚贤使能而飨其盛(通“成”),暗主妒贤畏能而灭其功。罚其忠,赏其贼,夫是之谓至暗,桀、纣所以灭也。**

[译文]　坚持正义的臣子得到进用,那么朝廷就不会偏邪不正;劝谏、死诤、辅助、匡正的人受到信任,那么君主的过错就不会延续很久;勇猛有力的武士被使用,那么仇敌就不敢兴风作浪;边境上的大臣安置好了,那么边境就不会沦丧。所以英明的君主喜欢团结别人共事而愚昧的君主喜欢孤家寡人;英明的君主推崇贤德的人、使用有才能的人而享有他们的成果,愚昧的君主忌妒贤德的人、害怕有才能的人而埋没他们的功绩。惩罚自己的忠臣,奖赏自己的奸贼,这叫作极其昏庸,这就是夏桀、商纣灭亡的原因。

[原文]　**事圣君者,有听从,无谏争;事中君者,有谏争,无谄谀;事暴君者,有补削,无挢拂。迫胁于乱时,穷居于暴国,而无所避之,则崇其美,扬其善,违(通“讳”)其恶,隐其败,言其所长,不称其所短,以为成俗。《诗》曰:“国有大命,不可以告人,妨其躬身。”此之谓也。**

[译文]　侍奉圣明君主的,有听从而没有劝谏死诤;侍奉一般君主的,有劝谏死诤而没有奉承阿谀;侍奉暴君的,有弥补缺陷除去过失而没有强行纠正。被逼迫、受挟制地生活在混乱的时代,走投无路地住在暴君统治的国家,而又没有办法避开这种处境,那就推

崇他的美德，宣扬他的善行，不提他的罪恶，隐瞒他的失败，称道他的长处，不说他的短处，把这些作为既成的习俗。《诗》上说："国家有了重大政令，不可把它告诉别人，否则就会危害自身。"讲的就是这种情况。

［原文］

恭敬而逊，听从而敏，不敢有以私决择也，不敢有以私取与也，以顺上为志，是事圣君之义也。忠信而不谀，谏争而不谄，挢然刚折，端志而无倾侧之心，是案曰是，非案曰非，是事中君之义也。调而不流，柔而不屈，宽容而不乱，晓然以至道而无不调和也，而能化易，时关内（同"纳"）之，是事暴君之义也。若驭朴马，若养赤子，若食餧（同"馁"）人，故因其惧也，而改其过；因其忧也，而辨其故；因其喜也，而入其道；因其怒也，而除其怨：曲得所谓焉。《书》曰："从命而不拂，微谏而不倦，为上则明，为下则逊。"此之谓也。

［译文］

恭敬而又谦逊，听从而又敏捷地执行命令，不敢再根据私利去决断和选择，不敢再根据私利去取舍，把顺从君主作为自己的志向，这是侍奉圣明君主的原则。忠诚守信而不阿谀，劝谏死诤而不谄媚，强硬地坚决挫败君主，思想端正而没有偏斜不正的念头，对的就说对，错的就说错，这是侍奉一般君主的原则。调和却不随波逐流，温柔却不低头屈从，宽容却不和君主一起胡乱妄为，用最正确的原则去启发君主而没有不协调和顺的，那就能感化改变君主暴虐的本性，时时把正确的原则灌输给他，这是侍奉暴君的原则。侍奉暴君就像驾驭未训练过的马，就像抚养初生的婴儿，就像喂饥饿的人吃东西一样，所以要趁他畏惧的时候使他改正错误，趁他忧虑的时候使他改变过去的行为，趁他高兴的时候使他走入正道，趁他发怒的时候使他除去仇人，这样就能处处达到目的。《书》上说："服从命令而不违背，暗暗规劝而不懈怠，做君主要明智，做臣子要谦逊。”讲的就是这种情况。

［原文］

事人而不顺者，不疾者也；疾而不顺者，不敬者也；敬而不顺者，不忠者也；忠而不顺者，无功者也；有功而不顺者，无德者也。故无德之为道也，伤疾、堕功、灭苦，故君子不为也。

［译文］

侍奉君主却不合君主的心意，是因为不积极；积极了却不合君主的心意，是因为不恭敬；恭敬了却不合君主的心意，是因为不忠诚；忠诚了却不合君主的心意，是因为没有功绩；有了功绩却不合君主的心意，是因为没有品德。所以没有品德如果大行其道，就会挫伤积极性、毁掉功绩、埋没苦心，所以君子是不干的。

［原文］

有大忠者，有次忠者，有下忠者，有国贼者：以德复（通“覆”）君而化之，大忠也；以德调君而辅之，次忠也；以是谏非而怒之，下忠也；不恤君之荣辱，不恤国之臧否，偷合苟容，以之持禄养交而已耳，国贼也。若周公之于成王也，可谓大忠矣；若管仲之于桓公，可谓次忠矣；若子胥之于夫差，可谓下忠矣；若曹触龙之于纣者，可谓国贼矣。

［译文］

有头等的忠臣，有次一等的忠臣，有下等的忠臣，有国家的奸贼。用正确的原则熏陶君主而感化他，是头等的忠诚；用道德来调养君主而辅助他，是次一等的忠诚；用正确的去劝阻君主的错误却触怒了他，是下等的忠诚；不顾君主的荣辱，不顾国家的得失，只是苟且迎合君主，无原则地求取容身，以此来保住自己的俸禄，去豢养结交党羽，这是国家的奸贼。像周公对于周成王，可以说是头等的忠诚了；像管仲对于齐桓公，可以说是次一等的忠诚了；像伍子胥对于夫差，可以说是下等的忠诚了；像曹触龙对于商纣王,可以说是国家的奸贼了。

[原文]

仁者必敬人。凡人非贤则案不肖也。人贤而不敬,则是禽兽也;人不肖而不敬,则是狎虎也。禽兽则乱,狎虎则危,灾及其身矣。《诗》曰:"不敢暴虎,不敢冯河。人知其一,莫知其它。战战兢兢,如临深渊,如履薄冰。"此之谓也。故仁者必敬人。

[译文]

仁德之人必定尊敬别人。一般说来,一个人不贤能,那就是没有德才的人。别人贤能却不去尊敬他,那就是禽兽了;别人没有德才而不去尊敬他,那就是在戏弄老虎。人如禽兽就会胡乱妄为,戏弄老虎就会十分危险,灾难就会落到他身上了。《诗》上说:"不敢空手打老虎,不敢光脚把河渡。人们只知这一点,不知其他有害处。要害怕啊要小心,要像面临那深渊,要像脚踩那薄冰。"讲的就是这个。所以讲究仁德的人必定尊敬别人。

[原文]

敬人有道:贤者则贵而敬之,不肖者则畏而敬之;贤者则亲而敬之,不肖者则疏而敬之。其敬一也,其情二也。若夫忠信端悫而不害伤,则无接而不然,是仁人之质也。忠信以为质,端悫以为统,礼义以为文,伦类以为理,喘而言,臑(通"蠕")而动,而一可以为法则。《诗》曰:"不僭(通'谮')不贼,鲜不为则。"此之谓也。

[译文]

尊敬别人有一定的原则:对贤能的人就景仰地尊敬他,对没有德才的人就畏惧地尊敬他;对贤能的人就亲切地尊敬他,对没有德才的人就疏远地尊敬他。尊敬是一样的,实际内容是两样的。至于那忠诚守信正直老实而不伤害人,那是对待所有的人都这样的，这是仁德之人的本质。以忠诚守信为本体，以正直老实为纲纪，以礼义为规范，以伦理法律为原则，稍微说一句话，稍微动一动，都可以成为别人效法的榜样。《诗》上说："不犯错误不害人，很少不成为准则。"讲的就是这种人。

［原文］ **恭敬，礼也；调和，乐也；谨慎，利也；斗怒，害也。故君子安礼乐利，谨慎而无斗怒，是以百举不过也。小人反是。**

［译文］ 恭恭敬敬，就是礼节；协调和谐，就是音乐；谨慎小心，就是利益；斗殴发怒，就是祸害。君子喜爱礼节、音乐、利益，谨慎小心而不斗殴发怒，因此各种行动都不会失误。小人就与此相反。

［原文］ **通忠之顺，权险之平，祸乱之从声，三者，非明主莫之能知也。争然后善，戾然后功，出死无私，致忠而公，夫是之谓通忠之顺，信陵君似之矣。夺然后义，杀然后仁，上下易位然后贞，功参天地，泽被生民，夫是之谓权险之平，汤、武是也。过而通情，和而无经，不恤是非，不论曲直，偷合苟容，迷乱狂生，夫是之谓祸乱之从声，飞廉、恶来是也。传曰："斩而齐，枉而顺，不同而壹。"《诗》曰："受小球大球，为下国缀旒。"此之谓也。**

［译文］ 使忠诚畅通无阻而达到顺从，改变危险的局面而达到安定，祸乱必伴随迎合君意的附和之声而来，这三种情况不是英明的君主是不能明白的。向君主谏诤，然后才能行善；违背君主，然后才能立功；豁出生命而没有私心，极其忠诚而公正：这叫作使忠诚畅通无阻而达到顺从，信陵君类似于这种人了。夺取君权，然后才能实行道义；杀掉君主，然后才能实现仁德；君臣交换位子，然后才能做到有操守；功业与天地并列，恩泽施加到广大民众：这叫作

改变危险的局面而达到安定，商汤、周武王就是这样的人。君主错了却还和他齐心，只是无原则地附和君主，不顾是非，不讲曲直，苟且地迎合君主以求得容身，迷惑昏乱而狂妄无知地追求享受：这叫作祸乱必伴随迎合君意的附和之声而来，飞廉、恶来就是这种人。古书上说：“有了参差才有整齐，有了委曲才有顺从，有了不同才有一致。”《诗》上说：“接受小圭玉与大圭玉，成为各国的表率。”讲的就是这种情况啊。

致士篇第十四

[原文]

衡听、显幽、重明、退奸、进良之术:朋党比周之誉,君子不听;残贼加累之谮,君子不用;隐忌(同“意忌”)雍(通“壅”)蔽之人,君子不近;货财禽犊之请,君子不许。凡流言、流说、流事、流谋、流誉、流愬(同“诉”),不官而衡(通“横”)至者,君子慎之。闻听而明誉之,定其当而当,然后士其刑赏而还与之。如是则奸言、奸说、奸事、奸谋、奸誉、奸愬(同“诉”),莫之试也;忠言、忠说、忠事、忠谋、忠誉、忠愬(同“诉”)莫不明通,方起以尚(同“上”)尽(通“进”)矣。夫是之谓衡听、显幽、重明、退奸、进良之术。

[译文]

广泛地听取意见、使隐居的贤士显扬、使显扬的贤士进一步显扬、使奸邪退却、使忠良进用的方法.帮派集团互相勾结的吹捧,君子不听从;残害贤良、横加罪名的诬陷,君子不采用;猜忌、埋没贤才的人,君子不接近;用钱财礼物进行贿赂的请求,君子不答应。凡是没有根据的流言、没有根据的学说、没有根据的事情、没有根据的计谋、没有根据的赞誉,没有根据的诉说不是通过正当途径而是从四处传来的东西,君子对它们持慎重态度,听到了就把它们公开地列举出来,确定它们是恰当的还是不恰当的,然后对它们作出惩罚或是奖赏的决定并立即付诸实施。像这样,奸诈的言论、奸诈的学说、奸诈的事情、奸诈的计谋、奸诈的赞誉、奸诈的诉说就没有敢来试探的了,忠诚的言论、忠诚的学说、忠诚的事情、忠诚的计谋、忠诚的赞誉、忠诚的诉说就都公开表达、通行无阻、并起而进献于君主了。以上这些就是广泛地听取意见、使隐居的贤士显扬、使显扬的贤士进一步显扬、使奸邪退却、使忠良进用的方法。

［原文］　**川渊深而鱼鳖归之，山林茂而禽兽归之，刑政平而百姓归之，礼义备而君子归之。故礼及身而行修，义及国而政明，能以礼挟（同“浃”）而贵名白，天下愿，令行禁止，王者之事毕矣。《诗》曰：“惠此中国，以绥四方。”此之谓也。**

［译文］　江河湖泊深了，鱼鳖就归聚到那里；山上树林茂盛了，禽兽就归聚到那里；刑罚政令公正不阿，老百姓就归聚到那里；礼制道义完善周备，有道德的君子就归聚到那里。所以礼制贯彻到自身，品行就美好；道义贯彻到国家，政治就清明；能够把礼制贯彻到所有方面的，那么高贵的名声就会显著，天下的人就会仰慕，发布了命令就能实行，颁布了禁约就能制止，这样，称王天下的大业也就完成了。《诗》上说：“施恩这个国都之中，以此安抚天下大众。”讲的就是这种道理。

［原文］　**川渊者，龙鱼之居也；山林者，鸟兽之居也；国家者，士民之居也。川渊枯则龙鱼去之，山林险（通“俭”）则鸟兽去之，国家失政则士民去之。**

［译文］　江河湖泊，是龙、鱼居住的地方；高山树林，是鸟、兽栖息的地方；国家，是士、民居住的地方。江河湖泊干涸了，那么龙、鱼就会离开；高山树林环境险恶，那么鸟、兽就会离开；国家政治混乱，那么士、民就会离开。

［原文］　**无土则人不安居，无人则土不守，无道法则人不至，无**

君子则道不举。故土之与人也、道之与法也者，国家之本作也。君子也者，道法之摠（同“总”）要也，不可少顷旷也。得之则治，失之则乱；得之则安，失之则危；得之则存，失之则亡。故有良法而乱者有之矣，有君子而乱者，自古及今，未尝闻也。传曰：“治生乎君子，乱生乎小人。”此之谓也。

［译文］ 没有土地，那么民众就不能安居；没有民众，那么土地就不能守住；没有正确的原则和法制，那么民众就不会来归附；没有君子，那么正确的原则就不能实行。所以土地和民众、正确的原则和法制这些东西，是国家的本源。君子，是正确的原则与法制的总管，不可以片刻空缺。得到了他，国家就能治理好；失去了他，国家就会混乱；得到了他，国家就会安定；失去了他，国家就危险；得到了他，国家就能保存；失去了他，国家就会灭亡。所以，有了良好的法制而发生混乱的国家，有过这种情况了；有了君子而政治混乱的，从古到今，还不曾听说过。古书上说：“国家的安定产生于君子，国家的混乱来源于小人。”说的就是这种情况。

［原文］ **得众动天，美意延年。诚信如神，夸诞逐魂。**

［译文］ 得到了民众，就能感动上天；快乐的心境，可以益寿延年。真诚老实，就能精明如神；浮夸欺诈，就会落魄丧魂。

［原文］ **人主之患，不在乎不言用贤，而在乎不诚必用贤。夫言用贤者口也，却贤者行也，口行相反而欲贤者之至、不肖者之退也，不亦难乎？夫耀蝉者务在明其火、振其树而已，火不明，虽振其树，无益也。今人主有能明其德，则天下归之，若蝉之归明火也。**

［译文］

君主的毛病,不在于不谈论任用贤人,而在于不能确实坚决地去任用贤人。谈论任用贤人,是口头上的;屏退贤人,是行动上的;口头上和行动上互相违背,却想要贤能的人前来、不贤的人退去,不也是很难的吗?那点着灯火捕蝉的人,他的工作在于点亮灯火、摇动树身而已;如果灯火不亮,那么即使摇动树身,也毫无功效。现在君主中如果有人能使自己的德行贤明,那么天下的人投奔他就会像蝉扑向明亮的火光一样了。

［原文］

临事接民而以义,变应宽裕而多容,恭敬以先之,政之始也;然后中和察断以辅之,政之隆也;然后进退诛赏之,政之终也。故一年与之始,三年与之终。用其终为始,则政令不行而上下怨疾,乱所以自作也。《书》曰:“义刑义杀,勿庸以即,女(通‘汝’)惟曰:‘未有顺(通“慎”)事。’”言先教也。

［译文］

面临政事、接触民众时,根据道义变通地来对付,宽大而广泛地容纳民众,用恭敬的态度去引导他们,这是政治的第一步;然后中正适当地观察决断去辅助他们,这是政治的中间阶段;然后进用贤人,黜退奸邪,惩罚、奖赏他们,这是政治的最后一步。第一年给他们实施第一步,第三年才给他们实施最后一步。如果把最后一步用作为第一步,那么政策法令就不能实行,而官民上下也会怨恨,这就是动乱会从这里产生的原因。《书》上说:“即使是正当的刑罚、合理的杀戮,也不要用来立即执行,你只能说:‘我还没有理顺政事。’”这是说应该先进行教育。

［原文］

程者,物之准也;礼者,节之准也。程以立数,礼以定伦,德以叙(通“序”)位,能以授官。凡节奏欲陵,而生民欲宽,节奏陵而文,生民宽而安。上文下安,功名之极也,不可

以加矣。

[译文]　度量衡,是测量物品的标准;礼制,是确定礼节礼仪等法度的标准。根据度量衡来确定物品的数量,根据礼制来确定人与人之间的等级关系;根据品德来依次排列级别地位,根据能力来授予官职。凡是礼节礼仪等制度要严格,而抚养民众要宽容。礼节礼仪制度严格了,就会文明;抚养民众宽容了,就会安定。上面文明下面安定,这是立功成名的最高境界,不可能再有所增加了。

[原文]　**君者,国之隆也;父者,家之隆也。隆一而治,二而乱。自古及今,未有二隆争重而能长久者。**

[译文]　君主,是国家中最高贵的人;父亲,是家庭中最高贵的人。最高贵的人只有一个,就安定;如果有两个,就会混乱。从古到今,还没有两个最高贵的人互相争夺权力而能长久的。

[原文]　**师术有四,而博习不与焉:尊严而惮,可以为师;耆艾而信,可以为师;诵说而不陵不犯,可以为师;知微而论,可以为师。故师术有四,而博习不与焉。水深而回,树落则粪本,弟子通利则思师。《诗》曰:"无言不雠,无德不报。"此之谓也。**

[译文]　成为老师的办法有四种,而博学并不包括在这里面。尊严而使人害怕,可以成为老师;年老而有威信,可以成为老师;诵读解说经典而在行动上不超越、不违犯它,可以成为老师;懂得精微的道理而又能加以阐述,可以成为老师。所以成为老师的办法有四种,而博学并不包括在这里面。水深了就会产生旋涡,树叶落下就给树根施肥,学生显达顺利就会想到老师。《诗》上说:"说话

总会有应答，施恩总会有报答。”讲的就是这种道理呀。

[原文]

赏不欲僭，刑不欲滥。赏僭则利及小人，刑滥则害及君子。若不幸而过，宁僭勿滥。与其害善，不若利淫。

[译文]

奖赏不要过分，刑罚不要滥用。奖赏过分，那么好处就会施加到道德不良的小人；刑罚滥用，那么危害就会涉及道德高尚的君子。如果不幸发生失误，那就宁可过分地奖赏也不要滥用刑罚。与其伤害好人，不如让邪恶的人得利。

议兵篇第十五

[原文]

临武君与孙卿子议兵于赵孝成王前。

王曰:“请问兵要。”

临武君对曰:“上得天时,下得地利,观敌之变动,后之发,先之至,此用兵之要术也。”

孙卿子曰:“不然。臣所闻古之道,凡用兵攻战之本在乎壹民。弓失不调,则羿不能以中微;六马不和,则造父不能以致远;士民不亲附,则汤、武不能以必胜也。故善附民者,是乃善用兵者也。故兵要在乎善附民而已。”

[译文]

临武君与荀卿在赵孝成王面前议论用兵之道。

赵孝成王说:“请问用兵的要领。”

临武君回答说:“上取得有利于攻战的自然气候条件,下取得地理上的有利形势,观察好敌人的变动情况,比敌人后行动但比敌人先到达,这就是用兵的要领。”

荀卿说:“不对。我所听说的古代的方法,大凡用兵打仗的根本在于使民众和自己团结一致。如果弓箭不协调,那么后羿也不能用它来射中微小的目标;如果六匹马不协调,那么造父也不能靠它们到达远方;如果民众不亲近归附君主,那么商汤、周武王也不能一定打胜仗。所以善于使民众归附的人,这才是善于用兵的人。所以用兵的要领就在善于使民众归附自己罢了。”

[原文]

临武君曰:“不然。兵之所贵者埶(同‘势’)利也,所行

者变诈也。善用兵者，感忽悠暗，莫知其所从出，孙、吴用之，无敌于天下，岂必待附民哉！”

孙卿子曰：“不然。臣之所道，仁人之兵，王者之志也。君之所贵，权谋埶（同‘势’）利也；所行，攻夺变诈也：诸侯之事也。仁人之兵，不可诈也；彼可诈者，怠慢者也，路亶（dàn，通‘瘅’）者也，君臣上下之间滑然有离德者也。故以桀诈桀，犹巧拙有幸焉。以桀诈尧，譬之若以卵投石，以指挠沸，若赴水火，入焉焦没耳。故仁人上下，百将一心，三军同力，臣之于君也，下之于上也，若子之事父，弟之事兄，若手臂之扞头目而覆胸腹也，诈而袭之，与先惊而后击之，一也。且仁人之用十里之国，则将有百里之听；用百里之国，则将有千里之听；用千里之国，则将有四海之听。必将聪明警戒，和传而一。故仁人之兵聚则成卒，散则成列，延则若莫邪之长刃，婴（同‘撄’）之者断；兑则若莫邪之利锋，当之者溃；圜居而方止，则若盘石（同‘磐石’）然，触之者角摧，案角鹿埵、陇种、东笼而退耳。且夫暴国之君，将谁与至哉？彼其所与至者，必其民也。而其民之亲我欢若父母，其好我芬若椒兰；彼反顾其上则若灼黥，若仇雠（同‘仇’）。人之情，虽桀、跖，岂又肯为其所恶贼其所好者哉！是犹使人之子孙自贼其父母也，彼必将来告之，夫又何可诈也？故仁人用，国日明，诸侯先顺者安，后顺者危，虑敌之者削，反之者亡。《诗》曰：‘武王载发，有虔秉钺，如火烈烈，则莫我敢遏。’此之谓也。”

［译文］

临武君说：“不对。用兵所看重的，是形势有利；所施行的，是机变诡诈。善于用兵的人，神出鬼没，没有人知道他们是从什么地方出来的。孙武、吴起用了这种办法，因而无敌于天下。哪里一定要依靠使民众归附的办法呢?”

荀卿说:“不对。我所说的,是仁德之人的军队,是称王天下者的意志。您所看重的,是权变谋略、形势有利;所施行的,是攻取掠夺、机变诡诈:这些都是诸侯干的事。仁德之人的军队,是不可能被欺诈的;那可以被欺诈的,只是一些懈怠大意的军队,羸弱疲惫的军队,君臣上下之间涣散而离心离德的军队。所以用桀欺骗桀,还由于巧拙不同而有侥幸获胜的;用桀欺骗尧,拿它打个比方,就好像用鸡蛋掷石头、用手指搅开水,就好像投身水火,一进去就会被烧焦淹没的啊。仁德之人上下之间,各位将领齐心一致,三军共同努力,臣子对君主,下级对上级,就像儿子侍奉父亲、弟弟侍奉兄长一样,就像手臂捍卫脑袋眼睛、庇护胸部腹部一样,所以用欺诈的办法袭击他与先惊动他之后再攻击他,那结果是一样的。况且仁德之人治理方圆十里的国家,就会了解到方圆百里的情况;治理方圆百里的国家,就会了解到方圆千里的情况;治理方圆千里的国家,就会了解到天下的情况。他的军队一定是耳聪目明,警惕戒备,协调团结而齐心一致。所以仁德之人的军队,集合起来就成为有组织的队伍;分散开来便成为整齐的行列;伸展开来就像莫邪宝剑那长长的刃口,碰到它的就会被截断;向前冲锋就像莫邪宝剑那锐利的锋芒,阻挡它的就会被击溃;摆成圆形的阵势停留或排成方形的队列站住,就像磐石一样岿然不动,触犯它的就会头破血流,就会狼狈不堪地败退下来。再说那些强暴之国的君主,将和谁一起来攻打我们呢?从他那边来看,和他一起来的,一定是他统治下的民众。而他的民众亲爱我们就像喜欢父母一样,他们热爱我们就像酷爱芳香的椒、兰一样;而他们回头看到他们的国君,却像看到了烧烤皮肤、刺脸涂墨一样害怕,就像看到了仇人一样愤怒。他们这些人的性情即使像夏桀、盗跖那样残暴贪婪,但哪有肯为他所憎恶的君主去残害他所喜爱的君主的人呢?这就好像让别人的子孙亲自去杀害他们的父母一样,他们一定会来以实情相告，那又怎么实行欺诈呢？所以仁德之人当政，国家日益昌盛，诸侯先去归顺的就会安宁，迟去归顺的就会危险，想和他作对的就会削弱，背叛他的就会灭亡。《诗》上说：‘商汤头上旗飘舞，威严恭敬握大斧，就像熊熊的大火，没有人敢阻挡我。’讲的就是这种情况啊。”

［原文］

孝成王、临武君曰：“善！请问王者之兵设何道何行而可？”

孙卿子曰：“凡在大王，将率（通‘帅’）末事也。臣请遂道王者诸侯强弱存亡之效、安危之埶（同‘势’）：君贤者其国治，君不能者其国乱；隆礼贵义者其国治，简礼贱义者其国乱。治者强，乱者弱，是强弱之本也。上足卬（同‘仰’），则下可用也；上不卬，则下不可用也；下可用则强，下不可用则弱，是强弱之常也。隆礼效功，上也；重禄贵节，次也；上功贱节，下也：是强弱之凡也。好士者强，不好士者弱；爱民者强，不爱民者弱；政令信者强，政令不信者弱；民齐者强，民不齐者弱；赏重者强，赏轻者弱；刑威者强，刑侮者弱；械用兵革攻完便利者强，械用兵革窳（yǔ）楛不便利者弱；重用兵者强，轻用兵者弱；权出一者强，权出二者弱：是强弱之常也。

“齐人隆技击，其技也，得一首者则赐赎锱金，无本赏矣。是事小敌毳（cuì，同‘脆’）则偷可用也，事大敌坚则焉涣离耳。若飞鸟然，倾侧反覆无日，是亡国之兵也，兵莫弱是矣，是其去赁市、佣而战之几矣。

“魏氏之武卒，以度取之，衣三属之甲，操十二石之弩，负服（同‘箙’）矢五十个，置戈其上，冠軸（同‘胄’）带剑，赢三日之粮，日中而趋百里，中试则复其户，利其田宅，是数年而衰而未可夺也，改造则不易周也。是故地虽大，其税必寡，是危国之兵也。

“秦人，其生民陿阸，其使民也酷烈，劫之以埶（同‘势’），隐之以阸，忸之以庆赏，鰌（同‘遒’）之以刑罚，使天下之民所以要利于上者，非斗无由也。阸而用之，得而后功之，功赏相长也，五甲首而隶五家，是最为众强长久，多地以正（通‘征’），故四世有胜，非幸也，数也。

“故齐之技击不可以遇魏氏之武卒，魏氏之武卒不可以遇秦之锐士，秦之锐士不可以当桓、文之节制，桓、文之节制不可以敌汤、武之仁义，有遇之者，若以焦熬投石焉。兼是数国者，皆干赏蹈利之兵也，佣徒鬻卖之道也，未有贵上、安制、綦节之理也；诸侯有能微妙之以节，则作而兼殆之耳。

“故招近募选，隆埶（同‘势’）诈，尚功利，是渐之也；礼义教化，是齐之也。故以诈遇诈，犹有巧拙焉；以诈遇齐，辟（同‘譬’）之犹以锥刀堕太山（同‘泰山’）也，非天下之愚人莫敢试。故王者之兵不试。汤、武之诛桀、纣也，拱挹指麾（同‘挥’）而强暴之国莫不趋使，诛桀、纣若诛独夫。故《泰誓》曰：‘独夫纣。’此之谓也。

“故兵大齐则制天下，小齐则治邻敌。若夫招近募选，隆埶（同‘势’）诈，尚功利之兵，则胜不胜无常，代翕代张，代存代亡，相为雌雄耳矣。夫是之谓盗兵，君子不由也。

“故齐之田单，楚之庄蹻，秦之卫鞅，燕之缪虮，是皆世俗所谓善用兵者也；是其巧拙强弱则未有以相君也，若其道一也，未及和齐也，掎契（同‘挈’）司诈，权谋倾覆，未免盗兵也。齐桓、晋文、楚庄、吴阖闾、越句（同‘勾’）践，是皆和齐之兵也，可谓入其域矣，然而未有本统也，故可以霸而不可以王。是强弱之效也。”

［译文］

赵孝成王、临武君说："说得好！请问称王天下者的军队采用什么办法、采取什么行动才行？"

荀卿说："一切都在于大王，将帅是次要的事。请让我就说说帝王诸侯强盛、衰弱、存在、灭亡的征验和安定、危险的形势。君主贤能的，他的国家就安定；君主无能的，他的国家就混乱。君主崇尚礼法、看重道义的，他的国家就安定；君主怠慢礼法、卑视道义的，他的国家就混乱。安定的国家强盛，混乱的国家衰弱：这是强盛与衰弱的根本原因。君主值得仰赖，那么臣民就能为他所用；君主不值得仰赖，那么臣民就不能为他所用。臣民能被他使用的就强盛，臣民不能被他使用的就衰弱：这是强盛与衰弱的常规。推崇礼法、考核战功，是上等的办法；看重利禄、推崇气节，是次一等的办法；崇尚战功、卑视气节，是下等的办法：这些是导致强盛与衰弱的一般情况。君主喜欢贤士的就强盛，不喜欢贤士的就衰弱；君主爱护民众的就强盛，不爱护民众的就衰弱；政策法令有信用的就强盛，政策法令没有信用的就衰弱；民众齐心合力的就强盛，民众不齐心的就衰弱；奖赏慎重给人的就强盛，奖赏轻易给人的就衰弱；刑罚威严的就强盛，刑罚轻慢的就衰弱；器械、用具、兵器、盔甲精善坚固便于使用的就强盛，器械、用具、兵器、盔甲粗劣而不便于使用的就衰弱；谨慎用兵的就强盛，轻率用兵的就衰弱；指挥权出自一个人的就强盛，指挥权出自两个人的就衰弱：这些是强盛与衰弱的常规。

"齐国人注重'技击'。对待那些'技击'，取得一个敌人首级的，就赐给他八两黄金来赎买，没有战胜后所应颁发的奖赏。这种办法，如果战役小、敌人弱，那还勉强可以使用；如果战役大、敌人强，那么士兵就会涣散而逃离。像那乱飞的鸟一样，倒下覆灭也就没有多久了。这是使国家灭亡的军队，没有比这更弱的军队了，这和那雇佣佣工去让他们作战也就差不多了。

“魏国的‘武卒’，根据一定的标准来录取他们。那标准是：让他们穿上三种依次相连的铠甲，拿着拉力为十二石的弩弓，背着装有五十支箭的箭袋，把戈放在那上面，戴着头盔，佩带宝剑，带上三天的粮食，半天要奔走一百里。考试合格就免除他家的徭役，使他的田地住宅都处于便利的地方。这些待遇，即使几年以后他体力衰弱了也不可以剥夺，重新选取了武士也不取消对他们的周济。所以国土虽然广大，但它的税收必定很少，这是使国家陷于危困的军队啊。

“秦国的君主，他使民众谋生的道路很狭窄、生活很困窘，他使用民众残酷严厉，用权势威逼他们作战，用穷困使他们生计艰难而只能去作战，用奖赏使他们习惯于作战，用刑罚强迫他们去作战，使国内的民众向君主求取利禄的办法，除了作战就没有别的途径。使民众穷困后再使用他们，得胜后再给他们记功，对功劳的奖赏随着功劳而增长，得到五个敌人士兵的首级就可以役使本乡的五户人家。这秦国要算是兵员最多、战斗力最强而又最为长久的了，又有很多土地可以征税。所以秦国四代都有胜利的战果，这并不是因为侥幸，而是有其必然性的。

“齐国的‘技击’不可以用来对付魏国的‘武卒’，魏国的‘武卒’不可以用来对付秦国的‘锐士’，秦国的‘锐士’不可以用来对付齐桓公、晋文公那有纪律约束的军队，齐桓公、晋文公那有纪律约束的军队不可以用来抵抗商汤、周武王的仁义之师；如果有抵抗他们的，就会像用枯焦烤干的东西扔在石头上一样。综合齐、魏、秦这几个国家来看，都是些追求奖赏、投身于获取利禄的士兵，这是受雇佣的人出卖气力的办法，并不讲尊重君主、遵守制度、极尽气节的道理。诸侯如果有谁能用仁义节操精细巧妙地来训导士兵，那么一举兵就能吞并危及它们了。

“所以，招引、募求、挑选，注重权谋诡诈，崇尚功利，这是在欺骗士兵；讲求礼义教育感化，这才能使士兵齐心合力。用受骗的军队去对付受骗的军队,他们之间还有巧妙与拙劣之别;用受骗的军队去对付齐心合力的军队,拿它打个比方,就好像用小刀去毁坏泰山一样,如果不是天底下的傻子,是没有人敢尝试的。所以称王天下者的军队是没有人敢尝试与其为敌的。商汤、周武王讨伐夏桀、商纣的时候,从容地指挥,而那些强横暴虐的诸侯国也没有不奔走前来供驱使的,除掉夏桀、商纣就好像除掉一个孤独的人一样。所以《泰誓》上说:'独夫纣。'讲的就是这种情况啊。

"所以,军队能大规模地齐心合力,就能制服天下;小规模地齐心合力,就能打败邻近的敌国。至于那种招引募求挑选来的、注重权谋诡诈、崇尚功利的军队,那胜负就变化无常了,有时衰,有时盛,有时保存,有时灭亡,互为高下、互有胜负罢了。这叫作盗贼式的军队,君子是不用这种军队的。

"齐国的田单,楚国的庄蹻,秦国的卫鞅,燕国的缪虮,这些都是一般人所说的善于用兵的人。这些人的巧妙、拙劣、强大、弱小没有什么相似的,至于他们遵行的原则,却是一样的,他们都还没有达到使士兵齐心合力的地步,而只是抓住对方弱点伺机进行欺诈,玩弄权术阴谋进行颠覆,所以仍免不了是些盗贼式的军队。齐桓公、晋文公、楚庄王、吴王阖闾、越王勾践,这些人的军队就都是齐心合力的军队,可说是进入礼义教化的境地了,但还没有抓住那根本的纲领,所以可以称霸诸侯而不可以称王天下。这就是或强或弱的征验。"

[原文]

孝成王、临武君曰:"善!请问为将。"

孙卿子曰:"知(同'智')莫大乎弃疑,行莫大乎无过,事莫大乎无悔。事至无悔而止矣,成不可必也。故制号政令欲严以威;庆赏刑罚欲必以信;处舍收臧(同'藏')欲周以固;徙举进退欲安以重,欲疾以速;窥敌观变欲潜以深,欲伍以参;遇敌决战必道吾所明,无道吾所疑:夫是之谓六术。

无欲将而恶废，无急胜而忘败，无威内而轻外，无见其利而不顾其害，凡虑事欲孰（同‘熟’）而用财欲泰，夫是之谓五权。所以不受命于主有三：可杀而不可使处不完，可杀而不可使击不胜，可杀而不可使欺百姓，夫是之谓三至。凡受命于主而行三军，三军既定，百官得序，群物皆正，则主不能喜，敌不能怒，夫是之谓至臣。虑必先事而申之以敬，慎终如始，终始如一，夫是之谓大吉。凡百事之成也必在敬之，其败也必在慢之。故敬胜怠则吉，怠胜敬则灭；计胜欲则从，欲胜计则凶。战如守，行如战，有功如幸，敬谋无圹（同‘旷’，本段下同），敬事无圹，敬吏无圹，敬众无圹，敬敌无圹：夫是之谓五无圹。慎行此六术、五权、三至而处之以恭敬无圹，夫是之谓天下之将，则通于神明矣。”

［译文］

孝成王、临武君说：“说得好！请问做将领的原则。”

荀卿说：“智慧没有比抛弃犹豫不决更高的了，行动没有比不犯错误更好的了，事情没有比毫无悔恨更美的了。做事到了没有后悔的地步就到顶了，不能要求它一定成功。所以制度、号召、政策、命令，要严肃而有威势；奖赏刑罚，要坚决实行而有信用；军队驻扎的营垒和收藏物资的军库，要周密而坚固；转移、发动、进攻、撤退，既要安全而稳重，又要紧张而迅速；侦探敌情、观察其变动，既要隐蔽而深入，又要多方比较而反复检验；对付敌人进行决战，一定要根据自己已了解清楚的情况去行动，不要根据自己怀疑的情况去行动；以上这些叫作六种策略。不要热衷于当将军而怕罢免，不要急于求胜而忘记了有可能失败，不要只以为自己有威力而轻视外敌，不要看见了那有利的一面而不顾那有害的一面，凡是考虑事情要仔细周详而使用财物进行奖赏时要大方，这些叫作五种要权衡的事。不从君主那里接受命令的原因有三种：宁可被杀而不可使自己的军队驻扎在守备不完善的地方，宁可被杀而不可使自己的军队打不能取胜的仗，宁可被杀而不可使自己的军队去欺负老百姓，这叫作三条最高的原则。大凡从君主那里接受了命令就巡视三军，三军已经稳定，各级军官得到了合适的安排，各种事情都治理好了，那么君主就不能使他高兴，敌人就不能使他愤怒，这叫作最合格的将领。一定在战事之前深思熟虑，并且反复告诫自己要慎重，慎重地对待结束就像开始时一样，始终如一，这叫作最大的吉利。大凡各种事情成功一定在于慎重，失败一定在于怠慢。所以慎重胜过怠慢就吉利，怠慢胜过慎重就灭亡；冷静的谋划胜过冲动的欲望就顺利，冲动的欲望胜过冷静的谋划就凶险。攻战要像防守一样不轻率追击，行军要像作战一样毫不松懈，有了战功要像侥幸取得的一样不骄傲自满。慎重对待谋划而不要大意，慎重对待战事而不要大意，慎重对待军吏而不要大意，慎重对待士兵而不要大意，慎重对待敌人而不要大意，这叫作五种不大意。谨慎地根据这六种策略、五种权衡、三条最高原则办事，并且用恭敬而不大意的态度来处理一切，这叫作举世无双的将领，他就能与神明相通了。”

［原文］

临武君曰：“善！请问王者之军制。”

孙卿子曰：“将死鼓，御死辔（pèi），百吏死职，士大夫死行列。闻鼓声而进，闻金声而退，顺命为上，有功次之。令不进而进，犹令不退而退也，其罪惟均。不杀老弱，不猎禾稼，服者不禽（通‘擒’），格者不舍，犇命者不获。凡诛，非诛其百姓也，诛其乱百姓者也。百姓有扞其贼，则是亦贼也。以故顺刃者生，苏（通‘傃’）刃者死，犇命者贡。微子开封于宋，曹触龙断于军，殷之服民，所以养生之者也，无异周人。故近者歌讴而乐之，远者竭蹶而趋之，无幽闲辟陋之国莫不趋使而安乐之，四海之内若一家，通达之属莫不从

服，夫是之谓人师。《诗》曰：‘自西自东，自南自北，无思不服。’此之谓也。王者有诛而无战，城守不攻，兵格不击，上下相喜则庆之，不屠城，不潜军，不留众，师不越时。故乱者乐其政，不安其上，欲其至也。”

临武君曰：“善！”

［译文］

临武君说：“说得好！请问称王天下者的军队制度。”

荀卿子说：“将军为战鼓而牺牲，驾驭战车的死在缰绳旁，各级官吏以身殉职，战士死在队伍中。听见战鼓的声音就前进，听见钲、铙的声音就后退，服从命令是最重要的，取得战功在其次。命令不准前进却前进，就像命令不准后退却后退一样，它们的罪过是相同的。不杀害年老体弱的，不践踏庄稼，对不战而退的敌人不予捉拿，对顽抗的敌人不放过，对前来投顺的不抓起来当俘虏。凡是讨伐杀戮，不是去讨伐杀戮那百姓，而是去讨伐杀戮那扰乱百姓的人；百姓如果有保护那乱贼的，那么他也就是乱贼。因为这个缘故，所以顺着我们的刀锋转身逃跑的就让他活命，对着我们的刀锋进行抵抗的就把他杀死，前来投顺的就赦免其罪。微子启归顺周朝而被封在宋国；曹触龙负隅顽抗而被斩首于军中；商朝那些降服周朝的民众用来维持生活的东西，和周朝的人没有什么两样。所以近处的人歌颂周朝而且热爱周朝，远处的人竭尽全力地来投奔周朝，即使是幽隐闭塞偏僻边远的国家，也无不前来归附而听从役使，并且喜欢周朝，四海之内就像一个家庭似的，凡是交通能到达的地方，没有谁不服从，这可以称作是人民的君长了。《诗》上说：‘从那西边又从东，从那南边又从北，没有哪个不服从。’讲的就是这种情况。称王天下的君主有讨伐而没有攻战，敌城坚守时不攻打，敌军抵抗时不攻击，敌人官兵上下相亲相爱就为他们庆贺，不摧毁城郭而屠杀居民，不秘密出兵搞偷袭，不留兵防守占领的地方，军队出征不超过预先约定的时限。

所以政治混乱的国家中的人民都喜欢他的这些政策，而不喜爱自己的君主，都希望他的到来。”

临武君说：“说得好！”

［原文］

陈嚣问孙卿子曰：“先生议兵，常以仁义为本。仁者爱人，义者循理，然则又何以兵为？凡所为有兵者，为争夺也。”

孙卿子曰：“非女（同‘汝’）所知也。彼仁者爱人，爱人，故恶人之害之也；义者循理，循理，故恶人之乱之也。彼兵者，所以禁暴除害也，非争夺也。故仁人之兵，所存者神，所过者化，若时雨之降，莫不说（同‘悦’）喜。是以尧伐驩兜，舜伐有苗，禹伐共工，汤伐有夏，文王伐崇，武王伐纣，此四帝两王，皆以仁义之兵行于天下也。故近者亲其善，远方慕其德，兵不血刃，远迩来服，德盛于此，施及四极。《诗》曰：‘淑人君子，其仪（同“义”）不忒。’此之谓也。”

［译文］

陈嚣问荀卿说：“先生议论用兵，经常把仁义作为根本。仁者爱人，义者遵循道理，既然这样，那么又为什么要用兵呢？大凡用兵的原因，是为了争夺啊。”

荀卿说：“这道理不是你所知道的。那仁者爱人，正因为爱人，所以就憎恶别人危害他们；义者遵循道理，正因为遵循道理，所以就憎恶别人搞乱它。那用兵，是为了禁止横暴、消除危害，并不是争夺啊。所以仁人的军队，他们停留的地方会得到全面治理，他们经过的地方会受到教育感化，就像及时雨的降落，没有人不欢喜。因此尧讨伐驩兜，舜讨伐三苗，禹讨伐共工，汤讨伐夏桀，周文王讨伐崇国，周武王讨伐商纣，这两帝、四王都是使用仁义的军队驰骋于天下的。所以近处的人喜爱他们的善良，远方的人仰慕他们的道义，他们兵器的刀口上还没有沾上鲜血，远近的人就来归附了。德行伟大到这种地步，就会影响到四方极远的地方。《诗》上说：‘善人君子忠于仁，坚持道义不变更。他的道义不变更，四方国家他坐镇。’讲的就是这种情况呀。”

［原文］

李斯问孙卿子曰：“秦四世有胜，兵强海内，威行诸侯，非以仁义为之也，以便从事而已。”

孙卿子曰：“非女（同‘汝’，本段下同）所知也！女所谓便者，不便之便也；吾所谓仁义者，大便之便也。彼仁义者，所以修政者也，政修则民亲其上，乐其君，而轻为之死。故曰：‘凡在于军，将率，末事也。’秦四世有胜，諰諰然常恐天下之一合而轧己也，此所谓末世之兵，未有本统也。故汤之放桀也，非其逐之鸣条之时也；武王之诛纣也，非以甲子之朝而后胜之也：皆前行素修也，此所谓仁义之兵也。今女不求之于本而索之于末，此世之所以乱也。”

［译文］

李斯问荀卿说：“秦国四代都有胜利的战果，在四海之内兵力最强，威力扩展到诸侯各国，但他们并不是依靠仁义去从事战争，而只是根据便利的原则去做罢了。”

荀卿说：“这道理不是你所知道的。你所说的便利，是一种并不便利的便利。我所说的仁义，才是极其便利的便利。那仁义，是用来搞好政治的工具；政治搞好了，那么民众就会亲近他们的君主，喜爱他们的君主，而不在乎为君主去牺牲。所以说：‘一切都在于君主，将帅是次要的事。’秦国四代都有胜利，却还是提心吊胆地经常怕天下各国团结一致来颠覆自己，这就是人们所说的末世的军队，还没有抓住根本的纲领。从前商汤流放夏桀，并不只是在鸣条追击的时候；武王诛杀商纣，并不是甲子日早晨之后才战胜他的：都是依靠以前的措施与平时的治理，这就是我所说的仁义的军队。现在你不从根本上去寻找原因而只是从枝节上去探究缘由，这就是社会混乱的原因。”

［原文］

礼者，治辨之极也，强国之本也，威行之道也，功名之总也。王公由之，所以得天下也；不由，所以陨社稷也。故坚甲利兵不足以为胜，高城深池不足以为固，严令繁刑不足以为威，由其道则行，不由其道则废。

［译文］

礼，是治理社会的最高准则，是使国家强大的根本措施，是威力得以扩展的有效办法，是功业名声得以成就的要领。天子诸侯遵行了它，所以能取得天下；不遵行它，所以会丢掉国家政权。所以，坚固的铠甲、锋利的兵器不足以用来取胜，高耸的城墙、深深的护城河不足以用来固守，严格的命令、繁多的刑罚不足以用来形成威势，遵行礼义之道才能成功，不遵行礼义之道就会废止。

［原文］

楚人鲛革犀兕以为甲，鞈如金石，宛巨铁釶，惨如蜂虿（chài），轻利僄遬，卒（同“猝”）如飘风，然而兵殆于垂沙，唐蔑死，庄蹻起，楚分而为三四，是岂无坚甲利兵也哉！其所以统之者非其道故也。汝、颍以为险，江、汉以为池，限之以邓林，缘之以方城，然而秦师至而鄢、郢举，若振槁然，是岂无固塞隘阻也哉？其所以统之者非其道故也。纣刳比干，囚箕子，为炮烙刑，杀戮无时，臣下懔然莫必其命，然而周师至而令不行乎下，不能用其民，是岂令不严、刑不繁也哉？其所以统之者非其道故也。

［译文］

楚国人用鲨鱼皮、犀兕皮制作铠甲，坚硬得就像金属、石头一样；宛地出产的钢铁长矛，狠毒得就像蜂、蝎的毒刺一样；士兵行动轻快敏捷，迅速得就像旋风一样；但是兵败垂沙，唐蔑阵亡，庄蹻起兵造反，楚国被分裂成了三四块，这难道是因为没有坚固的铠甲、锋利的兵器吗？这是因为他们用来统治国家的办法并不是礼义之道的缘故啊。楚国以汝水、颍水作为天险，以长江、汉水作为护城河，把邓地一带的山林作为它的边界屏障，拿方城山来围绕保护自己，但是秦军一到，鄢、郢就被攻取了，像摧枯拉朽一样。这难道是因为没有要塞险阻吗？这是因为他们用来统治国家的办法并不是礼义之道的缘故啊。商纣王将比干剖腹挖心，囚禁了箕子，设置了炮烙的酷刑，任意杀人，臣下心惊胆战地没有谁能肯定保全自己的性命，但是周军一到，商纣王的命令就不能在下面贯彻执行了，他就不能使用他的民众了。这难道是因为命令不严格、刑罚不繁多吗？这是因为他用来统治国家的办法并不是礼义之道的缘故啊。

[原文]

古之兵，戈矛弓矢而已矣，然而敌国不待试而诎（同“屈”）；城郭不辨，沟池不抇（同“掘”），固塞不树，机变不张，然而国晏然不畏外而明内者，无它故焉，明道而分钧之，时使而诚爱之，下之和上也如影向（同“响”），有不由令者然后诛之以刑。故刑一人而天下服，罪人不邮其上，知罪之在己也。是故刑罚省而威流，无它故焉，由其道故也。古者帝尧之治天下也，盖杀一人、刑二人而天下治。传曰：“威厉而不试，刑错而不用。”此之谓也。

[译文]

古代圣王的兵器，不过是戈、矛、弓、箭罢了，但是敌国不等他使用就屈服了；城墙不整修，护城河不挖掘，要塞不建立，计谋变诈不施展，但是他的国家平安无事，不怕外敌而又能昌盛，这没有其他的缘故，是由于彰明了礼义之道而用名分来协调臣民，适时使用民众而真诚地爱护他们，因而臣民附和君主就像影子和回响一样。有不遵从命令的，然后再用刑罚来惩处他，所以惩罚了一个人而天下都服从，罪犯也不怨恨自己的君主，知道罪责在自己身上。所以刑罚用得少而威力却行于四方，这没有其他的缘故，是因为遵行了礼义之道的缘故。古代帝尧治理天下，只杀了一个人、惩罚了两个人而天下就治理好了。古书上说："威势高举而不使用，刑罚设置而不施行。"讲的就是这种情况啊。

[原文]　凡人之动也，为赏庆为之则见害伤焉止矣。故赏庆、刑罚、埶（同"势"）诈不足以尽人之力，致人之死。为人主上者也，其所以接下之百姓者无礼义忠信，焉虑率用赏庆、刑罚、埶（同"势"）诈除阸其下，获其功用而已矣。大寇则至，使之持危城则必畔（同"叛"），遇敌处战则必北，劳苦烦辱则必犇，霍焉离耳，下反制其上。故赏庆、刑罚、埶（同"势"）诈之为道者，佣徒粥（同"鬻"）卖之道也，不足以合大众、美国家，故古之人羞而不道也。故厚德音以先之，明礼义以道（同"导"）之，致忠信以爱之，尚贤使能以次之，爵服庆赏以申之，时其事、轻其任，以调齐之，长养之，如保赤子。政令以定，风俗以一，有离俗不顺其上，则百姓莫不敦（同"憝"）恶，莫不毒孽，若祓不祥，然后刑于是起矣。是大刑之所加也，辱孰大焉？将以为利邪？则大刑加焉，身苟不狂惑戆陋，谁睹是而不改也哉！然后百姓晓然皆知修上之法，像上之志而安乐之。于是有能化善、修身、正行、积礼义、尊道德，百姓莫不贵敬，莫不亲誉，然后赏于是起矣。是高爵丰禄之所加也，荣孰大焉？将以为害邪？则高爵丰禄以持养之，生民之属，孰不愿也？雕雕焉县（同"悬"）贵爵重赏于其前，县（同"悬"）明刑大辱于其后，虽欲无化，能乎哉！故民归之如流水，所存者神，所为者化而顺，暴悍勇力之属为之化而愿，旁辟曲私之属为之化而公，矜纠收缭之属为之

化而调,夫是之谓大化至一。《诗》曰:“王犹允塞,徐方既来。”此之谓也。

[译文]　凡是人们的行动,如果是为了赏赐和表扬才去做的,那么看见对自己有损害就罢手不干了。所以赏赐表扬、行刑处罚、权谋诡诈不足以使人们竭尽全力、使人们献出生命。现在做民众君主的,他们用来对待下面老百姓的,其中没有礼义忠信,而大抵只是使用赏赐表扬、行刑处罚、权谋诡诈控制臣民来获得他们的功用罢了。强大的敌寇到来,让他们去守卫危险的城邑,就一定会叛变;让他们去抵抗敌人进行战斗,就一定会败北;让他们干费力艰苦繁杂的事,就一定会逃跑;他们涣散地背离了,反过来制裁了他们的君主。所以赏赐表扬、行刑处罚、权谋诡诈作为一种办法,实是一种受雇佣的人出卖气力的办法,它不足以团结广大民众、使国家美好,所以古代的圣王认为这种办法可耻而不遵行它。古代的圣王提高道德声誉来引导人民,彰明礼制道义来指导他们,尽力做到忠诚守信来爱护他们,根据尊崇贤人、任用能人的原则来安排他们职位,用爵位、服饰、表扬、赏赐去一再激励他们,根据时节安排他们的劳动,减轻他们的负担来调剂他们,抚养他们,就像保护初生的婴儿一样。政策法令已经确定,风气习俗已经一致,如果还有人违背习俗而不顺从自己的君主,那么百姓就没有谁不怨恨厌恶他,就没有谁不把他当作祸害妖孽,就像要驱除不祥之物一样要除掉他,这种情况发生以后,刑罚就从此产生了。这种人便是重刑所施加的对象,还有哪一种耻辱比这个更大的呢?要把它看作为有利的事吗?但是重刑加到了他身上啊。本身如果不是发疯、糊涂、愚蠢、浅陋的人,谁能看到了这种处罚而不改过自新呢?这样做了以后,百姓就明明白白地都知道要遵从君主的法令、依顺君主的意志而爱戴君主。在这种情况下,如果有人能被善道所感化、修养身心、端正品行、不断奉行礼义、崇尚道德,百

姓就没有谁不器重尊敬他，就没有谁不亲近赞誉他，这种情况发生以后，奖赏就从此产生了。这种人便是高官厚禄的授予对象，还有哪一种光荣比这个更大的呢？要把它看作为有害的事吗？可是用高官厚禄来供养他们的啊。凡是人，哪一个不愿意这样呢？明明白白地把高贵的官爵和优厚的奖赏摆在他们的前面，把彰明罪行的刑罚与最大的耻辱放在他们的后面，即使要他们不变好，可能么？所以民众归顺投奔君主就像流水奔向大海一样，君主所在的地方就得到全面的治理，君主采取措施的地方人们都受到教育感化而顺服：残暴、凶狠、胆大、强壮的一类人都会被他感化而变得忠厚老实，偏颇、邪僻、搞歪门邪道、偏私的一类人都会被他感化而变得大公无私，骄傲自大、尖刻伤人、争抢不让、纠缠不休的一类人都会被他感化而变得和气温顺，这叫作深广的教化、极大的一致。《诗》上说："王道真大遍布四海，徐国已经来朝拜。"讲的就是这种情形啊。

［原文］

凡兼人者有三术：有以德兼人者，有以力兼人者，有以富兼人者。彼贵我名声，美我德行，欲为我民，故辟门除涂以迎吾人。因其民，袭其处，而百姓皆安。立法施令，莫不顺比。是故得地而权弥重，兼人而兵俞（通"愈"，本段下同）强，是以德兼人者也。非贵我名声也，非美我德行也，彼畏我威，劫我埶（同"势"），故民虽有离心，不敢有畔（通"叛"）虑，若是，则戎甲俞众，奉养必费。是故得地而权弥轻，兼人而兵俞弱，是以力兼人者也。非贵我名声也，非美我德行也，用贫求富，用饥求饱，虚腹张口来归我食，若是，则必发夫掌窌之粟以食之，委之财货以富之，立良有司以接之，已期三年，然后民可信也，是故得地而权弥轻，兼人而国俞贫，是以富兼人者也。故曰：以德兼人者王，以力兼人者弱，以富兼人者贫，古今一也。

［译文］

大凡兼并别国的君主有三种方法：有依靠德行去兼并别国的，有依靠强力去兼并别国的，有依赖财富去兼并别国的。那个国家的民众景仰我的名声，赞赏我的德行，想做我的百姓，所以打开国门清除道路来迎接我进城。我依靠这国家的民众，不改变他们的住处，而百姓都安宁，对我制定的法律与颁布的命令没有人不顺从。所以得到了土地而权势更大，兼并了别国而兵力越来越强。这是依靠德行去兼并别国的君主。那个国家的民众并不是景仰我的名声，也不是赞赏我的德行，他们只是害怕我的威武，被我的势力所胁迫，所以他们虽然有离开我的心思，也不敢有背叛我的打算。像这样，那么战士就要越来越多，给养一定花费很大。所以得到了土地而权势更轻，兼并了别国而兵力越来越弱。这是依靠强力去兼并别国的君主。那个国家的民众并不是景仰我的名声，也不是赞赏我的德行，而是因为贫穷而追求富裕，因为饥饿而想吃饱，所以空着肚子张着嘴来投奔我求食。像这样，就必须发放那米仓地窖中的粮食来供养他们，给他们财物来使他们富足，委任善良的官吏来接待他们，已经满了三年，然后这些归附的老百姓才可以信任。所以得到了土地而权势更轻，兼并了别国而国家越来越贫穷。这是依靠财富去兼并别国的君主。所以说：依靠德行兼并别国的君主称王，依靠强力兼并别国的君主衰弱，依靠财富兼并别国的君主贫穷。这种情况古今是一样的。

［原文］

兼并易能也，唯坚凝之难焉。齐能并宋而不能凝也，故魏夺之；燕能并齐而不能凝也，故田单夺之；韩之上地，方数百里，完全富足而趋赵，赵不能凝也，故秦夺之。故能并之而不能凝，则必夺；不能并之又不能凝其有，则必亡。能凝之，则必能并之矣。得之则凝，兼并无强。古者汤以薄（同“亳”），武王以滈（同“镐”），皆百里之地也，天下为一，诸侯

为臣,无它故焉,能凝之也。故凝士以礼,凝民以政,礼修而士服,政平而民安。士服民安,夫是之谓大凝,以守则固,以征则强,令行禁止,王者之事毕矣。

[译文]

兼并别国容易做到,只是巩固凝聚它很难。齐国能够兼并宋国,但不能凝聚,所以魏国夺走了宋国。燕国能兼并齐国,但不能凝聚,所以田单夺回了它。韩国的上党地区,方圆几百里,城池完备、府库充足而投奔赵国,赵国不能凝聚,所以秦国夺取了它。所以,能兼并别国的土地而不能凝聚,就一定会被夺走;不能兼并别国又不能凝聚自己本来拥有的国家,就一定会灭亡。能凝聚自己的国家,就一定能兼并别国了。得到别国的土地就能凝聚,那么再去兼并就不会有强大而不能兼并的对手了。古代商汤凭借亳,周武王凭借鄗,都不过是方圆百里的领土,而天下被他们统一了,诸侯做了他们的臣属,这没有其他的缘故,是因为他们能凝聚取得的土地啊。凝聚士人要依靠礼义,凝聚民众要依靠政策,礼义完善了,士人就会归服;政治清明了,民众就会安定。士人归服、民众安定,这叫作最大的凝聚。靠这种政治局面来守卫就牢不可破,靠它来出征就强大无比,有令必行,有禁必止,称王天下者的事业就完成了。

强国篇第十六

［原文］

刑范正，金锡美，工冶巧，火齐得，剖刑而莫邪已。然而不剥脱，不砥厉（通“砺”），则不可以断绳；剥脱之，砥厉（通“砺”）之，则劙（lí）盘盂、刎牛马忽然耳。彼国者，亦强国之剖刑已。然而不教诲，不调一，则入不可以守，出不可以战；教诲之，调一之，则兵劲城固，敌国不敢婴（同“撄”）也。彼国者亦有砥厉（通“砺”），礼义节奏是也。故人之命在天，国之命在礼。人君者隆礼尊贤而王，重法爱民而霸，好利多诈而危，权谋、倾覆、幽险而亡。

［译文］

模具平正，铜、锡的质量好，冶炼工人技艺高明，火候和配料得当，那么打开模具而莫邪宝剑就铸成了。但是如果不除去它表面的硬皮，不磨砺它，就不能用它来斩断绳子；除去了它的硬皮，磨砺它，那么用它切割器具、宰杀牛马就更锋利了。那国家，也是强国“刚出模时的毛坯”。但如果不进行教育，不使民众协调一致，那么在国内就不能依靠他们来守卫，到国外就不能用他们去作战；如果教育他们，使他们协调一致，那就会兵力强劲、城防牢固，敌国不敢来冒犯。国家也有“磨刀石”，礼义法度就是这种“磨刀石”。所以人的命运取决于上天，国家的命运取决于礼义。作为君主，推崇礼义、尊重贤人，就能称王天下；注重法治、爱护民众，就能称霸诸侯；喜欢财利、多搞欺诈，就会危险；玩弄权术、坑人害人、阴暗险恶，就会灭亡。

[原文] 威有三：有道德之威者，有暴察之威者，有狂妄之威者。此三威者，不可不孰（同“熟”）察也。礼乐则修，分义则明，举错则时，爱利则形，如是，百姓贵之如帝，高之如天，亲之如父母，畏之如神明，故赏不用而民劝，罚不用而威行。夫是之谓道德之威。礼乐则不修，分义则不明，举错则不时，爱利则不形；然而其禁暴也察，其诛不服也审，其刑罚重而信，其诛杀猛而必，黭（yǎn）然而雷击之，如墙厌之。如是，百姓劫则致畏，嬴（同“羸”）则敖（通“傲”）上，执拘则最（同“聚”），得间则散，敌中则夺，非劫之以形埶（同“势”），非振之以诛杀，则无以有其下。夫是之谓暴察之威。无爱人之心，无利人之事，而日为乱人之道，百姓讙敖则从而执缚之，刑灼之，不和人心。如是，下比周贲（通“奔”）溃以离上矣，倾覆灭亡可立而待也。夫是之谓狂妄之威。此三威者，不可不孰（同“熟”）察也。道德之威成乎安强，暴察之威成乎危弱，狂妄之威成乎灭亡也。

[译文] 威严有三种：有道德的威严，有严酷督察的威严，有放肆妄为的威严。这三种威严，是不可不仔细考察的。礼制音乐完善，名分道义明确，采取措施切合时宜，爱护民众、造福民众能具体体现出来。像这样，百姓就会像对待天帝那样尊重他，像对待上天那样景仰他，像对待父母那样亲近他，像对待神灵那样敬畏他，所以不用奖赏而民众就能卖力，不用刑罚而威力就能扩展。这就叫做道德的威严。礼制音乐不完善，名分道义不明确，采取措施不合时宜，爱护民众、造福民众不能落实，但是他禁止暴乱很明察，他惩处不服的人很审慎，他施行刑罚从重而守信用，他处决犯人严厉而坚决，突然地就像雷电闪击他们一样，就像墙壁倒塌压向他们一样。像这样，百姓一受到胁迫就会产生畏惧，一放松就会傲

视君主，强行集中就聚在一起，但他们一得到机会就四散逃跑，敌人一进攻就会被敌人争取过去，君主如果不是用权势地位去胁迫他们，不是用惩罚杀戮去震慑他们，那就无法控制臣民。这就叫作严酷督察的威严。没有爱护民众的心肠，不做有益于民众的事情，而天天搞那些扰乱民众的歪门邪道，百姓如果怨声沸腾，就跟着逮捕他们，对他们用刑烧灼，而不去调解民心。像这样，臣民就会结伙逃散而离开君主了，垮台灭亡就可以立刻到来。这就叫作放肆妄为的威严。这三种威严，是不可不仔细考察的。道德的威严终结于安定强盛，严酷督察的威严终结于危险衰弱，放肆妄为的威严终结于灭亡。

［原文］

公孙子曰："子发将西伐蔡，克蔡，获蔡侯，归致命曰：'蔡侯奉其社稷而归之楚，舍属二三子而治其地。'既，楚发其赏，子发辞曰：'发诫布令而敌退，是主威也；徙举相攻而敌退，是将威也；合战用力而敌退，是众威也。臣舍不宜以众威受赏。'"

讥之曰："子发之致命也恭，其辞赏也固。夫尚贤使能，赏有功，罚有罪，非独一人为之也，彼先王之道也，一人之本也，善善恶恶之应也，治必由之，古今一也。古者明王之举大事，立大功也，大事已博（同'敷'），大功已立，则君享其成，群臣享其功，士大夫益爵，官人益秩，庶人益禄。是以为善者劝，为不善者沮，上下一心，三军同力，是以百事成而功名大也。今子发独不然，反先王之道，乱楚国之法，堕兴功之臣，耻受赏之属，无（通'侮'）僇乎族党而抑卑其后世，案独以为私廉，岂不过甚矣哉！故曰：子发之致命也恭，其辞赏也固。"

[译文] 公孙先生说："子发带兵向西讨伐蔡国，攻克了蔡国，俘获了蔡侯，回来后向楚宣王汇报执行命令的情况说：'蔡侯献出他的国家而把它送给楚国，我已委派了几个人去治理他的领土。'过后不久，楚宣王向他颁发奖赏，子发推辞说：'一发出警告、一颁布命令，敌人就退却，这是君主的威力；一调发军队去攻打，敌人就退却，这是将领的威力；交战用力后敌人才退却，这是战士们的威力。我不该凭战士们的威力受到奖赏。'"

荀卿指责此事说："子发汇报执行命令的情况倒是谦恭有礼的，他推辞奖赏却鄙陋无知。那推崇贤人、使用能人，奖赏有功的，惩罚有罪的，这不单单是某一个人这样做的，那是古代圣王的政治原则啊，是使人民行动一致的根本措施，是赞美善行、憎恨邪恶的表现，治国一定得遵循这一原则，古代和现在都是一样的。古时候英明的帝王在举办大事、建立大功的时候，大事已经完成，大功已经建立，那么君主就享有它的成果，群臣就分享它的功劳，士大夫晋升爵位，官吏增加俸禄，普通士兵增加粮饷。因此，做好事的受到鼓励，做坏事的受到制止，上下一心，三军同力，因此各种事情能办成而功业名声伟大卓著。现在子发偏偏不是这样，他违反古代圣王的政治原则，扰乱楚国的法令，使建功立业的臣子懈怠，使受到奖赏的人惭愧，即使没有使家族蒙受羞辱，也已压抑贬低了他的后代，还独自把这当作是个人的廉洁，难道不是错得很厉害了吗？所以说：子发汇报执行命令的情况时谦恭有礼，他推辞奖赏却显得鄙陋无知。"

[原文] **荀卿子说齐相曰：处胜人之埶（同"势"），行胜人之道，天下莫忿，汤、武是也；处胜人之埶（同"势"），不以胜人之道，厚于有天下之埶（同"势"），索为匹夫不可得也，桀、纣是也。然则得胜人之埶（同"势"）者，其不如胜人之道远矣。**

夫主相者，胜人以埶（同“势”）也，是为是，非为非，能为能，不能为不能，并（同“屏”）己之私欲，必以道夫公道通义之可以相兼容者，是胜人之道也。今相国上则得专主，下则得专国，相国之于胜人之埶（同“势”），亶有之矣。然则胡不驱此胜人之埶（同“势”）赴胜人之道，求仁厚明通之君子而托王焉，与之参国政，正是非？如是，则国孰敢不为义矣？君臣上下，贵贱长少，至于庶人，莫不为义，则天下孰不欲合义矣？贤士愿相国之朝，能士愿相国之官，好利之民莫不愿以齐为归，是一天下也。相国舍是而不为，案直为是世俗之所以为，则女主乱之宫，诈臣乱之朝，贪吏乱之官，众庶百姓皆以贪利争夺为俗，曷若是而可以持国乎？今巨楚县（同“悬”）吾前，大燕鳍吾后，劲魏钩吾右，西壤之不绝若绳，楚人则乃有襄贲、开阳以临吾左。是一国作谋则三国必起而乘我。如是，则齐必断而为四，三国若假城然耳，必为天下大笑。曷若？两者孰足为也？

夫桀、纣，圣王之后子孙也，有天下者之世也，埶（同“势”）籍之所存，天下之宗室也，土地之大，封内千里，人之众数以亿万，俄而天下倜然举去桀、纣而犇汤、武，反然举恶桀、纣而贵汤、武，是何也？夫桀、纣何失而汤、武何得也？曰：是无它故焉，桀、纣者，善为人所恶也；而汤、武者，善为人所好也。人之所恶何也？曰：污漫、争夺、贪利是也。人之所好者何也？曰：礼义、辞让、忠信是也。今君人者，辟（同“譬”）称比方则欲自并乎汤、武，若其所以统之，则无以异于桀、纣，而求有汤、武之功名可乎？

故凡得胜者必与人也，凡得人者必与道也。道也者何也？曰：礼让忠信是也。故自四五万而往者强胜，非众之力也，隆在信矣；自数百里而往者安固，非大之力也，隆在修政

矣。今已有数万之众者也，陶（同“謟”）诞、比周以争与；已有数百里之国者也，污漫、突盗以争地。然则是弃己之所安强，而争己之所以危弱也，损己之所不足，以重己之所有余，若是其悖缪（通“谬”）也，而求有汤、武之功名可乎？辟（同“譬”）之是犹伏而咶（同“舐”）天，救经而引其足也，说必不行矣，愈务而愈远。

为人臣者不恤己行之不行，苟得利而已矣，是渠冲入穴而求利也，是仁人之所羞而不为也。故人莫贵乎生，莫乐乎安，所以养生安乐者莫大乎礼义。人知贵生乐安而弃礼义，辟（同“譬”）之是犹欲寿而歾颈也，愚莫大焉。

故君人者爱民而安，好士而荣，两者无一焉而亡。《诗》曰：“价人维藩，大师维垣。”此之谓也。

［译文］

荀卿劝说齐国的相国道：“处在制服别人的地位，实施制服别人的办法，而天下没有人怨恨，商汤、周武王就是这样；处在制服别人的地位，不采用制服别人的办法，富裕得拥有统治天下的权势，但要求做一个平民百姓也不可能办到，夏桀、商纣就是这样。这样看来，那么得到制服别人的权势地位，远远及不上实施制服别人的办法。

“那君主和相国，是用权势来制服别人的，对的就认为对，错的就认为错，有才能的就认为有才能，没有才能的就认为没有才能，摒弃自己的个人欲望，一定使自己遵行那些可以互相并存而没有抵触的公正原则和普遍适用的道理，这就是制服别人的办法。现在您相国上能独得君主的宠信，下能独揽国家的大权，用于制服别人的权势地位，相国的确已拥有它了。既然这样，那么为什么不驾驭这制服别人的权势、实行制服别人的办法、寻觅仁慈忠厚明智通达的君子而把他推荐给君上呢？您和他一起参与国家政事，端正是非，如果像这样，国内还有谁敢不遵行道义呢？君主与臣子，上级与下级，高贵的与卑贱的，年长的与年幼的，以至于平民百姓，没有谁不遵行道义，那么天下还有谁不想到我们这个遵行道义的国家来呢？贤德的人士向往相国所在的朝廷，有才能的人士仰慕相国管理下的官职，好利的民众没有谁不愿意把齐国作为自己的归宿，这就是统一天下了。相国如果舍弃了这些办法不干，而只是采用那些世俗之人所采用的办法，那么王后太后就会在后宫捣乱，奸诈之臣就会在朝廷捣乱，贪官污吏就会在官府捣乱，群众百姓都会把贪图私利互相争夺作为习俗，难道像这样就可以维持国家了吗？现在庞大的楚国摆在我们的前面，强大的燕国紧逼在我们的后面，强劲的魏国牵制了我们的西面，西面的领土虽然没有断送，也危险得像根细绳一样了，楚国则还有襄贲、开阳两个城池监视着我们的东面。在这种形势下，如果有个国家出谋划策，那么这三个国家就必然会一同起来欺凌我们。如果这样，那么齐国一定会被分割成三四块，国土将像借来的城池一样而不属于自己了，这就一定会被天下人大大地嘲笑一番了。你觉得怎么样？上面所说的这两种办法哪一种可行呢？

“那夏桀、商纣，是圣明帝王的后裔子孙，是拥有天下统治权的天子的继承人，是权势帝位的占有者，是天下人所尊崇的帝王之家，领土那么广大，境内方圆上千里，人口那么众多，要用亿万来计数，但没有多久天下人便远远地都离开了夏桀、商纣而投奔商汤、周武王了，很快地都憎恶夏桀、商纣而尊崇商汤、周武王了。这是为什么呢？那夏桀、商纣为什么失败而商汤、周武王为什么成功呢？回答说：这并没有其他的缘故，而是因为夏桀、商纣这种人，好做人们所厌恶的事情；而商汤、周武王这种人，好做人们所喜欢的事情。人们所厌恶的是什么呢？回答说：污秽卑鄙、争抢夺取、贪图私利便是。人们所喜欢的是什么呢？回答说：礼制道义、推辞谦让、忠诚守信。现在统治人民的君主，一打比方，就想把自己和商汤、周武王并列，至于他们统治人民的方法，却和夏桀、商纣没有什么不同，像这样而要求取得商汤、周武王那样的功业名望，可能么？

“所以凡是获得胜利的，一定是因为依顺了人民；凡是得到人民拥护的，一定是因为遵从了正确的政治原则。这正确的政治原则是什么呢？回答说：礼制道义、推辞谦让、忠诚守信。所以，拥有的人口在四五万以上的国家，能够强大取胜，并不是靠了人口众多的力量，重要的在于守信啊；拥有的领土在方圆几百里以上的国家，能够安定稳固，并不是靠了国土宽广的力量，重要的在于搞好政治啊。现在已经拥有了几万人的国家，却还是用招摇撞骗、拉拢勾结的办法去争取盟国；已经拥有了方圆几百里土地的国家，却还是用肮脏卑鄙、强取豪夺的办法去争夺土地。这样的话，那就是抛弃了使自己安定强盛的办法，而采取了使自己危险衰弱的办法；是在减损自己所缺少的东西，而在增加自己所多余的东西，他们的错乱荒谬竟像这样，却还要求取得商汤、周武王那样的功业名望，可能么？拿它打个比方，这就好像是趴在地上去舔天，挽救上吊的人却拉他的脚，这种主张一定行不通，越是用力去做就离目标越远。

“做臣子的，不顾自己的德行不像德行，只要得到利益就行了，这就等于用攻城的大冲车去钻挖地道那样谋取利益，是讲求仁德的人感到耻辱而不去做的事情。对于人来说，没有什么比生命更宝贵，没有什么比安定更快乐；但用来保养生命、取得安乐的途径，没有比遵行礼义更重要的了。人们如果只知道珍重生命、喜欢安定而抛弃了礼义，拿它打个比方，这就好像是想长寿而割断脖子一样，没有比这更愚蠢的了。

“所以统治民众的君主，爱护民众就能安宁，喜欢士人就会荣耀，这两者一样都没有就会灭亡。《诗》上说：‘贤士就是那屏障，大众就是那围墙。’说的就是这个道理。”

[原文]

力术止，义术行。曷谓也？

曰：秦之谓也。威强乎汤、武，广大乎舜、禹，然而忧患不可胜校也。諰（xǐ）諰然常恐天下之一合而轧己也，此所谓力术止也。

曷谓乎威强乎汤、武？

汤、武也者，乃能使说（用“悦”）己者用耳。今楚父死焉，国举焉，负三王之庙而辟（同“避”）于陈、蔡之间，视可、司（通“伺”）间，案欲剡（yǎn）其胫而以蹈秦之腹，然而秦使左案左，使右案右，是乃使雠（同“仇”）人役也，此所谓威强乎汤、武也。

曷谓广大乎舜、禹也？

曰：古者百王之一天下、臣诸侯也，未有过封内千里者也。今秦南乃有沙羡与俱，是乃江南也，北与胡、貉为邻，西有巴、戎，东在楚者乃界于齐，在韩者逾常山乃有临虑，在魏者乃据圉津，即去大梁百有二十里耳，其在赵者剡然有苓而据松柏之塞，负西海而固常山，是地遍天下也。威动海内，强殆中国，然而忧患不可胜校也，諰諰然常恐天下之一合而轧己也，此所谓广大乎舜、禹也。

然则奈何？

曰：节威反（通“返”）文，案（同“按”）用夫端诚信全之君子治天下焉，因与之参国政，正是非，治曲直，听咸阳，顺者错（通“措”）之，不顺者而后诛之。若是，则兵不复出于塞外而令行于天下矣；若是，则虽为之筑明堂于塞外而朝诸侯，殆可矣。假今之世，益地不如益信之务也。

[译文]

“强力的方法行不通，礼义的方法行得通。这说的是什么呢？”

回答说："说的是秦国。它的兵力比商汤、周武王还要威武强大，它的领土比舜、禹还要广大，但是忧虑祸患多得不可胜数，提心吊胆地经常怕天下各国团结一致来攻打自己，这就是我所说的强力的方法行不通。"

"为什么说比商汤、周武王还要威武强大？"

回答说："商汤、周武王，只能使喜爱自己的人听使唤罢了。而现在楚王的父亲死在秦国，国都被秦国攻克，楚王背着三个先王的神主牌位躲避在陈、蔡两地之间，观察适宜之时，窥测可乘之机，想抬起他的脚去践踏秦国的腹地，但是秦国让他向左他就向左，让他向右他就向右，这是能使仇敌为自己服役啊。这就是我所说的比商汤、周武王还要威武强大。"

"怎么说是比舜、禹还要广大？"

回答说："古时候各代帝王统一天下、臣服诸侯，境内从没有超过方圆上千里的。现在的秦国，南边便占有了沙羡及其周围一带，这是长江的南面了；北边与胡、貉相邻；西边占有了巴、戎；东边，在所占领楚国的土地和齐国交界，在韩国的军队已经越过了常山而占有了临虑，在魏国的军队占据了围津——即距离大梁只有一百二十里了，它在赵国的军队大刀阔斧地占有了灵丘而盘踞在松柏要塞上，背靠着西海而把常山作为险阻：这是领土遍及天下啊。这就是我所说的比舜、禹还要广大。它的威武震撼了天下，它的强大打败了中原各国，但是忧虑祸患多得不可胜数，提心吊胆地经常怕天下各国团结一致来攻打自己啊。"

"这样的话，那怎么办呢？"

回答说："节制武力而回到文治上来，任用那些正直忠诚守信完美的君子来治理天下，并同他们一起参与国家的政事，端正是非，治理曲直，听政于咸阳，顺从的国家就放在一边不去管它，不顺从的国家才去讨伐它。如果能这样，那么秦国的军队不再出动到边塞以外的地方去而政令就能在天下实行了；如果能这样，那么即使在边关以外的地方给秦王建造了明堂而使诸侯来朝拜，也差不多可以办到了。当今这个时世，致力于增加领土实不如致力于增加信用啊。”

[原文]

应侯问孙卿子曰：“入秦何见？”

孙卿子曰：“其固塞险，形埶（同‘势’）便，山林川谷美，天材之利多，是形胜也。入境，观其风俗，其百姓朴，其声乐不流污，其服不挑（同‘佻’），甚畏有司而顺，古之民也。及都邑官府，其百吏肃然莫不恭俭、敦敬、忠信而不楛，古之吏也。入其国，观其士大夫，出于其门，入于公门，出于公门，归于其家，无有私事也，不比周，不朋党，倜然莫不明通而公也，古之士大夫也。观其朝廷，其间听决百事不留，恬然如无治者，古之朝也。故四世有胜，非幸也，数也。是所见也。故曰：佚（同‘逸’）而治，约而详，不烦而功，治之至也。秦类之矣。虽然，则有其諰矣。兼是数具者而尽有之，然而县（同‘悬’）之以王者之功名，则倜倜然其不及远矣。”

“是何也？”

“则其殆无儒邪！故曰：粹而王，驳而霸，无一焉而亡。此亦秦之所短也。”

[译文]

应侯范雎问荀卿说：“到秦国看见了什么？”

荀卿说：“它的边塞险峻，地势便利，山林河流美好，自然资源带来的好处很多，这是地形上的优越。进入国境，观察它的习俗，那里的百姓质朴淳厚，那里的音乐不淫荡卑污，那里的服装不轻薄妖艳，人们非常害怕官吏而十分顺从，真像是古代圣王统治下的民众啊。到了大小城镇的官府，那里的各种官吏都是严肃认真的样子，无不谦恭节俭、敦厚谨慎、忠诚守信而不粗疏草率，真像是古代圣王统治下的官吏啊。进入它的国都,观察那里的士大夫,走出自己的家门,就走进公家的衙门,走出公家的衙门,就回到自己的家里,没有私下的事务;不互相勾结,不拉帮结派,卓然超群地没有谁不明智通达而廉洁奉公,真像是古代圣王统治下的士大夫啊。观察它的朝廷,当君主主持朝政告一段落时,处理决定各种政事从无遗留,安闲得好像没有什么需要治理似的,真像是古代圣王治理的朝廷啊。所以秦国四代都有胜利的战果,并不是因为侥幸,而是有其必然性的。这就是我所见到的。所以说:自身安逸却治理得好,政令简要却详尽,政事不繁杂却有成效,这是政治的最高境界。秦国类似这样了。即使如此,却仍有它的忧惧啊。综合了以上这几个条件而全都具有了,但是用称王天下者的功绩名声去衡量它,那简直是相差得很远哩。"

"这是为什么呢?"

"那是他们大概没有任用儒者吧。所以说:'纯粹地崇尚道义、任用贤人的就能称王天下,驳杂地义利兼顾、贤人亲信并用的就能称霸诸侯,这两者一样也做不到的就灭亡。'这也是秦国的短处啊。"

[原文]

积微,月不胜日,时不胜月,岁不胜时。凡人好敖(同"傲")慢小事,大事至然后兴之务之,如是,则常不胜夫敦比于小事者矣。是何也?则小事之至也数,其县(同"悬")日也博,其为积也大;大事之至也希,其县(同"悬")日也浅,其为积也小。故善日者王,善时者霸,补漏者危,大荒者亡。故王者敬日,霸者敬时,仅存之国危而后戚之。亡国至亡而后知亡,至死而后知死,亡国之祸败不可胜悔也。霸者之善著焉,可以时托也,王者之功名不可胜日志也。财物货宝以大为重,政教功名反是,能积微者速成。《诗》曰:"德辅(yóu)如毛,民鲜克举之。"此之谓也。

［译文］

积累微小的成果，每个月积累不如每天积累，每个季度积累不如每个月积累，每年积累不如每个季度积累。一般人喜欢轻视怠慢小事，等大事来了，然后才把它提到议事日程上努力去做它。像这样，就常常不如那些认真办理小事的人了。这是为什么呢？因为小事来得频繁，它牵扯的时间多，它积累起来的成果大；大事来得稀少，它牵扯的时间少，它积累起来的成果小。所以珍惜每一天的君主就能称王天下，珍惜每一季度的君主就能称霸诸侯，出了漏洞再去补救的君主就危险了，一切时间都荒废掉的君主就会灭亡。所以称王天下的君主慎重地对待每一天，称霸诸侯的君主重视每一个季度，勉强存在的国家陷入危险以后，君主才为它担忧，亡国的君主到了国家灭亡以后才知道会灭亡，临死的时候才知道要死。亡国的君主造成的祸害和破坏，多到悔不胜悔。称霸诸侯的君主的善政显著，可以按季度来记录；称王天下的君主的功绩名誉，就是每天记录也不可能全部记下来。财物珍宝以大为贵，政教功名却与此相反，能积累微小成果的君主才能迅速成功。《诗》上说："道德轻得像毛发，民众很少能举它。"讲的就是这个道理。

［原文］

凡奸人之所以起者，以上之不贵义、不敬义也。夫义者，所以限禁人之为恶与奸者也。今上不贵义，不敬义，如是，则下之人百姓皆有弃义之志，而有趋奸之心矣，此奸人之所以起也。且上者，下之师也，夫下之和上，譬之犹响之应声、影之像形也。故为人上者不可不顺（通"慎"）也。夫义者，内节于人而外节于万物者也，上安于主而下调于民者也。内外上下节者，义之情也。然则凡为天下之要，义为本而信次之。古者禹、汤本义务信而天下治，桀、纣弃义倍（同"背"）信而天下乱，故为人上者必将慎礼义、务忠信然后

可。此君人者之大本也。

［译文］

大致说来，奸邪的人之所以会产生，是因为君主不推崇道义、不尊重道义。道义这种东西，是用来限制为非作歹和施行奸诈的。现在君主不推崇道义、不尊重道义，像这样，下面的老百姓就都会有放弃道义的思想而有趋附奸邪的心思，这就是奸邪之人产生的原因。况且，君主是臣民的师表。臣民附和君主，打个比方，就好像是回声应和声音、影子类似形体一样。所以做君主的，不可不慎重地对待道义。道义，是内能调节人而外能调节万物的东西，是上能使君主安定而下能使民众协调的东西。内外上下都能调节，这是道义的实质啊。这样看来，所有治理天下的要领，道义是最根本的，而守信用在其次。古时候夏禹、商汤立足于道义、致力于守信而天下大治；夏桀、商纣抛弃了道义、违背了信用而天下大乱。所以做君主的，一定要慎重地对待礼义、致力于忠诚守信，然后才行。这是做君主的最大根本。

［原文］

堂上不粪，则郊草不瞻旷芸（通“耘”）；白刃扞乎胸，则目不见流矢；拔戟加乎首，则十指不辞断。非不以此为务也，疾养（通“痒”）缓急之有相先者也。

［译文］

厅堂上面还没有打扫，那么郊外的野草就没有足够的闲暇去铲除了；雪白的刀锋刺到胸口，那么眼睛就不去看飞来的暗箭了；带旁刃的戟砍到头上，那么十只手指就会不回避砍断而去抵挡了。这并不是不把郊外的杂草、暗箭、手指当回事，而是因为痛痒缓急之间有个先顾及什么的问题。

天论篇第十七

［原文］

天行有常，不为尧存，不为桀亡。应之以治则吉，应之以乱则凶。强本而节用，则天不能贫；养备而动时，则天不能病；修道而不贰，则天不能祸。故水旱不能使之饥渴，寒暑不能使之疾，袄（同“妖”）怪不能使之凶。本荒而用侈，则天不能使之富；养略而动罕，则天不能使之全；倍（同“背”）道而妄行，则天不能使之吉。故水旱未至而饥，寒暑未薄而疾，袄（同“妖”）怪未至而凶。受时与治世同，而殃祸与治世异，不可以怨天，其道然也。故明于天人之分，则可谓至人矣。

［译文］

上天的运行有其恒定不变的常道（亦称天数或天道，现在称规律），不会因为圣明的唐尧执政就存在，不会因为残暴的夏桀当家就消亡。用导致安定的措施去回应它就会吉利，用导致动乱的措施去对待它就会凶险。巩固农业这个根本而节约费用，那么天就不能使他贫穷；衣食给养齐备而活动适时，那么天就不能使他生病；遵循天道而专心一意，那么天就不能使他遭殃。所以水涝旱灾不能使他挨饿，严寒酷暑不能使他生病，上天的反常变异不能使他遭殃。农业这个根本荒废而用度奢侈，那么天就不能使他富裕；衣食给养不足而动活很少与天时合拍，那么天就不能使他保全健康；违背天道而肆意妄为，那么天就不能使他吉利。所以水涝旱灾还没有来到他就挨饿，严寒酷暑还没有迫近他就生病，上天的反常变异还没有出现他就遭殃。如果他遇到的天时与社会安定时期同步,而遭受的灾祸与社会安定时期错位,这不可以埋怨上天,这是他所采取的应对措施造成的。所以,明白了上天与人类社会的区分,就可以称作圣人。

[原文]

不为而成,不求而得,夫是之谓天职。如是者,虽深,其人不加虑焉;虽大,不加能焉;虽精、不加察焉:夫是之谓不与天争职。天有其时,地有其财,人有其治,夫是之谓能参。舍其所以参而愿其所参,则惑矣。

[译文]

不做就能成功,不求就能得到,这叫作天职。像这种情况,即使意义深远,圣人对它也不作过多思考;即使影响广大,圣人对它也不横加干预;即使道理精妙,圣人对它也不详加审察,这叫作不与上天争夺职责。上天有自己的时令季节,大地有自己的财物资源,人类有自己的治理方法,这叫作与天地同参(即"恰当地顺应上天的时令季节,合理有效地配置大地的财物资源")。人如果舍弃了与天地同参,只是寄希望于同参的天、地而放弃自己的努力,那就糊涂了。

[原文]

列星随旋,日月递炤(同"照"),四时代御,阴阳大化,风雨博施,万物各得其和以生,各得其养以成,不见其事而见其功,夫是之谓神。皆知其所以(通"已")成,莫知其无形,夫是之谓天。唯圣人为不求知天。

[译文]

布列于天空的星星互相伴随着旋转,太阳、月亮交替照耀,四季轮流控制着节气,阴阳二气相互作用大量地化生万物,风雨普遍地施加于万物。万物各自得到了阴阳相互作用形成的和气而产生,各自得到了风雨的滋养而成长,看不见阴阳化生万物的过程而只能见到它化生万物的成果,这就叫作神妙。人们都知道阴阳已经生成的万物，却没有人知道它那无影无踪的生成过程，这就叫作天。尽管如此，圣人仍然不需要去拥有上天那样高深莫测的智慧与无可比拟的能力。

［原文］

天职既立，天功既成，形具而神生，好恶、喜怒、哀乐臧焉，夫是之谓天情。耳目鼻口形能，各有接而不相能也，夫是之谓天官。心居中虚以治五官，夫是之谓天君。财（同“裁”）非其类，以养其类，夫是之谓天养。顺其类者谓之福，逆其类者谓之祸，夫是之谓天政。暗其天君，乱其天官，弃其天养，逆其天政，背其天情，以丧天功，夫是之谓大凶。圣人清其天君，正其天官，备其天养，顺其天政，养其天情，以全其天功。如是，则知其所为，知其所不为矣，则天地官而万物役矣。其行曲治，其养曲适，其生不伤，夫是之谓知天。

［译文］

天职已经确立，天功已经成就，人的形体也就具备而精神也就产生，爱好与厌恶、高兴与愤怒、悲哀与欢乐等蕴藏在人的形体和精神里面，这些叫作天情。耳朵、眼睛、鼻子、嘴巴、身体，就其功能来说，它们各有自己的感受对象而不能互相替代，这些叫作天官。心处于身体中部空虚的部位，用来管理这五种感官，这叫作天君。人类能够安排配置好与自己不是同类的事物，用它们来供养自己的同类，这叫作天养。顺应同类的需要叫作福，违背同类的需要叫作祸，这叫作天政。搞昏天君，扰乱天官，抛弃天养，违反天政，背离天情，以致丧失天功，这叫作大凶。圣人清醒地保持自己的天君，端正天官，完备天养，顺应天政，保养天情，进而成全天功。像这样，就是懂得了自己应该做的事，懂得了自己不应该做的事，自己就能与天地同参，万物就能得到恰如其分的配置与利用。他的行动就能处处有条理，他的保养就能处处恰当，他的生命就能不受伤害，这就叫作真正明白了天（天性）的含义。

［原文］

故大巧在所不为，大智在所不虑。所志于天者，已（同“以”，本段下同）其见象之可以期者矣；所志（通“知”，本段下同）于地者，已其见（同“现”，本段下同）宜之可以息者矣；所志于四时者，已其见数之可以事者矣；所志于阴阳者，已其见知之可以治者矣。官人守天而自为守道也。

［译文］

所以，最大的技巧在于有些事情不去行动，最大的智慧在于有些事情不去思考。对于上天所要了解的，不过是它所显现的天象中那些可以测定气候变化的自然现象；对于大地所要了解的，不过是它所显现的地况中那些可以适宜人类自身繁衍及养殖、种植的地理信息；对于四季所要了解的，不过是它们所显现的节律中那些可以恰当安排生产、生活的时令物候；对于阴阳所要了解的，不过是它们所显现的和气中可以配置利用事物的要素。圣人任用他人来观察掌握这些现象，而自己所要做的就是去掌握治国安邦的礼法正道。

［原文］

治乱天邪？曰：日月、星辰、瑞历，是禹、桀之所同也，禹以治，桀以乱，治乱非天也。时邪？曰：繁启蕃长于春夏，畜（同“蓄”）积收臧（同“藏”）于秋冬，是又禹、桀之所同也，禹以治，桀以乱，治乱非时也。地邪？曰：得地则生，失地则死，是又禹、桀之所同也，禹以治，桀以乱，治乱非地也。《诗》曰：“天作高山，大王荒之。彼作矣，文王康之。”此之谓也。

［译文］

社会的安定或动乱，是由上天决定的吗？回答说：日月、星辰、观察天象的仪器设备及实行的历法，这对于禹与桀来说都是相同的。禹使天下安定，桀使天下动乱。可见社会的安定或动乱并不是由上天决定的。那么，是季节造成的吗？回答说：庄稼在春季、夏季纷纷发芽、茂盛地生长，在秋季、冬季积蓄、收藏，这对于禹与桀来说又是相同的。禹使天下安定，桀使天下动乱。可见社会的安定或动乱并不是季节造成的。那么，是大地造成的吗？回答说：庄稼得到了大地就生长，失去了大地就死亡，这对于禹与桀来说又是相同的。禹使天下安定，桀使天下动乱。可见社会的安定或动乱并不是大地造成的。《诗》上说："天生这高高的岐山，周太王使它兴旺大发展；太王已经在此建都，文王使它长治久安。"讲的就是这个道理。

[原文] **天不为人之恶寒也辍冬，地不为人之恶辽远也辍广，君子不为小人之匈匈（同"汹汹"）也辍行。天有常道矣，地有常数矣，君子有常体矣。君子道其常而小人计其功。《诗》曰："何恤人之言兮！"此之谓也。**

[译文] 上天并不因为人们厌恶寒冷就取消冬季，大地并不因为人们厌恶辽远就废除宽广，君子并不因为小人的乱发议论就中止行动。上天有经久不变的常道，大地有经久不变的常数，君子有经久不变的规矩。君子遵行那常规，而小人计较那功利。《诗》上说："礼义上我错误不犯，何必担心人说长道短！"讲的就是这个道理。

[原文] **楚王后车千乘，非知也；君子啜菽饮水，非愚也：是节然也。若夫心意修，德行厚，知（同"智"）虑明，生于今而志乎古，则是其在我者也。故君子敬其在己者，而不慕其在天者；小人错（同"措"，本段下同）其在己者，而慕其在天者。**

君子敬其在己者而不慕其在天者，是以日进也；小人错其在己者而慕其在天者，是以日退也。故君子之所以日进与小人之所以日退，一也。君子小人之所以相县（同“悬”）者在此耳。

［译文］

楚王外出时随从的车子有上千辆，并不是因为他聪明；君子吃豆叶、喝白水，并不是因为他愚笨：这种情况是时势命运的制约造成的。至于修养美好，德行敦厚，谋虑精明，生在今天却能明白古代的事理，这些全都取决于自身的努力而与外物无关。所以，君子慎重地对待那些取决于自己的事情，而不去羡慕那些取决于上天的东西；小人丢下那些取决于自己的事情，而指望那些取决于上天的东西。君子慎重对待那些取决于自己的事情，而不去羡慕那些取决于上天的东西，因此天天前进；小人丢下那些取决于自己的事情，而指望那些取决于上天的东西，因此天天倒退。所以君子天天前进的原因与小人天天倒退的原因，道理是一样的。这就是君子与小人相差悬殊的原因。

［原文］

星队（同“坠”）、木鸣，国人皆恐。曰：是何也？曰：无何也，是天地之变，阴阳之化，物之罕至者也。怪之可也，而畏之非也。夫日月之有食，风雨之不时，怪星之党（同“傥”）见，是无世而不常（通“尝”）有之。上明而政平，则是虽并世起，无伤也；上暗而政险，则是虽无一至者，无益也。夫星之队（同“坠”），木之鸣，是天地之变，阴阳之化，物之罕至者也，怪之可也，而畏之非也。

［译文］

流星坠落，树木发响，人们都非常害怕，说：这是为什么呢？回答说：这没有什么啊。这仍然是天地运行的产物，仍然由阴阳二气的相互作用所引起，只是很少见到的事情。觉得它奇怪，是可以的；但去害怕它，就是错误了。太阳、月亮发生日食、月食，风雨不合时节地突然袭击，奇怪的星辰偶然出现，这些现象没有哪个时代不曾有过。君主智慧加上政治清明，这些现象即使在同一时期全都出现，也没有什么妨害；君主昏聩加上政治黑暗，这些现象即使一样都没出现，也照样于事无补。流星的坠落、树木的发响，这仍然是天地运行的产物，仍然由阴阳二气的相互作用所引起，只是很少见到的事情。觉得它奇怪，是可以的；但去害怕它，就是错误了。

［原文］

物之已至者，人祆（同“妖”，本段下同）则可畏也。楛耕伤稼，耘耨失薉（同“秽”），政险失民，田薉稼恶，籴贵民饥，道路有死人，夫是之谓人祆。政令不明，举错（同“措”）不时，本事不理，夫是之谓人祆。礼义不修，内外无别，男女淫乱，则父子相疑，上下乖离，寇难并至，夫是之谓人祆。祆是生于乱，三者错（同“措”），无安国。其说甚尔（通“迩”），其菑（同“灾”）甚惨。勉力不时，则牛马相生，六畜作祆，可怪也，而不可畏也。传曰：“万物之怪，书不说。无用之辩，不急之察，弃而不治。”若夫君臣之义，父子之亲，夫妇之别，则日切瑳（同“磋”）而不舍也。

［译文］

上面这些反常事物的出现并不可怕，可怕的是人妖。胡乱地耕种就会伤害庄稼，胡乱地锄草就会危及收成，政治险恶就会失去民心，田地荒芜农作物就会减产，粮米价昂贵百姓就会挨饿，道路上就会有饿死的人，这是人妖的一种。政令混乱，措施不当，农业生产是国家的根本却放松管理，这也是人妖。礼义不加整顿，内外无别，男女淫荡混乱，父子互相猜疑，君臣离心离德，外寇内乱同时发生，这更是人妖。人妖缘于君主昏聩、政治黑暗，上述三种人妖交错发生，就不会有安定的国家。人妖解释起来道理很浅显，它造成的灾难却很惨重。发动劳役不顾农时，牛就会生出与马相像的怪胎、马就会生出与牛相像的怪胎，六畜就会出现很少见到的变异，这些是可以奇怪的，但并不可怕。古书上说："事物的变异反常，典籍中是不作解说的。没有用处的辩论，不是急需的审察，应该抛弃而不加研究。"至于君臣之间的道义、父子之间的亲情、夫妻之间的区别，却是应该每天切磋钻研而不能舍弃的。

［原文］

雩而雨，何也？曰：无何也，犹不雩而雨也。日月食而救之，天旱而雩，卜筮然后决大事，非以为得求也，以文之也。故君子以为文，而百姓以为神。以为文则吉，以为神则凶也。

［译文］

祭神求雨就下雨了，为什么呢？回答说：这没有什么，它就像不去祭神求雨而下雨一样。太阳、月亮发生了日食、月食就想去营救它们，天气干旱了就想去祭神求雨，占卜算卦以后再决定国家大事，古人并不是认为这些做法能得到所祈求的东西，而它们只是装点政事的一些特殊礼仪形式。所以君子把这些活动看作是特殊的礼仪形式，但百姓却把它们看得神乎其神。把它们看作是特殊的礼仪形式就无害，把它们看得神乎其神就有害。

［原文］

在天者莫明于日月，在地者莫明于水火，在物者莫明于珠玉，在人者莫明于礼义。故日月不高，则光晖（同"辉"）不赫；水火不积，则晖（同"辉"）润不博；珠玉不睹乎外，则王公不以为宝；礼义不加于国家，则功名不白。故人之命在天，国之命在礼。君人者隆礼尊贤而王，重法爱民而霸，好利多诈而危，权谋、倾覆、幽险而尽亡矣。

［译文］ 在天上的东西没有什么比太阳、月亮更明亮的了，在地上的东西没有什么比水、火更明亮的了，在物品之中没有什么比珍珠、宝玉更明亮的了，在人类社会中没有什么比礼义更灿烂的了。太阳、月亮如果不高挂空中，那么它们的光辉就不显著；水、火如果不积聚，那么火的光辉、水的光泽就不大；珍珠、宝玉的光彩不显露于外，那么天子、诸侯就不会把它们当作宝贝，礼义不在国内施行，那么功业和名声就不会显著。所以，人的命运在天，国家的命运在礼义。统治民众的君主，推崇礼义、尊重贤人，就能称王天下；注重法治、爱护民众，就能称霸诸侯；喜欢财利、多搞欺诈，就会危险重重；玩弄权术、坑人害人、阴暗险恶，就会彻底灭亡。

［原文］ **大天而思之，孰与物畜（通"蓄"）而制之？从天而颂之，孰与制天命而用之？望时而待之，孰与应时而使之？因物而多之，孰与骋能而化之？思物而物之，孰与理物而勿失之也？愿于物之所以生，孰与有（通"右"）物之所以成？故错（同"措"）人而思天，则失万物之情。**

［译文］ 与其认为上天伟大而去思慕它，怎比得上把天生万物分门归类，不断蓄积认知它们的经验与教训，借助于它们各自的特性引导控制它们的相互作用，使其造福于人类？与其顺从上天而去颂扬它，怎比得上利用上天赋予万物的特性及其变化发展的常道来改造天生万物？与其盼望时令回归而期待上天的恩赐，怎比得上顺应春夏秋冬的轮替而不误耕种收藏、休养生息？与其单纯依靠万物的自然增殖，怎比得上施展人的才能而使它们向着有利于人类的方向转变驯化？与其思慕万物而一厢情愿地想获得它，怎比得上顺应万物的特性让它们充分发挥各自应该发挥的作用，更好地服务于人类？与其希望了解天下万物产生发展的原因，怎比得上促进已有的万物朝着有利于人类的方向成长？所以，放弃了人

的努力而寄希望于上天,那就违背了万物的实际情况。

［原文］

百王之无变,足以为道贯。一废一起,应之以贯,理贯不乱。不知贯,不知应变,贯之大体未尝亡也。乱生其差,治尽其详。故道之所善,中则可从,畸则不可为,匿(通"慝")则大惑。水行者表深,表不明则陷;治民者表道,表不明则乱。礼者,表也。非礼,昏世也。昏世,大乱也。故道无不明,外内异表,隐显有常,民陷乃去。

［译文］

历代帝王都不改变的就是礼义礼法,完全可以用来作为政治原则的常规惯例。国家有时衰落有时兴盛,但不论什么时候都要认真遵循这些常规惯例。认真遵循这些常规惯例,国家就不会出现动乱。如果不了解这些常规惯例,就不知道如何应对各种变化。这些常规惯例的基本内容从来没有消失过。社会的混乱,产生于常规惯例的实施出了偏差;社会安定,全在于这种常规惯例实施得十分周详。所以,政治原则中那些被一般人看好的方面,如果符合这种常规惯例,就可以依从;如果偏离了这种常规惯例,就不可以实行;如果违反了这种常规惯例,就会造成极大的迷惑。在水中跋涉的人用标志来表明深度,如果这种标志不明确,就会使人被深水淹没;治理民众的君主用标准来表明政治原则,如果这种标准不明确,就会造成动乱。礼法就是治理民众的标准。违反了礼法,就是昏暗的社会。昏暗的社会,就会大乱。所以,礼义礼法没有不明确的地方,它对外对内都有不同的标准,对隐蔽之事或显露之事都有永久不变的规定,那么民众的陷阱就可以消除了。

［原文］

万物为道一偏,一物为万物一偏,愚者为一物一偏,而自以为知道,无知也。慎子有见于后,无见于先;老子有见

于诎(同“屈”),无见于信(同“伸”);墨子有见于齐,无见于畸;宋子有见于少,无见于多。有后而无先,则群众无门;有诎(同“屈”)而无信(同“伸”),则贵贱不分;有齐而无畸,则政令不施;有少而无多,则群众不化。《书》曰:“无有作好,遵王之道;无有作恶,遵王之路。”此之谓也。

[译文]

万事万物只是体现了天道的一部分,某一种事物只是万事万物的一部分,愚昧的人只认识了某一种事物的某一方面,就自以为知道了天道的全部,实在是无知。慎子对在后服从的一面有所认识,对在前引导的一面却认识不足;老子对委曲忍让的一面有所认识,对积极进取的一面却认识不足;墨子对齐同平等的一面有所认识,对等级差别的一面却认识不足;宋子对寡欲的一面有所认识,对多欲的一面却认识不足。只在后服从而不在前引导,那么群众就没有继续前进的方向;只委曲忍让而不积极进取,那么高贵和卑贱就不会有分别;只有齐同平等而没有等级差别,那么政策法令就不能贯彻实施;只求寡欲而不见多欲,那么群众就不易被感化。《书》上说:“不要任凭个人的爱好,要遵循君主确定的正道;不要任凭个人的厌恶,要遵循君主确定的正路。”讲的就是这个道理。

正论篇第十八

[原文]

世俗之为说者曰："主道利周。"是不然。主者，民之唱也；上者，下之仪也。彼将听唱而应，视仪而动。唱默则民无应也，仪隐则下无动也。不应不动，则上下无以相胥（同"须"）也。若是，则与无上同也，不祥莫大焉。故上者，下之本也，上宣明则下治辨矣，上端诚则下愿悫矣，上公正则下易直矣。治辨则易一，愿悫则易使，易直则易知。易一则强，易使则功，易知则明，是治之所由生也。

上周密则下疑玄矣，上幽险则下渐诈矣，上偏曲则下比周矣。疑玄（同"眩"）则难一，渐诈则难使，比周则难知。难一则不强，难使则不功，难知则不明，是乱之所由作也。故主道利明不利幽，利宣不利周。故主道明则下安，主道幽则下危。故下安则贵上，下危则贱上。故上易知则下亲上矣，上难知则下畏上矣。下亲上则上安，下畏上则上危。故主道莫恶乎难知，莫危乎使下畏己。传曰："恶之者众则危。"《书》曰："克明明德。"《诗》曰："明明在下。"故先王明之，岂特玄之耳哉！

[译文]

世俗中那些高谈阔论的人说："君主的统治措施以秘藏隐蔽为有利。"这种说法不对。君主，好比是民众的领唱；帝王，好比是臣下的标杆。臣民们将听着领唱来应和，看着标杆来行动。领唱沉默，那么民众就无从应和；标杆隐蔽，那么臣下就无从行动。臣民不应和、不行动,那么君主和臣民就无法相亲相善。像这样,那就和没有君主一样,没有比这更不吉利的事情了。所以君主是臣民的根基。君主光明磊落,臣民就可以得到有效治理;君主端正诚实,臣民就会厚道忠诚;君主公正无私,臣民就会坦荡正直。臣民治理得好就容易统一,厚道忠诚就容易役使,坦荡正直就容易了解。臣民容易统一,国家就会强盛;臣民容易役使,君主就能建立功业;臣民容易了解,君主就会明白清楚。这是国家走向安定的根由。

君主秘藏隐蔽,臣民就容易疑惑迷乱;君主阴暗险恶,臣民就容易虚伪欺诈;君主偏私不公,臣民就会结党营私。臣民疑惑迷乱就难以统一,虚伪欺诈就难以役使,结党营私就难以了解。臣民难以统一,那么国家就不会强盛;臣民难以役使,那么君主就不能建立功业;臣民难以了解,那么君主就会陷入昏聩。这是国家陷于动乱的根由。所以,君主的统治措施以光明磊落为有利而以阴暗险恶为不利,以公开公正为有利而以秘藏隐蔽为不利。君主的统治措施光明磊落,臣民就能相安无事;君主的统治措施阴暗险恶,臣民就会人人自危。臣民相安无事,就会尊重君主;臣民人人自危,就会鄙视君主。君主的措施容易被了解,臣民就亲敬君主;君主的措施难以被了解,臣民就畏惧君主。臣民亲爱君主,君主就会稳坐江山;臣民畏惧君主,君主就可能被推翻。所以,君主的统治措施没有比难以被了解更坏的了,没有比使臣民畏惧自己更危险的了。古书上说:"憎恨他的人众多,他就非常危险。"《书》上说:"君子能够光明磊落地彰显美好的德行。"《诗》上说:"君子光明磊落地彰显美好的德行,就像日月光照天下。"古代圣王彰显美好的德行,这绝对不是故弄玄虚搞秘藏隐蔽那一套所能做到的!

[原文]　**世俗之为说者曰:"桀、纣有天下,汤、武篡而夺之。"是**

不然。以桀、纣为常（通“尝”）有天下之籍则然，亲有天下之籍则不然，天下谓在桀、纣则不然。古者天子千官，诸侯百官。以是千官也，令行于诸夏之国，谓之王；以是百官也，令行于境内，国虽不安，不至于废易遂（通“坠”）亡，谓之君。圣王之子也，有天下之后也，埶（同“势”）籍之所在也，天下之宗室也；然而不材不中，内则百姓疾之，外则诸侯叛之，近者境内不一，遥者诸侯不听，令不行于境内，甚者诸侯侵削之，攻伐之，若是，则虽未亡，吾谓之无天下矣。

圣王没（同“殁”），有埶（同“势”）籍者罢不足以县（同“悬”）天下，天下无君，诸侯有能德明威积，海内之民莫不愿得以为君师，然而暴国独侈，安能诛之，必不伤害无罪之民，诛暴国之君若诛独夫，若是，则可谓能用天下矣。能用天下之谓王。

汤、武非取天下也，修其道，行其义，兴天下之同利，除天下之同害，而天下归之也。桀、纣非去天下也，反禹、汤之德，乱礼义之分，禽兽之行，积其凶，全其恶，而天下去之也。天下归之之谓王，天下去之之谓亡。故桀、纣无天下而汤、武不弑君，由此效之也。汤、武者，民之父母也；桀、纣者，民之怨贼也。今世俗之为说者，以桀、纣为君而以汤、武为弑，然则是诛民之父母，而师民之怨贼也，不祥莫大焉。以天下之合为君，则天下未尝合于桀、纣也。然则以汤、武为弑，则天下未尝有说也，直堕之耳。

故天子唯其人。天下者，至重也，非至强莫之能任；至大也，非至辨莫之能分；至众也，非至明莫之能和。此三至者，非圣人莫之能尽。故非圣人莫之能王。圣人备道全美者也，是县（同“悬”）天下之权称（同“秤”）也。桀、纣者，其知虑至险也，其至意至暗也，其行之为至乱也；亲者疏之，贤者贱之，生民怨之，禹、汤之后也，而不得一人之与；刳比干，囚箕子，身死国亡，为天下之大僇，后世之言恶者必稽焉；是不容妻子之数也。故至贤畴（通“寿”）四海，汤、武是也；至罢不容妻子，桀、纣是也。今世俗之为说者，以桀、纣为有天下而臣汤、武，岂不过甚矣哉！譬之是犹伛巫、跛匡大自以为有知也。

故可以有夺人国，不可以有夺人天下；可以有窃国，不可以有窃天下也。可以夺之者可以有国，而不可以有天下，窃可以得国，而不可以得天下。是何也？曰：国，小具也，可以小人有也，可以小道得也，可以小力持也；天下者，大具也，不可以小人有也，不可以小道得也，不可以小力持也。国者，小人可以有之，然而未必不亡也，天下者，至大也，非圣人莫之能有也。

［译文］

世俗中那些高谈阔论的人说：“夏桀、商纣拥有天下，商汤、周武王把它篡夺。”这种说法不对。认为夏桀、商纣曾经有过统治天下的权势与地位，是正确的；认为他们亲自占有过统治天下的势位，是错误的；以为天下都掌握在夏桀、商纣手中，也是错误的。古代天子有上千个官吏，诸侯有上百个官吏。依靠上千个官吏，政令若能推行到中原各大诸侯国，就可以称作统治天下的帝王；依靠上百个官吏，政令若能推行到国境之内，国家即使不安定，还不至于被废黜撤换、垮台灭亡，就可以称作诸侯国的国君。圣王的子孙，是可以拥有天下的后代，是权势的占有者，是可以继承圣王大权的正宗嫡系，但是如果没有才能又不公正，内则百姓怨恨他，外则诸侯背叛他，近处是境内不统一，远处是诸侯们不听从，不仅政令不能在境内实行，甚至遭受诸侯们的侵略削弱、攻打讨伐，像这样，即使他还没有灭亡，我也要说他已经失去天下。

圣王去世后，那些拥有权势的后代没有德才，不能够用来掌握天下，天下等于没有君主。诸侯中如果有人能够德行贤明威信崇高，四海以内的民众就无不愿意请他来做自己的君长；然而暴君们偏偏奢侈放纵，怎么能够杀掉暴君呢？一定不要伤害没有罪过的民众，杀掉暴君主就像杀掉一个孤立无援的人一样，像这样，就可以说是能够掌控天下。能够掌控天下的才是名副其实的帝王。

商汤、周武王并不是夺取天下，而是遵行正确的政治原则，奉行合宜的道义，兴办对天下人都有利的事业，除去天下人的共同祸害，因而天下归心。夏桀、商纣并不是丢了天下，而是违背了夏禹、商汤的德行，扰乱了礼义的名分，做出了禽兽般的行为，不断行凶，无恶不作，因而天下背心。人心所向，他就叫作称王；人心所背，他就叫作灭亡。所以，夏桀、商纣并没有拥有天下，商汤、周武王并没有杀掉君王。因此，从人心向背的角度就可以证明上述的观点。商汤、周武王，是天下苍生的父母；夏桀、商纣，是天下苍生的仇敌。现在世俗中那些高谈阔论的人，把夏桀、商纣当作君王，而认为商汤、周武王是杀掉他们的君王，这样的话，那就是在谴责苍生的父母，而把苍生的仇敌当作君王，没有比这个更不吉利的事。如果认为民心所向的人才是君王，那么民心从来就没有转向夏桀、商纣一边。这样看来，那些认为商汤、周武王是杀掉他们君王的观点，就是天下人从来没有过的说法，这只不过是在毁谤他们！

所以，天子一定要由理想的人选来担任。治理天下，那任务是极其繁重的，不是最强劲有力的人是不能够担负它的；那范围是极其广大的，不是最明辨的人是不能够分辨它的；那天下苍生是极其众多的，不是最英明的人是不能够调和他们的。这三个方面，不是圣人没有谁能具备，所以不是圣人就没有谁能称王天下。圣人，是修养完备、尽善尽美的人，就像悬挂在天下权衡一切的一杆秤。夏桀、商纣，他们的谋虑极其险恶，他们的思想极其愚昧，他们的行为极其昏乱。亲近的人疏远他们，贤能的人鄙视他们，苍生怨恨他们，他们虽然是夏禹、商汤的后代，却得不到一个人的帮助。商纣将比干剖腹挖心，囚禁箕子，结果自身被杀、国家灭亡，成为天下最可耻的人，后世说到坏人，就一定要拿他作例证。这就是他们不能保住妻子儿女的道理。所以极有德才的人能囊括天下，成汤、周武王就是；极无德才的人不能庇护妻子儿女，夏桀、商纣就是。现在世俗中那些高谈阔论的人，认为夏桀、商纣拥有了天下而把成汤、周武王作为他们的臣子，难道不是大错特错吗？打个比方，就好像是驼了背的巫婆、瘸了腿的残疾人自高自大以为自己说的就是真知灼见一样。

所以，可以夺取一个诸侯国，但不可能夺取天下；可以窃取一个诸侯国，但不可能窃取天下。争夺政权的人可能拥有一个诸侯国，但不可以拥有整个天下；窃取政权的人也可以得到一个诸侯国，但不可以得到整个天下。这是为什么呢？回答说：诸侯国政权是个小器具，可以让德才低劣的小人占有，可以通过歪门邪道来取得，可以凭借较小的力量来维持；天下是个大器具，不可能让德才低劣的小人占有，不可能依靠歪门邪道来取得，不可能凭借较小的力量来维护。诸侯国，小人可以拥有它，但是不一定就不灭亡；天下，是极其庞大的，除了圣人，没有谁能统管它。

［原文］

世俗之为说者曰："治古无肉刑而有象刑：墨黥；慅（通'草'）婴（同'缨'）；共（同'宫'），艾毕（同'韠'）；菲（通'剕'），对屦，杀，赭衣而不纯。治古如是。"是不然。以为治邪？则人固莫触罪，非独不用肉刑，亦不用象刑矣。以为人或触罪矣，而直轻其刑，然则是杀人者不死，伤人者不刑也。罪至重而刑至轻，庸人不知恶矣，乱莫大焉。凡刑人之本，禁暴恶恶，且惩其未也。杀人者不死而伤人者不刑，是

谓惠暴而宽贼也,非恶恶也。故象刑殆非生于治古,并起于乱今也。治古不然。凡爵列、官职、赏庆、刑罚,皆报也,以类相从者也。一物失称,乱之端也。夫德不称位,能不称官,赏不当功,罚不当罪,不祥莫大焉。昔者武王伐有商,诛纣,断其首,县(同"悬")之赤旆。夫征暴诛悍,治之盛也。杀人者死,伤人者刑,是百王之所同也,未有知其所由来者也。刑称罪则治,不称罪则乱。故治则刑重,乱则刑轻,犯治之罪固重,犯乱之罪固轻也。《书》曰:"刑罚世轻世重。"此之谓也。

[译文] 世俗中那些高谈阔论的人说:"天下大治的古代社会没有肉刑,而只有象征性的刑罚。用黑墨画脸来代替脸上刺字的黥刑;割鼻子的劓刑,用系上草制的帽带来代替;阉割生殖器的宫刑,用割去衣服前的蔽膝来代替;砍掉脚的剕刑,用穿麻鞋来代替;杀头的死刑,用穿上红褐色的衣服而不做衣领来代替。天下大治的古代社会就像这样。"这种说法不对。如果认为当时已经天下大治?那么当时的人根本就没有谁再会犯罪了,那就不但用不着肉刑,而且也用不着象征性的刑罚了。那些高谈阔论的人或者认为,天下大治的古代社会即使有人犯罪,他们所受到的惩罚也是很轻的。如果是这样,那就是杀人的不会被处死,伤人的不会被惩罚。罪行极重而刑罚极轻,平常人就不知道憎恨犯罪了,没有比这更大的祸乱了。大凡惩罚人的根本目的,是禁止暴行、反对作恶,而且还要防患于未然。杀人的不被处死,伤害人的不受刑罚,这叫作优惠暴徒、宽恕强盗,不是反对作恶。所以,象征性的刑罚恐怕并非产生于天下大治的古代,而是产生于动乱不休的今世。天下大治的古代并不是这样。凡是爵位、官职、奖赏、刑罚都是一种回报,与行为的类别相对应。一件事情赏罚失当,就是祸乱的开端。德行和地位不相称,能力和官职不相称,奖赏和功劳不相当,刑罚

和罪过不相当,没有比这更不吉利的事了。从前周武王讨伐商朝,诛杀商纣王,砍下了他的头颅,把它悬挂在大红旗的飘带上。像这样征伐暴君惩治元凶,是政治上的丰功伟绩。杀人的被处死,伤人的被惩罚,自古如此天经地义,没有人知道它是从什么时候开始的。刑罚和罪行相当,社会才能治理好;刑罚和罪行不相当,社会就会混乱。所以,社会治理得好,对犯罪的惩罚能够得到真正的落实,两相比较就显得重;社会混乱,对犯罪的刑罚得不到落实,两相比较就显得轻。原因在于:同样的罪恶,如果是在治理得好的时代所犯,则危害较大,罪行必然加重;如果是在混乱的时代所犯,则危害较小,罪行必然减轻。《书》上说:“刑罚有的时代轻、有的时代重。”讲的就是这种情况。

[原文]

世俗之为说者曰:“汤、武不能禁令,是何也?”曰:“楚、越不受制。”是不然。汤、武者,至天下之善禁令者也。汤居亳,武王居鄗,皆百里之地也,天下为一,诸侯为臣,通达之属莫不振动从服以化顺之,曷为楚、越独不受制也?彼王者之制也,视形埶(同“势”)而制械用,称远迩而等贡献,岂必齐哉!故鲁人以榶,卫人用柯,齐人用一革,土地刑制不同者,械用备饰不可不异也。故诸夏之国同服同仪,蛮、夷、戎、狄之国同服不同制。封内甸服,封外侯服,侯卫宾服,蛮夷要服,戎狄荒服。甸服者祭,侯服者祀,宾服者享,要服者贡,荒服者终王。日祭、月祀、时享、岁贡,夫是之谓视形埶(同“势”)而制械用,称远近而等贡献,是王者之至也。彼楚、越者,且时享、岁贡、终王之属也,必齐之日祭、月祀之属然后曰受制邪?是规磨之说也,沟中之瘠也,则未足与及王者之制也。语曰:“浅不足与测深,愚不足与谋知,坎井之蛙,不可与语东海之乐。”此之谓也。

[译文] 世俗中那些高谈阔论的人说:“商汤、周武不能实施禁令。”这种说法的根据是什么呢?他们说:“因为楚国、越国不受他们的制约。”这种说法不对。商汤、周武王,是普天下最善于实施禁令的人。商汤居住在亳邑,周武王居住在鄗京,都不过是方圆百里的地方,但天下被他们统一了,诸侯做了他们的臣子;凡交通能到达的地方,人们无不争先恐后地响应他们、服从他们,以至于被感化而依顺他们。为什么楚国、越国偏偏不受他们的制约呢?那些王者的制度,根据各地的情形来制造器械用具,衡量远近来规定进贡的等级差别,哪里一定要整齐划一呢?所以鲁国人用碗,卫国人用盂,齐国人使用整块皮革制作的器皿。因为地理环境、风俗习惯不同的缘故,所以,各地器械、用具、设备、服饰不能没有差别。因此,中原各诸侯国服侍周天子,礼仪礼节没有什么两样;南蛮、东夷、西戎、北狄等边远国家同样服侍周天子,礼仪礼节却各不相同。周天子直接管辖的领地内以交纳农作物来服侍天子;天子直接管辖的领地外围的诸侯国君以守候放哨来服侍天子;再向外一层那些负责守望保卫边疆的诸侯国君,则以宾客的身份按时进贡来服侍天子。南蛮、东夷等少数民族地区以接受约束来服侍天子,西戎、北狄等少数民族地区则以不定期进贡来服侍天子。以交纳农作物来服侍天子的地区负责供给祭祀祖父、父亲的物品,以守候放哨来服侍天子的地区负责供给祭祀曾祖、高祖的物品,以宾客身份按时进贡来服侍天子的地区负责供给祭祀远祖、始祖的物品,以接受约束来服侍天子的地区负责供给祭祀天神的物品,以不定期进贡来服侍天子的地区要承认天子的统治地位。每天要祭祀一次祖父、父亲,每个月要祭祀一次曾祖、高祖,每个季度要祭祀一次远祖、始祖,每年要祭祀一次天神,每一代天子去世就要朝见一次即位的新任天子以承认他的统治地位。这就是所谓的根据各地的情形来制造器械用具,衡量远近来规定进贡的等级差别,这就是周天子的制度。楚国、越国,不过是进贡每季祭

祀、每年祭祀的祭品以及一代天子去世以后要来承认新天子一类的国家，难道一定要使他们与那些供给每天祭祀、每月祭祀的祭品一类的国家一样，然后才说他们受到制约了吗？这是有失偏颇的说法啊。这些人真像山沟中的僵尸，不值得与他谈及圣王的制度。俗话说："浅陋的人不值得和他测度深刻的事，愚蠢的人不值得和他商量谋略的事，废井中的青蛙不能和它谈论东海中的乐趣。"讲的就是这种情况。

[原文]

世俗之为说者曰："尧、舜擅（同'禅'）让。"是不然。天子者，埶（同"势"）位至尊，无敌于天下，夫有谁与让矣？道德纯备，智惠（同"慧"）甚明，南面而听天下，生民之属莫不振动从服以化顺之，天下无隐士，无遗善，同焉者是也，异焉者非也，夫有恶擅天下矣？

曰："死而擅之。"是又不然。圣王在上，图德而定次，量能而授官，皆使民载其事而各得其宜，不能以义制利，不能以伪饰性，则兼以为民。圣王已没，天下无圣，则固莫足以擅天下矣。天下有圣而在后者，则天下不离，朝不易位，国不更制，天下厌然与乡无以异也，以尧继尧，夫又何变之有矣？圣不在后子而在三公，则天下如归，犹复而振之矣，天下厌然与乡无以异也，以尧继尧，夫又何变之有矣？唯其徙朝改制为难。故天子生则天下一隆，致顺而治，论德而定次；死则能任天下者必有之矣。夫礼义之分尽矣，擅让恶用矣哉？

曰："老衰而擅。"是又不然。血气筋力则有衰，若夫智虑取舍则无衰。曰："老者不堪其劳而休也。"是又畏事者之议也。天子者，埶（同"势"）至重而形至佚，心至愉而志无所诎，而形不为劳，尊无上矣。衣被则服五采（同"彩"），杂间色，重文绣，加饰之以珠玉；食饮则重大牢而备珍怪，期臭味，曼而馈，代睪而食，《雍》而彻乎五祀，执荐者百人侍西房；居则设张容，负依而坐，诸侯趋走乎堂下；出户而巫觋有事，出门而宗祀有事，乘大路、趋越席以养安，侧载睪芷以养鼻，前有错衡以养目，和鸾之声，步中《武》《象》，驺中《韶》《护》以养耳，三公奉軶持纳，诸侯持轮挟舆先马，大侯编后，大夫次之，小侯、元士次之，庶士介而夹道，庶人隐窜，莫敢视望：居如大神，动如天帝，持老养衰，犹有善于是者与不？老者，休也，休犹有安乐恬愉如是者乎？故曰：诸侯有老，天子无老，有擅国，无擅天下，古今一也。

夫曰"尧、舜擅让"，是虚言也，是浅者之传、陋者之说也，不知逆顺之理，小大、至不至之变者也，未可与及天下之大理者也。

［译文］

世俗中那些高谈阔论的人说："尧、舜把王位禅让给别人。"这种说法不对。天子权势地位至高无上，在天下无与伦比，他又和谁推让呢？尧、舜道德美好完备，智慧非常高明，面向南方坐着治理天下，所有的民众无不争先恐后地响应他们、服从他们，以至于被感化而依顺他们。天下没有被埋没的人才，没有被遗忘的好人好事，与尧、舜相同的言行才是正确的，和他们不同的言行就是错误的，他们又为什么要把天下让掉呢？

有人说："是等他们去世以后再把王位禅让给别人的。"这又不对。圣王在位的时候，以考虑德行来确定等级，以衡量才能来授予官职，使人们全部能担负起自己的职事而每个人又都能得到适宜的安排，如果不能用道义来制约私利，不能通过人为的努力来改造本性，那就不如让他们回到大众当中。圣王去世后，天下如果没有圣人，根本就没有人能够接受禅让。天下如果有圣人而又出在圣王的后代之中,那么天下人就不会离心离德,朝廷上就不会改变各人的官位,国家也不会改变制度,天下就会安安稳稳地与过去没有什么不同。像这样,就是用尧一样的圣王来继承尧,怎么会有什么改变呢?如果圣人不出在圣王的后代子孙之中而出在辅佐大臣之中,那么天下人随从归附他,就像恢复国家而振兴它一样,天下也会安安稳稳地与过去没有什么不同。这同样是用尧一样的圣王来继承尧,那又会有什么改变呢?只有改朝换代、变更制度才是困难的。所以圣王活着的时候,天下人就会专一地尊崇他,极其顺从而有秩序,评定德行来确定各自的等级位次;圣王去世,那么能够担负起治理天下重任的继承人,一定会有。礼义的名分全部落实了,哪里还用得着禅让呢?

有人说:“是他们年老体衰才把王位禅让给别人的。”这又不对。人的血脉气色筋骨体力倒是有衰退的,至于那智慧、思考能力、判断抉择能力却是不会衰退的。

有人说:“年老的人不能忍受那劳累才退下来休息的。”这又是害怕做事者的议论。天子权势极大而身体极安逸,心情极愉快而志向没有不能实现的,所以身体不会因为担任天子而劳累,而他的尊贵则是至高无上的。穿着五色的上衣,配上以杂色的下衣,加上有花纹的刺绣,再用珠玉加以装饰。吃喝,牛、羊、猪齐全的宴会一个连一个,珍贵奇异的佳肴样样具备,香郁美味应有尽有,在舞蹈翩翩时依次传上食物,在钟鼓齐鸣中用餐,在《雍》曲声中结束用餐,把宴席撤下用于祭祀灶神,传送饭菜的人有上百个侍候在西厢房下。天子听政的时候,设有帷帐与小屏风,背靠大屏风而坐,诸侯在堂下小心翼翼地奔走前来朝见。天子要出宫门,巫觋就要忙着驱除不祥;要出王城大门,大宗伯、大祝就要忙着布置各种礼节仪仗:天子坐上宽阔的大车、踩着柔软的蒲席来保持身体的平稳;身边放着香草来调养鼻子;车前有画着交错花纹的横木来调养眼睛;车铃的声音在车子慢行时合乎《武》《象》

的节奏，在车子奔驰时合乎《韶》《护》的节奏来调养耳朵；三公扶着车轭，握着缰绳；诸侯有的扶着车轮，有的护在车厢两侧，有的在马前引路，大国诸侯排列在车后，大夫跟在他们的后面，小国诸侯与天子的高级文官再跟在大夫的后面，士兵们穿着铠甲而在道路两旁警卫，百姓们隐藏躲避而没有人敢观望。天子坐着像大神一样尊严，行动像天帝一样自如，扶持老年的生活、保养衰退的身体，还有比这更好的吗？老年人要休息，那休息还有像这样安定快乐宁静愉悦的吗？所以说：诸侯有告老退休的，天子没有告老退休的；有诸侯传让国家的，没有天子禅让天下的。古今都一样。

所谓“尧、舜把王位禅让给别人”，这是不符合事实的假话，是知识肤浅者的传闻，是孤陋寡闻者的胡说。他们是一些不懂得是否违背世道人情的道理，不懂得国家与天下、至高无上与等而下之存在很大差别的人，更是一些不能与他们谈论治国安邦大道理的人。

［原文］

世俗之为说者曰：“尧、舜不能教化，是何也？”曰：“朱、象不化。”是不然也。尧、舜，至天下之善教化者也，南面而听天下，生民之属莫不振动从服以化顺之；然而朱、象独不化，是非尧、舜之过，朱、象之罪也。尧、舜者，天下之英也；朱、象者，天下之嵬、一时之琐也。今世俗之为说者不怪朱、象而非尧、舜，岂不过甚矣哉！夫是之谓嵬说。羿、蠭门者、天下之善射者也，不能以拨弓、曲矢中；王梁、造父者，天下之善驭者也，不能以辟马，毁舆致远；尧、舜者，天下之善教化者也，不能使嵬琐化。何世而无嵬，何时而无琐，自太皞(hào)、燧人莫不有也。故作者不祥，学者受其殃，非者有庆。《诗》曰：“下民之孽，匪降自天。噂(zūn)沓背憎，职竞由人。”此之谓也。

[译文]

世俗中那些高谈阔论的人说："尧、舜不能教育、感化人。"这种说法的根据是什么呢？他们说："因为尧的长子丹朱与舜的弟弟象没有被感化。"这种说法不对。尧、舜，是普天下最善于进行教育感化的人，他们面向南方坐着治理天下，人们无不争先恐后地响应他们、服从他们，以至于被感化而依顺他们。然而唯独丹朱、象不能被感化，这不是尧、舜的过错，而是丹朱、象的罪过。尧、舜是天下的英杰，丹朱、象是天下的怪物、一代的庸人。现在世俗中那些高谈阔论的人，不去责怪丹朱、象而去非议尧、舜，岂不是错得很厉害了吗？这叫作奇谈怪论。后羿、蠭门，是天下善于射箭的人，但不能用别扭的弓和弯曲的箭去射中微小的目标；王良、造父，是天下善于驾驭马车的人，但不能依靠瘸腿的马和坏掉的车子到达远方的目的地；尧、舜，是天下善于进行教育感化的人，但不能使怪僻鄙陋的人转化。哪个社会没有怪僻的人？哪个时代没有鄙陋的人？从太皞氏、燧人氏以来没有什么时代没有过。所以，那些高谈阔论的人老是传授歪理邪说，跟着他们学习的人就会受到毒害，能够清醒地批驳他们的人才会有幸福。《诗》上说："大众的不幸与灾难，并非上天降祸端。当面说好话，背后相恨怨。要问祸端哪里来？在人不在天。"讲的就是这种情况。

[原文]

世俗之为说者曰："太古薄葬，棺厚三寸，衣衾三领，葬田不妨田，故不掘也；乱今厚葬饰棺，故扣也。"是不及知治道，而不察于扣不扣者之所言也。

凡人之盗也，必以有为，不以备不足，足则以重有余也。而圣王之生民也，皆使当厚优犹不知足，而不得以有余过度。故盗不窃，贼不刺，狗豕吐菽粟，而农贾皆能以货财让，风俗之美，男女自不取（通"聚"）于涂而百姓羞拾遗。故孔子曰："天下有道，盗其先变乎！"虽珠玉满体，文绣充棺，黄金充椁，加之以丹矸，重之以曾青，犀象以为树，琅玕、龙兹、华觐以为实，人犹且莫之抇也。是何也？则求利之诡缓，而犯分之羞大也。

夫乱今然后反是：上以无法使，下以无度行，知者不得虑，能者不得治，贤者不得使。若是，则上失天性，下失地利，中失人和，故百事废，财物诎而祸乱起。王公则病不足于上，庶人则冻喂羸瘠于下。于是焉桀、纣群居，而盗贼击夺以危上矣。安禽兽行，虎狼贪，故脯巨人而炙婴儿矣。若是，则有何尤抇人之墓、抉人之口而求利矣哉？虽此倮（同“裸”）而薶（同“埋”）之，犹且必抇也，安得葬薶（同“埋”）哉？彼乃将食其肉而龁其骨也。夫曰“太古薄葬，故不抇也；乱今厚葬，故抇也”，是特奸人之误于乱说，以欺愚者而潮陷之以偷取利焉，夫是之谓大奸。传曰：“危人而自安，害人而自利。”此之谓也。

［译文］

世俗中那些高谈阔论的人说：“远古时代葬礼节俭，棺材板只有三寸厚，衣服只有三套，被子只有三条，埋在田地下面而不妨碍耕种，所以不会被挖掘。混乱的今天葬礼奢侈，用珍宝来装饰棺材，所以会被盗挖。”这是对治国的道理还没有达到通晓的程度而对盗墓与不盗墓的原因又不清楚的人所说的话。

大凡人们的盗窃，一定是有原因的，不是为了使自己不足的东西能齐备，就是为了使自己绰绰有余的东西进一步富余。而圣王养育民众，使他们都富足宽裕而懂得满足，不可以有多余的财物，也不可以超过规定的标准。所以窃贼不会来偷窃，强盗不会杀人抢劫，猪狗会不去吃人的口粮，农夫商人都能把财物让给别人；风俗是那样的美好，男女耻于在路上相会，百姓羞于拾取别人遗失的东西。所以孔子说：“社会政治清明，盗贼大概会首先转变吧!”像这样,即使珍珠宝玉挂满尸体,绣有彩色花纹的丝织品塞满内棺,黄金塞满外椁,用朱砂涂刷它,用曾青粉饰它。坟墓中用犀牛角与象牙等奇珍雕刻成树木,用琅玕、龙兹、华觐等珠宝当作果实,人们仍然没有去盗挖它的。这是为什么呢?是因为人们求取私利的诡诈之心松懈了,而违犯道义的羞耻感增强了。

混乱的今天才与古代相反。君主不根据法度役使民众,臣民不根据法度去办事,有才智的人不能去谋划国家大事,有能力的人不能去治理国家,有德行的人不能得到重用。像这样,就会上失天性,下失地利,中失人和,所以,国家大事都被废弃,财物紧缺,祸乱接踵而至。天子诸侯在上面忧虑财物不足,百姓则在下面受冻挨饿、疲弱消瘦。于是像夏桀、商纣一样的暴君成群地占据君位,而盗贼也就打家劫舍以至于危害到他们的君王。这些人像禽兽一样横行,像虎狼一样贪婪,所以,就把大人做成肉干来吃,把婴儿做成烤肉来吃。像这样,为什么要指责盗掘坟墓、抠取死人的嘴巴来求取利益的行为呢?像这样,即使是赤身裸体来埋葬死人,也一定会被盗掘。其实根本用不着埋葬呢,因为这些人不仅能吃死人的肉还要去啃死人的骨头。所谓“远古时代葬礼节俭,所以不会被挖掘;混乱的今天葬礼奢侈,所以会被盗挖”,只不过是最大的奸邪之人被谬论所迷惑,接着又用它来欺骗愚昧的人们进而坑害他们,以便从中捞取好处。这是最大的奸邪呀!古书上说:“使别人危险以便使自己安全,使别人受害以便使自己得利。”讲的就是这种人。

[原文]

子宋子曰:“明见侮之不辱,使人不斗。人皆以见侮为辱,故斗也;知见侮之为不辱,则不斗矣。”

应之曰:然则亦以人之情为不恶侮乎?

曰:“恶而不辱也。”

曰:若是,则必不得所求焉。凡人之斗也,必以其恶之

为说，非以其辱之为故也。今俳优、侏儒、狎徒詈侮而不斗者，是岂巨（通“讵”）知见侮之为不辱哉？然而不斗者，不恶故也。今人或入其央渎，窃其猪彘，则援剑戟而逐之，不避死伤，是岂以丧猪为辱也哉？然而不惮斗者，恶之故也。虽以见侮为辱也，不恶则不斗；虽知见侮为不辱，恶之则必斗。然则斗与不斗邪，亡于辱之与不辱也，乃在于恶之与不恶也。夫今子宋子不能解人之恶侮，而务说人以勿辱也，岂不过甚矣哉！金舌弊口，犹将无益也。不知其无益则不知；知其无益也，直以欺人则不仁。不仁不知，辱莫大焉。将以为有益于人，则与无益于人也，则得大辱而退耳。说莫病是矣。

［译文］

宋钘先生说：“宣明了被人侮辱而不以为耻辱，就能使人们不争斗。人们都把被人侮辱当作为耻辱，所以会争斗；如果懂得了被人侮辱算不上是一种耻辱，就不会争斗了。”

回复他说：“这样的话，那么先生也以为人之常情是不憎恶被人侮辱的吗？”

他说：“虽然憎恶被人侮辱，但并不把被人侮辱当作是耻辱。”

回复他说：“像这样，那就一定达不到先生所追求的目标了。大凡人们的争斗，一定是把自己憎恶受侮辱当作辩解，而不是把自己感到耻辱作为理由。现在那些滑稽演员和唱戏的优伶、供人取乐的矮子、被人戏弄的奴仆，受到辱骂欺侮却不争斗，这哪里是因为他们懂得了被人侮辱算不上是一种耻辱的道理呢？然而他们不争斗，是因为他们不憎恶被人侮辱的缘故啊。现在如果有人进入人家的沟中，偷了人家的猪，那么失主就会拿起剑戟去追赶窃贼，甚至不避死伤，这哪里是因为他把丢失猪看作为耻辱呢？然而他不怕争斗，是因为憎恶窃贼啊。所以，即使把被人侮辱看作为一种耻辱，但如果不憎恶它，就不会争斗；即使懂得了被人侮辱算不上是一种耻辱的道理,但如果憎恶它,就一定会争斗。这样看来,争斗不争斗,不在于感到耻辱还是不感到耻辱,而在于憎恶还是不憎恶。现在宋钘先生不能消除人们对被人侮辱的憎恶,而致力于劝说人们别把受侮辱看作为耻辱,岂不是错得很厉害了吗?即使是能言善辩的人把嘴皮都磨破了,仍将毫无裨益。不懂得这种劝说毫无裨益,那就是不明智;知道它毫无裨益,却故意要用它来骗人,那就是不仁厚。不仁厚不明智,没有比这更大的耻辱了。要认为宋钘先生的说法有益于人吗?但全都无益于人,只落得个极大的耻辱而退场罢了!没有比这更糟的学说了。"

[原文]

子宋子曰:"见侮不辱。"

应之曰:凡议,必将立隆正然后可也。无隆正,则是非不分而辨讼不决。故所闻曰:"天下之大隆,是非之封界,分职名象之所起,王制是也。"故凡言议期命,是非以圣王为师,而圣王之分,荣辱是也。是有两端矣:有义荣者,有埶(同"势")荣者;有义辱者,有埶(同"势")辱者。志意修,德行厚,知虑明,是荣之由中出者也,夫是之谓义荣。爵列尊,贡禄厚,形埶(同"势")胜,上为天子诸侯,下为卿相士大夫,是荣之从外至者也,夫是之谓埶(同"势")荣。流淫、污僈(通"漫"),犯分、乱理,骄暴、贪利,是辱之由中出者也,夫是之谓义辱。詈侮捽搏,捶笞、膑脚,斩、断、枯、磔,藉、靡(通"縻")、舌縪(jǔ),是辱之由外至者也,夫是之谓埶(同"势")辱。是荣辱之两端也。故君子可以有埶(同"势")辱,而不可以有义辱;小人可以有埶(同"势")荣,而不可以有义荣。有埶(同"势")辱无害为尧,有埶(同"势")荣无害为桀。义荣、埶(同"势")荣,唯君子然后兼有之;义辱、埶(同"势")辱,唯小人然后兼有之。是荣辱之分也。圣王以为法,士大夫以为道,官人以为守,百姓以为成俗,万世不能易也。

今子宋子案不然,独诎(通“屈”)容为己,虑一朝而改之,说必不行矣。譬之是犹以砖涂塞江海也,以焦侥而戴太山(同“泰山”)也,蹎(diān)跌碎折不待顷矣。二三子之善于子宋子者,殆不若止之,将恐得伤其体也。

[译文]

宋钘先生说:“被人侮辱而不以为耻辱。”

回复他说:“凡是议论,一定要树立一个最高的准则才行。没有一个最高准则,那么是非就不能区分而争辩也无法解决。我过去听到的话说:‘天下最大最高的准则,判断是非的界限,分掌职务、名物制度的起源,就是古代圣王的制度。’所以,凡是发言立论或约定事物的名称,它们的是非标准都要以圣王作为榜样;而圣王的道德原则,是看重光荣耻辱的。这光荣耻辱各有两个方面,有道义方面的光荣,有势位方面的光荣;有道义方面的耻辱,有势位方面的耻辱。志向美好,德行淳厚,智虑精明,这是从内心产生出来的光荣,这叫作道义方面的光荣。爵位尊贵,贡品俸禄优厚,权势地位优越,高一点的做了天子诸侯,低一点的做了卿相士大夫,这是从外部得到的光荣,这叫作势位方面的光荣。行为放荡、丑恶,违犯道义、扰乱伦理,骄横凶暴、唯利是图,这是从内心产生出来的耻辱,这叫作道义方面的耻辱。受到责骂侮辱、被揪住头发挨打,受杖刑被鞭打、受膑刑被剔去膝盖骨,被砍头断手、车裂并弃于闹市,被五花大绑、被细绳勒住舌头,这是从外部得到的耻辱,这叫作势位方面的耻辱。这些就是光荣耻辱的两个方面。所以君子可能有势位方面的耻辱而不可能有道义方面的耻辱,小人可能有势位方面的光荣却不可能有道义方面的光荣。有势位方面的耻辱不妨碍他成为尧,有势位方面的光荣不妨碍他成为桀。道义方面的光荣、势位方面的光荣,只有君子才能同时拥有;道义方面的耻辱、势位方面的耻辱,只有小人才会同时具有。这就是光荣和耻辱方面的道理。圣王把它当作法度,士大夫把它当作原则,一般官吏把它当作守则,老百姓根据它形成习俗,这是千秋万代也不会改变的。

"现在宋钘先生却不是这样,他独自用委屈容忍来整饬自己,想一个早晨就改变历来的道德原则,他的学说一定行不通。拿它打个比方,这就好像是用捏成团的泥丸去填塞江海,让三尺长的矮人去驮负泰山,跌倒在地粉身碎骨也就用不着等待片刻了。诸位中与宋钘先生交好的,恐怕还不如去制止他,否则,将来恐怕会伤害自己身体的。"

[原文]

子宋子曰:"人之情,欲寡,而皆以己之情为欲多,是过也。"故率其群徒,辨其谈说,明其譬称,将使人知情欲之寡也。

应之曰:然则亦以人之情为欲。目不欲綦色,耳不欲綦声,口不欲綦味,鼻不欲綦臭,形不欲綦佚。此五綦者,亦以人之情为不欲乎?

曰:"人之情欲是已。"

曰:若是,则说必不行矣。以人之情为欲此五綦者,而不欲多,譬之是犹以人之情为欲富贵而不欲货也,好美而恶西施也。古之人为之不然。以人之情为欲多而不欲寡,故赏以富厚而罚以杀损也,是百王之所同也。故上贤禄天下,次贤禄一国,下贤禄田邑,愿悫之民完衣食。今子宋子以是之情为欲寡而不欲多也,然则先王以人之所不欲者赏而以人之欲者罚邪?乱莫大焉。今子宋子严(同"俨")然而好说,聚人徒,立师学,成文曲,然而说不免于以至治为至乱也,岂不过甚矣哉!

［译文］

宋钘先生说:“人的本性,要得很少,但是现在的人都认为自己的本性是想要很多,这是错误的。”所以他率领他的弟子们,把他的言论学说说得动听有理,把他的比喻称引说得明白清楚,想要使人们懂得人的本性是要求很少。

回复他说:“这样的话,那么先生也认为人的本性是眼睛不想看最美丽的颜色,耳朵不想听最悦耳的音乐,嘴巴不想吃最好的美味佳肴,鼻子不想闻最好的气味,身体不想追求最大的安逸吗?这五种极好的享受,先生也认为人的本性是不想要的吗?”

他说:“人的本性,是想要这些享受的。”

回复他说:“如果这样,那么先生的说法就一定行不通了。认为人的本性是想要这五种极好的享受而又并不想要很多,拿它打个比方,这就好像认为人的本性是想富贵的但又不要钱财,是喜爱美色的但又讨厌西施一样。古代的人做事就不是这样。他们认为人的本性是想要多而不希望少,所以用财富来奖赏,用减少财富来处罚,这是各代帝王所相同的。所以上等的贤才以天下的税收作为俸禄,次一等的贤才以一国的税收作为俸禄,下等的贤才以封地内的税收作为俸禄,忠厚老实的百姓能保全穿的吃的。现在如果宋钘先生认为古代这些人的本性也是想要少而不想要多,那么古代的圣王是用人们所不想要的东西来奖赏而用人们想要的东西来处罚吗?没有比这更混乱的了。现在宋钘先生一本正经地珍爱自己的学说,聚集门徒,建立了教学关系,写成了文章,但是他的学说不免把治理得最好的情况看成是最混乱的情况,岂不是错得很厉害了吗?”

礼论篇第十九

［原文］

礼起于何也？曰：人生而有欲，欲而不得，则不能无求；求而无度量分界，则不能不争；争则乱，乱则穷。先王恶其乱也，故制礼义以分之，以养人之欲，给人之求，使欲必不穷乎物，物必不屈(jué)于欲，两者相持而长，是礼之所起也。

［译文］

礼是怎样产生的呢？回答说：人一生下来就有欲望，欲望得不到满足，就不能没有追求；一味追求而没有标准界限，就不能不发生争夺；发生争夺就会产生祸乱，产生祸乱就会陷入困境。古代的圣王厌恶祸乱，所以制定了礼义来确定人们的名分等级，以此来调养人的欲望、满足人的需求，使人的欲望绝对不会因为物力的限制而得不到满足，物力也绝对不会因为人的欲望而枯竭，使物力和欲望两者保持动态平衡以实现长治久安。这就是礼产生的原因。

［原文］

故礼者，养也。刍豢稻粱，五味调香，所以养口也；椒兰芬苾，所以养鼻也；雕琢、刻镂、黼黻、文章，所以养目也；钟鼓、管磬、琴瑟、竽笙，所以养耳也；疏房、檖貌（同“貌”）、越席、床笫、几筵，所以养体也。故礼者，养也。

［译文］

所以，礼是用来调养人欲的。牛羊猪狗等肉食和稻米谷子等细粮，五味调和的佳肴，是用来调养嘴巴的；椒树兰草香气芬芳，是用来调养鼻子的；在器具上雕刻图案，在礼服上描绘彩色花纹，是用来调养眼睛的；钟、鼓、管、磬、琴、瑟、竽、笙等乐器，是用来调养耳朵的；窗户通明的房间、深邃的朝堂、柔软的蒲席、床上的竹铺、矮桌与垫席，是用来调养躯体的。所以，礼是调养人欲的。

［原文］

君子既得其养，又好其别。曷谓别？曰：贵贱有等，长幼有差，贫富轻重皆有称者也。故天子大路越席，所以养体也；侧载睪芷，所以养鼻也；前有错衡，所以养目也；和鸾之声，步中《武》《象》，趋中《韶》《护》，所以养耳也；龙旗九斿，所以养信（通“伸”，又通“神”）也；寝兕、持（通“跱”）虎、蛟韅、丝末（mì，通“幦”）、弥龙，所以养威也；故大路之马必倍至教顺，然后乘之，所以养安也。孰知夫出死要节之所以养生也！孰知夫出费用之所以养财也！孰知夫恭敬辞让之所以养安也！孰知夫礼义文理之所以养情也！故人苟生之为见，若者必死；苟利之为见，若者必害；苟怠惰偷儒之为安，若者必危；苟情说（通“悦”）之为乐，若者必灭。故人一之于礼义，则两得之矣；一之于情性，则两丧之矣。故儒者将使人两得之者也，墨者将使人两丧之者也，是儒、墨之分也。

［译文］

君子得到礼的调养，又喜爱礼的区别。什么叫作区别？回答说：就是高贵和卑贱有不同的等级，年长与年幼有一定的差别，贫穷与富裕、权轻势微与权重势大，都各有相宜的规范。所以，天子乘坐宽阔的大车、铺垫柔软的蒲席，是用来保养身体的；旁边放置湖岸上生长的香草，是用来调养鼻子的；车前有画着花纹交错的横木，是用来调养眼睛的；车铃的声音，在车子慢行时合乎《武》《象》的节奏，在车子奔驰时合乎《韶》《护》的节奏，是用来调养耳朵的；画着龙的旗帜下边有九条飘带，是用来保养身份信用标志的；车子上画着横卧的犀牛和蹲着的老虎，马系着用鲛皮制成的腹带，车前挂着丝织的车帘，车耳刻成龙形，这是用来保养威严的；天子乘坐的大车上所用的马匹，必须训练得十分顺服，然后才能用它拉车，这是用来保养安全的。谁懂得献出生命坚守节操是用来养护生命的呢？谁懂得花费钱财是用来养持钱财的呢？谁懂得恭敬谦让是用来养存安逸的呢？谁懂得礼义仪式是用来修养情操的呢？所以，人如果只知保全生命而忘记为了正道正义甘愿牺牲一切，这样的人就一定会死于非命；只知捞取钱财利益而忘记为了正道正义甘愿奉献一切，就一定会受到损害；只知懈怠懒惰、苟且偷安而忘记为了正道正义必须恭敬谦让、敢于担当，就一定会遇到危难；只知纵情作乐而忘记为了正道正义必须吃苦在前享乐在后，这样的人就一定会衰败灭亡。所以，人如果一心一意遵循礼义正道，那么礼义修养、情性满足两个方面都能得到保全；如果一心一意追逐情性满足，那么，礼义修养、性情满足两个方面都会丧失。儒家追求的是双双保全，墨家追求的是双双丧失，这就是儒家和墨家的区别。

［原文］

礼有三本：天地者，生之本也；先祖者，类之本也；君师者，治之本也。无天地恶生？无先祖恶出？无君师恶治？三者偏亡焉，无安人。故礼上事天，下事地，尊先祖而隆君师。是礼之三本也。

［译文］

礼有三个根本：天地是生命的根本，祖先是种族的根本，君主与师长是政治的根本。没有天地，怎么会有生命？没有祖先，怎么会有族群？没有君主与师长，怎么会有天下太平？这三样即使缺少一样，也不会有安宁的苍生。所以，礼上事奉天，下事奉地，尊重祖先而推崇君主与师长。这是礼的三个根本。

[原文]

故王者天太祖，诸侯不敢坏，大夫士有常宗，所以别贵始。贵始，得(同“德”)之本也。郊止乎天子，而社止于诸侯，道(tǎn，通“禫”)及士大夫，所以别尊者事尊，卑者事卑，宜大者巨，宜小者小也。故有天下者事十世，有一国者事五世，有五乘之地者事三世，有三乘之地者事二世，持手而食者不得立宗庙，所以别积(同“绩”)厚，积(同“绩”)厚者流泽广，积薄者流泽狭也。

[译文]

所以，称王天下的天子可以把太祖(对某一朝代建立具有重大影响力的那位远祖)当作上天来祭祀，诸侯们则不具备这样的资格，大夫和士们世世代代要祭祀的是他们本族的大宗(取得某大夫、某士职位的第一人)，这些宗法祭祀制度主要用来区别各自所尊奉的始祖。尊重始祖，是道德的根本。到郊外祭祀天神仅限于天子，祭祀土地神则从天子开始到诸侯为止，祭祀路神则向下延及到大夫和士，这种祭祀制度主要是用来区别地位尊卑、领地大小。所以，拥有天下的天子祭祀七代祖先，拥有一个国家的诸侯祭祀五代祖先，拥有五块方圆十里土地的大夫祭祀三代祖先，有三块方圆十里的土地的士祭祀两代祖先，依靠双手来糊口的百姓不准建立祖庙，这是用来区别：功绩大的人传布的恩德应该广远，功绩小的人传布的恩德应该狭窄。

[原文]

大飨，尚玄尊，俎生鱼，先大羹，贵食饮之本也。飨，尚玄尊而用酒醴，先黍稷而饭稻粱。祭，齐(通“跻”)大羹而饱庶羞，贵本而亲用也。贵本之谓文，亲用之谓理，两者合而成文，以归大(通“太”)一，夫是之谓大隆。故尊之尚玄酒也，俎之尚生鱼也，俎之先大羹也，一也。利爵之不醮也，

成事之俎不尝也，三臭（通“侑”）之不食也，一也。大昏（通“婚”）之未发齐（通“醮”）也，大庙之未入尸也，始卒之未小敛也，一也。大路之素未（mì，同“幦”）集也，郊之麻絻（同“冕”）也，丧服之先散麻也，一也。三年之丧，哭之不文也，清庙之歌，一倡而三叹也，县（同“悬”）一钟，尚拊之膈，朱弦而通越也，一也。

［译文］　在太庙合祭历代祖先时，以盛着清水的酒器以及俎里盛着的生鱼为上等祭品，首先献上不加调味品的肉汁，这样做是用对饮食本源的尊重来表达对历代祖先的尊重。四季祭祀远祖时，以盛着清水的酒器为上等祭品，酌献甜酒，首先献上黍、稷，再陈供稻粱。每月祭祀近祖时，先进献未加调味品的肉汁，再盛陈各种美味的食物。这样做既是用对饮食本源的尊重来表达对远祖的尊重，也是用接近现实生活的饮食来表达对近祖的怀念。尊重本源是祭礼的基本形式，接近现实是祭礼的基本道理，两者的有机结合就是祭祀祖先的礼仪制度，同时又使它尽量接近远古的质朴状态，这叫作对礼的最大崇尚。所以，酒杯中以替代酒的清水为上等祭品，俎中以生鱼为上等祭品，豆中先盛不加调味品的肉汁。这三种做法与远古的质朴是一致的。代替死者受祭的人不把佐食的人所献的酒喝光，祭礼完毕时俎中的祭品留下不尝，劝受祭者饮食的三次劝食而不吃。这三种做法与远古的质朴是一致的。婚礼中还没有进行喝交杯酒的时候，祭祀太庙而尚未使代表死者受祭的人进庙的时候，人刚死还没有换上寿衣的时候。这三种情况与远古的质朴是一致的。天子祭天的大车用未染色的丝绸做车帘，在郊外祭天时头戴麻布制作的礼帽，居丧时先散乱地系上麻带。这三种车服与远古的质朴是一致的。三年期的服丧，痛哭时放声悲号而没有曲折的声调；《清庙》的颂歌，一人领唱而三个人随声咏叹；乐器只悬挂一口钟，而崇尚使用拊、膈奏乐；把琴弦

染成红色而打通瑟底的孔。这三种做法是和远古的质朴一致的。

[原文]

凡礼，始乎棁，成乎文，终乎悦校。故至备，情文俱尽；其次，情文代胜；其下，复情以归大一也。天地以合，日月以明，四时以序，星辰以行，江河以流，万物以昌，好恶以节，喜怒以当，以为下则顺，以为上则明，万物变而不乱，贰之则丧也。礼岂不至矣哉！立隆以为极，而天下莫之能损益也。本末相顺，终始相应，至文以有别，至察以有说。天下从之者治，不从者乱；从之者安，不从者危；从之者存，不从者亡。小人不能测也。

[译文]

只要是礼，总是从疏略开始，到有了礼节仪式标志着礼已经形成，最后发展到使人称心如意。所以，最完备的礼是所要表达的感情与礼仪形式都完美地呈现出来；次下一等是所要表达的感情和礼节仪式各有侧重；最下等的，就是使所要表达的感情回到原始状态，从而趋向于远古的质朴。但无论如何，天地因为礼而风调雨顺，日月因为礼而光辉明亮，四季因为礼而秩然有序，星辰因为礼而正常运行，江河因为礼而奔流入海，万物因为礼而繁荣昌盛，爱憎因为礼而有所节制，喜怒因为礼而恰如其分，用它来治理臣民就可使臣民顺从，用它来整饬君主就可使君主通达英明，万事万物千变万化而不混乱，但如果背离了礼就会丧失一切。礼难道不是登峰造极了吗？圣王把它作为治理国家的最高准则，天下再也没有谁可以增加或减少它。它的根本原则与具体细节相互顺接，它的终结与开始的相互照应，极其完美而有明确的等级区别，极其明察而有详尽的学说见证。天下遵循礼的国家走向正道，违背礼的国家陷于混乱；遵循礼的国家安定，不遵循礼的国家危险；遵循礼的国家存在，不遵循礼的国家灭亡。小人是不能估量到这一点的。

[原文]

礼之理诚深矣，“坚白”“同异”之察入焉而溺；其理诚大矣，擅作典制辟陋之说入焉而丧；其理诚高矣，暴慢、恣睢、轻俗以为高之属入焉而队（通“坠”）。故绳墨诚陈矣，则不可欺以曲直；衡诚县（同“悬”）矣，则不可欺以轻重；规矩诚设矣，则不可欺以方圆；君子审于礼，则不可欺以诈伪。故绳者，直之至；衡者，平之至；规矩者，方圆之至；礼者，人道之极也。然而不法礼，不足礼，谓之无方之民；法礼足礼，谓之有方之士。礼之中焉能思索，谓之能虑；礼之中焉能勿易，谓之能固。能虑能固，加好者焉，斯圣人矣。故天者，高之极也；地者，下之极也；无穷者，广之极也；圣人者，道之极也。故学者，固学为圣人也，非特学为无方之民也。

[译文]

礼的道理非常精深，那些“坚白”“同异”等所谓明察的辨析一进入礼的道理之中就会被淹没；礼的道理非常博大，那些擅自编造的典章制度、邪僻浅陋的学说一进入礼的道理之中就会失去它们存在的价值；礼的道理非常高远，那些把粗暴、傲慢、恣肆、放荡、轻视等习俗作为高尚的学派一进入礼的道理之中就会分崩离析。所以木工的墨线真正弹下，就不可能再用曲直来搞欺骗；秤杆真正悬挂起来，就不可能再用轻重来搞欺骗；圆规角尺真正标画起来，就不可能再用方圆来搞欺骗；君子对礼了解得明白清楚，就不可能再用诡诈来欺骗他。所以，墨线是直的极点，秤杆是公平的极点，圆规角尺是方与圆的极点，礼是道德行为规范的极点。既然这样，那么不遵循礼，不充分地掌握礼，就叫作没有原则的人；遵循礼，充分地掌握礼，就叫作有原则的贤士。在遵循礼掌握礼的过程中能够思考探索，叫作善于谋虑；在遵循礼掌握礼的过程中能够始终如一，叫作坚定不移。善于谋虑，坚定不移，并且使二者结合得非常完好，就是圣人。所以天，是高的极点；地，是低的极点；没有尽头，是广阔的极点；圣人，是道德的极点。所以学习的人，本来就该学做个圣人，不是只学做个没有原则的人。

［原文］

礼者，以财物为用，以贵贱为文，以多少为异，以隆杀为要。文理繁，情用省，是礼之隆也；文理省，情用繁，是礼之杀也。文理、情用相为内外表里，并行而杂（通“集”），是礼之中流也。故君子上致其隆，下尽其杀，而中处其中。步骤、驰骋、厉骛不外是矣。是君子之坛宇、宫廷也。人有（通“域”）是，士君子也；外是，民也；于是其中焉，方皇周挟（同“彷徨周浃”），曲得其次序，是圣人也。故厚者，礼之积也；大者，礼之广也；高者，礼之隆也；明者，礼之尽也。《诗》曰：“礼仪卒度，笑语卒获。”此之谓也。

［译文］

礼，把钱财物品作为工具，把等级尊贵与卑贱作为装饰，把享受的多少作为尊卑贵贱的差别，把隆重和简省作为要领。礼节仪式繁多，所要表达的感情、所要起到的作用却简约，这是隆重的礼。礼节仪式简约，所要表达的感情、所要起到的作用却繁多，这是简省的礼。礼节仪式和它所要表达的感情、所要起到的作用之间相互构成内外表里的关系，两者并驾齐驱而交错配合，这是适中的礼。所以知礼的君子对隆重的礼仪就极尽它的隆重，对简省的礼仪就极尽它的简省，而对适中的礼仪也就作适中的处置。慢走快跑、驱马驰骋、剧烈奔跑都不越出这个规矩。这就是君子的活动范围。人如果把活动限定在这个范围之中，就是士君子，如果越出了这个规矩，就是普通的人；如果在这个规矩中间，来回周旋，处处符合它的次序，这就是圣人。所以，圣人的厚道，是靠了礼的积蓄；圣人的大度，是靠了礼的深广；圣人的崇高，是靠了礼的高大；圣人的明察，是靠了礼的透彻。《诗》云：“礼仪全都合法度，说笑就都合时务。”讲的就是这种情况。

［原文］

礼者，谨于治生死者也。生，人之始也；死，人之终也：终始俱善，人道毕矣。故君子敬始而慎终。终始如一，是君子之道、礼义之文也。夫厚其生而薄其死，是敬其有知而慢其无知也，是奸人之道而倍（同“背”）叛之心也。君子以倍（同“背”）叛之心接臧谷，犹且羞之，而况以事其所隆亲乎！故死之为道也，一而不可得再复也，臣之所以致重其君，子之所以致重其亲，于是尽矣。故事生不忠厚、不敬文谓之野，送死不忠厚、不敬文谓之瘠。君子贱野而羞瘠，故天子棺椁十重，诸侯五重，大夫三重，士再重。然后皆有衣衾多少厚薄之数，皆有翣菨文章之等以敬饰之，使生死终始若一，一足以为人愿，是先王之道、忠臣孝子之极也。天子之丧动四海，属诸侯；诸侯之丧动通国，属大夫；大夫之丧动一国，属修士；修士之丧动一乡，属朋友；庶人之丧合族党，动州里。刑余罪人之丧不得合族党，独属妻子，棺椁三寸，衣衾三领，不得饰棺，不得昼行，以昏殣，凡缘而往埋之，反无哭泣之节，无衰麻之服，无亲疏月数之等，各反其平，各复其始，已葬埋，若无丧者而止，夫是之谓至辱。

［译文］

礼，严谨地处理生与死。生，是人生的开始；死，是人生的终结。这终结和开始都处理得好，为人之道也就完备。所以，君子严肃地对待人生的开始而慎重地对待人生的终结。对待这终结与开始就像对待同一件事一样，这是君子的原则，是礼义的具体规定。看重人活着的时候而看轻人的死亡，这是敬重活人的有知觉而怠慢死人的没有知觉，这是邪恶之人的标准，是一种背叛别人的心肠。君子拿背叛别人的心肠去对待奴仆、儿童，尚且感到羞耻，更何况是用这种心肠来侍奉自己所尊重的君主和亲爱的父母呢！再说死亡有一种常道，就是每人只死一次而不可能再重复一次，所以臣子要表达对君主的敬重，子女要表达对父母的敬重，在这个时候也就是终点。所以，侍奉生者不忠诚笃厚、不恭敬有礼，就称之为粗野；葬送死者不忠诚笃厚、不恭敬有礼，就称之为薄待。君子鄙视粗野而把薄待视为羞耻。所以天子的棺材有七层，诸侯五层，大夫三层，士两层。其次，他们又都有丝衣皮衣或多或少、或厚或薄的数目规定，都有棺材遮蔽物及其花纹图案的等级差别，用这些来恭敬地装饰死者，使他们在生前与死后、结束一生时与开始一生时都像一个样子，使这始终如一的完全满足成为人们的愿望，这是古代圣王的原则，也是忠臣孝子的最高准则。天子的丧事牵动整个天下，聚集诸侯来送葬。诸侯的丧事牵动友好交往的国家，聚集大夫来送葬；大夫的丧事牵动一国，聚集上士来送葬；上士的丧事牵动一乡，聚集朋友来送葬。百姓的丧事，集合同族亲属来送葬，牵动州里；受过刑罚的罪犯的丧事，不准聚集同族亲属来送葬，只能让妻子儿女来送葬，棺材三寸厚，衣服被子三套，不准装饰棺材，不准白天送葬，只能在黄昏埋葬，而且妻子儿女只能穿着平常的服装去埋葬他，回来后，没有哭泣的礼节，没有披麻戴孝的丧服，没有因为亲戚的亲疏关系而形成的服丧日期的等级差别，各人都回到自己平常的情况，各人都恢复到自己当初的样子，已经把他埋葬之后，就像没有死过人一样而什么也不做，这叫作最大的耻辱。

[原文]

礼者，谨于吉凶不相厌者也。紸纩听息之时，则夫忠臣孝子亦知其闵已，然而殡敛之具未有求也；垂涕恐惧，然而幸生之心未已，持生之事未辍也；卒矣，然后作、具之。故虽备家，必逾日然后能殡，三日而成服。然后告远者出矣，备物者作矣。故殡，久不过七十日，速不损五十日。是何也？曰：远者可以至矣，百求可以得矣，百事可以成矣，其忠至矣,其节大矣,其文备矣。然后月朝卜日,月夕卜宅,然后葬也。当是时也,其义止,谁得行之?其义行,谁得止之?故三月之葬,其貌(同“貌”)以生设饰死者也,殆非直留死者以安生也,是致隆思慕之义也。

[译文] 礼,严谨地使吉利的事与凶险的事不去相互混淆。把新的棉絮放在临终者鼻前而倾听其气息的时候,就是那些忠臣孝子也知道他垂危,但是停柩入殓的用具却还不去考虑;虽然这时他们挂着眼泪惊恐害怕,但是希望他能继续活下去的心思还没有停止,维持他生命的事情也没有中断;直到他去世,才开始准备治丧的物品。所以,即使是治丧物品齐备的人家,也必须过了一天才能入棺停柩,到第三天才穿上丧服守丧。然后去远方报丧的人才出发,准备治丧物品的人才开始操办。所以,停放灵柩的时间,最长不超过七十天,最短也不少于五十天。这是为什么呢?是因为远方来奔丧的亲友可以有足够的时间赶到,各种需求可以得到准备,各种事情可以安排妥当。做到忠诚竭尽、礼仪盛大、程序齐备。然后在月初占卜确定埋葬的日期,在月底占卜确定埋葬的地点,然后才去埋葬。在这个时候,那道义上禁止的事,谁能去做它?那道义上推行的事,谁能禁止它?所以停柩三个月的葬礼,它表面上是用生者的设施来装饰死者,但并非只是存留死者来安慰生者,最重要的是表达对死者的尊重与怀念。

[原文] 丧礼之凡:变而饰,动而远,久而平。故死之为道也,不饰则恶,恶则不哀,尒则玩,玩则厌,厌则忘,忘则不敬。一朝而丧其严亲,而所以送葬之者不哀不敬,则嫌于禽兽矣,君子耻之。故变而饰,所以灭恶也;动而远,所以遂敬也;久而平,所以优生也。

[译文]

丧礼的一般原则是：人死亡后尸体会变形，需要进行掩饰，举行丧礼仪式要使死者逐渐离我们远去，时间长了便恢复到平常的状态。死亡有一种常道，即如果不对死者进行掩饰，就丑恶难看；丑恶难看，人们就不会哀痛；如果与死者的距离过于贴近，亲属就会漫不经心；漫不经心就会厌弃；厌弃就会怠慢；怠慢就会不恭敬。有朝一日自己的父母去世，但给他们送葬时不哀痛、不恭敬，那就禽兽不如。君子以此为耻辱。对尸体进行掩饰，是用来消除丑恶难看的；举行丧礼仪式时使死者远去，是用来成全恭敬的；时间长了就恢复到平常状态，是用来协调生者的。

[原文]

礼者断长续短，损有余，益不足，达爱敬之文，而滋成行义之美者也。故文饰、粗恶，声乐、哭泣，恬愉、忧戚，是反也，然而礼兼而用之，时举而代御。故文饰、声乐、恬愉，所以持平奉吉也；粗衰、哭泣、忧戚，所以持险奉凶也。故其立文饰也不至于窕冶；其立粗衰也，不至于瘠弃；其立声乐恬愉也，不至于流淫惰慢；其立哭泣哀戚也，不至于隘慑伤生：是礼之中流也。

[译文]

礼，是截长补短，减损有余，增加不足，使爱怜恭敬的仪式能完全实施、从而养成美好的德行道义的。所以，精美修饰和粗略简陋，音乐和哭泣，安适愉快和忧愁悲伤，这些都是相反的；但是礼把它们结合起来加以应用，因时制宜交替使用。精美修饰、音乐、安适愉快，是用来奉持平安和吉祥的；粗略简陋、哭泣、忧愁悲伤，是用来奉持凶恶和不幸的。所以，礼在确立礼节形式的规范时，不讲排场、比阔气；在确立粗略简陋的规范时，不敷衍了事；在确立音乐、安适愉快的规范时，不放荡懈怠；在确立哭泣、哀痛的规范时，不会过度悲戚、伤害身体：这是礼的中庸之道。

［原文］

故情貌之变足以别吉凶，明贵贱亲疏之节，期止矣。外是，奸也，虽难，君子贱之。故量食而食之，量要而带之，相高以毁瘠，是奸人之道也，非礼义之文也，非孝子之情也，将以有为者也。故说（同“悦”）豫娩泽，忧戚萃恶，是吉凶忧愉之情发于颜色者也。歌谣謸（ào，同“傲”）笑，哭泣谛号，是吉凶忧愉之情发于声音者也。刍豢、稻粱、酒醴、餰鬻，鱼肉、菽藿、酒浆，是吉凶忧愉之情发于食饮者也。卑絻（同“冕”）、黼黻、文织，资粗、衰绖（cuī dié）、菲穗、菅（jiān）屦，是吉凶忧愉之情发于衣服者也。疏房、檖貌（同“貌”）、越席、床笫、几筵，属茨、倚庐、席薪、枕块，是吉凶忧愉之情发于居处者也。两情者，人生固有端焉。若夫断之继之，博之浅之，益之损之，类之尽之，盛之美之，使本末终始莫不顺比，足以为万世则，则是礼也。非顺（通“慎”）孰（同“熟”）修为之君子莫之能知也。

［译文］

所以，神情容貌的变化，能够用来区别吉利与不幸，表达贵贱亲疏之间的礼节等级，就尽到与礼相当的责任。超出这个程度，就是奸邪的行为；即使是做了别人难以做到的，君子也鄙视它。所以，要根据食量吃东西，根据腰身扎带子，用哀伤到毁坏自己身体的程度来向别人标榜自己的高尚，这是奸邪之人的行径。这样做既不是礼义的原本要求，也不是孝子的真情实感，而是要用它来达到不可告人的目的。高兴欢乐时，人就和颜悦色容光焕发，忧愁悲伤时，人就面色憔悴愁眉苦脸，就是说人的心情好坏必然在表情上表现出来；歌唱嬉笑，哭泣啼号，就是说人的心情好坏必然在声音上表现出来。牛羊猪狗等肉食、稻米谷子等细粮、甜酒、鱼肉，稀饭、豆叶、汤水，就是说人的心情好坏必然在饮食上表现出来。礼服礼帽、礼服上的花纹、有彩色花纹的丝织品，丧服粗布衣、麻条麻带、薄麻衣、用茅草编成的鞋，就是说人的心情好坏必然在服饰上表现出来。窗户通明的房间、深邃的朝堂、柔软的蒲席、床上的竹铺、短桌与竹席。编结茅草而成的屋顶、靠在墙边上的简陋房屋、把柴草当作垫席、把土块当作枕头，就是说人的心情好坏必然在居住环境上表现出来。忧愁、愉快这两种心情，在人的生性中本来就存在着根源，至于使这两种心情断绝或持续，使它们较多地被人了解或较少地被人了解，使它们增强或减损，使它们既合乎法度又能充分地表达出来，使它们既丰盛又美好，使根本原则和具体细节、人生终结和人生开始没有不和顺的，完全可以用来作为千秋万代的法则，这就是礼。如果不是顺从礼、精通礼、学习礼、践行礼的君子，是很难明白这些道理的。

[原文]

故曰：性者，本始材朴也；伪者，文理隆盛也。无性则伪之无所加，无伪则性不能自美。性伪合，然后圣人之名一，天下之功于是就也。故曰：天地合而万物生，阴阳接而变化起，性伪合而天下治。天能生物，不能辨物也；地能载人，不能治人也；宇中万物、生人之属，待圣人然后分也。《诗》曰："怀柔百神，及河乔岳。"此之谓也。

[译文]

所以说：上天赋予人的本性，就像是原始的未加工过的木材；要想修养成长为君子，如同原始木材接受木匠加工才能成为有用器具一样，必须自觉地把礼放在至高无上的位置上，接受它的熏陶，遵从它的约束。没有天赋本性，礼对人的熏陶、约束就没有地方施加；没有礼对人的熏陶、约束，本性就不能自行完美。本性与礼对人熏陶、约束的有机结合，然后才能成就圣人的名声，统一天下的功业也因此而能完成。所以说：上天和大地相配合，万物产生；阴气和阳气相接触，变化显现；本性与礼对人熏陶、约束有机结合，天下走向大治。上天能产生万物，但不能治理万物；大地能负载苍生，但不能治理苍生；治理天地间万物以及大众苍生的艰巨使命，只有顺从礼、精通礼、学习礼、践行礼的君子才能担当。《诗》上说：“那些非常值得敬重景仰的上天众神，造就这滚滚东去的黄河、高耸入云的泰山。”讲的就是这种情况。

［原文］

丧礼者，以生者饰死者也，大象其生以送其死也。故如死如生，如亡如存，终始一也。始卒，沐浴、鬠（kuò）体、饭唅，象生执也。不沐则濡栉三律而止，不浴则濡巾三式（同“拭”）而止。充耳而设瑱，饭以生稻，唅以槁骨，反生术矣。设亵衣，袭三称，缙（同“搢”）绅而无钩带矣。设掩面儇（通“幎”）目，鬠而不冠笄矣。书其名，置于其重，则名不见而柩独明矣。荐器则冠有鍪而毋縰，瓮、庑虚而不实，有簟席而无床笫，木器不成斫，陶器不成物，薄器不成内，笙竽具而不和，琴瑟张而不均，舆藏而马反，告不用也。具生器以适墓，象徙道也。略而不尽，貌（同“貌”）而不功，趋舆而藏之，金革辔靷而不入，明不用也。象徙道，又明不用也，是皆所以重哀也。故生器文而不功，明器貌（同“貌”）而不用。凡礼，事生，饰欢也；送死，饰哀也；祭祀，饰敬也；师旅，饰威也：是百王之所同，古今之所一也，未有知其所由来者也。故圹垄，其貌（同“貌”）象室屋也；棺椁，其貌（同“貌”）象版、盖、斯、象、拂也；无、帾、丝、歶、缕、翣，其貌（同“貌”）以象菲、帷、幬、尉（wèi，通“罻”）也；抗折，其貌（同“貌”）以象槾茨、番（通“藩”）、阏也。故丧礼者，无它焉，明死生之义，送以哀敬而终周藏也。故葬埋，敬藏其形也；祭祀，敬事其神也；其铭、诔、系世，敬传其名也。事生，饰始也；送死，饰终也。终始具而孝子之事毕，圣人之道备矣。

［译文］ 丧葬的礼仪，就是按照活人的情形来装饰死人，大致地模拟他的生前来为他送葬。所以，侍奉逝世如同侍奉出生，侍奉死人如同侍奉活人，对待人生的终结与对待人生的开始一个样。刚死的时候，给他洗头洗澡、收拢头发、剪指甲、把含物放入口中，这是模拟他生前的操作。如果不洗头，就用沾湿的梳子梳理三下就可以；如果不洗澡，就用沾湿的毛巾擦三遍就可以。把玉石塞进耳朵，把生米喂入口中，把贝塞在嘴里，这就和出生时的办法相反。给死者穿好内衣，再穿上三套外衣，把朝板插在腰带上但没有钩紧腰带的钩子了。裹上遮脸的白绢和遮眼的黑色丝巾，束起头发而不戴帽子、不插簪子。把死者的名字写在狭长的明旌上，然后把它覆在死者的临时牌位上，他的名字就看不见了，而只有灵柩十分明显。送给死者的随葬器物，戴在头上的有头盔似的帽子而没有包发的丝巾，瓮、庑空着不放东西，有竹席而没有床上的竹铺，木器不进行加工，陶器不制成成品，竹子芦苇做成的器物不中用，笙、竽具备而不调和，琴、瑟绷上弦而不加调节，装运棺材的车子随同埋葬而马却被牵回，这些都表示随葬的东西是活着的人不能使用的。准备好了生前的用具而送到墓中，这是模拟搬家的办法。随葬的器物简略而不完备，只具外貌而不精制，赶着丧车去把它埋葬掉，但拉车的马及其设备却不埋进去，这些都是为了表明随葬的东西是活着的人不能使用的；模拟搬家的办法，也是表明那些随葬的东西是不能使用的。这些都是为了加重哀悼之情的。所以，生前的用具只起礼仪的作用而没有实用的功能，随葬的器物只具外貌而不精制。凡是礼仪，侍奉出生，是为了润饰欢乐之情；葬送死者，是为了更好地表现哀悼之情；祭祀，是为了修饰恭敬之情；军队，是为了装饰威武之势。这是历代帝王都相同、古今都一致的，但是没有人知道它是从什么时代传下来的。所以，墓穴和坟冢，它们的形状像房屋；棺椁的形状像车旁板、车顶盖、车前皮盖、车后革帘构成的车厢；尸体与棺材上的被子、丝织

麻织的遮蔽品、棺材的遮蔽物，它们的形状是模仿门帘和各种帷帐的；席子、木架等葬具的形状是模仿墙壁、屋顶、篱笆和门户的。所以，丧葬的礼仪，并没有其他的含义，而是为了彰明生死的意义，以悲哀恭敬的心情去送葬而最终把死者周到妥当地掩藏好。所以埋葬，是为了恭敬地掩藏死者的躯体；祭祀，是为了恭敬地侍奉死者的灵魂；那些铭文、诔辞、谱系，是为了恭敬地传颂死者的名声。侍奉出生的礼仪，是装饰人生的开始；葬送死者的礼仪，是装饰人生的终结。终结与开始的礼仪全部做到，孝子的责任就算履行完毕，圣人的道德就算基本具备。

[原文]

刻死而附生谓之墨，刻生而附死谓之惑，杀生而送死谓之贼。大象其生以送其死，使死生终始莫不称宜而好善，是礼义之法式也，儒者是矣。

[译文]

削减死者的用度来增加生者的用度叫作刻薄，削减生者的用度来增加死者的用度叫作迷惑，杀掉生者来殉葬叫作残害。大致地模拟他的生前来送他的终，使去世和在世、终结和开始时的仪式无不得当合宜而尽善尽美，这就是礼义的法度标准了，儒者就是这样。

[原文]

三年之丧何也？

曰：称情而立文，因以饰群别、亲疏、贵贱之节而不可益损也。故曰无适不易之术也。创巨者其日久，痛甚者其愈迟，三年之丧，称情而立文，所以为至痛极也；齐衰（zī cuī）、苴杖、居庐（同"倚庐"）、食粥、席薪、枕块，所以为至痛饰也。三年之丧，二十五月而毕，哀痛未尽，思慕未忘，然而礼以是断之者，岂不以送死有已、复生有节也哉！凡生乎天地之间者，有血气之属必有知，有知之属莫不爱其类。今夫大

鸟兽则失亡其群匹，越月逾时则必反铅过故乡，则必徘徊焉，鸣号焉，踯躅焉，踟蹰焉，然后能去之也。小者是燕爵（同“雀”），犹有啁噍之顷焉，然后能去之。故有血气之属莫知于人，故人之于其亲也，至死无穷。将由夫愚陋淫邪之人与？则彼朝死而夕忘之，然而纵之，则是曾鸟兽之不若也，彼安能相与群居而无乱乎？将由夫修饰之君子与？则三年丧，二十五月而毕，若驷之过隙，然而遂之，则是无穷也。故先王圣人安为之立中制节，一使足以成文理，则舍之矣。

［译文］

三年的服丧期限，是为了什么呢？

回答说：这是根据人的感情来确立礼仪制度，借以整治亲族，区别亲近与疏远、高贵与卑贱之间的不同礼节，而不能再增减的了。所以说：这是无论到什么地方也不可改变的措施。创伤大的，它的愈合时间就长；疼痛厉害的，它的痊愈就慢。三年的服丧期限，是根据人的感情来确立的礼仪制度，是用来表达极其悲痛的心情的最高期限。穿着丧服、撑着孝棍、住在简陋的房屋中、吃稀粥、把柴草当作垫席、把土块当作枕头，是用来给极其悲痛的心情所做的外表装饰。三年的服丧期限，二十五个月的时间就算完毕，但哀痛之情并没有了结，思念之心并没有忘怀，然而礼制规定在这个时候终止服丧，这难道不是因为送别死者要有个终结、恢复正常的生活要有所节制吗？凡是生长在天地之间的，有血气的种属一定有智能，而有智能的种属没有不爱自己同类的。现在那些大的飞禽走兽如果失去了它的群体或配偶，过了一个月或超过了一定的时间，就一定会返回合群，但是经过原来住过的地方，就一定会在那里徘徊周旋，在那里啼鸣吼叫，在那里驻足踏步，在那里来回走动，然后才能离开那里。小到燕子、麻雀之类也还要在那里叽叽喳喳一会儿，然后才能离开那里。有血气的种属没有比人更聪明的，所以，人对于自己父母的感情，到死也没有穷尽。如若依从那些愚蠢浅陋放荡邪恶的人，那么他们的父母亲早晨去世，到了晚上就会忘记；放任他们胡作非为，他们就连禽兽也不如，他们又怎么能互相在一起合群居住而没有动乱呢？如若依从那些注重道德修养的君子，三年的服丧，二十五个月的时间就算完毕，他们会觉得那时间快得就像四匹马拉的车经过一个墙缝一样，如果想让他们遂了心愿，他们就会无限期地服丧。所以，先王圣人就给人们确立了适中的标准，制定了服丧三年的礼节，使人们都能够履行尽孝的责任，然后除去丧服。

[原文]

然则何以分之？

曰：至亲以期断。

是何也？

曰：天地则已易矣，四时则已遍矣，其在宇中者莫不更始矣，故先王案以此象之也。

然则三年何也？

曰：加隆焉，案使倍之，故再期也。

由九月以下何也？

曰：案使不及也。故三年以为隆，缌、小功以为杀，期、九月以为间。上取象于天，下取象于地，中取则于人，人所以群居和一之理尽矣。故三年之丧，人道之至文者也。夫是之谓至隆，是百王之所同、古今之所一也。

[译文]

既然这样，那么为什么还要把它打个对折呢？

回答说：对于最亲近的父母本来就是在一周年时终止服丧的。

这是为什么呢？

回答说：因为经过一周年，天地已经变换，四季已经循环了一遍，那些在宇宙中的动植物没有不重新开始其生长的了，所以，古代的圣王就用这一周年的丧礼来象征它。

既然这样，那么三年的丧期又是为了什么呢？

回答说：那是为了使丧礼更加隆重，于是就使它在一年的基础上加倍，所以就过了两个周年。

从九个月以下的丧期，又是为什么呢？

回答说：那是为了使它不到一周年的丧礼。把服丧三年作为隆重的礼，把服丧三个月、五个月的缌麻、小功作为简省的礼，把服丧一周年、九个月作为它们中间的礼。礼的制定，上取法于天，下取法于地，中取法于人，人们之所以能合群居住而和谐一致的道理在此全部得以体现。所以，三年的服丧，是为人之道最高的礼仪。这叫作最隆重的礼仪。这是历代帝王都相同、古今都一致的。

[原文]

君之丧所以取三年，何也？

曰：君者，治辨之主也，文理之原也，情貌之尽也，相率而致隆之，不亦可乎！《诗》曰："恺悌君子，民之父母。"彼君子者，固有为民父母之说焉。父能生之，不能养之；母能食之，不能教诲之；君者，已能食之矣，又善教诲之者也，三年毕矣哉！乳母，饮食之者也，而三月；慈母，衣被之者也，而九月；君，曲备之者也，三年毕乎哉！得之则治，失之则乱，文之至也；得之则安，失之则危，情之至也。两至者俱积焉，以三年事之犹未足也，直无由进之耳。故社，祭社也；稷，祭稷也；郊者，并百王于上天而祭祀之也。

[译文]

君主的丧礼期限之所以要选取三年，为什么呢？

回答说：君主，是治理社会的主导，是礼仪制度的本源，是以忠诚的内情与恭敬的外貌所要侍奉的极点，人们能在他的领导下齐心协力而极其尊崇他，不是应该的吗？《诗》上说："和乐平易的君子，就是民众的父母。"对于君子，本来就有他们是民众父母的说法。父亲能生下自己，但不能喂养自己；母亲能喂养自己，又不能教诲自己；君主是既能养育自己，又善于教诲自己，为君主服丧三年就能完毕吗？奶妈，是喂养自己的人，因而为她服丧三个月；抚育自己的庶母，是为自己料理衣着被服的人，因而为她服丧九个月；君主，是各方面都照顾自己的人，为他服丧三年就能完毕吗？做到服丧三年，国家就会走向正道；做不到服丧三年，国家就会陷入混乱：它是礼仪制度中最高级别。做到服丧三年，国家就安定；做不到服丧三年，国家就危险：它是表达忠诚之情的最好形式。因此，最高级别的礼节与最好的情感表达都表现在君主的丧礼之上。所以，用三年时间来侍奉君主的神灵仍然不够，只是不能再将丧期增加！所以社祭，只祭土地神；稷祭，只祭谷神；郊祭，就把各代帝王和上天合并在一起祭祀。

［原文］

三月之殡何也？

曰：大之也，重之也，所致隆也，所致亲也，将举错（同"措"）之，迁徙之，离宫室而归丘陵也，先王恐其不文也，是以繇（通"遥"）其期、足之日也。故天子七月，诸侯五月，大夫三月，皆使其须足以容事，事足以容成，成足以容文，文足以容备，曲容备物之谓道矣。

［译文］

三个月的停柩，为什么呢？

回答说：这是要扩大丧礼的规模，加重丧礼的分量，对自己极尊重的人、极亲近的人，将要安排他，迁移他，使他离开宫室而埋葬到陵墓中去，古代的圣王怕这些事情不合乎礼仪，因此延长停柩的日期，使操办丧事的人有足够的时间。所以天子停柩七个月，诸侯五个月，大夫三个月，这都是为了能有足够的时间来操办各种事情，这些事情足以保证丧事的成功，这些成功足以保证礼仪的实施，这些实施足以保证丧葬物品的完备。各个方面都能确保丧葬物品的完备，就是丧礼遵循的正确原则。

[原文]

祭者，志意思慕之情也。憔诡、唈僾(ài)而不能无时至焉。故人之欢欣和合之时，则夫忠臣孝子亦憔诡而有所至矣。彼其所至者甚大动也，案屈然已，则其于志意之情者惆然不嗛，其于礼节者阙(同“缺”)然不具。故先王案为之立文，尊尊亲亲之义至矣。故曰：祭者，志意思慕之情也。忠信爱敬之至矣，礼节文貌之盛矣，苟非圣人，莫之能知也。圣人明知之，士君子安行之，官人以为守，百姓以成俗。其在君子，以为人道也；其在百姓，以为鬼事也。故钟鼓、管磬、琴瑟、竽笙，《韶》《夏》《护》《武》《汋》《桓》《箾》、简、《象》，是君子之所以为憔诡其所喜乐之文也。齐衰、苴杖、居庐、食粥、席薪、枕块，是君子之所以为憔诡其所哀痛之文也。师旅有制，刑法有等，莫不称罪，是君子之所以为憔诡其所敦恶之文也。卜筮视日，斋戒修涂，几筵、馈、荐、告祝，如或飨之；物取而皆祭之，如或尝之；毋利举爵，主人有尊，如或觞之。宾出，主人拜送，反易服，即位而哭，如或去之。哀夫敬夫！事死如事生，事亡如事存，状乎无形影，然而成文。

[译文]

祭祀，是为了表达心意和思慕之情的。人的心情郁闷不乐，不能没有时机来表达。即使处在欢欣鼓舞其乐融融的时候，忠臣孝子们思念君主、双亲不得同享欢乐的心情也要有所表达。忠臣孝子们的这种激动心情，如果什么礼仪礼节都不举行，他们在感情上就会感到惆怅而不满足,在礼节方面就会感到欠缺而不完备。所以,古代的圣王为他们制定了礼仪制度,这样,尊崇君主、敬爱父母的道义就能得以表达。所以说:祭祀,是为了表达孝心与思念之情。它是忠信敬爱的最高表现,是礼节仪式的最高级别,如果不是圣人,是无法懂得这个道理的。圣人们明白祭祀的重大意义,士君子们安心地去遵行,官吏把它当作为自己的职守,百姓让它成为风俗习惯。祭祀,在君子那里,是一种道德规范;在百姓那里,是为了侍奉鬼神。所以,钟、鼓、管、磬、琴、瑟、竽、笙等乐器被使用,《韶》《夏》《护》《武》《汋》《桓》《箾》《象》等乐曲被演奏,这些都是君子用来表达他因激动而喜悦的礼乐形式。穿丧服、撑孝棍、住陋屋、吃薄粥、以柴草为垫席、把土块当枕头,这些都是君子用来表达他因怀念祖先而悲哀的礼仪规范。军队有一定的制度,刑法有轻重的等级,没有什么刑罚不与罪行相当,这些都是君子用来表达他因受到刺激而厌恶的礼法制度。占卜算卦、观察日期时辰是否吉利,整洁身心、修饰清理祠庙,摆正祭祀的席位,摆好牺牲、黍稷等祭品,庙祝接着敬告被祭祀者,好像真的有神来享用过。庙祝再把祭品一一敬献,好像真的有神品尝过。然后主祭人不去举起酒爵,而且恭敬地端起酒樽,好像真的有神饮用过。祭礼结束后,主祭人拜揖送行,接着返回更换祭服为丧服,回到原位痛哭,好像真的有神离开。悲哀啊!恭敬啊!侍奉死者如同侍奉生者一样,侍奉已不存在的人如同侍奉还活着的人一样,所祭祀者虽无形无影,然而,它成就了礼中最为重要的一种形式。

乐论篇第二十

［原文］

夫乐者，乐也，人情之所必不免也，故人不能无乐。乐则必发于声音，形于动静，而人之道，声音、动静、性术之变尽是矣。故人不能不乐，乐则不能无形，形而不为道（同“导”），则不能无乱。先王恶其乱也，故制《雅》《颂》之声以道（同“导”）之，使其声足以乐而不流，使其文足以辨而不諰（xǐ），使其曲直、繁省、廉肉、节奏足以感动人之善心，使夫邪污之气无由得接焉。是先王立乐之方也，而墨子非之，奈何！

［译文］

乐，就是欢乐的意思，它是人的情感绝对不能缺少的东西。人不可能没有欢乐。欢乐就一定会在歌唱吟咏的声音中表现出来，在手舞足蹈的举止中体现出来，可见人的所作所为——包括声音、举止、性情及其表现方式的变化，全都体现在乐之中。所以，人不可能不快乐，快乐了就不可能不表现出来，但这种表现如果不进行引导，就不可能没有祸乱。先王憎恶祸乱的发生，所以创作《雅》《颂》等乐章来引导他们，使歌声足够用来表达快乐而不淫荡，使那歌词足够用来阐明正确的道理而不流于花巧，使音律的宛转或舒扬、繁复或简单、清脆利落或圆润丰满、节制停顿或推进加快，足以感动人的行善之心，足以使邪恶肮脏的风气无法与民众接触。这是先王创制乐章的基本原则。但是墨子反对乐（与正式礼仪礼节相配套的正声雅乐。本篇下同），又能怎么样呢？

[原文]

故乐在宗庙之中,君臣上下同听之,则莫不和敬;闺门之内,父子兄弟同听之,则莫不和亲;乡里族长之中,长少同听之,则莫不和顺。故乐者,审一以定和者也,比物以饰节者也,合奏以成文者也,足以率一道,足以治万变。是先王立乐之术也,而墨子非之,奈何!

[译文]

所以,乐在祖庙之中,君臣上下一起聆听,再也没有人不和谐恭敬;在家门之内,父子兄弟一起聆听,再也没有人不和睦相亲;在乡村宗族之中,年长的和年少的一起聆听,再也没有人不和谐顺从。乐,是审定一个主音来确定其他和音的,是配上各种乐器来调整节奏的,是一起演奏来组成众音和谐乐章的,足以统领礼法正道,足以应对各种变化。这是先王创制乐章的基本方法。可是墨子却反对乐,又能怎么样呢?

[原文]

故听其《雅》《颂》之声,而志意得广焉;执其干戚,习其俯仰屈伸,而容貌得庄焉;行其缀兆,要其节奏,而行列得正焉,进退得齐焉。故乐者,出所以征诛也,入所以揖让也。征诛揖让,其义一也。出所以征诛,则莫不听从;入所以揖让,则莫不从服。故乐者,天下之大齐也,中和之纪也,人情之所必不免也。是先王立乐之术也,而墨子非之,奈何!

[译文]

所以,人们倾听《雅》《颂》之乐,志向心胸就能宽广;拿起盾牌斧头等舞蹈用具,练习俯仰屈伸等舞蹈动作,容貌就能庄重;跟上舞蹈行列的变换,踏准舞曲的节奏,队列就能不偏不斜,进退就能整齐划一。所以,乐对外可用来征伐,对内可用来引导礼让。对于征伐与礼让,乐的作用相同。对外用乐作为征伐的工具,就没有人不听从；对内用乐作为引导礼让的手段，就没有人不服从。所以，乐是统一天下的工具，是中正和美的要领，是表达与疏导情感绝不可缺少的东西。这是先王创制乐章的基本要求。可是墨子却反对乐，又能怎么样呢？

［原文］

且乐者，先王之所以饰喜也；军旅铁（同“斧”）钺者，先王之所以饰怒也。先王喜怒皆得其齐焉。是故喜而天下和之，怒而暴乱畏之。先王之道，礼乐正其盛者也，而墨子非之。故曰：墨子之于道也，犹瞽之于白黑也，犹聋之于清浊也，犹欲之楚而北求之也。

［译文］

乐，是先王用来表现喜悦的；军队和刑具，是先王用来表达愤怒的。先王的喜悦和愤怒都能通过乐章与军队、刑具而表达得恰如其分。所以，先王喜悦，天下人就遵从他；先王愤怒，凶暴作乱的人就害怕他。先王的政治原则中，礼、乐是最隆重、最盛大的，但是墨子反对它们。所以说，墨子对于正确的政治原则，就像盲人不能分辨黑白一样，就像聋子不能区别清浊一样，就像想去南方的楚国却到北方去寻找一样。

［原文］

夫声乐之入人也深，其化人也速，故先王谨为之文。乐中平则民和而不流，乐肃庄则民齐而不乱。民和齐则兵劲城固，敌国不敢婴（同“撄”）也。如是，则百姓莫不安其处，乐其乡，以至足其上矣。然后名声于是白，光辉于是大，四海之民莫不愿得以为师。是王者之始也。乐姚冶以险，则民流僈鄙贱矣。流僈则乱，鄙贱则争。乱争则兵弱城犯，敌国危之。如是，则百姓不安其处、不乐其乡、不足其上矣。故礼乐废而邪音起者，危削侮辱之本也。故先王贵礼乐而

贱邪音。其在序（同“叙”）官也，曰：“修宪命，审诛赏（通‘诗商’，‘商’通‘章’），禁淫声，以时顺修，使夷俗邪音不敢乱雅，太师之事也。”

［译文］

乐，渗入人心深透，感化人心迅速，所以先王谨慎地给它文饰。乐，中正平和，民众就和睦协调而不淫荡；乐，严肃庄重，民众就会同心同德而整齐有序。民众和睦协调、同心同德，兵力就强劲，城防就牢固，敌国就不敢来侵犯。像这样，百姓就无不安居乐业，热爱自己的家乡，君主的政权就会稳固。然后，君主的名声就会因此而显著，光辉因此而增强，天下的民众，就没有谁不希望请他做自己的君长。这是称王天下的开端。如果乐的声调节拍轻浮而邪恶，民众就会淫荡轻慢、卑鄙下贱。民众淫荡轻慢，就会混乱；卑鄙下贱，就会争夺。混乱又争夺，兵力就会衰弱，城池就会被侵犯，敌国就会来施加危害。像这样，百姓就不能安居乐业，就不会热爱自己的家乡，君主的政权就会动摇。所以，礼乐被废弃而靡靡之音兴起，这是国家危险削弱、遭受侮辱的根源之一。所以，先王看重礼乐而鄙视靡靡之音。他在论列官职时，说：“遵循礼法政令，审查诗歌乐章，禁止轻漫之音、邪恶之声，根据时势要求进行调整修正，使蛮夷的落后风俗和邪恶之音不敢扰乱正声雅乐，这是太师的职事。”

［原文］

墨子曰：“乐者，圣王之所非也，而儒者为之，过也。”君子以为不然。乐者，圣人之所乐也，而可以善民心，其感人深，其移风易俗，故先王导之以礼乐而民和睦。

［译文］

墨子说：“乐，是圣明的帝王所反对的，而儒者却讲求它，那是错误的。”君子认为这种观点是错误的。乐是圣人所喜欢的，而且可以用来改善民众的思想，它感人至深，有利于移风易俗，所以先王用礼乐来引导教化民众,民众因此和睦相处。

[原文]

夫民有好恶之情而无喜怒之应则乱。先王恶其乱也,故修其行,正其乐,而天下顺焉。故齐衰之服,哭泣之声,使人之心悲;带甲婴軸(同"胄"),歌于行伍,使人之心伤;姚冶之容,郑、卫之音,使人之心淫;绅端章甫,舞《韶》歌《武》,使人之心庄。故君子耳不听淫声,目不视女色,口不出恶言,此三者,君子慎之。

[译文]

民众有了爱憎的感情而没有表达喜悦愤怒的方式来和它相应,就会混乱。先王憎恶这种混乱,所以修养自己的德行,端正国内之乐,因而天下人就顺从于他。披麻戴孝的丧服,哀伤哭泣的声音,会使人内心悲痛;穿上铠甲,系上头盔,在部队中歌唱,会使人内心忧伤;妖艳的容貌,郑国、卫国的靡靡之音,会使人内心淫荡;系着宽大的腰带、穿着礼服、戴着礼帽,随着《韶》《武》的乐曲载歌载舞,会使人内心严肃。所以君子,耳朵不去闻听淫荡轻佻的声音,眼睛不去注视美貌的女子,嘴巴不去说污秽邪恶的语言。这三件事,是君子应当慎重地对待的。

[原文]

凡奸声感人而逆气应之,逆气成象而乱生焉;正声感人而顺气应之,顺气成象而治生焉。唱和有应,善恶相象,故君子慎其所去就也。

[译文]

如果轻漫之音、邪恶之声被某些人喜好,必然就会有歪风邪气来应和它,歪风邪气形成一定气候,混乱的局面就会产生。如果正声雅乐被人们普遍接受,必然就会有正风和气来应和它,正风和气形成一定习惯,秩序井然的局面就会产生。有唱必有和,善良的或邪恶的风气也随之而形成,所以君子对自己选择什么样的音声乐调是非常慎重的。

[原文]

君子以钟鼓道(同“导”)志,以琴瑟乐心,动以干戚,饰以羽旄,从以磬管。故其清明象天,其广大象地,其俯仰周旋有似于四时。故乐行而志清,礼修而行成,耳目聪明,血气和平,移风易俗,天下皆宁,美善相乐。故曰:乐者,乐也。

君子乐得其道,小人乐得其欲。以道制欲,则乐而不乱;以欲忘道,则惑而不乐。故乐者,所以道(同“导”)乐也。金石丝竹,所以道(同“导”)德也。乐行而民乡(同“向”)方矣。故乐者,治人之盛者也,而墨子非之。

[译文]

君子用钟、鼓来引导志向,用琴、瑟来使心情快乐,拿着盾牌斧头等舞具来跳舞,用野鸡毛和牦牛尾等舞具做装饰,用石磬、箫管来伴奏。所以,乐声清越明彻像晴空万里一样,广阔宏大像大地无垠一样;舞姿俯仰旋转又与四季的变化相似。所以,正声雅乐得到落实,人们的志向就会高洁,礼法制度得到践行,人们的优秀品德就能养成。要使人们耳聪目明,感情温和平静,移风易俗,天下都安宁,没有什么比乐更好的了。所以说:乐,就是欢乐的意思。

君子把从乐中获得道义作为欢乐,小人把从乐中满足欲望当作欢乐。用道义来控制欲望,就能欢乐而不淫乱;为满足欲望而忘记道义,就会迷惑而悲伤。所以,乐是用来引导人们欢乐的。金钟、石磬、琴瑟、管箫等乐器,是用来引导人们修养道德的。乐得到践行,民众就会向往道义。所以,乐是治理民众的重大工具,但是墨子反对它。

[原文]

且乐也者,和之不可变者也;礼也者,理之不可易者也。乐合同,礼别异。礼乐之统,管乎人心矣。穷本极变,乐之

情也；著诚去伪，礼之经也。墨子非之，几遇刑也。明王已没（同“殁”），莫之正也。愚者学之，危其身也。君子明乐，乃其德也。乱世恶善，不此听也。於乎（同“呜呼”）哀哉！不得成也。弟子勉学，无所营（通“茧”）也。

［译文］

乐，是调和人际关系不可改变的手段；礼，是治理社会不可改变的原则。乐使人们同心同德，礼使人们区别等级差异。所以，礼、乐的纲领，可以统领人们的思想。深入触动、极大改变人的心性，是乐的真实作用；彰明真诚、去掉虚伪，是礼的永恒原则。墨子反对它们，差不多触犯刑律。圣王已经去世，没有人来加以纠正。愚笨的人学习墨子，会危及自己的生命。君子彰明礼乐的重要作用，这才是仁德。混乱的社会厌恶善行，所以不接受彰明正声雅乐的建议。这是非常可悲的！礼乐不能收见成效啊！弟子们努力学习吧，不要因为墨子的反对而有所迷惑呀。

［原文］

声乐之象：鼓大丽（通“厉”），钟统实，磬廉制，竽笙、箫和、筦籥发猛，埙篪翁博，瑟易良，琴妇好，歌清尽，舞意天道兼。鼓，其乐之君邪！故鼓似天，钟似地，磬似水，竽笙、箫和、筦籥似星辰日月，鞉、柷、拊、鞷、椌、楬似万物。曷以知舞之意？曰：目不自见，耳不自闻也，然而治俯仰、诎（同“屈”）信（同“伸”）、进退、迟速莫不廉制，尽筋骨之力以要钟鼓俯会之节，而靡有悖逆者，众积意謘（chí）謘乎！

［译文］

音乐的象征：鼓声宏大高亢，钟声洪亮浑厚，磬声清越明朗，竽、笙、箫、和、管、籥等管乐器的声音昂扬激越，埙、篪的声音浩瀚磅礴，瑟的声音平易温良，琴的声音柔婉优美，歌声清朗而曲尽其情，舞蹈的意象则包容了天地间的一切现象。鼓，大概是音乐的主宰吧？所以鼓声像天，钟声像地，磬声像水，竽、笙、箫、和、管、籥等管乐器的声音像日月星辰，鼗、柷、拊、鞷、椌、楬的声音像万物。凭什么来了解舞蹈的意象呢？回答说：跳舞的人眼睛不能看见自己的形体，耳朵不能听到自己的声音，但是处理低头、抬头、弯曲、伸直、前进、后退、缓慢、快速的动作时无不干净利落明白清楚，尽身体的力量去迎合钟、鼓的节奏，而无所违背，众人集中注意力十分认真啊！

［原文］

吾观于乡，而知王道之易易也。主人亲速宾及介，而众宾皆从之，至于门外，主人拜宾及介而众宾皆入，贵贱之义别矣。三揖至于阶，三让以宾升，拜至，献酬，辞让之节繁。及介省矣。至于众宾，升受，坐祭，立饮，不酢而降。隆杀之义辨矣。工入，升歌三终，主人献之；笙入三终，主人献之；间歌三终，合乐三终，工告乐备，遂出。二人扬觯，乃立司正。焉知其能和乐而不流也。宾酬主人，主人酬介，介酬众宾，少长以齿，终于沃洗者焉。知其能弟（同“悌”）长而无遗也。降，说（通“脱”）屦，升坐，修爵无数。饮酒之节，朝不废朝，莫（同“暮”）不废夕。宾出，主人拜送，节文终遂。焉知其能安燕（同“宴”）而不乱也。贵贱明，隆杀辨，和乐而不流，弟长而无遗，安燕（同“宴”）而不乱：此五行者，是足以正身安国矣。彼国安而天下安。故曰：吾观于乡，而知王道之易易也。

［译文］

我看到乡中请人饮酒的礼仪就知道先王的政治原则实施起来是容易做到的。主人亲自去邀请贤德的贵宾和德行稍次的陪客，而一般客人就都跟着他们到来；来到门外，主人向贵宾和陪客拱手鞠躬，而一般客人就都进门。对高贵者和卑贱者的不同礼仪就这样分别开来。主人拱手作揖三次才与贵宾来到厅堂的台阶下,再谦让三次而使贵宾登上厅堂,再拜谢贵宾的到来,主人献酒酬宾,推辞谦让的礼节十分繁多。至于陪客,那礼节就减少。至于一般客人,登堂受酒,坐着酹酒祭神,站着饮酒,不用酒回敬主人就退下堂去。隆重与简省的礼仪就这样分别开来。乐工进来,登上厅堂,把三首歌各唱一遍,主人敬酒;吹笙的人进来,把三支乐曲各吹奏一遍,主人敬酒;乐工与吹笙的间隔着轮流歌唱演奏各三曲,再合起来歌唱演奏各三曲,乐工报告乐曲已经完备,就退下了。主人的两个侍从举起酒杯帮助敬酒,于是又设置了监督行礼的专职人员。从这些礼仪之中可以知道他们能够和睦安乐而不淫荡。贵宾向主人敬酒表示答谢,主人向陪客敬酒表示答谢,陪客向一般客人敬酒表示答谢,宾主对年轻的年长的都根据年龄依次酬谢,最后轮到向主人手下盥洗酒杯的人酬谢。从这些礼仪之中可以知道他们能够尊重年轻的、尊敬年长的而不遗漏一个人。退下堂去,脱去鞋子,再登堂就座,依次不断地敬酒。请人喝酒的限度是,在早晨饮酒不耽误早上的工作,在傍晚喝酒不耽误晚上的事情。贵宾出门,主人拱手鞠躬送行,礼节仪式就完成了。从这些礼仪中可以知道他们能够逸乐而不乖乱:高贵者和卑贱者被区别清楚,隆重的礼仪和简省的礼仪被分别开来,和睦安乐而不淫荡,尊重年轻的尊敬年长的而不遗漏一个人,逸乐而不乖乱,这五种行为,足够用来端正身心安定国家。国家安定,整个天下也就安定。所以说:我看到乡中请人饮酒的礼仪就知道先王的政治原则实施起来是容易做到的。

[原文]

乱世之征:其服组,其容妇,其俗淫,其志利,其行杂,其声乐险,其文章匿(通“慝”)而采(同“彩”),其养生无度,其送死瘠墨,贱礼义而贵勇力,贫则为盗,富则为贼。治世反是也。

[译文] 混乱的社会的迹象:那里的服装华丽,男人的容貌打扮得像妇女一样妖媚,那里的风俗淫荡,人们的志向是唯利是图,人们的行为驳杂不纯,那里的音乐邪恶怪僻,那里的文章内容邪恶而辞藻华美,那里的人生活荒淫没有限度,葬送死人俭省刻薄,轻视礼义而崇尚勇敢与武力,贫穷的就盗窃,富裕的就贼害他人。治理得好的社会则与此相反。

解蔽篇第二十一

［原文］

凡人之患，蔽于一曲而暗于大理。治则复经，两疑则惑矣。天下无二道，圣人无两心。今诸侯异政，百家异说，则必或是或非，或治或乱。乱国之君，乱家之人，此其诚心莫不求正而以自为也，妒缪（同“谬”）于道而人诱其所迨也。私其所积，唯恐闻其恶也；倚其所私，以观异术，唯恐闻其美也。是以与治虽走而是己不辍也，岂不蔽于一曲而失正求也哉！心不使焉，则白黑在前而目不见，雷鼓在侧而耳不闻，况于使者乎？德（同“得”）道之人，乱国之君非之上，乱家之人非之下，岂不哀哉！

［译文］

人的不足，往往是被事物的某一个方面所蒙蔽而不能统观全局。按照礼义要求调整，思想就能回归正道；不按礼义要求调整，思想就会疑惑不定。天下不会有两种对立的正确原则，圣人不会有两种对立的思想。如今诸侯各国的政治措施不同，各个学派的学说不同，必定是有对有错，有的会促成安定，有的会引发混乱。搞乱国家的君主，搞乱学派的学者，这些人虽然真心真意想为自己找出一条正确道路来达到自己的目的，但由于他们对正确的原则既嫉妒又带有偏见，所以，别人就能依据他们的爱好去引诱他们。他们偏爱自己所积累的学识，唯恐听到别人对他们的非议；他们凭自己所偏爱的学识去观察与自己不同的学说，唯恐听到对异于自己学说的赞美。因此，他们偏离礼法正道却还自以为是，不加反省。这难道不是被事物的一个局部所蒙蔽而失去了对正道的追求吗？如果心思不用在正道上，那么白的黑的就是摆在面前而眼睛也会看不见，雷鼓就在身旁敲击而耳朵也会听不进，何况对那些被他们视为异端的用心于正道的人，就更看不见、听不进了。对于坚守正道的人，搞乱国家的君主在朝堂上排斥他，搞乱学派的学者在私下里攻击他，这难道不是很可悲的吗？

［原文］

故为蔽：欲为蔽，恶为蔽；始为蔽，终为蔽；远为蔽，近为蔽；博为蔽，浅为蔽；古为蔽，今为蔽。凡万物异则莫不相为蔽，此心术之公患也。

［译文］

什么东西会造成蒙蔽？爱好会造成蒙蔽，憎恶也会造成蒙蔽；看到开始会造成蒙蔽，看到终结也会造成蒙蔽；看到远方会造成蒙蔽，看到近处也会造成蒙蔽；知识广博会造成蒙蔽，知识浅陋也会造成蒙蔽；只了解古代会造成蒙蔽，只知道现在也会造成蒙蔽。因为万事万物莫不互相为异，所以人们在认识它们时莫不互为蒙蔽，这是思想方法上的通病。

［原文］

昔人君之蔽者，夏桀、殷纣是也。桀蔽于末喜（同“妺喜”）、斯观，而不知关龙逢，以惑其心而乱其行；纣蔽于妲己、飞廉，而不知微子启，以惑其心而乱其行。故群臣去忠而事私，百姓怨非（同“诽”）而不用，贤良退处而隐逃，此其所以丧九牧之地而虚（同“墟”）宗庙之国也。桀死于亭山，纣县（同“悬”）于赤旆，身不先知，人又莫之谏，此蔽塞之祸也。成汤监于夏桀，故主其心而慎治之，是以能长用伊尹而身不失道，此其所以代夏王而受九有（通“域”）也。文王监于殷纣，故主其心而慎治之，是以能长用吕望而身不失道，此其所以代殷王而受九牧也。远方莫不致其珍，故目视备

色，耳听备声，口食备味，形居备宫，名受备号，生则天下歌，死则四海哭，夫是之谓至盛。《诗》曰："凤凰秋秋（同'跄跄'），其翼若干，其声若箫。有凤有凰，乐帝之心。"此不蔽之福也。

［译文］

从前君主中有被蒙蔽的，夏桀、商纣就是典型。夏桀被妹喜、斯观所蒙蔽而不赏识关龙逢，因而使自己思想惑乱而行为荒唐；商纣被妲己、飞廉所蒙蔽而不赏识微子启，因而使自己思想惑乱而行为荒唐。所以，群臣都抛弃了对他们的忠心而去谋求私利，百姓都怨恨责怪他们而不为他们效力，贤能优秀的人才都辞官而在家隐居避世，这就是他们丧失九州的土地而使建有宗庙的国都成为废墟的原因。夏桀死在鬲山，商纣的头被悬挂在红色的旗帜飘带上，他们自己不能预先知道自己的过错，而别人又不去劝阻他们，这就是蒙蔽的祸患。成汤以夏桀为前车之鉴，所以保持清醒的头脑而谨慎地治理国家，因此能够长期地任用伊尹而本身又不背离正确的治国原则，这就是他取代夏桀而得到九州的原因。周文王吸取了商纣王的教训，所以拿定主意而谨慎地治理国家，因此能够长期地任用吕望而本身又不背离正确的治国原则，这就是他取代商纣王而得到九州的原因。远方的国家无不送上自己的珍贵物品，所以，他们的眼睛能观赏所有的美色，耳朵能听到各种各样的美妙音乐，嘴巴能吃上所有的山珍海味，身居各种豪华的宫殿，名字上被加上各种美好的称号，活着的时候天下人都歌功颂德，去世以后天下人都痛哭流涕，这叫作极其盛大。《诗》上说："凤凰翩翩起舞上下飞翔，翅膀就像有序排列的盾牌一样，鸣叫就像洞箫悠扬。又有凤来又有凰，帝王心中喜洋洋。"这就是不被蒙蔽的福气。

［原文］

昔人臣之蔽者，唐鞅、奚齐是也。唐鞅蔽于欲权而逐载

子，奚齐蔽于欲国而罪申生，唐鞅戮于宋，奚齐戮于晋。逐贤相而罪孝兄，身为刑戮，然而不知，此蔽塞之祸也。故以贪鄙、背叛、争权而不危辱灭亡者，自古及今，未尝有之也。鲍叔、宁戚、隰朋仁知且不蔽，故能持管仲而名利福禄与管仲齐。召公、吕望仁知（同“智”）且不蔽，故能持周公而名利福禄与周公齐。传曰：“知贤之谓明，辅贤之谓能。勉之强之，其福必长。”此之谓也。此不蔽之福也。

［译文］　从前臣子中有被蒙蔽的，唐鞅、奚齐就是典型。唐鞅蒙蔽于追求权势而驱逐了戴欢，奚齐蒙蔽于争夺政权而加罪于申生，结果唐鞅在宋国被杀，奚齐在晋国被杀。唐鞅驱逐有德才的国相而奚齐加罪于孝顺的兄长，结果自己被杀，然而他们到死也不知道错在哪里，这就是蒙蔽的祸害。所以，因为贪婪、鄙陋、背叛、争权而不身陷危险、蒙受屈辱、走向灭亡的，从古到今，还不曾有过。鲍叔、宁戚、隰朋仁德明智而且不被蒙蔽，所以能够辅助管仲成就一匡天下的功绩，进而获得与管仲相等的名利福禄。召公、吕望仁德明智而且不被蒙蔽，所以能够辅助周公成就一统天下的伟业，进而获得与周公相等的名利福禄。古书上说：“识别贤人叫作明智，能辅助贤人叫作能干。尽最大的努力去识别贤人，下最大的决心去辅助贤人，福气一定长久。”讲的就是这种情况。这就是不被蒙蔽的福气。

［原文］　昔宾孟（通“萌”或“氓”）之蔽者，乱家是也。墨子蔽于用而不知文，宋子蔽于欲而不知得，慎子蔽于法而不知贤，申子蔽于埶（同“势”）而不知知（同“智”），惠子蔽于辞而不知实，庄子蔽于天而不知人。故由用谓之道，尽利矣；由俗谓之道，尽嗛矣；由法谓之道，尽数矣；由埶（同“势”）谓

之道,尽便矣;由辞谓之道,尽论矣;由天谓之道,尽因矣:此数具者,皆道之一隅也。夫道者,体常而尽变,一隅不足以举之。曲知之人,观于道之一隅而未之能识也,故以为足而饰之,内以自乱,外以惑人,上以蔽下,下以蔽上,此蔽塞之祸也。孔子仁知(同“智”)且不蔽,故学乱术,足以为先王者也。一家得周道,举而用之,不蔽于成积也。故德与周公齐,名与三王并,此不蔽之福也。

[译文]

从前周游列国的士人中有被蒙蔽的,搞乱学派的学者就是典型。墨子(墨翟)蒙蔽于只知追求实用而忽视礼仪形式,宋子(宋钘)蒙蔽于只知满足欲望而忽视满足欲望的正确路径,慎子(慎到)蒙蔽于只知制定刑律法典而忽视任用贤人,申子(申不害)蒙蔽于只知掌控权势而忽视激发聪明才智,惠子(惠施)蒙蔽于只知言辞华美而忽视深入实际,庄子(庄周)蒙蔽于只知强调天命而忽视人为。所以,把只知追求实用当作正道,剩下的只有功名利禄;把只知满足欲望当作正道,剩下的只有贪得无厌;把只知制定刑律法典当作正道,剩下的只有条条框框;把只知掌控权势当作正道,剩下的只有上行下效唯命是从;把只知言辞华美当作正道,剩下的只有高谈阔论;把只知强调天命当作正道,剩下的只有因循守旧无所作为。这几种说法,都是正道的一个方面。所谓正道,本体经久不变而又能穷尽所有的变化,一个方面无法全面概括。一知半解的人,只看到道的一个方面而没有能够真正认识它,所以把这一个方面当作为完整的正道而研究它,对内扰乱了自己学派的思想,对外迷惑了别人,居上被臣民所蒙蔽,居下被君主所蒙蔽,这就是蒙蔽的祸患。孔子仁德明智而且不被蒙蔽,所以多才多艺,足以担当古代圣王治国平天下的大任。孔子这一学派充分地掌握了周朝礼法正道的真谛,极其推崇并加以灵活运用,同时不为旁门左派的观点所蒙蔽。所以,他的德行与周公相平齐，名声与三代开国君王相并列，这就是不被蒙蔽的福气。

[原文]

圣人知心术之患，见蔽塞之祸，故无欲无恶，无始无终，无近无远，无博无浅，无古无今，兼陈万物而中县（同“悬”）衡焉。是故众异不得相蔽以乱其伦也。

[译文]

圣人明白思想方法的不足，能够看到被蒙蔽的祸害，所以，圣人认为不只是驾驭好自己的爱好也要控制好自己的憎恶，不只是看到事物的开始也要观察事物的终结，不只是顾及眼前也要谋划长远，不只是钻研博大精深也要学习浅显易懂，不只是通古也要晓今，还要在全面考察各类事物特性的基础上，根据礼法正道的标准进行对比权衡。这样，人们在认识相互为异的各类事物时候，就不再因其互为蒙蔽而混淆次序条理。

[原文]

何谓衡？曰：道。故心不可以不知道。心不知道，则不可道而可非道。人孰欲得恣而守其所不可，以禁其所可？以其不可道之心取人，则必合于不道人，而不知合于道人。以其不可道之心，与不道人论道人，乱之本也。夫何以知！曰：心知道，然后可道；可道，然后能守道以禁非道。以其可道之心取人，则合于道人，而不合于不道之人矣。以其可道之心，与道人论非道，治之要也。何患不知？故治之要在于知道。

[译文]

什么是权衡事物的标准呢？回答说：就是礼法正道（本文以下简称“道”）。所以，心中不可以没有道。如果心中没有道，就会否定道而去认可违背道的东西。人在追求自由自在的时候，没有谁愿意去遵奉自己否定的事情而去制止自己所赞成的事情。

用他否定道的思想标准去衡量别人,就一定会与违背道的人情投意合,而不会与奉行道的人志同道合。带着他否定道的思想标准和违背道的人去议论奉行道的人,这是社会混乱的祸根。像这样,那还凭什么去了解奉行道的人呢?再说:心里知晓道,然后就会赞成道;赞成道,就能奉行道来制止违背道的事情。用他赞成道的思想标准选人取士,就会与奉行道的人情投意合,而不会与违背道的人同流合污。带着他赞成道的思想标准与奉行道的人去谴责违背道的人,这是社会得到治理的关键。像这样,又何必担忧不能了解奉行道的人呢?所以,把社会治理好的关键在于认知道。

[原文]

人何以知道?曰:心。心何以知?曰:虚壹而静。心未尝不臧(同"藏")也,然而有所谓虚;心未尝不满也,然而有所谓一;心未尝不动也,然而有所谓静。人生而有知,知而有志。志也者,臧(同"藏")也,然而有所谓虚,不以所已臧(同"藏")害所将受谓之虚。心生而有知,知而有异,异也者,同时兼知之。同时兼知之,两也,然而有所谓一,不以夫一害此一谓之壹。心,卧则梦,偷则自行,使之则谋。故心未尝不动也,然而有所谓静,不以梦剧乱知谓之静。未得道而求道者,谓之虚壹而静。作之,则将须道者之虚则入,将事道者之壹则尽,尽将思道者静则察。知道察,知道行,体道者也。虚壹而静,谓之大清明。万物莫形而不见,莫见而不论,莫论而失位。坐于室而见四海,处于今而论久远,疏观万物而知其情,参稽治乱而通其度,经纬天地而材(通"裁")官万物,制割大理,而宇宙里矣。恢恢广广,孰知其极!睪(hào)睪广广,孰知其德!涫涫纷纷,孰知其形!明参日月,大满八极,夫是之谓大人。夫恶有蔽矣哉!

[译文] 人靠什么来认知礼法正道？回答说：靠心。心靠什么来认知？回答说：靠虚心、专一与宁静。心有储备各种知识的可能，但只有做到虚心，才能不断接受新知识、新思想；心有自满自足的可能，但只有做到专一，才能圆满完成任务；心有进行各种心理活动的可能，但只有做到宁静，才能坚守正道洞察世事。人生下来就有一定的智慧，有了智慧就可以进行记忆。记忆就是储备知识，但储备知识时要讲求虚心，不让已有知识储备去有害于将要接受的新知识叫作虚心。人生下来就有一定的智慧，有了智慧就能区别不同的事物，区别不同的事物就是同时认知它们，同时认知它们就是注意力有所分配，但是认知事物要讲求专一，不让此事物来妨害对彼事物的认识叫作专心。心，睡觉时就会做梦，精神放松时就会自由想象，发动时就会思考谋划。所以，心有进行各种心理活动的可能，但是用心时要讲求宁静，不让梦幻与自由想象来干扰智慧叫作宁静。对于没有掌握道而追求道的人，要告诉他们认知道必须做到虚心、专一与宁静，以作为认知道的准则。要想认知道，只有做到虚心才能深入了解道；要想奉行道，只有做到专一才能不打折扣地落实道；要想探索道，只有做到宁静才能洞察道。认知道能够洞察真谛，认知道能够努力遵循，这就是践行道的人。达到了虚心、专一与宁静的境界，叫作最高境界的清醒明彻。达到这种境界，对于万事万物的形态没有不能精准观察的，精准观察没有不能讲清来龙去脉的，讲清来论去脉没有不能恰如其分的。达到这种境界，坐在屋中而能推知天下，处在现代而能论说远古，通观万物而能认清其本源，考察治乱而能通晓其法度，遵循天地常道而能恰当地利用万物，掌握正确处理天、地、人三者关系的最高原则而能全面系统地认知整个宇宙。宽广无垠，有谁能知道他智慧的尽头？浩瀚无边，有谁能知道他品德的优秀？纷纷繁繁，有谁能知道他行为的高尚？他的光辉与太阳、月亮相当，他的美名传遍四面八方，这样的人就叫作伟大的人。

他能被蒙蔽吗?

[原文]

心者,形之君也,而神明之主也,出令而无所受令。自禁也,自使也,自夺也,自取也,自行也,自止也。故口可劫而使墨(同“默”)云,形可劫而使诎(同“屈”)申,心不可劫而使易意,是之则受,非之则辞。故曰:心容其择也,无禁必自见,其物也杂博,其情(通“精”)之至也不贰。《诗》云:“采采卷耳,不盈顷筐。嗟我怀人,置彼周行。”顷筐易满也,卷耳易得也,然而不可以贰周行。故曰:心枝则无知,倾则不精,贰则疑惑。以赞稽之,万物可兼知也。身尽其故则美,类不可两也,故知者择一而壹焉。

[译文]

心是身体的主宰,是智慧的主导,发出指令而不接受其他的指令。自己约束,自己驱使,自己奋争,自己进取,自己践行,自己终止。所以,嘴巴可以强迫其沉默或言语,身体可以强迫其弯曲或伸直,但是心不可以强迫其改变意志,正确的就接受,错误的就拒绝。所以说,心接受外物是有所选择的,要不要接受全凭自己的判断,认识事物能够繁杂广博,热情洋溢能够专心致志。《诗》上说:“采呀采呀采卷耳,老是装不满浅浅的竹筐。长吁短叹思念心上人,把筐扔到大路上。”浅浅的竹筐容易装满,卷耳菜容易采到,但是不可以三心二意地待在大路旁。所以说,心智分散就不能获得知识,偏离方向就不能精深,三心二意就不能破解疑惑。专心致志地进行考察研究,万物都有可能被认知。全身心投入才会达到完美,认知事物不能三心二意,所以,明智的人选择一种而专心于它。

[原文]

农精于田而不可以为田师,贾(gǔ)精于市而不可以为市师,工精于器而不可以为器师。有人也,不能此三技而可

使治三官，曰：精于道者也，精于物者也。精于物者以物物，精于道者兼物物。故君子壹于道而以赞稽物。壹于道则正，以赞稽物则察，以正志行察论，则万物官矣。

［译文］

农民精于种田，却不能以此担任管理农业的官吏；商人精于生意，却不能以此担任管理市场的官吏；工人精于制造器物，却不能以此担任管理器具制造的官吏。有些人，不会这三种技术，却可以让他们来管理这三种职业。所以说，有的人精于道，有的人精于物。精于物的人能够利用物，精于道的人能够管理役使精于物的人。所以，君子专心于道而借助于它来考察研究万物。专心于道就能正确无误，借助于道来考察研究万物就能洞察一切，用正确的思想去推行考察万物的结论，万物就能被利用。

［原文］

昔者舜之治天下也，不以事诏而万物成。处一危之，其荣满侧；养一之微，荣矣而未知。故《道经》曰：“人心之危，道心之微。”危微之几，惟明君子而后能知之。故人心譬如盘水，正错（同“措”）而勿动，则湛浊在下而清明在上，则足以见须眉而察理矣。微风过之，湛浊动乎下，清明乱于上，则不可以得大形之正也。心亦如是矣。故导之以理，养之以清，物莫之倾，则足以定是非、决嫌疑矣。小物引之则其正外易，其心内倾，则不足以决庶理矣。故好书者众矣，而仓颉独传者，壹也；好稼者众矣，而后稷独传者，壹也。好乐者众矣，而夔独传者，壹也；好义者众矣，而舜独传者，壹也。倕作弓，浮游作矢，而羿精于射；奚仲作车，乘杜作乘马，而造父精于御。自古及今，未尝有两而能精者也。曾子曰：“是其庭可以搏鼠，恶能与我歌矣！”

[译文] 从前舜治理天下,不用事事告诫而各种事情都能办成。专心于道又能牢记戒惧,光荣就会充满身边;专心于道又能精致巧妙,光荣就会在不知不觉中来到。所以《道经》上说:“人的智慧在于牢记戒惧破解蒙蔽,道的境界在于精妙绝伦恰如其分。”危险的征兆只有明智的君子才能发现,精妙的萌芽只有明智的君子才能培育。人心好比盘中之水,端正地放置而不去搅动,污浊的在下,清澈的在上,足以照见胡须、眉毛并看清它们的纹理。微风吹过,污浊就会泛起,清澈就会混乱,就是大概的轮廓也不能照见。人心也是这样,如果用正确的道理来引导它,用高洁的品德来涵养它,外物就不能使它倾倒,因此能够定是非、决嫌疑。如果眼前利益、局部利益吸引了它,行为就会扭曲,思想就会滑坡,因此很难做到定是非、决嫌疑。古代喜欢书写文字的人很多,但只有仓颉的发明创造流传下来,这是因为用心专一(译者按:今兰陵县因荀子、李斯之故,有作字村、同文桥等遗迹。秦始皇统一天下后推行“书同文”的基本国策,秦始皇命李斯以秦国文字为基础吸纳东方六国文字之长,创制了全国统一使用的文字——小篆。为推广小篆,李斯、赵高、胡毋敬分别写下《仓颉篇》《爰历篇》《博学篇》,作为模范样本。荀子走遍战国七强,自当了解各国文字长短。学习文字又是劝学应有之义。所以,兰陵在汉字发展史上有很重要的地位);喜欢种庄稼的人很多,但只有后稷的发明创造流传下来,这是因为用心专一;爱好音乐的人很多,但只有夔的发明创造流传下来,这是因为用心专一;爱好道义的人很多,但只有舜的修养准则流传下来,这是因为用心专一。倕制造了弓,浮游创造了箭,但只有羿善于射箭;奚仲制造了车,乘杜首先使用四匹马拉车,但只有造父精于驾车。从古到今,还没有过谁一心两用而能有所发明有所创造。曾子说:“唱歌的时候看着挥打节拍的棍棒,心里却想着用它来驱打老鼠,又怎么能和我一起唱歌呢?”

[原文]

空石之中有人焉，其名曰觙，其为人也，善射以好思。耳目之欲接则败其思，蚊虻之声闻则挫其精，是以辟（通“避”）耳目之欲，而远蚊虻之声，闲居静思则通。思仁若是，可谓微乎？孟子恶败而出妻，可谓能自强矣；有子恶卧而焠掌，可谓能自忍矣，未及好也。辟（通“避”）耳目之欲，可谓能自强矣，未及思矣。蚊虻之声闻则挫其精，可谓危也，未可谓微也。夫微者，至人也。至人也，何强，何忍，何危？故浊明外景，清明内景。圣人纵其欲，兼其情，而制焉者理矣。夫何强，何忍，何危？故仁者之行道也，无为也；圣人之行道也，无强也。仁者之思也恭，圣人之思也乐。此治心之道也。

[译文]

空石的城邑中有一个名叫觙的人，他生性善于猜测而喜欢思考。耳朵、眼睛所向往的音乐、美色一旦和他接触，就会打乱他的思考；蚊子、虻蝇的声音一传到他耳朵里，就会妨害他聚精会神。因此他避开耳朵、眼睛所向往的音乐、美色，并远离蚊子、虻蝇的声音，独自居住静静思考，他的思路就能畅通。如果思考仁德也像这样，是否能够达到精妙的境界呢？孟子怕败坏了自己的名声而把妻子休出家门，称得上自强不息；有子怕打瞌睡而用火烧灼自己的手掌，称得上自我克制。但他们二人还没有达到精妙的境界。觙避开耳朵、眼睛所向往的音乐、美色，并远离蚊子、虻蝇的声音，称得上达到牢记戒惧的层次，但仍然称不上达到精妙的境界。达到精妙境界的人，就是德才兼备高度完美的人。德才兼备高度完美的人，还有别的自强不息可以超越吗？还有别的自我克制可以胜过吗？还有别的牢记戒惧可以相比吗？所以，德才兼备高度完美的人大智若愚，外表上扑朔迷离，内心中却清清楚楚。高度完美的人即使对欲望追求有所放纵，对情感爱好有所偏向，但天下仍然治理得井井有条。还有别的自强不息可以超越吗？

还有别的自我克制可以胜过吗？还有别的牢记戒惧可以相比吗？所以，仁者奉行道，坚持清静无为的原则；圣人奉行道，坚持自觉自悟的原则。仁者的思索恭敬谨慎，圣人的思索轻松愉快。这就是修养人心的方法。

［原文］

凡观物有疑，中心不定，则外物不清；吾虑不清，则未可定然否也。冥冥而行者，见寝石以为伏虎也，见植林以为后人也，冥冥蔽其明也。醉者越百步之沟，以为蹞（通“跬”）步之浍也，俯而出城门，以为小之闺也，酒乱其神也。厌（通“压”）目而视者，视一以为两；掩耳而听者，听漠漠而以为哅哅（同“匈匈”）：埶（同“势”）乱其官也。故从山上望牛者若羊，而求羊者不下牵也，远蔽其大也；从山下望木者，十仞之木若箸，而求箸者不上折也，高蔽其长也。水动而景摇，人不以定美恶，水埶（同“势”）玄（通“眩”）也。瞽者仰视而不见星，人不以定有无，用精惑也。有人焉，以此时定物，则世之愚者也。彼愚者之定物，以疑决疑，决必不当。夫苟不当，安能无过乎？

［译文］

一般情况下，观察事物时都存在疑惑。内心捉摸不定，外界的事物就不能明察；思绪混乱不清，是非就不能判断。在昏暗中行走的人，看见横卧的石头就以为是趴着的老虎，看见并立的林木就以为是后面来人，这是昏暗蒙蔽了他的眼睛。喝醉酒的人走过百步宽的水沟，以为是一步两步；低头走出城门，以为是又小又窄，这是因为酒扰乱了他的心智。挤压眼球去观看，会把一件当成两件；捂住耳朵去倾听，默默无声以为是嗡嗡作响，这是因为外力扰乱了他的感官。从山上远望山下的牛就好像是羊，但牧羊人不会下山牵引，这是距离蒙蔽了牛的大小；从山下远望山上的树木，几丈高的树木像根筷子，但求取筷子的人不会上山去断折，这是高远蒙蔽了树木的高矮。水面摇晃，水中的倒影也随着摇晃，人们不会以此来判定容貌的美丑，这是水面摇晃使人眼花缭乱。盲人抬头观望却看不见星辰，人们不会以此来判定星辰的有无，这是因为眼睛失明无法观看。如果有人依照这种情况来断定某一事物，那就是世界上的蠢人。蠢人断定事物，是用疑惑去决断疑惑，判断必然失当。判断失当，怎能不犯错误？

［原文］

夏首之南有人焉，曰涓蜀梁，其为人也，愚而善畏。明月而宵行，俯见其影，以为伏鬼也，卬（同“仰”）视其发，以为立魅也，背而走，比至其家，失气而死，岂不哀哉！凡人之有鬼也，必以其感忽之间、疑玄之时正之。此人之所以无有而有无之时也，而己以正事。故伤于湿而击鼓鼓痹，则必有敝鼓丧豚之费矣，而未有俞（同“愈”）疾之福也。故虽不在夏首之南，则无以异矣。

［译文］

夏首的南面有一个名叫涓蜀梁的人，他生性愚笨而容易害怕。在明月如昼的夜晚行走，低头看见自己的身影，以为是趴在地上的恶鬼，抬头看见自己的头发，就以为是站着的妖怪，吓得转身就跑，跑回家中气断身亡。这难道不可悲吗？大凡人认为有鬼有妖，必然是在恍惚不定的当口下、疑惑迷乱的节点上来判定事情。这正是人们把有无混淆的时候，他们却在此时去判定事情，所以，有人得了风湿病却用敲鼓除病，杀猪求神，那就必然会有敲破鼓、丧失猪的破费，而不会有治愈疾病的幸福。所以，这种人即使不住在夏首的南面，但与那个涓蜀梁也没有什么区别。

［原文］

凡以知，人之性也；可以知，物之理也。以可以知人之性，求可以知物之理而无所疑止之，则没世穷年不能遍也。

其所以贯理焉虽亿万,已不足以浃(通“挟”)万物之变,与愚者若一。学,老身长子而与愚者若一,犹不知错,夫是之谓妄人。故学也者,固学止之也。恶乎止之?曰:止诸至足。曷谓至足?曰:圣也。圣也者,尽伦者也;王也者,尽制者也。两尽者,足以为天下极矣。故学者,以圣王为师,案以圣王之制为法,法其法,以求其统类,以务象效其人。向是而务,士也;类是而几,君子也;知之,圣人也。故有知非以虑是,则谓之惧;有勇非以持是,则谓之贼;察孰(同“熟”)非以分是,则谓之篡;多能非以修荡是,则谓之知;辩利非以言是,则谓之詍。传曰:“天下有二:非察是,是察非。”谓合王制与不合王制也。天下有不以是为隆正也,然而犹有能分是非、治曲直者邪?若夫非分是非,非治曲直,非辨治乱,非治人道,虽能之无益于人,不能无损于人。案直将治怪说,玩奇辞,以相挠滑也;案强钳而利口,厚颜而忍诟,无正而恣睢,妄辨而几(通“析”)利;不好辞让,不敬礼节,而好相推挤:此乱世奸人之说也,则天下之治说者方多然矣。传曰:“析辞而为察,言物而为辨,君子贱之;博闻强志,不合王制,君子贱之。”此之谓也。

[译文] 一般地说,认识事物的能力,是人与生俱来的秉性;事物可以被认识,是因为事物有固定不变的常道。凭借可以认识事物的能力,去探求可以被认识的事物的常道,如果对此没有一定的限制,即使一辈子毫不停歇也不能把全部可以被认识的事物都认识。事物蕴含的常道成亿上万,但如果不能够利用它们来通晓万物的变化发展,那就与蠢人一样。像这样来学习,自己老了、子女长大了,仍与蠢人一样,即便如此他们仍然不认为自己已经犯错,这叫作无知妄人。学习本来就要达到一定的境界。学习的最高境界

是什么？回答说：德才高度完美。什么叫作德才高度完美？回答说：就是通晓圣王之道。圣人就是彻底通晓正确处理天、地、人三者关系的人；王者就是完全通晓礼法制度的人；这两个方面都精通的人，完全可以成为天下最伟大的人。所以学习的人要把圣王当作师表，要把圣王的制度当作言行法则，效法圣王的法度而去探求它们的纲领，并努力效法圣王的为人。向往圣王之道而孜孜追求的，就是士人；效法圣王之道而相差无几的，就是君子；通晓圣王之道的，就是圣人。所以，有了智慧却不用来考虑圣王之道，就叫畏惧；有了勇力却不用来维护圣王之道，就叫贼害；观察问题仔细周详却不用来分析论证圣王之道，就叫篡改；很有才能却不用来钻研弘扬圣王之道，就叫诡诈；能说会道却不用来宣示圣王之道，就叫废话。古书上说："天下有两个方面：一是根据错误来考察正确，一是根据正确来考察错误。"说的是指符合圣王礼法制度与违背圣王礼法制度。天下如果不把圣王的礼法制度作为最高标准，那还存在判断是非、整治曲直的其他东西吗？如果不能判断是非，不能整治曲直，不能辨别治乱，不能钻研做人做事的道理，即使掌握它，对人也没有什么好处；即使不去掌握它，对人也没有什么坏处。不过是搜罗奇谈怪论，玩弄怪僻的词句，用以摇唇鼓舌；强行压制别人发表言论而自己却油嘴滑舌，厚颜无耻而容忍辱骂，不走正道而胡作非为，狂亡诡辩而唯利是图，不好谦让、不敬礼节而热衷尔虞我诈、互相倾轧：这是搅乱社会的奸诈之人所鼓吹的歪理邪说。可是，现在天下研究学问的人，却大多数是这样。古书上说："分析言辞而自以为明察，空谈名物而自以为善辨，君子鄙视这种人；见识广而记忆力强，但不符合圣王的法度，君子同样鄙视这种人。"讲的就是这种情况。

[原文]

为之无益于成也，求之无益于得也，忧戚之无益于几也，则广焉能弃之矣。不以自妨也，不少顷干之胸中。不慕

往,不闵来,无邑(同"悒")怜之心,当时则动,物至而应,事起而辨,治乱可否,昭然明矣。

[译文]

如果做了而无益于成功,追求了而无益于取得,担忧了而无益于实现愿望,那就统统可以抛弃。不让那些事妨碍自己,不让它们在胸中停留片刻。不羡慕过去,不担心未来,排解忧愁,慎重怜悯,时机适当就迅速行动,外物来临就从容应对,事情发生就果断处理。这样,是治还是乱,是适中还是错位,不用说也都清清楚楚、明明白白。

[原文]

周而成,泄而败,明君无之有也;宣而成,隐而败,暗君无之有也。故君人者周则谗言至矣,直言反矣,小人迩而君子远矣。《诗》云:"墨以为明,狐狸而苍。"此言上幽而下险也。君人者宣则直言至矣,而谗言反矣,君子迩而小人远矣。《诗》曰:"明明在下,赫赫在上。"此言上明而下化也。

[译文]

隐瞒真相就会成功,公开真相就会失败,明君不去这样做;公开真相就会成功,隐瞒真相就会失败,昏君不去这样做。所以当政的君主隐瞒真相,谗言就会泛起,直言就会收敛,小人就会亲近,君子就会疏远。《诗》上说:"你把黑暗当光明,他说狐狸由黄变成苍。"这是说君主昏庸愚昧,臣民就会阴险狡诈。君主如果开诚布公,直言就会大行其道,谗言就会没有市场,君子就会扬眉吐气,小人就会远离朝堂。《诗》上说:"下方的大地明明白白,是因为上方的阳光灿烂。"这是说君主光明正大,臣民就会被感化。

正名篇第二十二

[原文]

后王之成名:刑名从商,爵名从周,文名从《礼》。散名之加于万物者,则从诸夏之成俗曲期,远方异俗之乡则因之而为通。

散名之在人者:生之所以然者谓之性。性之和所生,精合感应,不事而自然谓之性。性之好、恶、喜、怒、哀、乐谓之情。情然而心为之择谓之虑。心虑而能为之动谓之伪。虑积焉、能习焉而后成谓之伪。正利而为谓之事。正义而为谓之行。所以知之在人者谓之知。知有所合谓之智。智所以能之在人者谓之能。能有所合谓之能。性伤谓之病。节遇谓之命。是散名之在人者也,是后王之成名也。

[译文]

后王确定名称的方法是:刑罚的名称依从商朝,爵位的名称依从周朝,礼仪制度的名称依从《礼》。一般事物的名称依从华夏各诸侯国俗成约定,远方习俗不同的地方则依从这些俗成约定进行适当变通。

一般事物的名称之中有关人的命名方法:与生俱来的叫作本性(亦称“天性”,下同)。本性由阴阳相互作用形成的和气而产生,因内精与外物的相互感应而成长,不需后天努力而自然具备就叫作本性。本性中的爱好、厌恶、喜悦、愤怒、悲哀、快乐叫作感情。感情生于心而经心选择叫作思虑。内心思虑并通过各种器官的本能付诸行动,叫作人为。思虑不断积累,器官本能反复练习，而后形成一种习惯（译者按：现代心理学称此为动力定型），也叫作人为。为了功利去进取叫作事业。为了道义去努力叫作品行。与生俱来的能够认识事物的能力叫作感知。感知与所认识的事物有所验合叫作智慧。与生俱来的能力叫作本能。本能与所处置的事物有所验合叫作才能。本性受到伤害叫作疾病。制约人生的遭遇叫作命运。这些就是有关人的各种名称，就是后王所确定的名称。

[原文]

故王者之制名，名定而实辨，道行而志通，则慎率民而一焉。故析辞擅作名以乱正名，使民疑惑，人多辨讼，则谓之大奸，其罪犹为符节、度量之罪也。故其民莫敢托为（通“伪”）奇辞以乱正名。故其民悫，悫则易使，易使则公（通“功”）。其民莫敢托为（通“伪”）奇辞以乱正名，故壹于道法而谨于循令矣。如是，则其迹长矣。迹（通“绩”）长功成，治之极也，是谨于守名约之功也。

[译文]

圣王所命之名一旦确定，各种事物就能区分；命名的原则一旦实行，思想就能交流沟通。所以，圣王谨慎地率领民众统一实行这些名称。有些人却不是这样，他们断章取义，乱搞文字游戏，擅自制作看似新奇的名称来扰乱正确的名称，使民众疑惑不定，使人们增加争吵，那就可以把他们叫作罪大恶极的奸人，他们的罪行和伪造符节与度量衡的罪恶一样。所以，圣王当政时，没有谁敢用奇辞怪言来扰乱正确的名称。因此民风朴实，民风朴实就容易役使，容易役使就能成就功业。圣王当政时，民众不敢依靠制造奇辞怪言来扰乱正确的名称，所以，他们就专心于遵行法度而谨慎地遵守政令。像这样，圣王的统治就会长久。统治长久而功业成就，是治理天下的最高境界。这是谨慎地坚持统一名称的功效。

［原文］

今圣王没，名守慢，奇辞起，名实乱，是非之形不明，则虽守法之吏、诵数之儒，亦皆乱也。若有王者起，必将有循于旧名，有作于新名。然则所为有名，与所缘以同异，与制名之枢要，不可不察也。

［译文］

现在圣王已经去世，名称管理开始松懈，奇辞怪言因此产生，名实关系因此混乱，是非界限因此模糊，掌管法度的官吏、熟悉礼制的儒生也因此不知所措。如果再有圣王出现，一定会沿用一些原名，创制一些新名。既然如此，必须搞清名称同异的根源，必须坚守命名的原则，这些是不可以不认真对待的。

［原文］

异形离心交喻，异物名实玄（通“眩”）纽，贵贱不明，同异不别，如是则志必有不喻之患，而事必有困废之祸。故知（同“智”）者为之分别，制名以指实，上以明贵贱，下以辨同异。贵贱明，同异别，如是则志无不喻之患，事无困废之祸，此所为有名也。

［译文］

人心不同思想就会不同，不进行交流沟通就不能彼此理解；事物不同名称就要不同，不坚持统一命名的原则就会让名实关系纠缠不清；不坚持统一命名的原则，高低贵贱就不能彰明，事物同异就不能区分。这样一来，思想一定会有不被理解的忧患，事情一定会遭受被围困、被废弃的灾祸。所以，明智的圣王给万事万物分别制定名称来指明实际事物，在上用来彰明高低贵贱，在下用来区分同异。高低贵贱得到彰明，同异得到区分，像这样，思想就不存在不被理解的忧患，事情就会摆脱被围困、被废弃的灾祸。这就是为什么要正确命名的原因。

［原文］

然则何缘而以同异？曰：缘天官。凡同类、同情者，其天官之意物也同，故比方之疑似（同“拟”）而通，是所以共其约名以相期也。形体、色、理以目异，声音清浊、调竽奇声以耳异，甘、苦、咸、淡、辛、酸、奇味以口异，香、臭、芬、郁、腥、臊、洒、酸、奇臭以鼻异，疾、养（同“痒”）、沧、热、滑、铍、轻、重以形体异，说、故、喜、怒、哀、乐、爱、恶、欲以心异。心有征知。征知则缘耳而知声可也，缘目而知形可也，然而征知必将待天官之当簿其类然后可也。五官簿之而不知，心征之而无说，则人莫不然谓之不知，此所缘而以同异也。

［译文］

那么，根据什么来确定事物名称的同异呢？回答说：凭借天官（与生俱来的感官）。凡是阶层相同、情感爱好相同的人，他们的天官对某一事物的感受也是相同的，所以，对事物的比方、描摹得大体相似就能使别人通晓，这就是人们为什么能够使用共同名称的原因。事物的形体、颜色、纹理，用眼睛来区分；清音与浊音、和谐乐章与奇声怪调，用耳朵来区分；甜、苦、咸、淡、辣、酸以及奇异的味道，用嘴巴来区分；香、臭、花的芬芳、鸟的腐败、腥、臊、马厩的膻、牛棚的酸以及奇异的气味，用鼻子来区分；痛、痒、冷、热、滑爽、滞涩、轻、重，用躯体来区分；愉快、烦闷、欣喜、愤怒、悲哀、快乐、爱好、厌恶以及各种欲望，用心来区分。心能够验知事物。心之所以能够验知事物，是因它可以凭借耳朵来听闻声音，凭借眼睛来观察形状，但必须等到天官与事物的性状相互作用之后才能进行。五官与事物相互作用却不能区分，心去验知事物却不能表达，这样的人，大家完全可以说他无知，这就是确定事物名称有同有异的根据。

［原文］

然后随而命之：同则同之，异则异之，单足以喻则单，单不足以喻则兼，单与兼无所相避则共，虽共，不为害矣。知

异实者之异名也，故使异实者莫不异名也，不可乱也，犹使异实者莫不同名也。故万物虽众，有时而欲遍举之，故谓之物。物也者，大共名也。推而共之，共则有(通“又”)共，至于无共然后止。有时而欲遍举之，故谓之鸟兽。鸟兽也者，大别名也。推而别之，别则有(通“又”)别，至于无别然后止。名无固宜，约之以命。约定俗成谓之宜，异于约则谓之不宜。名无固实，约之以命实，约定俗成谓之实名。名有固善，径易而不拂，谓之善名。物有同状而异所者，有异状而同所者，可别也。状同而为异所者，虽可合，谓之二实。状变而实无别而为异者，谓之化。有化而无别，谓之一实。此事之所以稽实定数也，此制名之枢要也。后王之成名，不可不察也。

［译文］

以上道理明确后，就可以依照它们进行命名。相同的事物名称就相同；相异的事物名称就相异；单音节名称足以使人明白的就用单音节名称；单音节名称不能使人明白的就用多音节名称；单音节名称与多音节名称如果没有相互冲突就用共同名称，虽然使用共同名称，也不会造成混乱。明白实相异则名相异的道理，命名时只要实相异，名就无不相异，这是不可错乱的，如同命名实相同的事物时，名无不相同一样。万物虽然纷繁复杂，有时候却要把它们全部抽象概括出来，所以命名为“物”。“物”这个名称，是万物最高层级的共同名称。以此类推，从高一层级的共同名称所抽象概括的事物中，继续抽象概括低一层级的共同名称，一层一层地向下推延，直到不再需要共同的名称为止。有时候想要把部分事物抽象概括出来，比如把它们叫作“鸟”“兽”。“鸟”“兽”这种名称，就是此一部分事物与彼一部分事物相区别的最高层级的共同名称。以此类推，从高一层级的名称所区别的事物中，继续给它们选取相互区别的低一层级的共同名称,直到不再需要区别性的名称为止。名称适宜不适宜并不是固定的,而是源于人们相互约定用某名称来命名某事物,约定俗成就叫适宜,不能约定俗成就叫不适宜。名实之间并无固定的关系,而是源于人们相互约定用某名称来命名某事物,约定俗成以后就名实关系就得以固定。名称一开始就非常适宜,简单易懂而不违背事理,这就是好名。事物有形状相同而实体相异者,有形状相异而实体相同者,这是可以区别的。形状相同实体却相异,虽然可以共享一个名称,但仍然是两个实体。形状改变,但实体并未因此而改变,叫做变化。形状变化而实体未变,它仍然是原来那个实体。这是核查事物实体以确定实体数目的方法。这些就是命名的关键所在。后王要确定事物名称,对待这些关键不能不认真考察。

[原文]

“见侮不辱”,“圣人不爱己”,“杀盗非杀人也”,此惑于用名以乱名者也。验之所以为有名而观其孰行,则能禁之矣。“山渊平”,“情欲寡”,“刍豢不加甘,大钟不加乐”,此惑于用实以乱名者也。验之所缘无以同异而观其孰调,则能禁之矣。“非(通‘排’)而谒楹,有(通‘又’)牛马非马也”,此惑于用名以乱实者也。验之名约,以其所受悖其所辞,则能禁之矣。凡邪说辟(同“僻”)言之离正道而擅作者,无不类于三惑者矣。故明君知其分而不与辨也。

[译文]

“被侮辱而不以为耻辱”,“圣人不爱惜自己”,“杀死盗贼不是杀人”,这些错误的说法在于用名称来混淆名称。用为什么要统一命名的道理去检验它们,并察看其是否行得通,就能加以禁止。“高山和深渊一样平齐”,“人的性情中欲望很少”,“牛羊猪狗等肉食并不比一般的食物更加香甜,大钟的声音并不比一般的声音更加动听”,这些错误的说法在于用实体来混淆名称。用为什么事物名称有同有异的道理去检验它们,并察看其是否符合实际,就能加以禁止。"箭矢飞过门柱可以证明它已停止","有牛马,但它不是马",这些错误的说法在于用胡编乱造的名称来混淆实体。用命名必须遵循约定俗成的原则去检验它们,再用其自相矛盾的观点反驳它们,就能加以禁止。凡是违背礼法正道而擅自炮制的邪说谬论,无不与这三种惑乱的说法类似。英明的君主洞察统一命名的道理而不与他们争辩。

［原文］

夫民易一以道而不可与共故,故明君临之以埶(同"势"),道(同"导")之以道,申之以命,章之以论,禁之以刑。故其民之化道也如神,辨埶(同"势")恶用矣哉!今圣王没(同"殁"),天下乱,奸言起,君子无埶(同"势")以临之,无刑以禁之,故辨说也。实不喻然后命,命不喻然后期,期不喻然后说,说不喻然后辨。故期、命、辨、说也者,用之大文也,而王业之始也。名闻而实喻,名之用也。累而成文,名之丽(同"俪")也。用、丽俱得,谓之知名。名也者,所以期累实也。辞也者,兼异实之名以论一意也。辨说也者,不异实名以喻动静之道也。期命也者,辨说之用也。辨说也者,心之象道也。心也者,道之工宰也。道也者,治之经理也。心合于道,说合于心,辞合于说,正名而期,质请而喻。辨异而不过,推类而不悖,听则合文,辨则尽故。以正道而辨奸,犹引绳以持曲直,是故邪说不能乱,百家无所窜。有兼听之明而无奋矜之容,有兼覆之厚而无伐德之色。说行则天下正,说不行则白道而冥穷,是圣人之辨说也。《诗》曰:"颙颙卬卬,如珪如璋,令闻令望。岂弟君子,四方为纲。"此之谓也。

［译文］ 民众，很容易用正道来引导使他们协同一致，却不可以与他们共同知道其中的缘由，所以，英明的君主用权势来统治他们，用正道来引导他们，用命令来告诫他们，用理论来晓谕他们，用刑罚来禁止他们。所以，他统治下的民众接受正道的感化犹如神助，哪里还用得着辩论那些其中的缘由呢？如今圣王去世，天下混乱，奸诈邪恶的言论随之泛滥，君子没有权势去统治，没有刑法去禁止，所以，需要大家辩论那些个其中的缘由。实际事物不能让人晓谕就需要给其命名，命名不能使人晓谕就要会合众人约定，约定后不能使人晓谕就要解说，解说不能使人晓谕就要辩论。所以，约定、命名、辩论、解说，是名称得以正确使用的最重要的方式方法，也是成就圣王大业的起点。听到名称就能晓谕它所指代的实体，这是名称的功用。名称按照一定原则排列组合就会形成文章，这是名称的配置。功用与配置都符合实际需要，就叫作精通名称。名称，是通过约定俗成来不断拓展对实体的认识。言辞，是通过配置排列不同实体的名称来表达某种意念思想。辩论与解说，是通过不更改实体名称来论说动静关系。约定与命名，是为了更好地辩论与解说。辩论与解说，是心对道的表达。心是道的主宰。道是治理天下的根本原则。心合于道，解说合于心，言辞合于解说，使用正确名称并合于约定，名称对本质抽象概括得精准简要而明白易懂。辨别相异的事物而不失误，推论相类的事物而不违背正道，听闻别人的言论以合于礼法为原则，这样，辩论起来就能彻底揭示事物变化发展的根由。用正确的原则来辨别奸邪，如同拉出墨线来判别曲直一样，所以奸言邪说就不能混淆视听，百家的谬论就会无处躲藏。有虚怀若谷的明智，而无骄傲自满的昏头昏脑；有善解人意的敦厚，而无自卖自夸的得意洋洋。自己的学说得到实施，就推动天下走向大治；得不到实行，就彰明正道而默默无闻。这就是圣人的辩论与解说。《诗》上说："体貌温恭气宇轩昂，像珪又像璋，到处传颂美名远扬。和乐平易的君

子,天下人的好榜样。”讲的就是这种情况。

[原文]

辞让之节得矣,长少之理顺矣,忌讳不称,祆(同“妖”)辞不出,以仁心说,以学心听,以公心辨。不动乎众人之非(通“诽”)誉,不治(通“蛊”)观者之耳目,不赂贵者之权埶(同“势”),不利传辟者之辞,故能处道而不贰,吐而不夺,利而不流,贵公正而贱鄙争,是士君子之辨说也。《诗》曰:“长夜漫兮,永思骞兮。大(通‘太’)古之不慢兮,礼义之不愆兮,何恤人之言兮!”此之谓也。

[译文]

谦让的礼节做到了,长幼的伦常理顺了,忌讳的话语懂得控制,奇谈怪论不去言讲,怀着仁爱的心去解说道理,用学而不厌的心去听取意见,用公正的心去辨别是非。不因为众人的非议和赞誉而动摇,不用花言巧语去蛊惑别人,不去贿赂权贵,不去造谣传谣,所以,能够坚持正道而不三心二意,大胆发言而不轻易改变,口才出众而不低级下流,崇尚公正而厌恶卑鄙。这是士君子的辩论与解说。《诗》上说:“漫漫长夜里,常常反省自身的缺点。老祖宗传下来的教训不敢怠慢,遵守礼义从不敷衍,何必担忧别人说长道短!”讲的就是这种情况。

[原文]

君子之言,涉然而精,俯然而类,差差然而齐。彼正其名,当其辞,以务白其志义者也。彼名辞也者,志义之使也,足以相通则舍之矣;苟之,奸也。故名足以指实,辞足以见极,则舍之矣。外是者谓之讱,是君子之所弃,而愚者拾以为己宝。故愚者之言,芴然而粗,啧然而不类,誻(tà)誻然而沸。彼诱其名,眩其辞,而无深于其志义者也。故穷藉而无极,甚劳而无功,贪而无名。故知者之言也,虑之易知也,

行之易安也，持之易立也，成则必得其所好而不遇其所恶焉。而愚者反是。《诗》曰：“为鬼为蜮，则不可得。有靦面目，视人罔极。作此好歌，以极反侧。”此之谓也。

［译文］

君子的言论，深入而又精辟，中肯而又条理清晰，论说有长有短而又保持一致。他使名称正确无误，词语恰当确切，以此来努力阐明自己的思想学说。那些名称、词语是思想、学说的使者，只要能够用来互相沟通就不需要经常提起；但如果不严肃地使用，就是一种奸言邪论。所以，名称能够表示实体，词语能够表达主旨，就不需要经常提起。背离这种标准的叫作难懂，这是君子所抛弃的，愚蠢的人却拣来当作宝贝。所以蠢人的言论，模糊不清而漏洞不断，吵吵嚷嚷而条理不清，啰里啰唆而大呼小叫。他们使名称极富诱惑，词语让人眼花缭乱，而对于思想学说却不能深入透彻。所以，他们搜肠刮肚却没有主张，非常劳累却没有功效，贪图名望却没有声誉。所以，智者的言论，思索它容易理解，践行它容易做到，坚持它容易站稳，成功了必定得到自己所喜欢的，而不会得到自己所厌恶的。可是蠢人却与此相反。《诗》上说：“你若是鬼蜮，那就无法看清楚。你的面目这样丑，给人看就看不透。作出好歌唱一唱，用来揭穿你的反复无常。”讲的就是这种人。

［原文］

凡语治而待去欲者，无以道（同“导”）欲而困于有欲者也。凡语治而待寡欲者，无以节欲而困于多欲者也。有欲无欲，异类也，生死也，非治乱也。欲之多寡，异类也，情之数也，非治乱也。欲不待可得，而求者从所可。欲不待可得，所受乎天也；求者从所可，受乎心也。所受乎天之一欲，制于所受乎心之多，固难类所受乎天也。人之所欲，生甚矣，人之所恶，死甚矣，然而人有从生成死者，非不欲生而欲

死也，不可以生而可以死也。故欲过之而动不及，心止之也。心之所可中理，则欲虽多，奚伤于治！欲不及而动过之，心使之也。心之所可失理，则欲虽寡，奚止于乱！故治乱在于心之所可，亡（同“无”）于情之所欲。不求之其所在，而求之其所亡（同“无”），虽曰我得之，失之矣。

［译文］　讨论治国原则而算计着除去欲望，是无法引导欲望，反而被欲望所困的人。讨论治国原则而算计着减少欲望，是无法节制欲望，反而被过多欲望所困的人。欲望有无，虽然性质不同，但它是活着与死去的区别，不能当作国家治乱的原因。欲望多少，虽然程度不同，但它是人情的必然，照样不能当作国家治乱的原因。欲望并不是在有所追求时才会产生，而是追求满足的人自认为能够追求成功就去行动；欲望并不是在有所追求时才会产生，而是与生俱来；追求满足的人自认为能够追求成功而去争取，这是出自内心。与生俱来的欲望简单，出自内心的欲望众多，所以二者无法相比。努力追求的莫过于活着，极力厌恶的莫过于死亡，然而有的人却舍生赴死，这并不是想死不想活，而是因为在某种情势下不能再活而只能去死。所以，欲望强烈却不去追求，这是缘于内心的驱使。内心认可又符合礼法正道，即使欲望众多，也不会妨害国家的治理。欲望并不强烈却过度追求，同样缘于内心驱使。内心认可却违背礼法正道，即使欲望很少，也不能阻止国家的动乱。所以，治乱取决于内心的驱使，而不在于欲望的多少。不从根源所在的地方去探索，却从无关紧要的地方去寻找，虽然自称原因已经找到，其实早已把它扔掉。

［原文］　**性者，天之就也；情者，性之质也；欲者，情之应也。以所欲为可得而求之，情之所必不免也；以为可而道之，知所必出也。故虽为守门，欲不可去，性之具也。虽为天子，欲**

不可尽。欲虽不可尽，可以近尽也；欲虽不可去，求可节也。所欲虽不可尽，求者犹近尽；欲虽不可去，所求不得，虑者欲节求也。道者，进则近尽，退则节求，天下莫之若也。

[译文] 本性，与生俱来；情感，是本性的承载与实质；欲望，是情感对外物的反应。认为能够追求成功而去争取，这是情感必不可免的；认为可以追求而去付诸行动，这是智慧必定做出的选择。所以，即使是卑贱的看门人，欲望也不可能去掉，因为这是本性原来就有的。即使是高贵的天子，欲望也不可能全部满足。欲望虽然不能完全满足，却可以努力接近；欲望虽然不可以除去，对其追求却可以节制。想要追求的欲望虽然不能完全实现，但可以接近实现；欲望虽然不能去掉，那些想要追求的也不可能完全实现，所以，善于思考的人就会计划着节制自己的追求。对待欲望的正道应是这样：条件具备时就尽量满足，条件不具备就努力节制，天下没有什么能够比得上它。

[原文] **凡人莫不从其所可，而去其所不可。知道之莫之若也，而不从道者，无之有也。假之有人而欲南无多，而恶北无寡，岂为夫南者之不可尽也，离南行而北走也哉？今人所欲无多，所恶无寡，岂为夫所欲之不可尽也，离得欲之道而取所恶也哉？故可道而从之，奚以损之而乱！不可道而离之，奚以益之而治！故知（同“智”）者论道而已矣，小家珍说之所愿者皆衰矣。**

[译文] 凡是人无不依从自己所赞成的而背弃自己所反对的。明明懂得这个道理是无可比拟的却不去遵从的人是不存在的。假如有人想去南方，不管多么遥远，都会努力向前；厌恶去北方，不论多么接近，都不会迈出一步。难道因为去南方的道路遥远，去北

方的道路近在眼前，就会掉头北向吗？现在人们对喜欢的是越多越好，对厌恶的是越少越好。难道因为喜欢的不可能全部得到，就会抛下对喜欢的追求而去追逐厌恶的吗？所以，合于礼法正道的欲望必须满足而不是限制，这哪里是因为欲望增多会导致国家动乱呢？（换句话说，对合于礼法正道的欲望横加干涉才会导致动乱。）不合于礼法正道的欲望必须节制而不是放纵，这哪里是因为欲望减少会促进国家安定呢？（换句话说，对不合于礼法正道的欲望严加约束才会促进安定。）所以明智的人只需讲究礼法正道，那些专营奇谈怪论而难登大雅之堂的学派及其主张的思想观点都会走向衰亡。

［原文］

凡人之取也，所欲未尝粹而来也；其去也，所恶未尝粹而往也。故人无动而不可以不与权俱。衡不正，则重县（同“悬”）于仰而人以为轻，轻县（同“悬”）于俯而人以为重，此人所以惑于轻重也。权不正，则祸托于欲而人以为福，福托于恶而人以为祸，此亦人所以惑于祸福也。道者，古今之正权也，离道而内自择，则不知祸福之所托。

［译文］

人们想要获得时，喜欢的未必都能获得；人们想要舍弃时，厌恶的未必都能舍弃。所以，人们无论怎样行动，都不能不用正确的标准来衡量。秤如若不准，若称量的是重一些物品，悬挂物品的这一端反倒翘起来，悬挂秤砣的那一端反倒低下去，人们就会误认为是轻的；若是轻一些的物品，悬挂物品的这一端反倒低下去，悬挂秤砣的那一端反翘起来，人们就会误认为是重的。这是人们对轻重产生迷惑的原因。衡量标准不正确，灾祸就会隐藏在看似人们渴望已久的东西之中，人们却把它当作幸福；幸福就会包含在看似人们厌恶多时的东西之中，人们却把它当作灾祸。这是人们对祸福产生迷惑的原因。道，是从古到今都是正确的衡量标准。偏离道而由内心自行选择，那就很难判断祸福在哪里存在。

[原文]

易者以一易一，人曰无得亦无丧也；以一易两，人曰无丧而有得也；以两易一，人曰无得而有丧也。计者取所多，谋者从所可。以两易一，人莫之为，明其数也。从道而出，犹以一易两也，奚丧！离道而内自择，是犹以两易一也，奚得！其累百年之欲，易一时之嫌，然且为之，不明其数也。

[译文]

交易，拿一件换一件，人们就会说既无得也无失；拿一件换两件，人们会说无失却有得；拿两件换一件，人们会说无得却有失。善于算计的人希望换得越多越好，善于谋划的人希望换得越中意越好。拿两件换一件，没有一个人愿意这样做，是因为大家都知道它们数量不等。遵从道义去采取行动，好比拿一件去换两件，怎么会有损失？偏离道而由内心自行选择，好比拿两件去换一件，怎么会有收获？积累了很长时间的追求，换来的却是一时的享乐，有人还照样去做，确实是不知道这简单的数量关系。

[原文]

有（同“右”）尝试深观其隐而难其察者，志轻理而不重物者，无之有也；外重物而不内忧者，无之有也；行离理而不外危者，无之有也；外危而不内恐者，无之有也。心忧恐则口衔刍豢而不知其味，耳听钟鼓而不知其声，目视黼黻而不知其状，轻暖平簟而体不知其安。故向（通“享”）万物之美而不能嗛（同“慊”）也，假而得问而嗛（同“慊”）之，则不能离也。故向（通“享”）万物之美而盛忧，兼万物之利而盛害。如此者，其求物也，养生也？粥（同“鬻”）寿也？故欲养其欲而纵其情，欲养其性而危其形，欲养其乐而攻其心，

欲养其名而乱其行。如此者,虽封侯称君,其与夫盗无以异;乘轩戴絻(同“冕”),其与无足无以异。夫是之谓以己为物役矣。

[译文] 我又曾经试着深入观察那些非常隐蔽而又难以揣摩的人的心理。轻视道义而又不看重物质利益的,根本不存在;看重物质利益而内心没有忧虑的,根本不存在;违背道义而又不身处险境的,根本不存在;身处险境而内心不恐惧的,根本不存在。心里忧愁恐惧,嘴里尝着美味佳肴也不知是何味道,耳朵听着美妙的音乐也不知是何音调,眼睛看着华美的衣物也不知是何形状,穿着轻软暖和的衣服、躺在平滑整洁的竹席上躯体也不知是在享受安逸。所以,尽管这样的人享受到了万物中的美好,但他还是感觉美中不足,哪怕是稍纵即逝的满足,也无法挣脱忧愁恐惧。所以,享受到了万物中的美好,心情却极其忧惧;获取了万物中的利益,处境却极其险恶。像这样的人,他追求物质利益,是在保养生命呢,还是在出卖生命呢?想要满足欲望却去放纵情性,想要保养生命却去危害身体,想要培养乐趣却去污染心灵,想要维护名声却去胡作非为。像这样的人,即使被封为诸侯或成为国君,也与盗贼没有什么两样;即使坐着高车、戴着官帽,也与缺吃少穿的人没有什么两样。这就叫作被物质利益支配的人。

[原文] **心平愉,则色不及佣(通“庸”)而可以养目,声不及佣(通“庸”)而可以养耳,蔬食菜羹而可以养口,粗布之衣、粗𬘓之履而可以养体,屋室、庐庾、葭稿蓐、尚(同“敝”)机筵而可以养形。故无万物之美而可以养乐,无埶(同“势”)列之位而可以养名。如是而加天下焉,其为天下多,其和乐少矣,夫是之谓重己役物。**

［译文］ 心境平静愉快，颜色连一般的都不如，也可以用来调养眼睛；声音连一般的都不如，也可以用来调养耳朵；粗饭、菜羹，也可以用来调养嘴巴；粗布做的衣服、粗麻绳编制的鞋子，也可以用来保养身形；狭窄的房屋、芦苇做的帘子、芦苇与谷物秸秆做的草垫子、破旧的几桌竹席，也可以用来保养躯体。所以，没有享受到万物中的美好，仍然可以培养乐趣；没有获得权势封爵的地位，仍然可以提高名望。像这样，把掌管天下的大权交给他，他就会为天下操劳得多，为自己的享乐考虑得少，这就叫作看重自己而役使外物。

［原文］ **无稽之言，不见之行，不闻之谋，君子慎之。**

［译文］ 没有根据的言论，没有见过的行为，没有听过的计谋，君子必须谨慎对待。

性恶篇第二十三

［原文］

人之性恶，其善者伪（通“为”，本篇同）也。

［译文］

人的天性不加约束就会趋向邪恶，趋向善良则是后天修为所致。

［原文］

今人之性，生而有好利焉，顺是，故争夺生而辞让亡焉；生而有疾恶焉，顺是，故残贼生而忠信亡焉；生而有耳目之欲，有好声色焉，顺是，故淫乱生而礼义文理亡焉。然则从（通“纵”）人之性，顺人之情，必出于争夺，合于犯分乱理而归于暴。故必将有师法之化、礼义之道（同“导”），然后出于辞让，合于文理，而归于治。用此观之，然则人之性恶明矣，其善者伪也

［译文］

人的天性，一生下来就喜欢对自己有利的东西，任其发展，争抢掠夺就会产生而推辞谦让就会消亡；一生下来就厌恶对自己有害的东西，任其发展，残杀陷害就会产生而忠诚守信就会消亡；一生下来耳朵、眼睛就充满了欲望，喜听好声音，喜看美容颜，任其发展，淫荡混乱就会产生而礼义法度就会消亡。如此看来，放纵天性，顺从情欲，就必然出现争抢掠夺，必然与违犯等级名分、扰乱礼义法度的言行同流合污，最后走向凶狠残暴。所以，必须要有师长与法度的教化、礼义的引导，然后，才会从推辞谦让出发，循礼守法，最终实现安定太平。如此看来，人的天性不加约束就

会趋向邪恶是清楚明了的事情，趋向善良则是后天修为所致。

［原文］

故枸木必将待檃（yǐn）栝、烝、矫然后直，钝金必将待砻、厉（同“砺”）然后利。今人之性恶，必将待师法然后正，得礼义然后治。今人无师法则偏险而不正，无礼义则悖乱而不治。古者圣王以人性恶，以为偏险而不正，悖乱而不治，是以为之起礼义，制法度，以矫饰（通“饬”）人之情性而正之，以扰化人之情性而导之也。始皆出于治、合于道者也。今之人，化师法、积文学、道礼义者为君子；纵性情、安恣睢、而违礼义者为小人。用此观之，然则人之性恶明矣，其善者伪也。

［译文］

所以，弯曲的木料一定要放在整形器中进行熏蒸、矫正，然后才能挺直；钝滞的金属器具一定要放在砺石上进行磨砺，然后才能锋利；人的天性不加约束就会趋向邪恶，一定要依靠师长和法度的教化才能方方正正，依靠礼义的引导才能规规矩矩。人如果没有师长和法度，就会偏邪险恶而不循正道；没有礼义，就会叛逆作乱而不守规矩。古代的圣君王认为人的天性不加约束就会趋向邪恶，认为人们有偏邪险恶而不循正道、叛逆作乱而不守规矩的可能，因此创设礼义，制定法度，强行限制性情而端正他们，定向转化性情而引导他们，进而促使他们能从遵循规矩开始、合乎礼法正道。今天的人们，如果能被师长和法度所转化，不断学习《诗》《书》典籍，努力践行礼义，就会成为君子；如果纵情任性，习惯于恣肆放荡而违反礼义，就会成为小人。如此看来，人的天性不加约束就会趋向邪恶是清楚明了的事情，趋向善良则是后天修为所致。

［原文］

孟子曰：“人之学者，其性善。”曰：是不然。是不及知人

之性，而不察乎人之性、伪之分者也。凡性者，天之就也，不可学，不可事；礼义者，圣人之所生也，人之所学而能、所事而成者也。不可学、不可事而在人者谓之性，可学而能、可事而成之在人者谓之伪。是性、伪之分也。今人之性，目可以见，耳可以听。夫可以见之明不离目，可以听之聪不离耳，目明而耳聪，不可学明矣。

［译文］ 孟子说："人们要学习的，是回归天性，因为天性善良。"我认为这种观点不正确。这是因为没有真正了解人的天性，而且也不懂得先天天性与后天人为之间有所区分。只要是天性，是与生俱来的，是不可以通过学习获得的，是不需要努力践行修为的。礼义，是圣人创设的，人们通过学习就可以运用、努力践行就可以实现。人身上那些不需要学习、不通过努力践行就能具备的，叫作天性；通过学习获得的、通过努力践行成就的，叫作人为。这就是先天天性和后天人为的区别。人的天性，眼睛可以看，耳朵可以听。视力离不开眼睛，听力离不开耳朵。视力与听力是不要通过学习就具备的，这是清楚明了的事情。

［原文］ **孟子曰："今人之性善，将皆失丧其性故也。"曰：若是，则过矣。今人之性，生而离其朴，离其资，必失而丧之。用此观之，然则人之性恶明矣。所谓性善者，不离其朴而美之，不离其资而利之也。使夫资朴之于美，心意之于善，若夫可以见之明不离目，可以听之聪不离耳，故曰目明而耳聪也。**

［译文］ 孟子说："人的天性善良，产生邪恶必定是因为丧失了天性。"我说：这样解释是错误的。首先，人不可能一出生就偏离他的质朴做出善良的事情，不可能一出生就偏离他的天资做出有利

于他人与社会的事情，如若认为能够偏离，那才是真真正正的丧失天性。如此看来，人的天性不加约束就会趋向邪恶是清楚明了的事情，趋向善良则是后天修为所致。孟子所谓的天性善良，是指不离开质朴就非常完美，不离开天资就非常有益于他人与社会。实际上是把质朴与品行完美、天资与奉献以及心意与善良的关系，混同于眼睛与视力、耳朵与听力的关系。所以说，孟子认为就像有了眼睛就可以看，有了耳朵就可以听一样，人一出生就自然而然具备了完美的品行、无私奉献的精神。

［原文］

今人之性，饥而欲饱，寒而欲暖，劳而欲休，此人之情性也。今人饥，见长而不敢先食者，将有所让也；劳而不敢求息者，将有所代也。夫子之让乎父，弟之让乎兄，子之代乎父，弟之代乎兄，此二行者，皆反于性而悖于情也。然而孝子之道，礼义之文理也。故顺情性则不辞让矣，辞让则悖于情性矣。用此观之，然则人之性恶明矣，其善者伪也。

［译文］

人的天性，饿了想吃饱，冷了想穿暖，累了想休息，这些就是人的情性。人饿了，看见父亲兄长而不敢先吃，这是因为要有所谦让；累了，看见父亲兄长而不敢要求休息，这是因为要有所代劳。儿子对父亲谦让，弟弟对哥哥谦让；儿子代替父亲操劳，弟弟代替哥哥操劳：这两种德行，都是违反天性而背离情欲的，却是孝子的原则、礼义的法度。所以，顺从情欲天性就不会推辞谦让，推辞谦让就会违背情欲天性。如此看来，人的天性不加约束就会趋向邪恶是清楚明了的事情，趋向善良则是后天修为所致。

［原文］

问者曰：“人之性恶，则礼义恶生？”应之曰：凡礼义者，是生于圣人之伪，非故生于人之性也。故陶人埏埴而为器，然则器生于工人之伪，非故生于人之性也。故工人斫木而

成器，然则器生于工人之伪，非故生于人之性也。圣人积思虑，习伪故，以生礼义而起法度，然则礼义法度者，是生于圣人之伪，非故生于人之性也。若夫目好色，耳好听，口好味，心好利，骨体肤理好愉佚（同“逸”），是皆生于人之情性者也，感而自然，不待事而后生之者也。夫感而不能然，必且待事而后然者，谓之生于伪。是性、伪之所生，其不同之征也。故圣人化性而起伪，伪起而生礼义，礼义生而制法度。然则礼义法度者，是圣人之所生也。故圣人之所以同于众，其不异于众者，性也；所以异而过众者，伪也。夫好利而欲得者，此人之情性也。假之人有弟兄资财而分者，且顺情性，好利而欲得，若是，则兄弟相拂夺矣；且化礼义之文理，若是则让乎国人矣。故顺情性则弟兄争矣，化礼义则让乎国人矣。

［译文］

有人问：“既然人的天性不加约束就会趋向邪恶，那礼义由何而来呢？”

我回答他说：所有的礼义，都产生于圣人的修为，而不是产生于人的天性。陶工搅拌揉抟黏土而制成陶器，陶器产生于陶工的人为努力，而不是一开始就产生于陶工的天性。木工砍削木材而制成木器，木器产生于木工的人为努力，而不是一开始就产生于木工的天性。圣人深思熟虑，熟悉人为的事情，从而使礼义产生，使法度建立，所以，礼义法度产生于圣人的人为努力，而不是一开始就产生于人的天性。至于那眼睛爱看美色，耳朵爱听音乐，嘴巴爱吃美味，内心爱好财利，身体喜欢舒适安逸，这些都产生于人的情欲天性，是一有感觉就自然形成、不依赖于人为努力就会产生的东西。那些并不随着感觉就生成、一定要依靠人为努力才能产生的东西，就叫作产生于人为。这便是先天本性所产生与后天人为所产生的东西及其不同的特征。圣人转化了趋向邪恶的天性而做出人为的努力,人为的努力做出后就产生了礼义,礼义产生后就制定了法度。那么礼义法度这些东西,便是圣人所创制的。圣人之所以与众人相同,而跟众人没有什么两样,是先天的天性;圣人与众人相异,而又有超过众人的地方,是后天的人为努力。爱好财利而希望得到,是人的常情固性。假如弟兄之间要分割财产,如若顺从"爱好财利而希望得到"的这种天性,兄弟之间也会手足相残,你抢我夺;如若受到礼义规范的教化,就会把这些财利推让给国人大众。所以依顺天性,就会兄弟相争;受到礼义教化,就会把这些财利推让给国人大众。

[原文]

凡人之欲为善者,为性恶也。夫薄愿厚,恶愿美,狭愿广,贫愿富,贱愿贵,苟无之中者,必求于外;故富而不愿财,贵而不愿埶(同"势"),苟有之中者,必不及于外。用此观之,人之欲为善者,为性恶也。今人之性,固无礼义,故强学而求有之也;性不知礼义,故思虑而求知之也。然则生(同"性")而已,则人无礼义,不知礼义。人无礼义则乱,不知礼义则悖。然则生(同"性")而已,则悖乱在己。用此观之,人之性恶明矣,其善者伪也。

[译文]

一个人想做出善良之事,正是因为他的天性会趋向邪恶。资产微薄的希望丰厚,相貌丑陋的希望美丽,住宅狭窄的希望宽广,贫穷的希望富裕,卑贱的希望高贵,如果本身没有它,就一定要向外追求;所以,富裕了就不羡慕钱财,显贵了就不羡慕权势,如果本身已经具有,就一定不再向外追求。如此看来,人要做善良之事,正是因为他的天性会趋向邪恶。人的天性,一开始并没有什么礼义观念,所以才会努力学习而力求掌握它;天性并不知晓礼义,所以才通过思虑而力求了解它。如果只有天性,人就不会拥有礼义，就不会知晓礼义。没有礼义就会混乱无序，不能知晓礼义就会悖逆不道。所以，如果什么都依赖天性，悖乱只会产生于自身。如此看来，人的天性不加约束就会趋向邪恶是清楚明了的事情，趋向善良则是后天修为所致。

［原文］

孟子曰："人之性善。"曰：是不然。凡古今天下之所谓善者，正理平治也；所谓恶者，偏险悖乱也。是善恶之分也已。今诚以人之性固正理平治邪？则有（通"又"）恶用圣王、恶用礼义矣哉！虽有圣王礼义，将曷加于正理平治也哉！今不然，人之性恶。故古者圣人以人之性恶，以为偏险而不正，悖乱而不治，故为之立君上之埶（同"势"）以临之，明礼义以化之，起法正以治之，重刑罚以禁之，使天下皆出于治、合于善也。是圣王之治，而礼义之化也。今当（同"傥"）试去君上之埶（同"势"），无礼义之化，去法正之治，无刑罚之禁，倚而观天下民人之相与也，若是，则夫强者害弱而夺之，众者暴寡而哗之，天下之悖乱而相亡不待顷矣。用此观之，然则人之性恶明矣，其善者伪也。

［译文］

孟子说："人的天性善良。"我说：这不正确。凡是从古到今、普天之下所谓的善良，是指公正合理、安定有序；所谓的邪恶，是指偏邪险恶、悖逆作乱。这就是善良和邪恶的区别。如果真的认为人的天性一开始就端正顺理安定有序，那又何必拥戴圣王、何必遵循礼义呢？退一步讲，即使有了圣王与礼义，那又有什么比公正合理、安定有序更好的东西施加在它们之上呢？实际上并不是这样，人的天性不加约束就会趋向邪恶。古代的圣人认为人的天性不加约束就会趋向邪恶，认为人们偏邪险恶而不守正道、悖逆作乱而不守规矩，所以，确立君主的权势去统治他们，彰明礼义去教化他们，建立法度去规范他们，加重刑罚去禁止他们，使天下人都从遵循礼法正道开始，行为符合善良的标准。这就是圣王治理天下的基本原则与礼义教化的作用。如果抛弃君主的权势，没有礼义的教化，废除法度的规范，没有刑罚的禁止，以事不关己高高挂起的心态，站在一边观看天下民众的相互交往，那么，强大的就会侵害弱小的而掠夺他们，人多的就会欺凌人少的而压制他们，天下人无不悖逆作乱而各国互相灭亡的局面顷刻间就会出现了。如此看来，人的天性不加约束就会趋向邪恶是清楚明了的事情，趋向善良则是后天修为所致。

［原文］

故善言古者必有节于今，善言天者必有征于人。凡论者，贵其有辨（通“别”）合，有符验，故坐而言之，起而可设，张而可施行。今孟子曰“人之性善”，无辨合符验，坐而言之，起而不可设，张而不可施行，岂不过甚矣哉！故性善则去圣王、息礼义矣；性恶则与圣王、贵礼义矣。故檃栝之生，为枸木也；绳墨之起，为不直也；立君上，明礼义，为性恶也。用此观之，然则人之性恶明矣，其善者伪也。

［译文］

善于谈论古代的人，一定以古代评判今天；善于谈论天道的人，一定以天道来验证人事。凡是议论，可贵的在于像契券般可核对、像信符般可检验。所以坐着谈论它，站起来就可以部署安排，推广出去就可以实行。现在孟子说“人的天性善良”，没有与它相契合的证据及可以验证的凭据，坐着谈论它，站起来不能部署安排，推广出去不能实行，这难道不是错得很厉害了吗？认为人的天性善良，那就会摒除圣明的帝王、取消礼义了；认为人的天性不加约束就会趋向邪恶，那就会拥护圣明的帝王、推崇礼义了。整形器的产生，是因为有弯曲的木料；墨线墨斗的出现，是因为有不直的东西；设立君主，彰明礼义，是因为人的天性不加约束就会趋向邪恶。如此看来，人的天性不加约束就会趋向邪恶是清楚明了的事情，趋向善良则是后天修为所致。

[原文]

直木不待檃栝而直者，其性直也；枸木必将待檃栝、烝、矫然后直者，以其性不直也。今人之性恶，必将待圣王之治、礼义之化，然后皆出于治、合于善也。用此观之，然则人之性恶明矣，其善者伪也。

[译文]

笔直的木材不依靠整形器就笔直，因为它的天性就是笔直的；弯曲的木材一定要依靠整形器进行熏蒸、矫正然后才能挺直，因为它的天性不直。人的天性不加约束就会趋向邪恶，一定要依靠圣明帝王的治理、礼义的教化，然后才能都从遵守秩序出发、合乎善良的标准。如此看来，人的天性不加约束就会趋向邪恶是清楚明了的事情，趋向善良则是后天修为所致。

[原文]

问者曰："礼义积伪者，是人之性，故圣人能生之也。"应之曰：是不然。夫陶人埏埴而生瓦，然则瓦埴岂陶人之性也哉？工人斫木而生器，然则器木岂工人之性也哉？夫圣人之于礼义也，辟（同"譬"）则陶埏而生之也，然则礼义积伪者，岂人之本性也哉？凡人之性者，尧、舜之与桀、跖，其性一也；君子之与小人，其性一也。今将以礼义积伪为人之性邪？然则有（通"又"）曷贵尧、禹，曷贵君子矣哉？凡所贵尧、禹、君子者，能化性，能起伪，伪起而生礼义。然则圣人之于礼义积伪也，亦犹陶埏而生之也。用此观之，然则礼义积伪者，岂人之性也哉？所贱于桀、跖、小人者，从其性，顺其情，安恣睢，以出乎贪利争夺。故人之性恶明矣，其善者

伪也。

［译文］

有人问："礼义是积累人为因素获得的，这也是人的天性，所以圣人能够创制礼义。"回答他说：这种说法不正确。陶工搅拌揉抟黏土而生产出泥瓦，那么把黏土制成泥瓦难道就是陶工的天性么？木工砍削木材而造出器具，那么把木材制成器具难道就是木工的天性么？圣人对于礼义，就像陶工搅拌揉抟黏土而生产出泥瓦一样，那么积累人为因素而制定成礼义，难道就是圣人的天性么？凡是人的天性，圣明的尧、舜和残暴的桀、跖，他们的天性一样；君子和小人，他们的天性一样。如果要把积累人为因素而制定成礼义当作是人的天性，那又为什么要推崇尧、禹，为什么要推崇君子呢？一般说来，人们之所以要推崇尧、禹、君子，是因为他们对自己的天性有所约束有所发扬，能够做出人为的努力，人为的努力做出后就产生礼义。既然是这样，圣人对于积累人为因素而创制礼义，也就像陶工搅拌揉抟黏土而生产出泥瓦一样。由此看来，积累人为因素而创制礼义，哪里是人的天性呢？人们所以要鄙视桀、跖、小人，是因为他们放纵自己的天性，顺从自己的情欲，习惯于恣肆放荡，以致做出贪图财利争抢掠夺的暴行。所以，人的天性不加约束就会趋向邪恶是清楚明了的事情，趋向善良则是后天修为所致。

［原文］

天非私曾、骞、孝己而外众人也，然而曾、骞、孝己独厚于孝之实而全于孝之名者，何也？以綦于礼义故也。天非私齐、鲁之民而外秦人也，然而于父子之义、夫妇之别，不如齐、鲁之孝具敬父者，何也？以秦人从情性、安恣睢、慢于礼义故也。岂其性异矣哉？

［译文］

上天并不是偏爱曾参、闵子骞、孝己而抛弃众人，但是唯有曾参、闵子骞、孝己丰富了孝道的实际内容而成全了孝子的名声，为什么呢？是因为他们竭力奉行礼义的缘故。上天并不是偏爱齐国、鲁国的民众而抛弃秦国的百姓，但是在父子之间的礼义、夫妻之间的分别上，秦国不及齐国、鲁国那样孝顺恭敬、彬彬有礼，为什么呢？是因为秦国人纵情任性、习惯于恣肆放荡而怠慢礼义的缘故。这哪里是他们的天性不同呢？

［原文］

“涂之人可以为禹”，曷谓也？曰：凡禹之所以为禹者，以其为仁义法正也。然则仁义法正有可知可能之理，然而涂之人也，皆有可以知仁义法正之质，皆有可以能仁义法正之具，然则其可以为禹明矣。今以仁义法正为固无可知可能之理邪？然则唯禹不知仁义法正，不能仁义法正也。将使涂之人固无可以知仁义法正之质，而固无可以能仁义法正之具邪？然则涂之人也，且内不可以知父子之义，外不可以知君臣之正。不然。今涂之人者，皆内可以知父子之义，外可以知君臣之正，然则其可以知之质，可以能之具，其在涂之人明矣。今使涂之人者以其可以知之质，可以能之具，本夫仁义之可知之理、可能之具，然则其可以为禹明矣。今使涂之人伏（通“服”）术为学，专心一志，思索孰（同“熟”）察，加日县（同“悬”）久，积善而不息，则通于神明、参于天地矣。故圣人者，人之所积而致矣。

［译文］

有人说：“‘大路上的普通人可以成为禹’，这话怎么解释呢？”回答说：一般说来，禹之所以成为禹，是因为他能努力践行仁义法度。既然这样，仁义法度就具有了能够被了解、遵循的可能性，而大路上的普通人，也都具备可以了解、遵循仁义法度的素质；既然这样，他们可以成为禹也就是清楚明了的事情。如果认为仁义法度一开始就没有能够被了解、遵循的可能，那么，即使是禹，也不能了解、遵循仁义法度。假设大路上的人一开始就不具备了解、遵循仁义法度的素质，或者说，大路上的人对内不懂父子之间的礼义，对外不懂君臣之间的规矩。但实际上不是这样。现在大路上的人对内都懂父子之间的礼义，对外都懂君臣之间的规矩。所以说，具备能够了解、遵循仁义法度的素质，存在于大路上的人身上，也就是清楚明了的事情。现在如果使大路上的人用他们能够了解、遵循仁义的素质，再去掌握那具有能够被了解、遵循可能性的仁义，那么，他们可以成为禹也就是清楚明了的事情。现在如果大路上的人以如痴如醉的精神进行学习，专心致志，认真思考，仔细审察，日复一日，持之以恒，积累善行而永不停息，智慧就能够澄澈自如，与天地同参。所以，圣人就是一般人通过积累善行而达到的。

［原文］

曰："圣可积而致，然而皆不可积，何也？"曰：可以而不可使也。故小人可以为君子而不肯为君子，君子可以为小人而不肯为小人。小人、君子者，未尝不可以相为也，然而不相为者，可以而不可使也。故涂之人可以为禹则然，涂之人能为禹，未必然也。虽不能为禹，无害可以为禹。足可以遍行天下，然而未尝有能遍行天下者也。夫工匠、农、贾（gǔ），未尝不可以相为事也，然而未尝能相为事也。用此观之，然则可以为，未必能也；虽不能，无害可以为。然则能不能之与可不可，其不同远矣，其不可以相为明矣。

［译文］

有人说："圣人可以通过积累善行而达到，但是一般人都不能积累善行，为什么呢？"回答说：可以做到，却不可强迫他们做到。小人可以成为君子而不肯做君子，君子可以成为小人而不肯做小人。小人与君子，未尝不可以互换角色，但他们没有互换角色，是因为可以做到却不可强迫他们做到。所以,大路上的人可以成为禹是对的,但大路上的人都能成为禹就不一定对。虽然没有能成为禹,但并不妨碍他们可以成为禹。脚可以走遍天下,但是还没有能够走遍天下的人。工匠、农夫、商人,未尝不可以角色互换,但未必真的能够做到角色互换。由此看来,可以做到,不一定就能做到;即使不能做到,也不妨碍他们可以做到。那么,做到、做不到与可以、不可以,它们的差距非常之大,它们不可以角色互换也是清楚明了的事情。

[原文]

尧问于舜曰:“人情何如?”舜对曰:“人情甚不美,又何问焉?妻子具而孝衰于亲,嗜欲得而信衰于友,爵禄盈而忠衰于君。人之情乎!人之情乎!甚不美,又何问焉?”唯贤者为不然。

[译文]

尧问舜说:“人之常情怎么样?”舜回答说:“人之常情很不好,又何必问呢?有了妻子儿女,对父母的孝敬就减弱了;嗜好欲望满足了,对朋友的守信就减弱了;爵位俸禄满意了,对君主的忠诚就减弱了。人之常情啊!人之常情啊!很不好,又何必问呢?只有贤德的人不是这样。”

[原文]

有圣人之知(同“智”,本段同)者,有士君子之知者,有小人之知者,有役夫之知者。多言则文而类,终日议其所以,言之千举万变,其统类一也,是圣人之知也。少言则径而省,论而法,若佚(通“符”)之以绳,是士君子之知也。其言也謟,其行也悖,其举事多悔,是小人之知也。齐(通“疾”)给、便敏而无类,杂能、旁魄(同“磅礴”)而无用,析速、粹孰而不急,不恤是非,不论曲直,以期胜人为意,是役夫之知也。

［译文］　有圣人的智慧，有士君子的智慧，有小人的智慧，有奴仆的智慧。话说得多，但合乎礼义法度，整天谈论他的理由，说起话来旁征博引、千变万化，纲纪法度却始终一致，这是圣人的智慧。话说得少，但直截了当而简洁精练，头头是道而有法度，就像用墨线量过一样，这是士君子的智慧。惯于奉承讨好，说一套做一套，做过的事情经常后悔，这是小人的智慧。说话快速敏捷但口无遮拦，什么都能做但什么都做不好，分析迅速但抓不住重点、构思熟练但切不中要害，不顾是非，不讲曲直，把希望胜过别人当作最大的心愿，这是奴仆的智慧。

［原文］　**有上勇者，有中勇者，有下勇者。天下有中，敢直其身；先王有道，敢行其意；上不循于乱世之君，下不俗于乱世之民；仁之所在无贫穷，仁之所亡无富贵；天下知之，则欲与天下同苦乐之，天下不知之，则傀然独立天地之间而不畏：是上勇也。礼恭而意俭，大齐信焉而轻货财，贤者敢推而尚（同"上"）之，不肖者敢援而废之，是中勇也。轻身而重货，恬祸而广解，苟免，不恤是非、然不然之情，以期胜人为意，是下勇也。**

［译文］　有上等的勇敢，有中等的勇敢，有下等的勇敢。天下中正之道，要敢于挺身捍卫；先王的治国原则，要敢于付诸实践；上不追随搞乱天下的君主，下不讨好动乱时代的民众；在仁德存在的地方不顾贫苦穷厄，在仁德丧失的地方不求富裕高贵；天下人知道他，就要与天下人同甘共苦；天下人不知道他，就岿然屹立于天地之间而无所畏惧：这是上等的勇敢。礼貌恭敬而心意谦让，重视中正诚信而看轻钱财，对于贤能的人敢于推荐而使他处于高位，对于不贤的人敢于把他拉下来罢免掉：这是中等的勇敢。看轻自己的生命而看重钱财，不在乎闯祸而又多方解脱，苟且逃避罪责；

不顾是非、正误的实际，把希望胜过别人当作最大的心愿：这是下等的勇敢。

［原文］

繁弱、巨黍，古之良弓也，然而不得排檠则不能自正。桓公之葱，大公之阙，文王之禄，庄君之曶，阖闾之干将、莫邪、巨阙、辟闾，此皆古之良剑也，然而不加砥厉（同"砺"）则不能利，不得人力则不能断。骅骝、骐（qí）骥、纤离、绿耳，此皆古之良马也，然而前必有衔辔之制，后有鞭策之威，加之以造父之驭，然后一日而致千里也。夫人虽有性质美而心辩知，必将求贤师而事之，择良友而友之。得贤师而事之，则所闻者尧、舜、禹、汤之道也；得良友而友之，则所见者忠信敬让之行也。身日进于仁义而不自知也者，靡（通"摩"）使然也。今与不善人处，则所闻者欺诬诈伪也，所见者污漫、淫邪、贪利之行也，身且加于刑戮而不自知者，靡使然也。传曰："不知其子视其友，不知其君视其左右。"靡而已矣！靡而已矣！

［译文］

繁弱、巨黍，是古代的良弓，但是得不到排檠（古代矫正弓弩的工具）的矫正，就不会自行平正。齐桓公的葱，齐太公的阙，周文王的禄，楚庄王的曶，吴王阖闾的干将、莫邪、巨阙、辟闾，都是古代的良剑，但是不加以磨砺就不会锋利，不凭借人力就不能斩断东西。骅骝、骐骥、纤骊、绿耳，都是古代的良马，但是必须前有马嚼子、马缰绳的控制，后有鞭子的威胁，再给它们加上造父的驾驭，然后才能一天跑到千里之外。人即使资质美好，而且脑子灵活，也一定要寻找贤能的老师去请教，选择品行优良的朋友去友敬。得到了贤能的老师去请教，那么所听到的就是尧、舜、禹、汤的正道；得到了德才优良的朋友去友敬，那么所看到的就是忠诚守信恭敬谦让的行为。一天天地进入到仁义的境界之中而没有任何察觉，这是与人所选择的外部环境分不开的。如果和德行差的人相处，那么所听到的就是欺骗诬陷、诡诈说谎；所看到的就是污秽卑鄙、淫乱邪恶、贪图好处的行为，自己将要受到刑罚杀戮而没有一点预感，这仍然是与是人所选择的外部环境分不开的。古书上说："不了解自己的儿子就看看他的朋友怎么样，不了解自己的君主就看看他身边的人怎么样。"都与选择的外部环境分不开呀！都与选择的外部环境分不开呀！

君子篇第二十四

[原文]

天子无妻,告人无匹也。四海之内无客礼,告无适也。足能行,待相者然后进;口能言,待官人然后诏。不视而见,不听而聪,不言而信,不虑而知,不动而功,告至备也。天子也者,埶(同"势")至重,形至佚(同"逸"),心至愈(通"愉"),志无所诎,形无所劳,尊无上矣。《诗》曰:"普天之下,莫非王土;率土之滨,莫非王臣。"此之谓也。

[译文]

"天子没有妻子",是说别人没有与他地位平齐的。"天子在四海之内没有人用对待客人的礼节接待他",是说没有人做他的主人。"天子脚能走路,但一定要依靠礼宾官才向前行;嘴能说话,但一定要依靠传旨的官员才去下达命令。天子不用亲自去看就能看得见,不用亲自去听就能听得清,不用亲自去说就能取信于民,不用亲自思考就能理解,不用亲自动手就能有功效",这是说天子的官员体制极其完备。天子权势极其重大,身体极其安逸,心境极其愉快,志向没有什么会受挫折的,身体没有什么可以劳累的,尊贵的地位无以复加。《诗》上说:"茫茫苍天覆盖的下面,无处不是大王的疆土;从大王居住的京城一直到那四海的海滨,无人不是大王的臣民。"讲的就是这个事情。

[原文]

圣王在上,分义行乎下,则士大夫无流淫之行,百吏官人无怠慢之事,众庶百姓无奸怪之俗,无盗贼之罪,莫敢犯大上之禁。天下晓然皆知夫盗窃之人不可以为富也,皆知

夫贼害之人不可以为寿也，皆知夫犯上之禁不可以为安也。由其道，则人得其所好焉；不由其道，则必遇其所恶焉：是故刑罚綦省而威行如流。世晓然皆知夫为奸则虽隐窜逃亡之由不足以免也，故莫不服罪而请。《书》曰："凡人自得罪。"此之谓也。

［译文］

圣王在上，名分、道义推行到下面时，士大夫就不会有放肆淫荡的行为，群臣百官就不会有懈怠傲慢的事情，群众百姓就不会有邪恶怪僻的习俗，不会有偷盗劫杀的罪行，没有人敢触犯君王的禁令。天下人明明白白地都知道盗窃不可能走向富裕，都知道抢劫杀人不可能获得长寿，都知道触犯了君王的禁令不可能享受安宁。遵循圣王的正道，每个人就都能得到他所喜好的奖赏；如果不遵循圣王的正道，就一定会遭到他所厌恶的刑罚。所以，刑罚很少使用而权威的树立却如同流水一样到处扩散渗透，社会上都非常清楚地知道如若为非作歹，即使躲藏逃亡也不能免受惩罚，所以，无不伏法认罪而主动请求惩处。《书》上说："所有犯罪的人都自愿接受惩处。"讲的就是这种情况。

［原文］

故刑当罪则威，不当罪则侮；爵当贤则贵，不当贤则贱。古者刑不过罪，爵不逾德，故杀其父而臣其子，杀其兄而臣其弟。刑罚不怒罪，爵赏不逾德，分然各以其诚通。是以为善者劝，为不善者沮，刑罚綦省而威行如流，政令致明而化易如神。传曰："一人有庆，兆民赖之。"此之谓也。

［译文］

所以，刑罚与罪行相当就会产生威严，与罪行不相当就会拿它当作儿戏；官爵和德才相当就会受人尊重，与德才不相当就会被人鄙视。古代刑罚不超过犯人的罪行，官爵不超过官员的德行，所以，处死了父亲而让儿子做臣子，处死了哥哥而让弟弟做臣子。刑罚的惩处不超过犯人的罪行,官爵的奖赏不超过官员的德行,每位官员都能职责分明地贯彻执行君王的政策法令。因此,做好事的人得到鼓励,干坏事的人受到制裁,刑罚很少使用而权威的树立却像流水一样到处扩散渗透,政策法令极其明确而教化的推行却像神灵一样无所不能。古书上说:"天子一个人有了完美的品行,天下苍生就能依赖于他而获得幸福。"讲的就是这种情况。

[原文]

乱世则不然:刑罚怒罪,爵赏逾德,以族论罪,以世举贤。故一人有罪而三族皆夷,德虽如舜,不免刑均,是以族论罪也。先祖当(通"尝")贤,后子孙必显,行虽如桀、纣,列从必尊,此以世举贤也。以族论罪,以世举贤,虽欲无乱,得乎哉!《诗》曰:"百川沸腾,山冢崒崩;高岸为谷,深谷为陵。哀今之人,胡憯莫惩!"此之谓也。

[译文]

混乱的时代就不是这样。刑罚的惩处超过了犯人的罪行,官爵的奖赏超过了官员的德行,按照家族宗亲来判罪,根据世系归属来举用贤人。一个人有了罪而父、母、妻三族都被诛灭,德行即使如同舜一样,也不避免不了遭受同样的刑罚,这是按照家族宗亲来判罪。祖先曾经贤能,后代的子孙就一定要显赫,行为即使如同夏桀、商纣一样,官爵也一定要尊贵,这是根据世系归属来举用贤人。按照家族宗亲判罪,根据世系归属举用贤人,想要天下不混乱,办得到吗?《诗》上说:"很多河流在沸腾,山峰碎裂往下崩,高高的山崖变成深谷,深深的峡谷变成高陵。可哀当今的执政者,为什么竟然不警醒!"讲的就是这种情况。

[原文]

论法圣王,则知所贵矣;以义制事,则知所利矣。论知所贵,则知所养矣;事知所利,则动知所出矣。二者,是非之

本、得失之原也。故成王之于周公也，无所往而不听，知所贵也。桓公之于管仲也，国事无所往而不用，知所利也。吴有伍子胥而不能用，国至于亡，倍道失贤也。故尊圣者王，贵贤者霸，敬贤者存，慢贤者亡，古今一也。故尚贤使能，等贵贱，分亲疏，序长幼，此先王之道也。故尚贤、使能，则主尊下安；贵贱有等，则令行而不流；亲疏有分，则施行而不悖，长幼有序，则事业捷成而有所休。故仁者，仁此者也；义者，分此者也；节者，死生此者也；忠者，惇慎此者也。兼此而能之，备矣。备而不矜，一自善也，谓之圣。不矜矣，夫故天下不与争能而致善用其功。有而不有也，夫故为天下贵矣。《诗》曰："淑人君子，其仪(同'义')不忒，其仪不忒，正是四国。"此之谓也。

[译文]　议论效法圣明的帝王，就知道什么人应该尊重；根据道义来处理事情，就知道什么办法最为有利。议论时知道所要尊重的人，就会懂得所要修养的品德；做事时知道有利的办法，行动时就会懂得从什么地方开始。这两个方面，是正确与错误发生的根本原因，是成功与失败产生的根源。周成王对于周公，没有什么不听从，这是懂得所要尊重的人。齐桓公对于管仲，凡是国家大事没有什么不听从，这是懂得有利的办法。吴国有了伍子胥而不能听从他，国家落到灭亡的地步，是因为违背了正道失掉了贤人。所以使圣人尊贵的君主就能称王天下，使贤人尊贵的君主就能称霸诸侯，尊敬贤人的君主就可以持续存在，怠慢贤人的君主就会灭亡，从古到今都是一样。尚贤使能，等贵贱，分亲疏，序长幼，这就是先王的正道。尚贤使能，那么君主就会尊贵而臣民就会安宁；贵贱有等，命令就能实行而不会停滞；亲疏有分，恩惠就能正确赐予而不会违背情理；长幼有序，那么事业就能迅速成功而能

得到休息。讲求仁德的人,就是喜欢这种正道的人;讲求道义的人,就是把这种正道当作职责名分的人;讲求节操的人,就是为这种正道而献身的人;讲求忠诚的人,就是忠厚真诚地奉行这种正道的人。囊括了这种仁德、道义、节操、忠诚而全能做到,德行就会完备。德行完备而不炫耀,一切都是为了完善自己的德行,就叫作圣人。不炫耀,所以天下人就不会与他争夺是否能把事情做成功,因而他就能极好地利用大家的力量。有了德才而不自以为有德才,所以就被天下人尊重。《诗》上说:“善人君子忠于仁,坚持道义不变更。他的道义不变更,四方国家他来君临。”讲的就是这种情况。

成相篇第二十五

［原文］

请成相，世之殃，愚暗愚暗堕贤良。人主无贤，如瞽无相何伥伥！

请布基，慎圣人，愚而自专事不治。主忌苟胜，群臣莫谏必逢灾。

论臣过，反其施，尊主安国尚贤义。拒谏饰非，愚而上同国必祸。

曷谓罢（通“疲”或“痞”）？国多私，比周还主党与施。远贤近谗，忠臣蔽塞主埶（同“势”）移。

曷谓贤？明君臣，上能尊主爱下民。主诚听之，天下为一海内宾。

主之孽，谗人达，贤能遁逃国乃蹶。愚以重愚，暗以重暗成为桀。

世之灾，妒贤能，飞廉知政任恶来。卑其志意，大其园圃高其台。

武王怒，师牧野，纣卒易乡启乃下。武王善之，封之于宋立其祖。

世之衰，谗人归，比干见刳箕子累。武王诛之，吕尚招麾殷民怀。

世之祸，恶贤士，子胥见杀百里徙。穆公得之，强配五伯六卿施。

世之愚，恶大儒，逆斥不通孔子拘。展禽三绌，春申道

缀基毕输。

请牧基，贤者思，尧在万世如见之。谗人罔极，险陂倾侧此之疑。

基必施，辨贤罢（通“疲”或“瘩”），文、武之道同伏戏。由之者治，不由者乱何疑为？

［译文］

敲起鼓来咚咚响，各位君子听我讲，讲一讲这世间的祸与殃，这世道昏昏又暗暗，专门坑害那贤良。

君主没有贤良来辅佐，就像瞎子没人帮，危险重重迷迷又茫茫。

鼓声阵阵把人惊，请把原因听一听，圣贤再好难以得重用，君主昏庸又专断，大事小事全无成。

揣着小人肮脏心，害怕贤良好名声，群臣唯唯不敢谏，灾难连连他铁板钉钉。

鼓声阵阵惊你我，要论臣子的对与错，关键看他怎么做？

是否尊君王安邦又定国？是否敬贤良？是否道义多？

拒劝谏饰非文过，君主想听什么我就说什么，国家一定会遭祸。

鼓声阵阵惊你我，再把瘩子混混说一说，这些人私欲多又多，相互利用，相互勾结，君王早被牢牢封锁，帮帮派派拉拉又扯扯。

贤人被斥靠边站，谗人来了一拨又一拨，忠臣无法进朝堂，君主权势被剥夺。

敲声阵阵响咚咚，再讲什么叫贤能？贤能若能来执政，君臣职责定分明，对上能尊君，对下爱民众。

君主真能把他来任用，天下一统少战乱，四海之内都相敬。

鼓声阵阵惊你我，君主的灾祸从头说，小人得势谗臣乐，贤能逃的逃来躲的躲，国家命运好比腿断脚又折。

愚蠢愚蠢真愚蠢，火山口上也敢坐，黑暗黑暗真黑暗，残暴无比成夏桀。

鼓声阵阵说商代，说一说商纣王的祸与灾，嫉贤妒能把人猜，飞廉献媚能执政，巧舌如簧数恶来。

纣王他心胸越来越狭隘，大建园林讲气派，高高筑起那鹿台。

周武王，把怒发，挥师牧野猛攻打，纣王士兵齐倒戈，微子自缚忙跪下。武王直把微子夸，封为宋邦开国君，商族祖先供在家。

商代衰落将灭亡，谗人佞臣聚朝堂，比干被剖挖了心，箕子囚禁在牢房。

周武王，诛商纣，吕尚指挥战旗扬，商朝民众全归往。

鼓声阵阵咚咚响，再把世间祸害讲一讲，根子出在用人上，小人当道弃贤良。

伍子胥被杀身灭亡，百里奚陪嫁到秦邦。

秦穆公，好眼光，百里奚转眼成栋梁，秦国繁荣又富强，敢同五霸比高下，六卿配套威风扬。

说完祸害说昏君，昏君用人入歧途，痞子混混得上座，大儒名贤炒鱿鱼。

周游列国遭贬斥，孔子多次被困拘。展禽三番被罢官，春申君的德政被废除，儒家理想完全被倾覆。

敲起鼓来唱当中，治国的根本可要来认清，治国贵在用贤能。

唐尧帝，真英明，人才济济皆得用，想来年代虽久远，万世楷模呀大道行。

谗人作恶无尽头，阴险狡诈心不正，怀疑唐尧是虚假，谋取私利未消停！

得人才者得天下，尊重人才的政策坚决要执行，首先要把圣贤痞子区分清。

周文王，周武王，尊重人才留美名，道路与那伏羲最相同。

遵循此道国家治，违背它就乱象生，为何怀疑这事情？

［原文］

凡成相，辨法方，至治之极复后王。复慎、墨、季、惠，百家之说诚不详（通“祥”）。

治复一，修之吉，君子执之心如结。众人贰之，谗夫弃之形（通“刑”）是诘。

水至平，端不倾，心术如此象圣人。□而有埶（同“势”），直而用抴必参天。

世无王，穷贤良，暴人刍豢，仁人糟糠。礼乐灭息，圣人隐伏墨术行。

治之经，礼与刑，君子以修百姓宁。明德慎罚，国家既治四海平。

治之志，后埶（同“势”）富，君子诚之好以待。处之敦固，有（通“又”）深藏之能远思。

思乃精，志之荣，好而壹之神以成。精神相反，一而不贰为圣人。

治之道，美不老，君子由之佼以好。下以教诲子弟，上以事祖考。

成相竭，辞不蹶，君子道之顺以达。宗其贤良，辨其殃孽。

［译文］

鼓声咚咚连连响，各位继续听我讲，治国安民有良方。

天下大治有先例，关键在于法后王。

慎到与墨翟，惠施与季梁，百家各有新花样，有些观点很荒唐。

治国先要人心齐，遵循此道就大吉，君子坚信这条路，专心致志不怀疑。

众人思想难统一，谗人把它来抛弃，刑罚整肃归大道，大道宽广走到底。

杯中水呀最公平，端来端去不斜倾，人心若像这个样，不是君子是贤圣。

有朝一日来执政，严格守规矩，对人讲宽容，功德齐天伟业兴。

世上没有好帝王，走投无路是贤良，残暴小人食鲜肉，仁德君子咽糟糠。

礼崩乐坏乱了套，圣人隐居又躲藏，墨家学说流行广。

鼓声阵阵嗓门清，我再讲讲治国经，治国必用礼与刑。

君子靠它来修身，百姓靠它保安宁。

彰明仁德慎用刑，国家因此治理好，四海之内享太平。

鼓声缓来鼓声急，治国也有先与后，权势财富向后放，赢得民心是第一。

君子最懂这道理，心地坦诚牢牢记。千难万险难改变，深谋远虑不停息。

思考问题精又精，成果串串收获丰，爱好真理用心专，洞察万物可养成。

精准洞察两相应，全心全意不变更，积善积德成贤圣。

治理国家走正道，完美和谐不衰老，君子照此走下去，美好之上加美好。

对下用来教子弟，对上用来奉祖考。

鼓声阵阵响四方，讲到此处歇歇喉嗓，道理一下讲不完，讲的都是那治国良方。

要是能按此法做，国也泰来民也安康，治国必须敬贤良，辨清正道才可避祸殃！

[原文]

请成相，道圣王，尧、舜尚贤身辞让。许由、善卷，重义轻利行显明。

尧让贤，以为民，泛利兼爱德施均。辨治上下，贵贱有

等明君臣。

尧授能，舜遇时，尚贤推德天下治。虽有贤圣，适不遇世孰知之？

尧不德，舜不辞，妻以二女任以事。大人哉舜！南面而立万物备。

舜授禹，以天下，尚得（同“德”）推贤不失序。外不避仇，内不阿亲贤者予。

禹劳心力，尧有德，干戈不用三苗服。举舜甽亩，任之天下身休息。

得后稷，五谷殖，夔为乐正鸟兽服。契为司徒，民知孝弟（同“悌”）尊有德。

禹有功，抑下鸿（通“洪”），辟除民害逐共工。北决九河，通十二渚疏三江。

禹傅（通“敷”）土，平天下，躬亲为民行劳苦。得益、皋陶、横革、直成为辅。

契玄王，生昭明，居于砥石迁于商。十有四世，乃有天乙是成汤。

天乙汤，论举当，身让卞随举牟光。□□□□，道古贤圣基必张。

［译文］

敲起鼓来咚咚响，头一段唱的是治国良方，这一段唱一唱圣明君王。

唐尧、虞舜胸怀广，想把帝位让贤良。

许由、善卷品性高，不恋权势隐身藏，重义轻利是楷模，千秋万代放光芒。

尧把帝位让贤良，全是为了民安康，造福大众同相爱，无多无少像太阳。

上下关系都理顺，贵贱有别各相当，君君臣臣有规矩，权责分明治家邦。

尧把帝位传给好儿郎，虞舜赶上好时光，以德治国用贤良，天下太平百姓喜洋洋。

现在虽有圣贤本领强，恰恰世上无圣王，才华无处来施展呐，怎知他们本领强不强？

唐尧不把自己来表扬，虞舜不辞重任敢担当，尧把二女嫁给舜，又将政事压肩上。

真伟大啊真伟大，舜帝从容治天下，面南而立发号令，万物齐备百姓夸！

舜帝年老不糊涂，又把天下授大禹，崇尚德行选贤人，优胜劣汰不失序。

对外不避仇家子，对内亲儿不袒护，贤明之人就授予。

大禹治国费心力，尧帝修德有威仪，不用干戈去打压，三苗臣服把头低。

虞舜原是种田人，尧帝选他来接替，天下重任相托付，退位养老去休息。

虞舜治国用后稷，五谷丰登有衣食；夔任乐正勤教化，鸟兽也知行礼仪。

契为司徒立榜样，人伦分明守孝悌，有德之人受尊敬，风俗因此被转移。

大禹治水建奇功，洪涝灾害他扫平，为民除害不辞苦，驱逐共工人称颂。

放开北面九条河，十二湖泊得连通，三江滚滚疏浚好，东海笑把百川迎。

大禹治水又治土，天下太平可安居，身体力行走在前，为民造福不怕苦，伯益、皋陶当助手，横革、直成相帮辅。

简狄生契号玄王，高擘火把照四方，开始住在砥石冈，多次辗转迁到商。

一直传到十四世，生下天乙叫成汤。

商王天乙叫成汤，选举人才很得当，先是让位给卞随，又把重任托牟光。

遵循正道敬贤者，一心效法古圣王，基业因此得扩张。

［原文］

愿陈辞，世乱恶善不此治。隐讳疾贤，良由奸诈鲜无灾。

患难哉！阪为先，圣知不用愚者谋。前车已覆，后未知更何觉时！

不觉悟，不知苦，迷惑失指易上下。中(通“衷”)不上达，蒙揜(yǎn，同“掩”)耳目塞门户。

门户塞，大迷惑，悖乱昏莫(同“暮”)不终极。是非反易，比周欺上恶正直。

正直恶，心无度，邪枉辟回失道途。己无邮(通“尤”)人，我独自美岂独无故！

不知戒，后必有，恨后遂过不肯悔。谗夫多进，反复言语生诈态(通“慝”)。

人之态(通“慝”)，不如备，争宠嫉贤利恶忌。妒功毁贤，下敛党与上蔽匿。

上壅蔽，失辅埶(同“势”)，任用谗夫不能制。孰公长父之难，厉王流于彘。

周幽、厉，所以败，不听规谏忠是害。嗟我何人，独不遇时当乱世！

欲衷对(通“遂”)，言不从，恐为子胥身离(通“罹”)凶。进谏不听，刭而独鹿弃之江。

观往事，以自戒，治乱是非亦可识。托于成相以喻意。

［译文］

听我继续来陈辞，这个世道混乱极，是非善恶全颠倒，任由蔓延不治理。

最恨贤良揭他短，奸诈小人把他迷，灾祸很少会远离。

这个世道祸患多，歪门邪道第一恶，圣人智者不得用，愚蠢之辈乱决策。

前面车辆已倾覆，后面车子不改辙，不知何时能觉悟，漫漫道路长长夜。

君上糊涂不觉悟，不知这样会受苦，昏庸无能瞎指挥，君臣易位乱无序。

忠言君上听不到，耳朵眼睛被蒙住，进出门户全封堵。

进出门户全封堵，糊里糊涂走绝路，背叛混乱无休止，浑浑噩噩难停住。

是非颠倒黑变白，互相勾结骗君主，正直贤人被憎恶。

正直贤人被憎恶，君主心中无法度，奸邪横行黑暗多，治国理政入歧途。

出了问题怨别人，唯我完美自吹鼓，是人就会把错犯，君主岂能不失误？

不知警觉不自律，后来必定犯错误，凶悍固执难劝说，一错到底不悔悟。

造谣之人得重用，是非善恶都颠覆，欺诈奸邪全干出。

君主在上被蒙蔽，失去辅佐与权势，奸臣佞臣环左右，小人成群难节制。

虢公长父得重用，厉王因此灾难起，国人暴动把他攻，仓仓皇皇逃到彘。

幽王、厉王都失败，我把原因讲出来，先是不把规谏听，接着又把忠良害。

哎呀哎呀我是谁？偏偏没遇好时代，活在乱世真无奈！

欲向君王言衷情，却怕人家不爱听，更怕像那伍子胥，身遭不幸丧性命。

进言劝谏君不听，被赐独鹿宝剑刎脖颈，尸体抛在江水中。

认真观察过往事，都可当作镜子使，治世乱世相对照，是非成败能辩知。

为了寄托这情思，挥笔写就成相辞，用来表达我心意。

[原文]

请成相，言治方，君论有五约以明。君谨守之，下皆平正国乃昌。

臣下职，莫游食，务本节用财无极。事业听上，莫得相使一民力。

守其职，足衣食，厚薄有等明爵服。利往卬（同“仰”）上，莫得擅与孰私得？

君法明，论有常，表仪既设民知方。进退有律，莫得贵贱孰私王？

君法仪，禁不为，莫不说教名不移。修之者荣、离之者辱孰它师？

刑称陈，守其银（通“垠”），下不得用轻私门。罪祸有律，莫得轻重威不分。

请牧祺，明有基，主好论议必善谋。五听修领，莫不理续主执持。

听之经，明其请（通“情”），参伍明谨施赏刑。显者必得，隐者复显民反诚。

言有节，稽其实，信诞以分赏罚必。下不欺上，皆以情言明若日。

上通利，隐远至，观法不法见不视。耳目既显，吏敬法令莫敢恣。

君教出，行有律，吏谨将之无铍（通“颇”）滑（同“猾”）。下不私请，各以宜舍巧拙。

臣谨修，君制变，公察善思论不乱。以治天下，后世法之成律贯。

［译文］

敲起鼓来继续讲，讲讲世上治国方。为君之道有五条，简单明了听端详。

君上严格来遵守，臣下才有好榜样，大家都能正自身，国家安定又富强。

臣下端正守本职，不可游荡吃白食，专心农耕勤节俭，财富无穷国库实。

做事听从君主令，不得随便乱指使，民力拧成一根绳，令行禁止步伐齐。

臣下贵在守本职，既有衣来也有食，俸禄多少有差等，爵位服饰要明细。

财利要靠君来赏，不得擅自相配给，私分财物是大忌！

君主法度亮堂堂，言论话语不走样，规矩一旦制定好，要让民众知方向。

官职上下有标准，贵贱不得随意赏，公平公正不谋私，何须讨好那君王？

君主礼仪都备齐，令能行来禁能止，全都喜欢受教化，名分相称不更移。

遵行礼仪享荣耀，背离它就蒙辱耻，除此之外不可习。

刑律恰当公布清，有边有界要分明，臣下不把刑罚施，私门权力自然轻。

惩处犯罪依刑断，不可随意改重轻，照此一直做下去，君王权威更集中。

鼓点缓来鼓点急，请听治国根与基，君王若是圣明主，百姓大利又大吉。

君主若能听人劝，谋划才会合时宜。以上五条都听信，安邦治国有条理。

把它当成好传统，国家政权永相继。

下面请听治国经，治国在于明实情。纷繁复杂不乱套，谨慎对待赏与刑。

显者要知它根底，隐者让它现原形，真真假假没有错，民心就会向真诚。

君主圣明通八极，目光灵敏又犀利，拨开叠障隐蔽显，远处也能看仔细。

礼法之外不疏漏，别人无视他观及。耳聪目明超群英，官吏个个遵法仪。

令行禁止朝纲整，无不小心守其职。

君主教导已发出，臣民行为要合律，官吏守职要谨慎，认真执行不玩忽。

私下不能拉帮派，各司其职称俸禄，投机取巧无用途。

臣下谨慎守规矩，君主掌控变法权，公正考察善思索，治国原则不混乱。

用它来把天下治，后世效法做典范，形成常规代代传。

赋第二十六

［原文］

爰有大物，非丝非帛，文理成章。
非日非月，为天下明。
生者以寿，死者以葬，
城郭以固，三军以强。
粹而王，驳而伯（通“霸”），无一焉而亡。
臣愚不识，敢请之王。
王曰：
此夫文而不采者与（同“欤”，本段同）？
简然易知而致（通“至”）有理者与？
君子所敬而小人所不者与？
性不得则若禽兽，性得之则甚雅似者与？
匹夫隆之则为圣人，诸侯隆之则一四海者与？
致明而约，甚顺而体，请归之礼。
——礼。

［译文］

这件事物真伟大，不是丝绸的光华，也不是帛中优美的第一家，它有条有理文采飞扬，它前后响应一章又一章。

不是太阳也不是月亮，能让整个天下充满明光。

有了它，活着的人颐养天年；有了它，死去的人得以安葬；

有了它，城郭可以巩固；有了它，三军可以坚强。

完全遵循就会一统天下称大王，交错使用就会富国强兵当霸主,完全抛弃就会自取灭亡。

我生性愚昧不知其详,大着胆儿请教问圣王。

圣王说:

此物只有华美形式而没有灵动神采的吗?

是简单易懂而极有条理的吗?

是被君子所敬重而被小人所鄙视的吗?

是天性没有得到它的教化就如同禽兽,天性得到它的熏陶就非常端正的吗?

是普通人尊崇它就能成为圣人,诸侯尊崇它就能一统天下的吗?

极其明了而又简约,非常合乎情理而又处处得体,请求把它归结为礼。

——礼。

[原文]

皇天隆(通"降")物,以示(通"施")下民,或厚或薄,帝不齐均。

桀、纣以乱,汤、武以贤。

涽涽(通"惛惛")淑淑,皇皇穆穆(通"穆穆"),

周流四海,曾不崇(通"终")日。

君子以修,跖以穿室。

大参乎天,精微而无形。

行义(通"仪")以正,事业以成。

可以禁暴足穷,百姓待之而后宁泰。

臣愚不识,愿问其名。

曰:

此夫安宽平而危险隘者邪?

修洁之为亲而杂污之为狄(通"逖")者邪?

甚深藏而外胜敌者邪？

法禹、舜而能弇（yǎn）迹者邪？

行为动静，待之而后适者邪？

血气之精也，志意之荣也。

百姓待之而后宁也，

天下待之而后平也。

明达纯粹而无疵也，

夫是之谓君子之知（同“智”）。

——知（同“智”）。

［译文］

上天降下一物品，把它送给天下的苍生万民；有的人丰厚超群，有的人微薄单纯，经常不能整齐又平均。

夏桀、商纣因为它而残暴凶恶，成汤、周武因为它而贤良神圣。

有时似懂非懂，有时又清又明，有时豁然开朗，有时悄然无声。

激荡四海的潮水，不到一天也能纵横驰骋。

君子靠它修身养性，盗跖靠它拆门打洞。

它真伟大啊，施展出来可与上天同相参；它真精妙呀，发动起来无影无踪。

道德仁义靠它来端正，事情功业靠它来办成。

可以用作禁止暴行，可以用作摆脱贫穷；百姓苍生有了它，日子才会得安定。

我生性愚昧不知情，希望打听它叫什么名。

回答说：

这物品是把宽广平坦当作安全，而把艰难狭隘当作危险的吗？

是亲近高洁的修养而疏远杂乱肮脏的行为吗？

是深藏心中而战胜外部敌人的吗?

是效法禹、舜而能沿着他们的足迹继续前进的吗?

是一举一动靠了它然后才能恰如其分的吗?

它是血气蕴含的精粹,是思想意愿的精华。

百姓苍生有了它,日子才会得安宁,天下有了它,世世代代才会享太平。

它明智通达纯粹而没有瑕疵,这叫作君子的智慧聪明。

——智。

[原文]

有物于此,居则周静致下,动则綦高以巨。

圆者中规,方者中矩。

大参天地,德厚尧、禹。

精微乎毫毛,而大盈乎大寓(同“宇”)。

忽兮其极之远也,攭兮其相逐而反(通“返”)也,

卬卬(同“昂昂”)兮天下之咸蹇(通“搴”)也。

德厚而不捐,五采备而成文。

往来惛惫,通于大神,

出入甚极(通“亟”),莫知其门。

天下失之则灭,得之则存。

弟子不敏,此之愿陈,

君子设辞,请测意之。

曰:

此夫大而不塞者与?

充盈大宇而不窕,入郤(同“隙”)穴而不逼者与?

行远疾速而不可托讯者与?

往来惛惫而不可为固塞者与?

暴至杀伤而不亿(通“意”)忌者与?

功被天下而不私置者与(同“欤”)?
托地而游宇,友风而子雨。
冬日作寒,夏日作暑。
广大精神,请归之云。
——云。

[译文] 有一种东西需要讲一讲,停下时就会全面静止拥簇在天球的最下方,运动时就会越来越高广阔无边。

圆的如同圆规画出,方的如同矩尺描下。

高大宽广可以同参天、地,道德修养可以超越尧、禹。

小的时候比毫毛还要纤细,大的时候可以充满天地之间。

迅速奔腾啊,刹那间就可以飞得很远很远,分开分离啊,你追我赶而返回山边,越来越高啊,天下人就都会度日艰难。

德行敦厚而不丢弃任何人,五彩齐备而成为斑斓缤纷的花纹。

来来往往,昏昏沉沉,变化莫测像天神;进进出出,急急忙忙,无人知道走的是哪座门。

天下人失去了它就会灭亡,得到了它就能生存。

学生我是不聪明,愿意讲给老师听一听。

君子设下这隐辞,请您猜猜它叫什么名。

回答说:

这东西是高高大大而不会被堵塞的吗?

是充满天地之间而不留下一丝一毫,进入缝隙洞穴而不觉其狭窄吗?

是走得很远而且迅速但不可以承载传递信息的吗?

是来来往往,沉沉昏昏而不可以被固定堵塞的吗?

是突然到来,杀伤无数而毫不迟疑、毫无顾忌的吗?

是功德覆盖天下而不为自己着想的吗?

依靠大地任遨游，风是它的朋友来助威，雨是它的子女手牵手。

夏季掀起热浪，冬季携来寒流。既广大呀又入化出神，请求把它归结为云。

——云。

［原文］

有物于此，儳儳（同“裸裸”）兮其状，屡化如神。

功被天下，为万世文。

礼乐以成，贵贱以分。

养老长幼，待之而后存。

名号不美，与暴为邻。

功立而身废，事成而家败。

弃其耆老，收其后世。

人属所利，飞鸟所害。

臣愚而不识，请占之五泰。

五泰占之曰：

此夫身女好而头马首者与？

屡化而不寿者与？

善壮而拙老者与？

有父母而无牝牡者与？

冬伏而夏游，

食桑而吐丝，前乱而后治，

夏生而恶暑，喜湿而恶雨。

蛹以为母，蛾以为父。

三俯三起，事乃大已。

夫是之谓蚕理。

——蚕。

[译文]

有一种东西需要告知人，赤裸裸啊是它的形状，屡屡变化真如神。

功德覆盖全天下，能为万代修饰那人文。

礼乐典章它成就，高低贵贱它相分。

有了它，老人得奉养；有了它，孩子才能长成人。

它的名字不好听，竟和残暴是近邻。

功劳建立身废亡，事业成功家损坏。

扔掉它的老一辈，留住它的下一代。

虽能为人谋利益，却被飞鸟来伤害。

我生性愚昧不知道，愿请五泰把它猜一猜。

五泰推测说：

这种东西是身体像女子一样柔美而头部像马头的吗？

是屡屡蜕化而不得长寿的吗？

是善于度过壮年而不善于为老年着想的吗？

是有父母而没有雌雄分别的吗？

是冬天隐藏而夏天出游的吗？

吃桑叶而吐出细丝，起先纷乱而后来有条不紊。

生长在夏天而害怕酷暑，喜欢湿润却害怕雨淋。

把蛹虫当作母亲，把蛾子当作父亲。

多次休眠，多次苏醒，事情才算最终完成。

这是关于蚕的道理。

——蚕。

[原文]

有物于此，生于山阜，处于室堂。

无知无巧，善治衣裳。

不盗不窃，穿窬（通“窦”）而行。

日夜合离，以成文章。

以能合从(通“纵”),又善连衡(通“横”)。
下覆百姓,上饰帝王。
功业甚博,不见(同“现”)贤良。
时用则存,不用则亡。
臣愚不识,敢请之王。
王曰:
此夫始生巨,其成功小者邪?
长其尾而锐其剽者邪?
头铦达而尾赵(通“掉”)缭者邪?
一往一来,结尾以为事。
无羽无翼,反覆甚极。
尾生而事起,尾邅而事已。
簪以为父,管以为母。
既以缝表,又以连里。
夫是之谓箴(同“针”)理。
——箴(同“针”)。

[译文]

有一种东西需要听端详,它的故乡在山冈,放在居室与厅堂。
没有智慧没技巧,却能很好地缝补衣裳。
不去偷来不去抢,却能穿透自如来回忙。
日日夜夜相连缀,衣服上的花纹真漂亮。
横的连完疼儿女,竖的连完奉爷娘。
对下可遮百姓体,对上能够饰帝王。
功劳业绩非常大,从不炫耀自己是贤良。
有用的时候就在人们的手上;没用的时候就把身来藏。
我生性愚昧不知其详,壮着胆儿请教问大王。
大王说:

这种东西生产时很大而制成后很小的吗？
是尾巴很长而末端尖尖吗？
是头部锐利而畅通无阻，尾巴摇曳而缠绕的吗？
一往一来线相继，尾巴定下才开启。
无有羽毛无翅膀，反复穿行频率急。
尾巴长了开始缝，尾巴打结就停止。
簪子大大是它爹，管子圆圆是它娘。
外面的服饰缝了一件件，里面的衬衫连了一筐筐。
这是关于针的道理。
——针。

［原文］

天下不治，请陈佹诗：
天地易位，四时易乡（同“向”）。列星殒坠，旦暮晦盲。
幽晦登昭，日月下藏。公正无私，反见从（通“纵”）横，
志爱公利，重楼疏堂，无私罪人，憼（同“儆”）革贰兵。
道德纯备，谗口将将。仁人绌（同“黜”）约，敖（通“傲”）暴擅强。
天下幽险，恐失世英。螭龙为蝘蜓，鸱枭为凤皇。
比干见刳，孔子拘匡。
昭昭乎其知之明也，
郁郁乎其遇时之不祥也。
拂乎其欲礼义之大行也，
暗乎天下之晦盲也。
皓（同“昊”）天不复，忧无疆也。
千岁必反，古之常也。
弟子勉学，天不忘也。
圣人共（同“拱”）手，时几将矣。

［译文］

如今天下无纪又无纲，请俺把这佹诗唱一唱：
天落到地下，地成了天上，四季颠倒了方向；
天上的星星都坠落，早晚昏暗不发光；
阴险狡猾的小人登朝堂，光明磊落的君子在下藏。
公正无私为国邦，却被认作要与朝廷相对抗；
为了百姓才去把官当，却被说成想住高楼与华堂；
从没袒护有罪人，却被当成敌人来提防；
道德纯洁又完备，诬陷的谗言却一浪高过一浪。
仁人被废遭穷困，暴徒骄横逞凶狂；
天下黑暗又凶险，世上的英杰恐怕要走光。
蛟龙转眼变壁虎，鸱枭摇身成凤凰。
比干肚皮被剖开，孔子落难困陈匡。
昭然若揭啊，智慧闪烁着洞察一切的光芒；
文采郁郁啊，时运不济看不到何处有吉祥。
逆水行舟啊，一心想把礼义来推广。
黑夜无边啊，天下何时重新见太阳？
朗天丽日能再来吗？忧思重重恨长长。
千载定有反复时，古来常规是这样。
弟子努力去学习，上天不会把你忘。
圣人拱手来等待，即将迎来好时光。

［原文］

与（通“举”）愚以疑，愿闻反辞。
其小歌曰：
念彼远方，何其塞矣！
仁人绌约，暴人衍矣。
忠臣危殆，谗人服矣。
琁（同“琼”）、玉、瑶、珠，不知佩也。
杂布与锦，不知异也。

闾娵、子奢，莫之媒也。
嫫母、力父，是之喜也。
以盲为明，以聋为聪，
以危为安，以吉为凶。
呜呼上天，曷维其同！

［译文］

弟子说：“我生性愚昧而疑惑，希望听您反复说。”
短小的诗歌唱给你来听：
想那远方的国城，正道堵塞难畅通。
仁者落魄受排挤，暴徒得意权位隆。
忠臣时时有危险，谗人个个得重用。
琼瑶美玉连宝珠，不知佩戴扔一旁。
粗布锦绣混一起，不知区分乱污脏。
闾娵、子都美又美，无人来把媒婆当。
嫫母、力父丑上丑，争的争来抢的抢。
盲人成了千里眼，聋子也能听八方，
危险、安全换了位，吉祥、凶恶掉了包。
呜呼哀哉老天爷！怎和他们把心交？

大略篇第二十七

［原文］

大略。

君人者，隆礼尊贤而王，重法爱民而霸，好利多诈而危。

欲近四旁，莫如中央，故王者必居天下之中，礼也。

天子外屏，诸侯内屏，礼也。外屏，不欲见外也；内屏，不欲见内也。

诸侯召其臣，臣不俟驾，颠倒衣裳而走，礼也。《诗》曰："颠之倒之，自公召之。"天子召诸侯，诸侯辇舆就马，礼也。《诗》曰："我出我舆，于彼牧矣。自天子所，谓我来矣。"

天子山冕，诸侯玄冠，大夫裨冕，士韦弁，礼也。

天子御珽，诸侯御荼（通"舒"），大夫服笏，礼也。

天子雕弓，诸侯彤弓，大夫黑弓，礼也。

诸侯相见，卿为介，以其教出毕行，使仁居守。

聘人以珪，问士（通"事"）以璧，召人以瑗，绝人以玦，反绝以环。

人主仁心设焉，知（同"智"）其役也，礼其尽也。故王者先仁而后礼，天施然也。

［译文］

大略。

掌握国家大权的君主，崇尚礼义、尊重贤人就能称王天下，注重法治、爱护人民就能称霸诸侯，贪图财利、多搞欺诈就会危险。

"要想接近那四旁，不如在中央。"所以，称王天下的君主一定要居住在天下的中心地区，这是一种礼制。

天子将照壁设在门外，诸侯将照壁设在门内，这是一种礼制。把照壁设在门外，是不想让里面看见外面；把照壁设在门内，是不想让外面看见里面。

诸侯召见他的臣子时，臣子不等驾好车，没等衣裳穿整齐就要跑步前往，这是一种礼制。《诗》上说："颠倒歪斜穿衣裳，只因君主召我去明堂。"天子召见诸侯的时候，诸侯让人拉着车子去靠近马，这是一种礼制。《诗》上说："我把我车往外拉，到那牧地把车驾。有人来自天子处，叫我快来就出发。"

天子穿画有山形图案的礼服、戴礼帽，穿黑色的礼服、戴礼帽，大夫穿裨衣、戴礼帽，士戴熟皮制的暗红色帽子，这是一种礼制。

天子使用上端呈椎形的大玉版，诸侯使用上端呈圆形的玉版，大夫使用斑竹制的手版，这是一种礼制。

天子用雕有花纹的弓，诸侯用红色的弓，大夫用黑色的弓，这是一种礼制。

诸侯互相会见的时候，卿做介绍人，使自己那些受过礼仪教育的士人全部前往，让仁厚的人留守。

派使者到诸侯国去的时候，用珪；去进行国事访问的，用璧；召见人用瑗；与人断绝关系的，用玦；召回被断绝关系的派出使者，用环。

君主要存立仁爱之心。智能，是仁爱之心役使的工具；礼制，是仁爱之心的完备体现。所以称王天下的人首先讲究仁德，然后才讲究礼节，这是很自然的安排。

[原文]

《聘礼》志曰："币厚则伤德，财侈则殄礼。"礼云礼云，玉帛云乎哉！《诗》曰："物其指（通'旨'）矣，唯其偕矣。"不时宜，不敬交，不驩欣，虽指（通"旨"），非礼也。

水行者表深，使人无陷；治民者表乱，使人无失。礼者，其表也，先王以礼表天下之乱。今废礼者，是去表也。故民迷惑而陷祸患，此刑罚之所以繁也。

舜曰：“维（同‘惟’）予从欲而治。”故礼之生，为贤人以下至庶民也，非为成圣也，然而亦所以成圣也。不学不成：尧学于君畴，舜学于务成昭，禹学于西王国。

五十不成丧，七十唯衰存。

亲迎之礼：父南乡（同“向”）而立，子北面而跪，醮而命之：“往迎尔相，成我宗事，隆率以敬先妣之嗣，若则有常。”子曰：“诺。唯恐不能，敢忘命矣！”

［译文］

《聘礼》记载说：“礼物丰厚就会伤害德，财物奢侈就会灭绝礼。”礼呀礼呀，难道只是局限在玉帛这些礼品上面吗？《诗》上说：“各种食物味道美，因为它们合口味。”如果不与时节相适合，不恭敬有礼貌，不能让人欢欣鼓舞，那么即使味道很美，也不合乎礼制。

在水中跋涉的人用标杆来表明深度，使人不至于陷入深水淹死；治理民众的人用标准来表明祸乱，使人不至于产生过错与失误。礼制，就是这种标准，古代的圣王用礼制来表明天下的祸乱。现在废除礼制，就是放弃标准啊。所以民众迷惑而陷于祸乱，这就是刑罚繁多的原因。

舜说：“只有我能随心所欲地治理天下。”礼制的制定，是为了贤人及其下面的群众，目的虽然并不是使人成为圣人，然而确实可通过它使人成为圣人。但不学习是不能成为圣人的。尧曾向君畴学习，舜曾向务成昭学习，禹曾向西王国学习。

五十岁的人不需要全部做到守丧的礼节，七十岁的人只要丧服在身就可以。

新郎亲自去迎接新娘的礼仪：父亲面向南站着，儿子面向北跪着，父亲一边斟酒祭祀天地一边嘱咐儿子："去迎接你的媳妇吧，完成我家传宗接代的大事，好好带领她去恭敬地做你亡母的继承人，你的行动则要符合常规。"儿子说："是，我只怕没有能力做到，绝不敢忘记您的嘱咐。"

［原文］

夫行也者，行礼之谓也。礼也者，贵者敬焉，老者孝焉，长者弟（同"悌"）焉，幼者慈焉，贱者惠焉。

赐予其宫室，犹用庆赏于国家也；忿怒其臣妾，犹用刑罚于万民也。

君子之于子，爱之而勿面，使之而勿貌，导之以道而勿强。

礼以顺人心为本，故亡（通"无"）于《礼经》而顺人心者，皆礼也。

礼之大凡：事生，饰驩也；送死，饰哀也；军旅，饰威也。

亲亲、故故、庸庸、劳劳，仁之杀也。贵贵、尊尊、贤贤、老老、长长，义之伦也。行之得其节，礼之序也。仁，爱也，故亲。义，理也，故行。礼，节也，故成。仁有里，义有门。仁非其里而虚之，非礼也。义非其门而由之，非义也。推恩而不理，不成仁；遂理而不敢，不成义；审节而不知，不成礼；和而不发，不成乐。故曰：仁、义、礼、乐，其致（通"至"）一也。君子处仁以义，然后仁也；行义以礼，然后义也；制礼反（同"返"）本成末，然后礼也。三者皆通，然后道也。

［译文］

所谓德行，就是奉行礼。所谓礼，就是对地位高贵的人要尊敬，对年老的人要孝顺，对年长的人要敬从，对年幼的人要慈爱，对卑贱的人要给予恩惠。

在自己家庭内进行赏赐，应当像在国家中使用表彰赏赐一样；对自己的奴婢发怒，应当像对民众使用刑罚一样。

君子对于子女，疼爱他们而不表现在脸上，使唤他们而不露神色，用正确的道理来引导他们而不强迫他们接受。

礼以顺应人心为根基，所以在《礼经》上没有而能顺应人心的，都可以称得上是礼。

礼仪的大致情况是：用于侍奉生者的，是为了润饰喜悦之情；用于葬送死者的，是为了更好地表现悲哀之情；用于军队的，是为了显示威武之势。

亲近父母、热情对待老朋友、奖赏有功劳的人、慰劳付出辛劳的人，这是关于仁的等级差别。尊崇身份贵重的人、尊敬官爵显赫的人、尊重有德才的人、敬爱年老的人、敬重年长的人，这是关于义的伦理。奉行这些仁义之道能恰如其分，就是礼的秩序。仁，就是爱护别人，所以能和人互相亲近。义，就是合乎道理，所以能够实行。礼，就是适度，所以能够成功。仁有安居之处，义有进出之门。仁，如果不是它应该安居的地方却去放置在那里，就不是什么仁。义，如果不是它应该进出的门户而从那里进出，就不是什么义。施行恩惠而不合乎道理，就不成为仁；通达道理而不敢遵行，就不成为义；明白制度而不能使人们和睦协调，就不成为礼；和睦协调了而不能抒发表达出来，就不成为乐。所以说：仁、义、礼、乐，它们要达到的目标是一致的。君子根据义来处置仁，然后才有了仁；根据礼来奉行义，然后才有了义；制定礼时要善于反思以抓住它的根本原则再完成它的细节，然后才能使礼不断完备。这三者都精通了，然后才是正道。

［原文］

货财曰赙，舆马曰赗，衣服曰襚，玩好曰赠，玉贝曰唅。赙、赗所以佐生也，赠、襚所以送死也。送死不及柩尸，吊生不及悲哀，非礼也。故吉行五十，犇丧百里，赗、赠及事，礼之大也。

礼者，政之挽也。为政不以礼，政不行矣。

天子即位，上卿进曰："如之何忧之长也！能除患则为福，不能除患则为贼。"授天子一策。中卿进曰："配天而有下土者，先事虑事，先患虑患。先事虑事谓之接（同'捷'），接（同'捷'）则事优成；先患虑患谓之豫，豫则祸不生。事至而后虑者谓之后，后则事不举；患至而后虑者谓之困，困则祸不可御。"授天子二策。下卿进曰："敬戒无怠。庆者在堂，吊者在闾。祸与福邻，莫知其门。豫哉！豫哉！万民望之！"授天子三策。

禹见耕者耦立而式（同"轼"），过十室之邑必下。

杀大蚤（同"早"），朝大晚，非礼也。治民不以礼，动斯陷矣。

平衡曰拜，下衡曰稽首，至地曰稽颡。大夫之臣拜不稽首，非尊家臣也，所以辟（通"避"）君也。

［译文］

帮助别人办丧事而赠送的财物叫作赙，赠送的车马叫作赗，赠送的寿衣衾服叫作襚，赠送死者所玩赏嗜好的物品叫作赠，赠送的珠玉贝壳供死人含在口中的叫作唅。赙、赗，是用来帮助死者家属的；赠、襚，是用来送给死者的。送别死者时不见到棺材里的尸体，哀悼死者而安慰其家属时不达到悲哀，是不合乎礼的。所以参加吉礼时一天走五十里，而奔丧时一天要跑一百里，帮助别人办丧事而赠送的东西一定要赶上丧事，这是礼的大原则。

礼，是政治的指导原则。治理政事不按照礼，政策就不能实行。

天子刚登上帝位时，上卿走上前说："忧虑这样深长，您怎么办呢？能够除去祸患就有幸福，不能除去祸患就会受害。"说完就把第一篇册书递交给天子。中卿走上前说："和上天相配而拥有天下土地的人,在事情发生之前就要考虑到那事情,在祸患来到之前就要考虑到祸患。在事情发生之前就考虑到那事情,这叫作敏捷;能够敏捷,那么事情就会圆满成功。在祸患来到之前就考虑到祸患,这叫作预先准备;能够预先准备,祸患就不会发生。事情发生以后才加以考虑的叫作落后;落后了,事情就办不成。祸患来了以后才加以考虑的叫作困厄;困厄了,祸患就不能抵挡了。"说完把第二篇册书递交给天子。下卿走上前说:"慎重戒备而不要懈怠!庆贺的人还在大堂上,吊丧的人已到了大门口。灾祸和幸福紧靠着,没有人知道它们产生的地方。要预先准备啊!要预先准备啊!万众都在仰望着您。"说完就把第三篇册书递交给天子。

禹出行的时候,看见耕地的人两人并肩耕作,就站起来扶着车厢前的横木;经过十来户人家的小邑,一定下车。

猎取禽兽太早,上朝太晚,不合乎礼。治理民众不根据礼,动辄就会出错。

弯腰后头与腰相平叫作拜,头比腰低叫作稽首,头着地叫作颡。大夫的家臣对大夫只拜而不稽首,这不是为了提高家臣的地位,而是避免大夫和国君在礼节等级上的相同。

[原文]

一命齿于乡,再命齿于族,三命,族人虽七十,不敢先。

上大夫,中大夫,下大夫。

吉事尚尊,丧事尚亲。

君臣不得不尊,父子不得不亲,兄弟不得不顺,夫妇不得不驩。少者以长,老者以养。故天地生之,圣人成之。

聘,问也。享,献也。私觌,私见也。

言语之美,穆穆皇皇。朝廷之美,济济鎗鎗(同"跄跄")。

为人臣下者,有谏而无讪,有亡而无疾,有怨而无怒。

君于大夫，三问其疾，三临其丧；于士，一问一临。诸侯非问疾吊丧，不之臣之家。

既葬，君若父之友，食之则食矣，不辟（同“避”）粱肉，有酒醴则辞。

寝不逾庙，设衣不逾祭服，礼也。

《易》之《咸》，见夫妇。夫妇之道，不可不正也，君臣父子之本也。咸，感也，以高下下，以男下女，柔上而刚下。

［译文］

在乡内饮酒时，一级官员和乡里的人按照年龄大小来排列位次；二级官员和同宗族的人按年龄大小来排列位次；至于三级官员，那么同宗族的人即使七十岁了，也不敢排在他前面。

大夫分上大夫、中大夫、下大夫。

在吉庆的事中官位高的人位次在前，在丧事中与死者关系亲近的人位次在前。

君臣之间得不到君子的治理就不会有尊重，父子之间得不到君子的治理就不会亲近，兄弟之间得不到君子的治理就不会和顺，夫妻之间得不到君子的治理就不会欢乐。年幼的人靠了君子的治理而长大成人，年老的人靠了君子的治理而得到赡养。所以天地养育了人，圣人成就了人。

聘，就是问候。享，就是进献。私觌，就是私下会见。

形容说话的美好，就说“穆穆皇皇”。形容朝廷的美好，就说“济济鎗鎗”。

君主对于大夫，在他生病时去慰问三次，在他去世后去祭奠三次；对于士，慰问一次，祭奠一次。诸侯如果不是探望疾病、祭奠死者，是不能到臣子家中的。

父亲或母亲安葬以后，君主或者父亲的朋友让自己吃饭，就可以吃了，不回避米饭肉食，但有酒就要谢辞。

寝殿的规模不能超过庙堂，参加燕礼所穿的衣服不能超过祭祀所穿的礼服，这是一种礼制。

《易》中的《咸》卦，显示了夫妻之道。夫妻之道，是不能不端正的，它是君臣、父子关系的根本。“咸”，就是感应的意思，是把高的置于低的之下，把男的置于女的之下，是柔和在上面而刚劲在下面。

［原文］

聘士之义，亲迎之道，重始也。

礼者，人之所履也，失所履，必颠蹶陷溺。所失微而其为乱大者，礼也。

礼之于正国家也，如权衡之于轻重也，如绳墨之于曲直也。故人无礼不生，事无礼不成，国家无礼不宁。

和鸾之声，步中《武》《象》，趋中《韶》《护》。

君子听律习容而后士。

霜降逆女，冰泮杀内，十日一御。

坐视膝，立视足，应对言语视面。立视前六尺而大之，六六三十六，三丈六尺。

文貌情用，相为内外表里，礼之中焉。

能思索谓之能虑。

礼者，本末相顺，终始相应。

礼者，以财物为用，以贵贱为文，以多少为异。

下臣事君以货，中臣事君以身，上臣事君以人。

《易》曰：“复自道，何其咎？”《春秋》贤穆公，以为能变也。

士有妒友，则贤交不亲；君有妒臣，则贤人不至。蔽公者谓之昧，隐良者谓之妒，奉妒昧者谓之交谲。交谲之人，妒昧之臣，国之薉（huì，同“秽”）孽也。

口能言之，身能行之，国宝也，口不能言，身能行之，国

器也。口能言之,身不能行,国用也。口言善,身行恶,国妖也。治国者敬其宝,爱其器,任其用,除其妖。

［译文］

聘请贤士的仪式,新郎亲自去迎接新娘的办法,都是注重开端。

礼,是人的立身之处。失去了立身之处,就一定会跌倒沉沦。稍微失去一点而造成的祸乱很大的东西,就是礼。

礼对于整饬国家,就像秤对于轻重一样,就像墨线对于曲直一样。所以人没有礼就不能生活,事情没有礼就不能办成,国家没有礼就不得安宁。

车铃的声音,车子慢行时要合乎《武》《象》的节奏,车子奔驰时要合乎《韶》《护》的节奏。

君子要听听走路时佩玉的声音是否合律,并练习好举止仪表然后才出门。

从霜降开始娶妻,到第二年河里的冰融化时就停止婚娶。夫妻之间,十天同房一次。

对方坐着,注视他的膝部;对方站着,注视他的脚;回答说话时,注视他的脸。对方站着时,在他前面六尺处注视他,而最远是六个六尺,六六三十六,在三丈六尺之处注视他。

礼仪容貌和感情作用互相构成内外表里的关系,这是适中的礼。

善于思索叫作虑。

礼制,它的根本原则和具体细节互不抵触,人生终结的仪式与人生开始的仪式互相照应。

礼,把钱财物品作为工具,把尊贵与卑贱的区别作为礼仪制度,把享受的多少作为尊卑贵贱的差别。

下等的臣子用财物来侍奉君主,中等的臣子用生命来侍奉君主,上等的臣子推荐人才来侍奉君主。

《易》说:“回到自己的道路,有什么过错?”《春秋》赞许秦穆公,认为他能够转变。

士人有了妒忌的朋友,那么和贤人交往就不会亲密;君主有了妒忌的臣子,那么贤人就不会到来。埋没公正的人叫作欺昧,埋没贤良的人叫作妒忌,奉承妒忌欺昧的人叫作狡猾诡诈。狡猾诡诈的小人,妒忌欺昧的臣子,是国家的垃圾和妖孽。

嘴里能够谈论礼义,自身能够奉行礼义,这种人是国宝。嘴里不能谈论礼义,自身能够奉行礼义,这种人是国器。嘴里能够谈论礼义,自身不能奉行礼义,这种人是国用。嘴里说得好,自身干坏事,这种人是国妖。治理国家的人敬重国宝,爱护国器,安置国用,铲除国妖。

[原文]

不富无以养民情,不教无以理民性。故家五亩宅,百亩田,务其业而勿夺其时,所以富之也。立大学,设庠序,修六礼,明十教,所以道之也。《诗》曰:“饮之食之,教之诲之。”王事具矣。

武王始入殷,表商容之闾,释箕子之囚,哭比干之墓,天下乡(同“向”)善矣。

天下、国有俊士,世有贤人。迷者不问路,溺者不问遂,亡人好独。《诗》曰:“我言维服,勿用为笑。先民有言,询于刍荛。”言博问也。

有法者以法行,无法者以类举。以其本,知其末,以其左,知其右,凡百事异理而相守也。

庆赏刑罚,通类而后应。政教习俗,相顺而后行。

八十者一子不事,九十者举家不事,废疾非人不养者一人不事。父母之丧,三年不事。齐衰(zī cuī)大功,三月不事。从诸侯不与新有昏(同“婚”),期(jī)不事。

［译文］ 不使民众富裕就无法调养民众的思想感情，不进行教育就无法整饬民众的本性。每家配置五亩宅院，一百亩耕地，努力从事农业生产而不耽误他们的农时，这是使他们富裕起来的办法。建立国家的高等学府，设立地方学校，整饬“冠、婚、丧、祭、亨、相见”等六种礼仪，彰明“父慈、子孝，兄良、弟悌，夫义、妇听，长惠、幼顺，君仁、臣忠”等十个方面的教育，这是用来引导他们的办法。《诗》上说：“给人喝啊给人吃，教育人啊指导人。”像这样，称王天下的政事就完备了。

周武王刚进入殷都的时候，在商容所住的里巷门口设立了标记以表彰他的功德，解除了箕子的囚禁，在比干的墓前痛哭哀悼，于是天下人趋向于行善。

整个天下与每一个诸侯国都有才智出众的人，每个时代都有贤能的人。迷路的人是因为不问道，溺水的人是因为不问涉水的路，亡国的君主是因为独断专行。《诗》上说：“我所说的是要事，不要以为开玩笑。古人曾经有句话：要向樵夫去请教。”这是说要广泛地向各方面的人请教。

有法律依据的就按照法律来办理，没有法律依据的就按照同比类推的办法来办理。根据它的根本原则推知它的细节，根据它的一个方面推知它的另一个方面。大凡各种事情，道理虽然不同却互相制约着。

对于表扬奖赏与用刑处罚，通达了类推的原理，然后才能有相应的处置。政治教化与风俗习惯相适应，然后才能实行。

八十岁的人，可以有一个儿子不服劳役；九十岁的人，全家都可以不服劳役。残疾有病、没有人照顾就不能活下去的，家里可以有一个人不服劳役。有父亲、母亲的丧事，可以三年不服劳役。有“齐衰”和“大功”的孝服在身，可以三个月不服劳役。从其他诸侯国迁来以及新结婚的，可以一年不服劳役。

［原文］

子谓子家驹续（gēng，通“赓”）然大夫，不如晏子；晏子，功用之臣也，不如子产；子产，惠人也，不如管仲。管仲之为人，力功不力义，力知不力仁，野人也，不可以为天子大夫。

孟子三见宣王不言事。门人曰：“曷为三遇齐王而不言事？”孟子曰：“我先攻其邪心。”

公行子之之燕，遇曾元于涂（同“途”），曰：“燕君何如？”曾元曰：“志卑。志卑者轻物，轻物者不求助。苟不求助，何能举？氐、羌之虏也。不忧其系垒（通‘累’）也，而忧其不焚也。利夫秋豪（通‘毫’），害靡国家，然且为之，几（通‘岂’）为知计哉！”

今夫亡箴（同“针”）者，终日求之而不得，其得之，非目益明也，眸而见之也。心之于虑亦然。

义与利者，人之所两有也。虽尧、舜不能去民之欲利，然而能使其欲利不克其好义也。虽桀、纣亦不能去民之好义，然而能使其好义不胜其欲利也。故义胜利者为治世，利克义者为乱世。上重义则义克利，上重利则利克义。故天子不言多少，诸侯不言利害，大夫不言得丧，士不通货财，有国之君不息牛羊，错（同“措”）质之臣不息鸡豚，冢卿不修币，大夫不为场园，从士以上皆羞利而不与民争业，乐分施而耻积臧（同“藏”）。然故民不困财，贫窭者有所窜其手。

［译文］

孔子说子家驹是增益君主明察的大夫，比不上晏子；晏子，是个有成效的臣子，比不上子产；子产，是个给人恩惠的人，比不上管仲；管仲为人，致力于功效而不致力于道义，致力于智谋而不致力于仁爱，是个缺乏礼义修养的人，不可以做天子的大夫。

孟子三次见到齐宣王而不谈国事。他的学生说：“为什么三次碰到齐王都不谈国事?”孟子说:“我先要点破他的坏思想。”

公行子之到燕国去,在路上碰到曾元,说:“燕国国君怎么样?”曾元说:“他的志向不远大。志向不远大则看轻事业,看轻事业则不愿得到帮助。如果不愿得到帮助,哪里能战胜外族的入侵呢?他只能成为氐人、羌人的俘虏。他不担忧自己被捆绑,却担忧自己死后不能被火化。得到的利益就像秋天的兽毛一样细微,而带来的危害却大到可以灭亡国家,这样的事情他尚且要去做,与他是很难谈论治国安邦的深谋远虑的!”

现在那丢了针的人,整天找它都没找到;当他找到它时,并不是眼睛更加明亮了,而是睁大了眼睛才发现它的。心里考虑问题也是这样。

道义和私利,是人们兼有的东西。即使是尧、舜这样的贤君也不能消除民众追求私利的欲望,但是能够使他们对私利的追求胜不过他们对道义的爱好。即使是夏桀、商纣这样的暴君也不能消除民众对道义的爱好,但是能够使他们对道义的爱好胜不过他们对私利的追求。所以道义胜过私利的就是治理得好的社会,私利胜过道义的就是混乱的社会。君主看重道义,道义就会胜过私利;君主推崇私利,私利就会胜过道义。所以天子不谈论财物多少,诸侯不谈论有利还是有害,大夫不谈论得到还是失去,士不去贩运买卖货物;拥有国家的君主不去养殖牛和羊,献身于君主的臣子不去养殖鸡和小猪,上卿不去钻营钱财,大夫不种庄稼蔬菜;从士以上的官吏都以追求私利为羞耻而不与民众争抢职业,喜欢施舍而以囤积私藏为耻辱。所以民众不为钱财所困扰,贫穷的人也不会手足无措了。

[原文]

文王诛四,武王诛二,周公卒业,至成、康则案无诛已。

多积财而羞无有,重民任而诛不能,此邪行之所以起,刑罚之所以多也。

上好羞,则民暗饰矣;上好富,则民死利矣。二者,乱之衢也。民语曰:“欲富乎?忍耻矣,倾绝矣,绝故旧矣,与义分背矣。”上好富,则人民之行如此,安得不乱?

汤旱而祷曰:“政不节与?使民疾与?何以不雨至斯极也!宫室荣与?妇谒盛与?何以不雨至斯极也!苞(通‘包’)苴行与?谗夫兴与?何以不雨至斯极也!”

天之生民,非为君也。天之立君,以为民也。故古者列地建国,非以贵诸侯而已;列官职,差(chāi)爵禄,非以尊大夫而已。

主道知人,臣道知事。故舜之治天下,不以事诏而万物成。农精于田而不可以为田师,工贾(gǔ)亦然。

以贤易不肖,不待卜而后知吉。以治伐乱,不待战而后知克。

齐人欲伐鲁,忌卞庄子,不敢过卞。晋人欲伐卫,畏子路,不敢过蒲。

不知而问尧、舜,无有而求天府。曰:先王之道,则尧、舜已;六贰(同“六艺”)之博,则天府已。

[译文] 周文王讨伐了四个国家,周武王诛杀了两个人,周公完成了称王天下的大业,到周成王、周康王的时候就没有杀伐了。

赞许积聚钱财而把一无所有看作羞耻,加重人民的负担而惩处不堪负担的人,这是邪恶行为产生的根源,也是刑罚繁多的原因。

君主爱好道义,那么民众就暗自整饬。君主爱好财富,那么民众就为财利而死。这两点,是治与乱的界限。民间俗语说:“想富吗?忍着耻辱吧,道德败坏吧,与故旧一刀两断吧,与道义背道而驰吧。”君主爱好财富,那么民众的行为就这样,怎能不乱?

成汤因为大旱而向神祷告说："是我的政策不适当吗？是我役使民众太苦了吗？为什么旱到这种极端的地步！是我的宫殿房舍太华丽了吗？是妻妾嫔妃说情请托太多了吗？为什么旱到这种极端的地步！是贿赂盛行吗？是毁谤的人发迹了吗？为什么旱到这种极端的地步！"

上天生育民众，并不是为了君主。上天设立君主，却是为了民众。所以在古代，分封土地建立诸侯国，并不只是用来尊重诸侯而已；安排各种官职，区别爵位俸禄的等级，并不只是用来尊重大夫而已。

为君之道，在于知人善任；为臣之道，在于忠于职守。从前舜治理天下，不用事事告诫而各种事情就能办成。农民精于种田，却不能以此担任管理农业的官吏，工人和商人也是这样。

用贤能的人去替换没有德才的人，不等占卜就知道是吉利的。用安定的国家去征伐混乱的国家，不等交战就知道能攻克。

齐国人想攻打鲁国，顾忌卞庄子，不敢经过卞邑。晋国人想攻打卫国，害怕子路，不敢经过蒲邑。

不懂政治就去询问尧、舜，没有财富就去寻求宝库。我说：古代圣王的政治原则，就是尧、舜；礼、乐、射、御、书、数等六艺包含的丰富内容，就是宝库。

[原文]

君子之学如蜕，幡然迁之。故其行效，其立效，其坐效，其置颜色、出辞气效。无留善，无宿问。

善学者尽其理，善行者究其难。

君子立志如穷，虽天子三公问，正以是非对。

君子隘穷而不失，劳倦而不苟，临患难而不忘细席之言。岁不寒无以知松柏，事不难无以知君子无日不在是。

雨小，汉故潜。夫尽小者大，积微者著，德至者色泽洽，行尽而声问(通"闻")远。小人不诚于内而求之于外。

言而不称师谓之畔(通“叛”),教而不称师谓之倍(通“背”)。倍(通“背”)畔(通“叛”)之人,明君不内(同“纳”),朝士大夫遇诸涂(同“途”)不与言。

不足于行者说过,不足于信者诚言。故《春秋》善胥命,而《诗》非屡盟,其心一也。善为《诗》者不说,善为《易》者不占,善为《礼》者不相,其心同也。

曾子曰:“孝子言为可闻,行为可见。言为可闻,所以说远也;行为可见,所以说近也。近者说则亲,远者说则附。亲近而附远,孝子之道也。”

曾子行,晏子从于郊,曰:“婴闻之,君子赠人以言,庶人赠人以财。婴贫无财,请假于君子,赠吾子以言:乘舆之轮,太山(同‘泰山’)之木也,示(zhì,通‘置’)诸檃(yǐn)栝,三月五月,为帱菜(通‘菑’)敝而不反其常。君子之檃栝不可不谨也。慎之!兰茝、稿本,渐于蜜醴,一佩易之。正君渐于香酒,可谗而得也。君子之所渐不可不慎也。”

［译文］

君子的学习就像蛇、蝉等蜕皮一样,很快就会有所改变。所以他走路效仿,站立效仿,坐着效仿,他摆什么脸色、讲什么话、用什么口气都效仿。不把应该做的事留下不做,不把应该问询的事拖到第二天。

善于学习的人彻底搞明白事物的道理,善于做事的人彻底克服工作中的困难。

君子树立志向好像陷入困境一样不能变通,即使天子、三公询问政事,也根据是非来回答。

君子困窘而不丧失志气,劳累而不苟且偷安,面临祸患而不背弃平时坐席上说的话。时令不到寒冷的时候,就无从知道松柏依然苍翠;事情不到危难的时候,就无从知道君子没有一天不是这样。

雨虽然小，汉水却照旧流入潜水。尽量包容细小的就会变成巨大，不断积累隐微的就会变得显著，道德极高的人脸色态度就会变得和润，品行完美的人名声就会传播到远方。小人内心不真诚却到外界去追求声誉。

说话时不称颂老师叫作反叛，教学时不称颂老师叫作背离。背叛老师的人，英明的君主不接纳，朝廷内的士大夫在路上碰到他不与他说话。

在行动上不够的人，往往言过其实；在信用方面不够的人，往往夸夸其谈。《春秋》赞美诸侯互相之间的口头约定，而《诗》非议诸侯屡次订立盟约，二者的用心是一致的。擅长《诗》的人不作解说，擅长《易》的人不占卦，擅长《礼》的人不辅助行礼，他们的用心是相同的。

曾子说："孝子说的话是可以让人听的，做的事是可以让人看的。说的话可以让人听，是用来使远方的人高兴；做的事可以让人看，是用来使近处的人高兴。近处的人高兴就会来亲近，远方的人高兴就会来归附。使近处的人来亲近而远方的人来归附，这是孝子遵行的原则。"

曾子要走了，晏子跟着送到郊外，说："晏婴听说过这样的话：'君子用言语赠送人，百姓用财物赠送人。'我晏婴贫穷没有财物，请让我冒充君子，拿话来赠送给您：马车的轮子，原是泰山上的木头，把它放置在檃栝当中，经过三五个月就做成了，那么就是裹住车毂的皮革坏掉，也不会恢复到它原来的形状。君子对于正身的工具，不能不谨慎地对待啊，要慎重地对待它！兰芷、稿本等香草，如果浸泡在蜂蜜和美酒中，一经佩戴就要更换。正直的君主如果浸泡在香酒似的甜言蜜语中，也会被谗言俘虏。君子对于所渐染的环境，不能不谨慎地对待啊。"

［原文］

人之于文学也，犹玉之于琢磨也。《诗》曰：“如切如磋，如琢如磨。”谓学问也。和之璧，井里之厥也，玉人琢之，为天子宝。子赣、季路，故鄙人也，被文学，服礼义，为天下列士。

学问不厌，好士不倦，是天府也。

君子疑则不言，未问则不立，道远日益矣。

多知而无亲、博学而无方、好多而无定者，君子不与。

少不讽，壮不论议，虽可，未成也。

君子壹教，弟子壹学，亟（同“急”）成。

君子进则能益上之誉而损下之忧。不能而居之，诬也；无益而厚受之，窃也。学者非必为仕，而仕者必如学。

子贡问于孔子曰：“赐倦于学矣，愿息事君。”孔子曰：“《诗》云：‘温恭朝夕，执事有恪。’事君难，事君焉可息哉！”“然则赐愿息事亲。”孔子曰：“《诗》云：‘孝子不匮，永锡（通“赐”）尔类。’事亲难，事亲焉可息哉！”“然则赐愿息于妻子。”孔子曰：“《诗》云：‘刑于寡妻，至于兄弟，以御于家邦。’妻子难，妻子焉可息哉！”“然则赐愿息于朋友。”孔子曰：“《诗》云：‘朋友攸摄，摄以威仪。’朋友难，朋友焉可息哉！”“然则赐愿息耕。”孔子曰：“《诗》云：‘昼尔于茅，宵尔索绹，亟其乘屋，其始播百谷。’耕难，耕焉可息哉！”“然则赐无息者乎？”孔子曰：“望其圹，皋如也，嵮（同‘巅’）如也，鬲如也，此则知所息矣。”子贡曰：“大哉死乎！君子息焉，小人休焉。”

《国风》之好色也，传曰：“盈其欲而不愆其止。其诚可比于金石，其声可内（通‘纳’）于宗庙。”《小雅》不以于污上，自引而居下，疾今之政，以思往者，其言有文焉，其声有哀焉。

国将兴,必贵师而重傅,贵师而重傅则法度存。国将衰,必贱师而轻傅,贱师而轻傅则人有快,人有快则法度坏。

[译文] 人对于学习研究文献典籍,就像玉对于琢磨一样。《诗》上说:"就像治骨磨象牙,就像雕玉磨石器。"就是说的做学问啊。卞和的玉璧,原是乡里的石块,工匠雕琢了它,就成了天下的珍宝。子贡、子路,原是浅陋的人,受到了文献典籍的影响,遵从礼义,就成为天下数一数二的名士。

学习请教不满足,爱好贤士不厌倦,这就是宝库。

君子疑惑的就不说,还没有请教过的就不说。这样实行的时间长了,知识一天天增加。

知道得很多而没有突出的爱好、学习得很广而没有主攻方向、喜欢学得很多而没有确定目标的人,君子不与他结交。

少年时不读书,壮年时不发表议论,即使资质还可以,也不能有所成就。

君子一心一意地教授,学生一心一意地学习,就能迅速取得成就。

君子入朝做官,就能增加君主的荣誉而减少民众的忧患。没有才干而待在官位上,就是行骗;对君主民众毫无裨益而优厚地享受俸禄,就是盗窃。学习的人不一定都去做官,但做官的人一定要去学习。

子贡问孔子说:"我对学习感到厌倦了,希望休息一下去侍奉君主。"孔子说:"《诗》上说过:'早晚温和又恭敬,做事认真又谨慎。'侍奉君主不容易,侍奉君主怎么可以休息呢?"子贡说:"这样的话,那么我希望休息一下去侍奉父母。"孔子说:"《诗》上说过:'孝子之孝无穷尽,上天永远赐给你的同类人。'侍奉父母不容易,侍奉父母怎么可以休息呢?"子贡说:"这样的话,那么我希望到妻子儿女那里休息一下。”孔子说：“《诗》上说过：‘先给妻子做榜样，兄弟都受你的影响，以此治理家和邦。’和妻子儿女在一起不容易，在妻子儿女那里怎么可以休息呢？”子贡说：“这样的话，那么我希望到朋友那里休息一下。”孔子说：“《诗》上说过：‘朋友之间相辅助，相助都用那礼节。’和朋友在一起不容易，在朋友那里怎么可以休息呢？”子贡说：“这样的话，那么我希望休息下来去种田。”孔子说：“《诗》上说过：‘白天要去割茅草，夜里要把绳搓好，急忙登屋修屋顶，又要开始播种了。’种田不容易，种田怎么可以休息呢？”子贡说：“这样的话，那么我就没有休息的地方啦？”孔子说：“远望那个坟墓，高高的样子，山顶般的样子，鼎鬲似的样子，看到这个你就知道可以休息的地方了。”子贡说：“死亡可是大事呀！君子休息了，小人也休息了。”

《国风》爱好女色。古书上说：“满足情欲而又不越轨。它的真诚不渝可以和金石的坚固不变相比，它的音乐可以纳入到宗庙中去。”《小雅》的作者不被腐朽的君主所用，自己引退而处于卑下的官位上，他们痛恨当时的政治，因而怀念过去，《小雅》的言辞富有文采，音乐具有哀怨的情调。

国家将要兴盛的时候，一定尊敬老师而看重师傅；尊敬老师而看重师傅，那么礼节法度就能保持。国家将要衰微的时候，一定鄙视老师而看轻师傅；鄙视老师而看轻师傅，那么人就会有放肆之心；人有了放肆之心，那么礼节法度就会被破坏。

［原文］

古者匹夫五十而士（同“仕”）。天子、诸侯子十九而冠，冠而听治，其教至也。

君子也者而好之，其人；其人也而不教，不祥。非君子而好之，非其人也；非其人而教之，赍盗粮，借贼兵也。

不自嗛其行者，言滥过。古之贤人，贱为布衣，贫为匹夫，食则饘（zhān）粥不足，衣则竖褐不完，然而非礼不进，非义不受，安取此？

子夏贫，衣若县（同“悬”）鹑。人曰：“子何不仕”？曰：“诸侯之骄我者，吾不为臣；大夫之骄我者，吾不复见。柳下惠与后门者同衣而不见疑，非一日之闻也。争利如蚤（同‘爪’）甲而丧其掌。”

君人者不可以不慎取臣，匹夫不可不慎取友。友者，所以相有（通“佑”）也。道不同，何以相有也？均薪施火，火就燥；平地注水，水流湿。夫类之相从也，如此之著也，以友观人，焉所疑？取友善人，不可不慎，是德之基也。《诗》曰：“无将大车，维尘冥冥。”言无与小人处也。

蓝苴路作，似知而非。偄（ruǎn，通“懦”）弱易夺，似仁而非。悍戇好斗，似勇而非。

仁义礼善之于人也，辟（同“譬”）之若货财粟米之于家也，多有之者富，少有之者贫，至无有者穷。故大者不能，小者不为，是弃国捐身之道也。

凡物有乘而来，乘其出者，是其反者也。

流言灭之，货色远之。祸之所由生也，生自纤纤也，是故君子蚤（同“早”）绝之。

言之信者，在乎区盖之间。疑则不言，未问则不立。

知（同“智”）者明于事，达于数，不可以不诚事也。故曰：“君子难说（同‘悦’），说（同‘悦’）之不以道，不说（同‘悦’）也。”

语曰：“流丸止于瓯、臾，流言止于知（同‘智’）者。”此家言邪学之所以恶儒者也。是非疑则度之以远事，验之以近物，参之以平心，流言止焉，恶言死焉。

［译文］ 古代平民百姓到五十岁才能做官；而天子与诸侯的儿子十九

岁就举行冠礼,举行冠礼后就治理政事,这是因为他们受到的教育极好的缘故啊。

对于君子倾心爱慕的,就是那理想的学生;对这种理想的学生不施教,是不吉利的。对于并非君子的人也倾心爱慕的,就不是那理想的学生;对这种并非理想的学生去施教,就是把粮食送给小偷,把兵器借给强盗。

不自我意识到自己德行不足的人,说话往往浮夸过分。古代的贤人,卑贱得做个平民,贫穷得做个百姓,吃,连稀饭也不够,穿,连粗布衣也是破烂的,但是如果不按照礼制来提拔他,他就不入朝做官;如果不按照道义给他东西,他就不接受。哪会采取这种夸夸其谈的做法?

子夏贫穷,衣服破烂得就像悬挂着的鹌鹑。有人说:“您为什么不去做官?”子夏说:“诸侯傲视我的,我不做他的臣子;大夫傲视我的,我不再见他。柳下惠和看守后门的人同样穿破烂的衣服而不被怀疑,这已不是一天的传闻了。争权夺利就像抓住了指甲而丢了自己的手掌。”

统治人民的君主不可以不慎重地选取臣子,平民百姓不可以不慎重地选择朋友。朋友,是用来互相帮助的。如果奉行的原则不同,用什么来互相帮助呢?把柴草均匀地铺平而点上火,火总是向干燥的柴草上烧去;在平整的土地上灌水,水总是向潮湿的低洼地流去。那同类事物的互相依从就像这样的显著,根据朋友来观察人,还有什么可怀疑的?选择朋友,不可以不慎重,这是成就德行的基础啊。《诗》上说:“别扶牛车向前进,尘土茫茫会脏身。”这是说不要和小人相处啊。

对人貌似真诚实则颇怀有欺诈之心,好像明智而并不是明智。软弱而容易被人强行改变主张,好像仁慈而并不是仁慈。凶狠鲁莽而喜欢争斗,好像勇敢而并不是勇敢。

仁爱、道义、礼制、善行对于人来说,打个比方,就像是钱财粮食与家庭的关系一样：较多地拥有它的就富裕，较少地拥有它的就贫穷，丝毫没有的就困窘。所以大事不会干，小事又不做，这是抛弃国家、丢弃自己的道路啊。

所有的事物都是有所凭借才会产生的。单纯凭借自己搞出来的事情并没有什么新意，只能再次回到自身。

流言蜚语，消灭它；钱财女色，远离它。祸患所赖以产生的根源，都发生于那些细微的地方。所以君子及早地消灭祸患的苗头。

说话真实的人，他讲的必然遵循一定的原则。疑惑的不说，没有请教过的不说。

明智的人对事情十分清楚，对事理十分精通，我们不可以不忠诚地去侍奉明智的人啊。所以说："对于君子，是难以使他高兴的，不通过正当的途径去使他高兴，他是不会高兴的。"

俗话说："滚动的圆球滚到洼坑中就会停止，流言蜚语碰到明智的人就会停止传播。"这就是那些私家之言与邪恶的学说憎恶儒者的原因。对错如果疑惑不决，就用久远的事情来衡量它，用新近的事情来检验它，用公正的观点来考察它，流言蜚语便会因此而停止传播，邪恶的言论便会因此而消亡。

[原文]

曾子食鱼有余，曰："泔之。"门人曰："泔之伤人，不若奥之。"曾子泣涕曰："有异心乎哉！"伤其闻之晚也。

无用吾之所短遇人之所长，故塞而避所短，移而从所仕。疏知而不法，察辨而操辟，勇果而亡（同"无"）礼，君子之所憎恶也。

多言而类，圣人也。少言而法，君子也。多言无法而流喆然，虽辩，小人也。

国法禁拾遗，恶民之串（同"惯"）以无分得也。有夫分义则容天下而治，无分义则一妻一妾而乱。

天下之人，唯（通“虽”）各特意哉，然而有所共予（通“与”）也。言味者予易牙，言音者予师旷，言治者予三王。三王既以定法度、制礼乐而传之，有不用而改自作，何以异于变易牙之和、更师旷之律？无三王之法，天下不待亡，国不待死。

饮而不食者，蝉也；不饮不食者，浮蝣也。

虞舜、孝己孝而亲不爱，比干、子胥忠而君不用，仲尼、颜渊知而穷于世。劫迫于暴国而无所辟之，则崇其善，扬其美，言其所长而不称其所短也。

惟惟而亡者，诽也；博而穷者，訾也；清之而俞（同“愈”）浊者，口也。

君子能为可贵，不能使人必贵己；能为可用，不能使人必用己。

诰誓不及五帝，盟诅不及三王，交质子不及五伯（通“霸”）。

［译文］

曾子吃鱼有吃剩的，说：“把它和别的菜掺和在一起。”他的学生说：“掺和起来会伤害人的身体，不如再把它腌一下。”曾子流着眼泪说：“我难道别有用心吗？”为自己听到这种话太晚而感到悲伤。

不要用自己的短处去对付别人的长处，所以要掩盖并回避自己的短处，迁就并依从自己的特长。通达聪明而不守法度，明察善辨而坚持的观点邪恶怪僻，勇敢果断而不合礼义，这是君子所憎恶的。

话说得多而合乎法度，便是圣人；话说得少而合乎法度，就是君子。说多说少都不合法度却还是放纵沉醉在其中，即使能言善辩，也是个小人。

国家的法令禁止拾取别人遗失的财物，这是憎恶民众习惯于不按名分去取得财物。有了那名分道义，那就能包容天下而把它治理好；没有名分道义，那么就是只有一妻一妾，也会搞得乱七八糟。

天下的人，虽然各有独特的看法，却也有共同赞许的东西。谈论美味的都赞许易牙，谈论音乐的都赞许师旷，谈论政治的都赞许三代的圣王。三代的圣王既已确定了法度、制作了礼乐制度而把它们传了下来，如果不遵用而加以改变并自己重新搞一套，那和变更易牙的调味、变更师旷的音律有什么不同呢？如果没有三代圣王的法度，天下不等片刻就会沦亡，国家不等片刻就会覆灭。

只喝水而不吃东西的，是蝉；不喝水又不吃东西的，是蜉蝣。

虞舜、孝己，孝顺父母而父母不爱他们；比干、子胥，忠于君主而君主不任用他们；孔子、颜渊，明智通达而在社会上处境困窘。被迫生活在暴君统治的国家中而又没有办法避开这种处境，那就应该崇尚他的善行，宣扬他的美德，称道他的长处，而不宣扬他的短处。

唯唯诺诺却导致死亡的，是由于他诽谤人；知识渊博而处境困窘的，是由于他诋毁人；澄清它而愈来愈混浊的，是由于他搬弄口舌（也称“搬弄是非”，兰陵方言叫“扯老婆舌头”）。

君子能够做到可以被人尊重，但不能使别人一定尊重自己；能够做到可以被人任用，但不能使别人一定任用自己。

向下发布告诫的命令与誓言，追溯不到五帝；两国之间结盟誓约，追溯不到三代的圣王；君主互相交换自己的儿子作为人质，追溯不到五霸。

宥坐篇第二十八

［原文］

孔子观于鲁桓公之庙，有欹器焉。孔子问于守庙者曰："此为何器？"守庙者曰："此盖为宥坐（同'右座'）之器。"孔子曰："吾闻宥坐之器者，虚则欹，中则正，满则覆。"孔子顾谓弟子曰："注水焉！"弟子挹水而注之，中而正，满而覆，虚而欹。孔子喟然而叹曰："吁！恶有满而不覆者哉！"子路曰："敢问持满有道乎？"孔子曰："聪明圣知（同'智'），守之以愚；功被天下，守之以让；勇力抚世，守之以怯；富有四海，守之以谦。此所谓挹（通'抑'）而损之之道也。"

［译文］

孔子在鲁桓公的庙里参观，看到有一个倾斜的器皿。孔子问守庙的人说："这是什么器皿？"守庙的人说："这大概是君主放在座位右边来警诫自己的器皿。"孔子说："我听这种器皿，空着就会倾斜，灌入到一半水就会端正，灌满水的时候就会翻倒。"孔子回头对弟子们说："向里面灌水吧！"学生们舀了水去灌注。灌到一半果然端正起来，灌满后果然翻倒，翻倒后水全部流出，水全部流出后就空着，空着又回到原来倾斜的状态。孔子感慨地叹息说："唉！哪有满了不翻倒的呢？"子路说："请问保持满盈有什么好方法吗？"孔子回答说："聪明圣智，要用笨拙来保持；功劳惠及天下，要用谦让来保持；勇敢有力而超出世人，要用胆怯来保持；富有四海，要用节俭来保持。这就是所谓抑制并损减满盈的方法。"

［原文］

孔子为鲁摄相，朝七日而诛少正卯。门人进问曰："夫少正卯，鲁之闻人也，夫子为政而始诛之，得无失乎？"孔子曰："居！吾语女（同'汝'）其故。人有恶者五，而盗窃不与焉：一曰心达而险，二曰行辟（通'僻'）而坚，三曰言伪而辩，四曰记丑而博，五曰顺非而泽。此五者有一于人，则不得免于君子之诛，而少正卯兼有之。故居处足以聚徒成群，言谈足以饰邪营（通'荧'）众，强足以反是独立，此小人之桀雄也，不可不诛也。是以汤诛尹谐，文王诛潘止，周公诛管叔，太公诛华仕，管仲诛付里乙，子产诛邓析、史付，此七子者，皆异世同心，不可不诛也。《诗》曰：'忧心悄悄，愠于群小。'小人成群，斯足忧也。"

［译文］

孔子做鲁国的代理国相的时候，上任七天就杀了少正卯。他的弟子进来问孔子说："少正卯是鲁国的名人，您刚刚上任就把他杀掉，是不是搞错了呀？"孔子说："坐下！我告诉你为什么。人有五种罪恶，而盗窃不包括在里面：一是思想通达而用心险恶，二是行为邪僻而又顽固不化，三是言语虚伪却能言善辩，四是喜欢记述丑恶的东西却见广识多，五是追随异端邪说而能添枝加叶。这五种罪恶，在一个人身上只要有一种，就避免不了被君子杀掉，而少正卯却同时具有这五种罪恶。他居住的地方足以聚集门徒而成群结队，他的言谈足以用来掩饰邪恶而迷惑众人，他的强横足以用来反对礼法正道而特立独行。这是小人中的奸雄，是不可不诛杀的。因此，商汤杀了尹谐，周文王杀了潘止，周公杀了管叔，姜太公杀了华仕，管仲杀了付里乙，子产杀了邓析、史付。这七个人，虽然他们处在不同的时代，但是有同样的邪恶心肠，是不可不诛杀的。《诗》上说：'忧国忧民的心情凄惨惨，成群的小人把他来仇怨。'小人拉帮结派成了群，最担心的是他们既祸国来又殃民。"

[原文]

孔子为鲁司寇，有父子讼者，孔子拘之，三月不别。其父请止，孔子舍之。季孙闻之不说（同“悦”），曰：“是老也欺予，语予曰：‘为国家必以孝。’今杀一人以戮不孝，又舍之。”冉子以告。

孔子慨然叹曰：呜呼！上失之，下杀之，其可乎！不教其民而听其狱，杀不辜也。三军大败，不可斩也；狱犴不治，不可刑也，罪不在民故也。嫚（同“慢”）令谨诛，贼也；今生也有时，敛也无时，暴也；不教而责成功，虐也。已此三者，然后刑可即也。《书》曰：“义刑义杀，勿庸以即，予维曰未有顺事。”言先教也。

故先王既陈之以道，上先服之；若不可，尚贤以綦（通“惎”）之；若不可，废不能以单（通“惮”）之；綦（通“惎”）三年而百姓往矣。邪民不从，然后俟之以刑，则民知罪矣。《诗》曰：“尹氏大师，维周之氐，秉国之均，四方是维，天子是庳，卑民不迷。”是以威厉而不试，刑错（同“措”）而不用，此之谓也。

今之世则不然：乱其教，繁其刑，其民迷惑而堕焉，则从而制之，是以刑弥繁而邪不胜。三尺之岸而虚车不能登也，百仞之山任负车登焉，何则？陵迟故也。数仞之墙而民不逾也，百仞之山而竖子冯而游焉，陵迟故也。今夫世之陵迟亦久矣，而能使民勿逾乎！《诗》曰：“周道如砥，其直如矢。君子所履，小人所视。眷焉顾之，潸焉出涕！”岂不哀哉！

[译文]

孔子做了鲁国大司寇，有父子俩打官司的，孔子拘留了儿子，三个月了也不加判决。父亲请求停止诉讼，孔子就把他的儿子释放。季桓子听说这件事后，很不高兴，说：“这位老先生怎么欺骗我呀，他曾经告诉我说：‘治理国家一定要用孝道。’现在只要杀掉这个不孝的儿子就可以使所有不孝之子都感到耻辱，却又把他放掉。”冉求把这些话告诉了孔子。

孔子感慨地长出了一口气说：唉！君主丢了正确的政治原则，臣下把他们都杀掉，这能行吗？不去教育民众而只是判决他们的诉讼，这是在屠杀无辜的人啊。三军大败，不可以全部斩首；监狱方面的事情没有治理好，不可以施加刑罚。要是追究罪责，原因也不在民众身上。令不行、禁不止而严加惩处，这是残杀；庄稼生长需要一定的时日，而赋税征收却时时不停，这叫暴政；不进行教育却要求成功，这是虐害。制止了这三种行为，然后刑罚才可以施加到犯罪人的身上。《书》上说：“用刑有原则，杀人有尺度，千万不要由着自己的喜怒好恶来动用刑罚，真的这样做了，只能说明自己还没有理顺各种关系。”这是说要先进行教育呀。

所以，先王把治国纲要公布后，自己就带头遵行它。如果不可行，就表彰贤人做榜样；如果不可行，就贬斥无能之辈做典型。至多三年，百姓们就会朝这个方向努力了。奸邪的人不服从，就对他们施加刑罚，人们就会知道他们的罪行。《诗》上说：“尹太师啊尹太师，您是周王朝的基石。掌管着国家大权，四方靠您来维持。天子由您来辅佐，民众不会再失迷。”说的就是这种道理呀。因此，权势虽然威猛却可以针对实际而不加使用，刑罚虽然严酷却可以暂时搁置而不加实施。

现在的社会却不是这样。教化混乱不堪，刑法五花八门，当民众糊里糊涂落入法网的时候，就不分青红皂白马上惩治他们，因此，刑法虽然越来越繁琐而邪恶却越来越难以禁止。三尺高的悬崖，一无所有的空车难以登顶；百丈高的山峰，拉着重物的车子也能登上。这是为什么？这是因为坡度由低向高缓缓延伸的原因。几丈高的墙头，成人却不能越过；百丈高的山峰，小孩却能登上游玩，同样是因为坡度由低向高缓缓延伸的原因。有的时候教化松弛、刑罚宽大,与“坡度由低向高缓缓延伸的时候容易攀登”的道理一样,很难保证人们不越轨犯罪。《诗》上说:“大道啊大道,如同磨刀石一样平坦,笔直笔直像箭杆。达官贵人走上边,劳苦大众只能看一看。回头看啊回头看,泪流刷刷模糊了双眼。”难道不可悲吗?

[原文]

《诗》曰:“瞻彼日月,悠悠我思。道之云远,曷云能来!”子曰:“伊稽首,不其有来乎?”

[译文]

《诗》上又说:“看那日月周而复始,悠悠长天如同我的思念。道路如此遥远,心上人怎能回到我的身边?”孔子说:“他若诚心诚意向你叩首祈祷,还愁他不回来吗?”

[原文]

孔子观于东流之水,子贡问于孔子曰:“君子之所以见大水必观焉者是何?”孔子曰:“夫水,大遍与诸生而无为也,似德。其流也埤下,裾拘(通‘倨勾’)必循其理,似义。其洸洸乎不淈尽,似道。若有决行之,其应佚(同‘逸’)若声响,其赴百仞之谷不惧,似勇。主量必平,似法。盈不求概,似正。淖约微达,似察。以出以入,以就鲜絜,似善化。其万折也必东,似志。是故君子见大水必观焉。”

[译文]

孔子带领弟子们观看滚滚东流的河水。子贡问孔子说:“君子遇见大水就一定要观看,这是为什么?”孔子说:“水,不加任何选择地浇灌滋润着各种生命而不求任何回报,好像德。它向下流动时,道路虽然迂回曲折,但必定遵循由高到低的流动规律,好像义。它浩浩荡荡没有穷尽,好像道。如若冲破堤岸的约束就会奔腾向前,奔流的声音及其激发的回声相互激荡,奔赴万丈深渊而无所畏惧,好像勇敢。它注入测量仪器时一定很平,好像法度。

它注满测量仪器后不需要概板刮平就自然趋向平整，好像公正。它非常柔软，细微的地方都能渗透，好像明察。各种东西在水中淘洗就会鲜洁如初，好像善于教化。它千曲万折而一定向着东方的大海流淌，好像意志。所以君子遇见大水一定要观看。”

［原文］

孔子曰：“吾有耻也，吾有鄙也，吾有殆也：幼不能强学，老无以教之，吾耻之。去其故乡，事君而达，卒遇故人，曾无旧言，吾鄙之。与小人处者，吾殆之也。”

［译文］

孔子说：“我感觉有些事情是耻辱的，有些事情是卑鄙的，有些事情是危险的。年幼时不能勤奋学习，年老时没有什么可以教育别人，我感觉这是耻辱。远离故乡，侍奉君主而显贵，突然遇见父老乡亲，竟然没有一句思念过去时光的话，我感觉这是卑鄙。与小人混在一起，我感觉这是危险。”

［原文］

孔子曰：“如垤（dié）而进，吾与之；如丘而止，吾已矣。”今学曾未如肬（yóu，同“疣”）赘，则具然欲为人师。

［译文］

孔子说：“成绩即使像蚂蚁洞口的小土堆一样微小，但只要不断积累，我称赞他；成绩即使像山陵一样高大，但如果停止不前，我不认可他。现在有些人的知识少的还不如小小的赘瘤，却自满自足地想做别人的老师。”

［原文］

孔子南适楚，厄于陈、蔡之间，七日不火食，藜羹不糂（sǎn，同“糁”。临沂方言“糁”又读 sá），弟子皆有饥色。子路进问之曰：“由闻之：为善者天报之以福，为不善者天报之以祸。今夫子累德、积义、怀美，行之日久矣，奚居之隐也？”

孔子曰："由不识，吾语女（通'汝'，本篇下同）。女以知（同'智'）者为必用邪？王子比干不见剖心乎！女以忠者为必用邪？关龙逢不见刑乎！女以谏者为必用邪？吴子胥不磔姑苏东门外乎！夫遇不遇者，时也；贤不肖者，材（通'才'）也。君子博学深谋不遇时者多矣。由是观之，不遇世者众矣，何独丘也哉！且夫芷兰生于深林，非以无人而不芳。君子之学，非为通也；为穷而不困，忧而意不衰也，知祸福终始而心不惑也。夫贤不肖者，材也；为不为者，人也；遇不遇者，时也；死生者，命也。今有其人不遇其时，虽贤，其能行乎？苟遇其时，何难之有？故君子博学、深谋、修身、端行以俟其时。"

孔子曰："由！居！吾语女。昔晋公子重耳霸心生于曹，越王句践（同'勾践'）霸心生于会稽，齐桓公小白霸心生于莒。故居不隐者思不远，身不佚（同'逸'）者志不广。女庸安知吾不得之桑落之下！"

［译文］

孔子向南到楚国去，困在陈国、蔡国之间，七天没吃熟食，野菜汤里一粒米都没有，弟子们都有挨饿的脸色。子路前来问孔子说："我听说：'行善的人，上天会赐福于他；作恶的人，上天会降祸于他。'现在您积累优秀品德、奉行正道大义、怀有美好理想，并且地久天长坚持不懈，为什么还是如此穷困潦倒？"

孔子说："仲由啊，你还不懂呀，我来告诉你吧。你认为有才干的人是一定会被任用的吗？王子比干不是被剖腹挖心了吗！你认为忠诚的人是一定会被任用的吗？关龙逢不是被杀掉了吗！你认为劝谏的人是一定会被任用的吗？伍子胥不是被肢解在姑苏城的东门之外吗！能不能得到任用，是时机的问题；有没有才干，是素质的问题。博学多才、深谋远虑赶不上时机的君子很多很多！由此看来，世上赶不上时机的人多的是，不单单是我孔丘。你看那芷兰生长在深山老林之中，并非因为没有人赏识就不再发出幽香。君子学习，不是为了高官厚禄，而是为了能够在不被任用的时候走出困惑迷津，在忧愁烦恼的时候不改变自己的志向追求，懂得祸福有始有终，心中就不会迷惑徘徊。有没有才干，是素质的问题；做还是不做，是人的问题；能不能得到任用，是时机的问题；生还是死，是命运的问题。现在有的人生不逢时，即使是世上少有的贤才，他能施展才华吗？如果赶上了好的时机，施展才华哪里还会有困难呢？所以君子要努力做到博学多才、深谋远虑、修身端行以等待时机。"

孔子又说："仲由！坐下！我来告诉你呀。从前晋国公子重耳的称霸之心产生于被侮辱的曹国，越王勾践的称霸之心产生于被围困的会稽山下，齐桓公小白的称霸之心产生于避难的莒地。所以，不处在困境之中谋略就不会深远，不经历千万磨难志向就不会广大，你怎么知道我在这落叶纷纷的桑树下就不能得志呢！"

［原文］

子贡观于鲁庙之北堂，出而问于孔子曰："乡者赐观于太庙之北堂，吾亦未辍，还复瞻被九盖（通'盍'）皆继，被有说邪？匠过绝邪？"孔子曰："太庙之堂，亦尝（通'当'）有说。官致良工，因丽节文，非无良材也，盖曰贵文也。"

［译文］

子贡参观了鲁国宗庙的北堂，出来后请教孔子说："刚才我参观了太庙的北堂，一步也没有停下，回过头来观看那九扇大门，发现都是用短小的木头拼接而成，这里面有什么讲究吗？是工匠故意把木料弄断的吗？"孔子说："太庙的北堂当然是有讲究的，负责营造的官员招来技艺精湛的工匠，根据木材本身的纹路通过拼接连成有序的花纹。这并不是没有优良的木材，主要是为了能够连成有序的花纹。"

子道篇第二十九

［原文］

入孝出弟（同“悌”），人之小行也；上顺下笃，人之中行也；从道不从君，从义不从父，人之大行也。若夫志以礼安，言以类使，则儒道毕矣，虽舜，不能加毫末于是矣。

［译文］

在家孝敬父母，出外敬重兄长，这是人的小德。对上顺从，对下真诚，这是人的中德。顺从礼法正道而不顺从君主，顺从天下大义而不顺从父亲，这是人的大德。至于那志向根据礼义来安排，言语根据法度来措辞，这样儒家之道也就完备了，即使是圣明的舜，也不能在这上面有丝毫的增益了。

［原文］

孝子所以不从命有三：从命则亲危，不从命则亲安，孝子不从命乃衷；从命则亲辱，不从命则亲荣，孝子不从命乃义；从命则禽兽，不从命则修饰，孝子不从命乃敬。故可以从而不从，是不子也；未可以从而从，是不衷也。明于从不从之义，而能致恭敬、忠信、端悫以慎行之，则可谓大孝矣。传曰：“从道不从君，从义不从父。”此之谓也。故劳苦雕萃而能无失其敬，灾祸患难而能无失其义，则不幸不顺见恶而能无失其爱，非仁人莫能行。《诗》曰：“孝子不匮。”此之谓也。

［译文］

孝子不服从命令的原因有三种：服从命令，父母就会危险；不服从命令，父母就平安；那么孝子不服从命令就是忠诚。服从命令，父母就会受到耻辱；不服从命令，父母就光荣，那么孝子不服从命令就是奉行大义。服从命令就像禽兽一样无礼，不服从命令就彬彬有礼，那么孝子不服从命令就是恭敬。所以，可以服从而不服从，这是不尽孝子之道；不可以服从而服从，这是不敬爱父母。明白了这服从或不服从的道理，并且能做到恭敬尊重、忠诚守信、正直老实而谨慎小心地实行它，就可以称之为大孝。古书上说："顺从礼法正道而不顺从君主，顺从天下大义而不顺从父亲。"讲的就是这个道理。所以劳苦憔悴时能够不丧失对父母的恭敬，遭到灾祸患难时能够不丧失对父母应尽的责任，即使不幸地因为与父母关系没搞好而被父母憎恶时，仍能不丧失对父母的敬爱，如果不是仁德之人是不能做到的。《诗》上说："孝子尽孝什么时候都不能放松。"讲的就是这个道理。

[原文]

鲁哀公问于孔子曰："子从父命，孝乎？臣从君命，贞乎？"三问，孔子不对。孔子趋出，以语子贡曰："乡（同'向'）者君问丘也，曰：'子从父命，孝乎？臣从君命，贞乎？'三问而丘不对，赐以为何如？"子贡曰："子从父命，孝矣；臣从君命，贞矣。夫子有奚对焉？"孔子曰："小人哉！赐不识也。昔万乘之国有争（同'诤'，本篇下同）臣四人，则封疆不削；千乘之国有争臣三人，则社稷不危；百乘之家有争臣二人，则宗庙不毁。父有争子，不行无礼；士有争友，不为不义。故子从父，奚子孝？臣从君，奚臣贞？审其所以从之之谓孝，之谓贞也。"

[译文]

鲁哀公向孔子请教说："儿子服从父亲的命令，就是孝顺吗？臣子服从君主的命令，就是忠贞吗？"问了三次，孔子不回答。孔子小步快走到了外面，告诉子贡说："刚才，国君问我，说：'儿子服从父亲的命令，就是孝顺吗？臣子服从君主的命令，就是忠贞吗？’问了三次而我不回答，你认为怎样？”子贡说：“儿子服从父亲的命令，就是孝顺；臣子服从君主的命令，就是忠贞。夫子又能怎样回答他呢？”孔子说：“真是个小人，你不懂啊！从前拥有万辆兵车的诸侯国同时拥有四个诤谏之臣，边疆就不会被侵犯；拥有千辆兵车的诸侯国同时拥有三个诤谏之臣，地位权力就不会危险；拥有百辆兵车的大夫之家同时拥有两个诤谏之臣，宗庙就不会毁灭。父亲有了诤谏的儿子，就不会做不合礼制的事；士人有了诤谏的朋友，就不会做不合礼义的事。所以儿子一味听从父亲，怎能说儿子孝顺？臣子一味听从君主，怎能说臣子忠贞？弄清楚了听从的是什么，才可以叫作孝顺、叫作忠贞。”

［原文］

子路问于孔子曰：“有人于此，夙兴夜寐，耕耘树艺，手足胼胝，以养其亲，然而无孝之名，何也？”孔子曰：“意者身不敬与（同‘欤’）？辞不逊与（同‘欤’）？色不顺与（同‘欤’）？古之人有言曰：‘衣与，缪与，不女（同“汝”）聊。’今夙兴夜寐，耕耘树艺，手足胼胝，以养其亲，无此三者，则何以为而无孝之名也？”

孔子曰：“由志之吾语女（同‘汝’）。虽有国士之力，不能自举其身，非无力也，势不可也。故入而行不修，身之罪也；出而名不章，友之过也。故君子入则笃行，出则友贤，何为而无孝之名也？”

［译文］

子路向孔子请教说：“这里有个人夙兴夜寐，耕锄栽种很是勤快，手脚磨出了老茧，以此来赡养自己的父母，却没有孝顺的名声，为什么呢？”孔子说：“想来大概是他举止不够恭敬吧！是他说话不够谦虚吧！是他脸色不够温顺吧！古人有句话说：‘给我穿衣，给我吃饭，若不恭敬我也不想与你多说一句话。’现在这人夙兴夜寐，耕锄栽种很是勤快，手脚磨出了老茧，以此来赡养自己的父母，如果没有举止不恭敬、说话不谦虚、脸色不温顺这三种行为，那为什么会没有孝顺的名声呢？”

孔子又说：“仲由，记住吧！我告诉你。即使是全国数一数二的大力士，也不能自己举起自己，这不是没有力气，而是所处的形势让他无法做到。在家中品德不能提升，是自己的罪过；在外名声不能显扬，是朋友的罪过。所以，君子在家就要使自己忠诚厚道，出外就与贤良之士交朋友，怎么会没有孝顺的名声呢？”

[原文]

子路问于孔子曰：“鲁大夫练而床，礼邪？”孔子曰：“吾不知也。”

子路出，谓子贡曰：“吾以为夫子无所不知，夫子徒有所不知。”

子贡曰：“女（同‘汝’）何问哉？”

子路曰：“由问鲁大夫练而床，礼邪？夫子曰：‘吾不知也。’”

子贡曰：“吾将为女（同‘汝’）问之。”

子贡问曰：“练而床，礼邪？”孔子曰：“非礼也。”

子贡出，谓子路曰：“女（同‘汝’）谓夫子为有所不知乎？夫子徒无所不知，女（同‘汝’）问非也。礼，居是邑，不非其大夫。”

[译文]

子路向孔子请教说：“鲁国的大夫披戴白练祭祀父母去世一周年时睡在床上，合乎礼吗？”孔子说：“我不知道。”

子路出来后，对子贡说：“我以为夫子无所不知，可是夫子却偏偏有所不知。”

子贡说：“你问了什么呢？”

子路说："我问：'鲁国的大夫披戴白练祭祀父母去世一周年时睡在床上，合乎礼吗？'先生说：'我不知道。'"

子贡说："我去给你去问问这件事情。"

子贡向孔子请教说："披戴白练祭祀父母去世一周年时睡在床上，合乎礼吗？"孔子说："不合礼。"

子贡出来，对子路说："你说夫子有所不知吗？夫子却偏偏无所不知。你问得不对啊。根据礼制，住在这个城邑，就不要非议管辖这个城邑的大夫。"

[原文]

子路盛服而见孔子，孔子曰："由，是裾裾何也？昔者江出于岷山，其始出也，其源可以滥觞，及其至江之津也，不放(同'方')舟、不避风则不可涉也，非维(同'唯')下流水多邪？今女(同'汝')衣服既盛，颜色充盈，天下且孰肯谏女(同'汝')矣？由！"

子路趋而出，改服而入，盖犹若也。孔子曰："志之，吾语女(同'汝')。奋于言者华(同'哗')，奋于行者伐，色知(同'智')而有能者，小人也。故君子知之曰知之，不知曰不知，言之要也；能之曰能之，不能曰不能，行之至也。言要则知(同'智')，行至则仁。既知且仁，夫恶有不足矣哉！"

[译文]

子路穿戴整齐后去见孔子，孔子说："仲由，这样衣冠楚楚的，为什么呢？从前长江发源于岷山，开始的时候，源头小得只可以浮起酒杯，等流到下游的渡口时，如果不把船并在一起，不避开大风，就很难横渡，这不是因为下游水势巨大的缘故么？现在你的衣服已经穿得很庄重，脸上又神气十足，那么，天下又会有谁肯规劝你呢？仲由！"

子路小步快走而出，换了衣服再进去，像平常穿得很随便的样子。孔子说："记住！我告诉你。说话目中无人的人自我吹捧，做事目中无人的人自我炫耀,从脸色上就能知道他有多少能耐的人,是小人呀。所以。君子知道了就说知道,不知道的就说不知道,这是说话的要领;会的就说会,不会的就说不会,这是行动的最高准则。说话合乎这要领就是明智,行动合乎这准则就是仁德。既明智又有仁德,哪里还有不足之处呢?"

[原文]

子路入,子曰:"由,知(同'智',本篇下同)者若何?仁者若何?"子路对曰:"知者使人知己,仁者使人爱己。"子曰:"可谓士矣。"

子贡入,子曰:"赐,知者若何?仁者若何?"子贡对曰:"知者知人,仁者爱人。"子曰:"可谓士君子矣。"

颜渊入,子曰:"回,知者若何?仁者若何?"颜渊对曰:"知者自知,仁者自爱。"子曰:"可谓明君子矣。"

[译文]

子路进来。孔子说:"仲由!明智的人是怎样的?仁德的人是怎样的?"子路回答说:"明智的人能使别人了解自己,仁德的人能使别人爱护自己。"孔子说:"你可以称为士人了。"

子贡进来。孔子说:"端木赐!明智的人是怎样的?仁德的人是怎样的?"子贡回答说:"明智的人能了解别人,仁德的人能爱护别人。"孔子说:"你可以称为士君子了。"

颜渊进来。孔子说:"颜回!明智的人是怎样的?仁德的人是怎样的?"颜渊回答说:"明智的人有自知之明,仁德的人能自尊自爱。"孔子说:"你可以称为贤明君子了。"

[原文]

子路问于孔子曰:"君子亦有忧乎?"

孔子曰:"君子,其未得也,则乐其意,既已得之,又乐其治,是以有终身之乐,无一日之忧。小人者,其未得也,则忧不得,既已得之,又恐失之,是以有终身之忧,无一日之乐也。"

［译文］　子路向孔子请教说："君子也有忧虑吗？"

孔子说："君子，在他还没有得到任用时，就会为自己的理想抱负而感到高兴；已经得到之后，又会为自己的功勋业绩而感到高兴。因此有一辈子的快乐，而没有一天的忧虑。小人，当他还没有得到任用时，就担忧得不到；已经得到之后，又怕失去它。因此只有一辈子的忧虑，而没有一天的快乐。"

法行篇第三十

[原文] **公输不能加于绳,圣人莫能加于礼。礼者,众人法而不知,圣人法而知之。**

[译文] 公输般不能超越墨线,圣人不能超越礼制。礼,众人遵循它却不明白它的意义与作用,圣人遵循它却能洞察它的意义与作用。

[原文] **曾子曰:“无内人之疏而外人之亲,无身不善而怨人,无刑已至而呼天。内人之疏而外人之亲,不亦远乎! 身不善而怨人,不亦反乎! 刑已至而呼天,不亦晚乎!《诗》曰:‘涓涓源水,不雝(同‘壅’)不塞。毂已破碎,乃大其辐。事已败矣,乃重大息。’其云益乎!”**

[译文] 曾子说:“不要疏远家人而亲近外人,不要自己不好而埋怨别人,不要刑罚降临才呼喊上天。疏远家人而亲近外人,不是违背情理了吗? 自己不好而埋怨别人,不是舍近求远了吗? 刑罚已经临头才呼喊上天,不是悔之已晚了吗?《诗》上说:‘涓涓细流源头水,不加堵截就不绝。车毂已经全破碎,才去加大车辐条。事情已经全失败,才去深深长叹息。’这样做有益吗?”

[原文] **曾子病,曾元持足。曾子曰:“元志之! 吾语汝。夫鱼**

鳖鼋鼍犹以渊为浅而堀(kū,同‘窟’)其中,鹰鸢犹以山为卑而增巢其上,及其得也,必以饵。故君子苟能无以利害义,则耻辱亦无由至矣。”

[译文] 曾子病得很厉害,曾元抱着他的脚。曾子说:“元,记住!我告诉你。那鱼鳖鼋鼍以为渊池太浅而在里面继续打洞才会安身,鹰鸢以为山岭太矮而在上面继续筑巢才会栖息,它们被人捕获,一定是为饵食所诱。所以君子如能不因为财利而伤害道义,那么耻辱也就无从到来了。”

[原文] **子贡问于孔子曰:“君子之所以贵玉而贱珉者,何也?为夫玉之少而珉之多邪?”孔子曰:“恶!赐,是何言也?夫君子岂多而贱之、少而贵之哉!夫玉者,君子比德焉。温润而泽,仁也;栗而理,知(同‘智’)也;坚刚而不屈,义也;廉而不刿,行也;折而不桡,勇也;瑕适并见,情也;扣之,其声清扬而远闻,其止辍然,辞也。故虽有珉之雕雕,不若玉之章章。《诗》曰:‘言念君子,温其如玉。’此之谓也。”**

[译文] 子贡向孔子请教说:“君子珍视宝玉而轻视珉石的原因,是什么呢?是因为宝玉少而珉石多吗?”孔子说:“唉!赐啊,这是什么话呀!君子怎么会因为多了就轻视它、少了就珍视它呢?这宝玉,君子用来比拟品德。它温柔滋润而有光泽,好比仁;它坚硬而有纹理,好比智;它刚强而不屈,好比义;它有棱角而不划伤人,好比行;它即使折断也不弯曲,好比勇;它的斑点缺陷都暴露在外,好比诚实;敲它,声音清越远扬,戛然而止,好比言辞之美。所以,即使珉石带有漂亮的花纹,也比不上宝玉那样明丽洁白。《诗》上说:‘我非常思念彬彬有礼的君子,温和得就如同宝玉。’讲的就是这道理。”

［原文］

曾子曰："同游而不见爱者，吾必不仁也；交而不见敬者，吾必不长也；临财而不见信者，吾必不信也。三者在身，曷怨人？怨人者穷，怨天者无识。失之己而反诸人，岂不亦迂哉！"

［译文］

曾子说："一起交游却不被人喜爱，那肯定是自己缺乏仁爱；与人交往而不受到尊敬，那必然是自己没有敬重别人；接近财物而得不到信任，那一定是自己没有信用。这三者的原因都在自己身上，怎么能埋怨别人？埋怨别人就会陷入困窘，埋怨上天就是没有见识。过失在于自己却反而去责备别人，岂不是太不切合实际了么？"

［原文］

南郭惠子问于子贡曰："夫子之门，何其杂也？"子贡曰："君子正身以俟，欲来者不距（同'拒'），欲去者不止。且夫良医之门多病人，檃栝之侧多枉木，是以杂也。"

［译文］

南郭惠子问子贡说："孔夫子的门下，怎么那样混杂呢？"子贡说："君子端正自己的身心来等待求学的人，想来的不拒绝，想走的不阻止。况且良医的门前多病人，檃栝的旁边多弯木，所以，夫子的门下鱼龙混杂啊。"

［原文］

孔子曰："君子有三恕：有君不能事，有臣而求其使，非恕也；有亲不能报，有子而求其孝，非恕也；有兄不能敬，有弟而求其听令，非恕也。士明于此三恕，则可以端身矣。"

［译文］

孔子说："君子要有三种推己及人之心：有了君主不能侍奉，

有了臣子却要指使他们，这不符合恕道；有了父母不能报答养育之恩，有了子女却要求他们孝顺，这不符合恕道；有了哥哥不能敬重，有了弟弟却要求他们听话，这不符合恕道。士人明白了这三种推己及人之心，身心就可以端正了。”

[原文]

孔子曰：“君子有三思，而不可不思也。少而不学，长无能也；老而不教，死无思也；有而不施，穷无与也。是故君子少思长则学，老思死则教，有思穷则施也。”

[译文]

孔子说：“君子有三种思虑，是不可以不思考的。小时不学习，长大后就没有才干；老了不去教育人，去世后就没有人怀念；富有时不施舍，困窘时就没有人帮扶。因此，君子小时要考虑到长大以后的情形，就会学习；老了考虑到去世后的情况，就会努力教育他人；富有时考虑到困窘时的处境，就会施舍。”

哀公篇第三十一

[原文]

鲁哀公问于孔子曰："吾欲论吾国之士，与之治国，敢问何如取之邪？"

孔子对曰："生今之世，志古之道，居今之俗，服古之服，舍此而为非者，不亦鲜乎！"

哀公曰："然则夫章甫、絇（qú）屦、绅而搢笏者，此贤乎？"

孔子对曰："不必然。夫端衣、玄裳、絻（miǎn）而乘路者，志不在于食荤；斩衰、菅屦、杖而啜粥者，志不在于酒肉。生今之世，志古之道，居今之俗，服古之服，舍此而为非者，虽有，不亦鲜乎！"

哀公曰："善！"

[译文]

鲁哀公向孔子请教说："我想选择我国的人才和他们一起治理国家，冒昧地问一下应该怎样去选取他们呢？"

孔子回答说："生在当今的世上，牢记着古代的原则，处在当今的习俗中，穿着古代式样的服装，做到这样而为非作歹的人，不是很少的吗？"

哀公说："这样的话，那么那些戴着商代式样的礼帽、穿着缚有鞋带的鞋子、束着宽大的腰带并在腰带上插着笏板的人，他们都贤能吗？"

孔子回答说："不一定贤能。那些穿着祭祀礼服、黑色礼袍，戴着礼帽而乘坐祭天大车的人,他们的心思不在于吃有荤味的食物;披麻戴孝、穿着草鞋、拄着孝棍而吃薄粥的人,他们的心思不在于喝酒吃肉。生在当今的世上,牢记着古代的原则,处在当今的习俗中,穿着古代式样的服装,做到这样而为非作歹的人,即使有,不也很少吗?"

哀公说:"好!"

[原文]

孔子曰:"人有五仪:有庸人,有士,有君子,有贤人,有大圣。"

哀公曰:"敢问何如斯可谓庸人矣?"

孔子对曰:"所谓庸人者,口不能道善言,必不知邑邑(通'悒悒');不知选贤人善士托其身焉以为己忧,勤行不知所务,止交不知所定;日选择于物,不知所贵;从物如流,不知所归;五凿为正,心从而坏:如此,则可谓庸人矣。"

哀公曰:"善!敢问何如斯可谓士矣?"

孔子对曰:"所谓士者,虽不能尽道术,必有率也;虽不能遍美善,必有处也。是故知不务多,务审其所知;言不务多,务审其所谓;行不务多,务审其所由。故知既已知之矣,言既已谓之矣,行既已由之矣,则若性命肌肤之不可易也。故富贵不足以益也,卑贱不足以损也,如此,则可谓士矣。"

哀公曰:"善!敢问何如斯可谓之君子矣?"

孔子对曰:"所谓君子者,言忠信而心不德,仁义在身而色不伐,思虑明通而辞不争,故犹然如将可及者,君子也。"

哀公曰:"善!敢问何如斯可谓贤人矣?"

孔子对曰:"所谓贤人者,行中规绳而不伤于本,言足法于天下而不伤于身,富有天下而无怨(通'蕴')财,布施天下而不病贫,如此,则可谓贤人矣。"

哀公曰:“善!敢问何如斯可谓大圣矣?”

孔子对曰:“所谓大圣者,知通乎大道,应变而不穷,辨乎万物之情性者也。大道者,所以变化遂成万物也;情性者,所以理然不(同‘否’)、取舍也。是故其事大辨(通‘遍’)乎天地,明察乎日月,总要万物于风雨,缪缪(同‘穆穆’)肫肫(同‘纯纯’),其事不可循。若天之嗣,其事不可识,百姓浅然不识其邻。若此,则可谓大圣矣。”

哀公曰:“善!”

[译文]

孔子说:“人有五种典型:有庸人,有士人,有君子,有贤人,有伟大的圣人。”

哀公说:“请问什么样的人可以叫作庸人?”

孔子回答说:“所谓庸人,嘴里不能说出好话,心里也不知道忧愁,不知道考虑选用和依靠贤人善士来分担自己的忧虑;活动起来不知道去做什么,停下来不知道立足点放在哪里;天天挑来选去,却不知道什么东西贵重;一味顺从外物如同流水,不知道归宿在哪里;被五官的欲望所主宰,心思跟着变坏。像这样,就可以叫作庸人。”

哀公说:“好!请问什么样的人可以叫作士人?”

孔子回答说:“所谓士人,即使不能完全掌握治国安邦的基本原理,但必定有其奋斗目标;即使不能尽善尽美,但必定有其独到之处。所以,知识不在于多少,而是倾心于对已经掌握的知识是否真正领会;说话不在于多少,而是倾心于说出的话是否正确表达了自己的思想;做事不在于多少,而是倾心于将要做的事情是否符合礼法正道。知识已经领会,话语已经说出,事情已经做完,就如同自己的性命和肌肤一样不可更改。所以富贵不能使他有所增加,卑贱不能使他有所减少。像这样,就可以叫作士人。”

哀公说:“好!请问像什么样的人可以叫作君子?”

孔子回答说:“所谓君子,就是传扬忠信而不自以为品德高尚,努力践行仁义而不自我吹嘘,思路清晰通达却不与他人进行无原则的争论,平凡低调好像自己并没有什么过人之处,就是君子了。”

哀公说:“好!请问什么样的人可以叫作贤人?”

孔子回答说:“所谓贤人,他的行为符合礼法正道而不伤害本性,言论足以被天下人效法而不伤害自身,富有天下却无私心,施舍给天下苍生却不担心自己贫穷。像这样,就可以叫作贤人。”

哀公说:“好!请问什么样的人可以叫作伟大的圣人?”

孔子回答说:“所谓伟大的圣人,智慧通晓大道,应变能力无穷无尽,明辨万物的情性。大道,是化生万物的源泉;情性,是判断是非、确定取舍的根据。所以,他做事情有天地一样的大胸怀、大气度(译者按:这里仍然是荀子所一贯主张的人与天地同参),像日月一样明白清楚,像风雨一样统辖万物,温温和和,端端正正。他做的事情不能照抄照搬,如同上天主宰万物一样;他做的事情很难为常人所理解,如同百姓连邻居都不认识一样。像这样,就可以叫作伟大的圣人。”

哀公说:“好!”

[原文]

鲁哀公问舜冠于孔子,孔子不对。三问,不对。

哀公曰:“寡人问舜冠于子,何以不言也?”

孔子对曰:“古之王者,有务(通‘鍪’)而拘(同‘句’)领者矣,其政好生而恶杀焉,是以凤在列树,麟在郊野,乌鹊之巢可附而窥也。君不此问而问舜冠,所以不对也。”

[译文]

鲁哀公向孔子询问舜戴的帽子是什么样,孔子不回答。哀公问了三次,孔子仍不回答。

哀公说:“我向您请教舜所戴的礼帽,您为什么不回答?”

孔子回答说:“古代帝王戴的帽子、穿的衣服和百姓没有多少不同，但他们执政的目的是让百姓过上美好的生活而厌恶滥杀无辜。因此凤凰栖息在森林，麒麟生活在郊野，乌鸦、喜鹊的巢窝可以低头看到。您不问这个，却问舜戴的帽子，所以我不回答。”

[原文]

鲁哀公问于孔子曰：“寡人生于深宫之中，长于妇人之手，寡人未尝知哀也，未尝知忧也，未尝知劳也，未尝知惧也，未尝知危也。”

孔子曰：“君之所问，圣君之问也。丘，小人也，何足以知之？”

曰：“非吾子无所闻之也。”

孔子曰：“君入庙门而右，登自胙（zuò，通‘阼’）阶，仰视榱栋，俯见几筵，其器存，其人亡，君以此思哀，则哀将焉而不至矣！君昧爽而栉冠，平明而听朝，一物不应，乱之端也，君以此思忧，则忧将焉而不至矣！君平明而听朝，日昃而退，诸侯之子孙必有在君之末庭者，君以此思劳，则劳将焉而不至矣！君出鲁之四门以望鲁四郊，亡国之虚（同‘墟’）则必有数盖焉，君以此思惧，则惧将焉而不至矣！且丘闻之：君者舟也，庶人者水也。水则载舟，水则覆舟；君以此思危，则危将焉而不至矣！”

[译文]

鲁哀公向孔子请教说：“我出生在深宫之中，在妇女的哺育下长大，从来不知道什么是悲哀，什么是忧愁，什么是劳苦，什么是恐惧，什么是危险。”

孔子说：“您所问的，是圣明的君主所问的问题。我孔丘，是个卑微的人啊，哪能知道这些？”

哀公说：“除了您，我没有别人可问啊。”

孔子说：“您走进宗庙的大门，转向右方，从东边的台阶登堂，抬头看见椽子屋梁，低头看见摆供的小桌，那些器物还在，但那器物的主人已经去世，您从这里想到悲哀，悲哀怎会没有呢？您黎明就起来梳洗戴帽，天亮时就上朝听政，如果一件事情处理不当，就会成为祸乱的发端，您从这里想到忧愁，忧愁怎会没有呢？你天亮时上朝听政，太阳偏西时退朝，别国诸侯的子孙一定有投奔于您等待您接见的，您从这里想到劳苦，劳苦怎会没有呢？您走出鲁国国都的城门去瞭望鲁国的四郊，那些亡国的废墟中一定有草屋散落其间，您从这里想到恐惧，恐惧怎会没有呢？而且我听说过这样的话：'君主，好比船；百姓，好比水。水既能浮载船，也能使船倾覆。'您从这里想到危险，危险怎会没有呢？"

［原文］

鲁哀公问于孔子曰："绅、委、章甫，有益于仁乎？"

孔子蹴然曰："君号然也！资衰（zī cuī）、苴杖者不听乐，非耳不能闻也，服使然也。黼衣、黻裳者不茹荤，非口不能味也，服使然也。且丘闻之：好肆不守折，长者不为市。窃其有益与其无益，君其知之矣。"

［译文］

鲁哀公向孔子请教说："束着宽宽的腰带、穿着像模像样的衣服、戴着高高的礼帽，对于仁有什么益处吗？"

孔子非常严肃地说："您怎么这样问呢？穿着丧服、拄着孝棍的人不听欢快的乐曲，并不是耳朵听不见，而是身穿丧服的原因。穿着祭祀礼服的人不吃荤菜，并不是嘴巴不想吃，而是身穿祭服的原因。而且我听说过这样的话：'会做生意的人不使自己亏本，品德高尚的人不去市场谋利。'束腰带、戴礼帽是有益于仁还是无益于仁，您应该知道了。"

［原文］

鲁哀公问于孔子曰："请问取人？"

孔子对曰："无取健，无取詌（gàn），无取口哼。健，贪

也;詌,乱也;口哼,诞也。故弓调而后求劲焉,马服而后求良焉,士信悫而后求知能焉。士不信悫而有(同‘又’)多知能,譬之其豺狼也,不可以身尒(同‘迩’)也。语曰:‘桓公用其贼,文公用其盗。’故明主任计不信怒,暗主信怒不任计。计胜怒则强,怒胜计则亡。”

[译文]

鲁哀公问孔子说:“请问怎样选取人才?”

孔子回答说:“不要选取争强好胜的人,不要选取仗势欺人的人,不要选取花言巧语的人。争强好胜的人,贪得无厌;仗势欺人的人,犯上作乱;花言巧语的人,弄虚作假。所以,弓必须调整到得心应手,才会具备强劲的发射力;马必须驯服到心领神会,才会具备优良的承载力;人必须修养到诚实守信,才会具备出众的创造力。一个人如果不诚实守信却又聪明能干,那就如同豺狼,不可以与他接近。俗话说:‘齐桓公任用逆贼,晋文公任用强盗。’所以英明的君主权衡利弊来选用人而不凭感情用事,昏庸的君主凭感情来选用人而不权衡利弊。权衡利弊战胜感情就会强盛,感情用事胜过权衡利弊就会灭亡。”

[原文]

定公问于颜渊曰:“东野子之善驭乎?”颜渊对曰:“善则善矣。虽然,其马将失。”定公不悦,入谓左右曰:“君子固谗人乎!”

三日而校来谒,曰:“东野毕之马失。两骖列(同‘裂’),两服入厩。”

定公越席而起曰:“趋驾召颜渊!”颜渊至。定公曰:“前日寡人问吾子,吾子曰:‘东野毕之驭,善则善矣。虽然,其马将失。’不识吾子何以知之?”

颜渊对曰:“臣以政知之。昔舜巧于使民而造父巧于使

马。舜不穷其民,造父不穷其马,是舜无失民,造父无失马也。今东野毕之驭,上车执辔,衔体正矣;步骤驰骋,朝(通'调')礼毕矣;历险致远,马力尽矣。然犹求马不已,是以知之也。"

定公曰:"善!可得少进乎?"

颜渊对曰:"臣闻之:鸟穷则啄,兽穷则攫,人穷则诈。自古及今,未有穷其下而能无危者也。"

[译文]

鲁定公问颜渊说:"东野夫子很会驾车吗?"颜渊回答说:"好倒是好。虽然这样,他的马快要逃跑了。"定公很不高兴,进去对近臣说:"君子也会说别人的坏话。"

三天后,养马的官员前来报告说:"东野毕的马逃跑了。车辕旁边的两匹马挣断缰绳不知跑到哪里了,车辕中间的两匹马跑回了马厩。"

定公离开坐席站起来说:"赶快套车去召见颜渊!"

颜渊来了。定公说:"前天我问您,您说:'东野毕驾车,好倒是好。虽然这样,他的马将要逃跑了。'不知您凭什么判断到了这一点?"

颜渊回答说:"我是根据执政原则来判断到这一点的。从前虞舜善于役使民众,造父善于驱使马匹。但虞舜不使民众倾家荡产,造父不使马筋疲力尽,因此舜没有逃跑的民众,造父没有逃跑的马。现在东野毕驾车,一上车就攥紧缰绳,马嚼子勒得死死的,马身子绷得直直的;慢也不歇,快也不歇,训练的要求全部达到了;经历各种危险而到达很远的地方,马的气力也就用光了。然而他还是要求马不停步,因此我知道他的马会逃跑。"

定公说:"好!您是否可以再做些说明吗?"

颜渊回答说:"我听说鸟着急了就会乱啄,兽着急了就会乱抓,人着急了就会欺诈。从古到今,还没有使臣民倾家荡产而君主能不遭到危险的。"

尧问篇第三十二

[原文]

尧问于舜曰："我欲致天下，为之奈何？"

对曰："执一无失，行微无怠，忠信无倦，而天下自来。执一如天地，行微如日月，忠诚盛于内，贲(通'奋')于外，形于四海。天下其在一隅邪！夫有(通'又')何足致也？"

[译文]

尧问舜说："我想天下归心，应该怎么做？"

舜回答说："执掌政权一心一意而无过失，做细小的事而不懈怠，忠诚守信而不厌倦，那么天下人就会自动归顺。执掌政权一心一意如同天地一样长久，做细小的事情如同日月一样运行不息，忠诚充满在内心，发扬在外表，体现在四海之内，天下人如同居住在同一间大屋的各个角落，又要到哪里去招致呢？"

[原文]

魏武侯谋事而当，群臣莫能逮，退朝而有喜色。吴起进曰："亦尝有以楚庄王之语闻于左右者乎？"

武侯曰："楚庄王之语何如？"

吴起对曰："楚庄王谋事而当，群臣莫逮，退朝而有忧色。申公巫臣进问曰：'王朝而有忧色，何也？'庄王曰：'不穀谋事而当，群臣莫能逮，是以忧也。其在中蘬(huì)(即'仲虺')之言也，曰：'诸侯自为得师者王，得友者霸，得疑(通"拟")者存，自为谋而莫己若者亡。'今以不穀之不肖而群臣莫吾逮，吾国几于亡乎！是以忧也。'楚庄王以忧，而君以憙(同‘喜’)。”武侯逡巡再拜曰:“天使夫子振寡人之过也。”

[译文] 魏武侯谋划政事得当,大臣们没有谁能比得上他,退朝后有些喜形于色。吴起上前说:“曾经有人把楚庄王的话报告给您了吗?”

武侯说:“楚庄王的话怎么说的?”

吴起回答说:“楚庄王谋划政事得当,大臣们没有谁比得上他,退朝后他带着忧虑的神色。申公巫臣上前询问说:‘大王上朝听政后面带忧虑的神色,为什么呀?’庄王说:‘我谋划政事得当,大臣们没有谁能比得上我,因此我忧虑啊。那忧虑的原因就在仲虺的话中,他说过:“诸侯获得师傅的称王天下,获得朋友的称霸诸侯,获得解惑者的保存国家,自行谋划而没有谁比得上自己的灭亡。”现在我这样的无能,而大臣们却没有谁比得上我,我的国家接近于灭亡呀!因此我忧虑啊。’楚庄王因此而忧虑,而您却因此而高兴!”

武侯后退了几步,拱手拜了两次说:“是上天派夫子来挽救我的过错的呀。”

[原文] 伯禽将归于鲁,周公谓伯禽之傅曰:“汝将行,盍志而(通‘尔’)子美德乎?”

对曰:“其为人宽,好自用,以慎。此三者,其美德已。”

周公曰:“呜呼!以人恶为美德乎!君子好以道德,故其民归道。彼其宽也,出无辨矣,女(同‘汝’)又美之。彼其好自用也,是所以窭小也。君子力如牛,不与牛争力;走如马,不与马争走;知如士,不与士争知。彼争者,均者之气也,女(同‘汝’)又美之。彼其慎也,是其所以浅也。闻之曰:无(通‘勿’)越逾不见士。见士问曰:‘无乃不察乎?’不闻，即物少至，少至则浅。彼浅者，贱人之道也，女（同‘汝’）又美之。吾语女（同‘汝’）：我，文王之为子，武王之为弟，成王之为叔父。吾于天下不贱矣，然而吾所执贽而见者十人，还贽而相见者三十人，貌执之士者百有余人，欲言而请毕事者千有余人，于是吾仅得三士焉，以正吾身，以定天下。吾所以得三士者，亡于十人与三十人中，乃在百人与千人之中。故上士吾薄为之貌，下士吾厚为之貌。人人皆以我为越逾好士，然故士至，士至而后见物，见物然后知其是非之所在。戒之哉！女（同‘汝’）以鲁国骄人，几矣！夫仰禄之士犹可骄也，正身之士不可骄也。彼正身之士，舍贵而为贱，舍富而为贫，舍佚（通‘逸’）而为劳，颜色黎黑而不失其所，是以天下之纪不息，文章不废也。”

［译文］

伯禽将要回到鲁国去，周公对伯禽的师傅说：“你们要走了，你为什么不评价一下伯禽的美德呢？”

伯禽的师傅回答说：“他为人宽大，喜好自主行事，而且谨慎小心。这三个方面，就是他的美德呀。”

周公说：“唉！您怎么把他不好的东西当作美德啦！君子喜欢按照礼法原则去行事，所以他的民众也会归顺正道。他对人一味宽大，赏赐就会不加区分，您却加以赞美。他喜好自主行事，这是他气量狭小的原因呀。君子气力像牛一样大，也不和牛较量；跑起来像马一样快，也不和马赛跑；智慧像士人一样高明，也不和士人比试。那较量竞争，只是把自己定位在与平常人一争高下的水平之上而忘记了自己是统领一个国家的君主，您却还赞美它。他的谨慎，这是使他孤陋寡闻的原因。我听说过这句话：‘不要过分地不会见士人。’见到士人就要问道：‘不是我不明察吧？’不询问，那么事情就了解得少，了解得少就浅陋。浅陋，是下贱之人的为人之道,您却还赞美它。我告诉你:我,对文王来说是儿子,对武王来说是弟弟,对成王来说是叔父,我在天下不算卑贱了,然而我拿着礼物去拜见的尊长有十个,还礼会见的平辈有三十个,用礼貌去接待的士人有一百多个,想要提意见而我请他把事情说完的人有一千多个,在这些人之中我只得到三个贤士,靠他们来端正我的身心,来安定天下。我得到三个贤士的办法,不是在十个人和三十个人之中挑选,而是在成百上千之中挑选。所以对于上等的士人,我对他们的礼貌轻一些;对于下等的士人,我对他们的礼貌重一些。人人都认为我特别喜欢士人,所以士人都来了;士人来了,然后我才能看清事物;看清了事物,然后才能知道它们的是非在什么地方。要警惕啊!你如果凭借鲁国高傲地对待人,就危险了!那些依赖俸禄生活的士人还可以高傲地对待,而端正身心的士人是不可以高傲地对待的。那些端正身心的士人,舍弃高贵的地位而甘居卑贱,舍弃富足的待遇而甘愿贫穷,舍弃安逸而自甘劳苦,脸色黝黑也不丧失自己所选择的立场,因此天下的治国纲领能流传不息,古代的文献典籍能经久不废啊。"

[原文]

语曰:"缯(céng,同'鄫')丘之封人,见楚相孙叔敖曰:'吾闻之也:处官久者士妒之,禄厚者民怨之,位尊者君恨之。今相国有此三者而不得罪楚之士民,何也?'孙叔敖曰:'吾三相楚而心瘉(同"愈")卑,每益禄而施瘉(同"愈")博,位滋尊而礼瘉(同"愈")恭,是以不得罪于楚之士民也。'"

[译文]

民间有一个传说:"缯(缯,指缯国,亦作鄫国,故址在今山东省兰陵县向城镇西北,2013 年 5 月被国务院公布为第七批全国重点文物保护单位)丘的封人拜见楚国国相孙叔敖时说:'我听说过这样的话:"做官长久的人,士人就会嫉妒他;俸禄丰厚的人,民众就会怨恨他；地位尊贵的人，君主就会憎恶他。”现在相国具备了这三种情况却没有得罪楚国的士人民众，为什么呢？’孙叔敖说：‘我三次出任楚国国相而心里越来越谦卑，每次增加俸禄而施舍越来越广泛，地位越尊贵而礼节越来越恭敬，因此没有得罪楚国的士人民众啊。’”

［原文］

子贡问于孔子曰：“赐为人下而未知也。”

孔子曰：“为人下者乎？其犹土也？深抇（hú）之而得甘泉焉，树之而五谷蕃焉，草木殖焉，禽兽育焉，生则立焉，死则入焉，多其功而不息（通‘德’）。为人下者，其犹土也。”

［译文］

子贡向孔子请教说：“我想对人谦虚却还不知道怎样做。”

孔子说：“对人谦虚么？那就要像土地一样啊。深深地挖掘它就能得到甜美的泉水，在它上面种植而五谷就茂盛地生长，草木在它上面繁殖，禽兽在它上面生息，活着就站在它上面，死了就埋在它里面，它的功劳很多却不自以为有功德。所以，对人谦虚就要像土地一样啊。”

［原文］

昔虞不用宫之奇而晋并之，莱不用子马而齐并之，纣刳王子比干而武王得之。不亲贤用知（同“智”），故身死国亡也。

［译文］

从前虞国不用宫之奇而被晋国吞并，莱国不用子马而被齐国吞并，商纣王将王子比干剖腹挖心而被周武王夺取了政权。君主不亲近贤能的人、任用明智的人，所以会身死国亡啊。

［原文］

为说者曰：“孙卿不及孔子。”是不然。孙卿迫于乱世，

鳍于严刑，上无贤主，下遇暴秦，礼义不行，教化不成，仁者绌(同“黜”，兰陵方言中，“绌”意为用细绳扎紧)约，天下冥冥，行全刺之，诸侯大倾。

当是时也，知(同“智”)者不得虑，能者不得治，贤者不得使，故君上蔽而无睹，贤人距(同“拒”)而不受。然则孙卿怀将圣之心，蒙佯狂之色，视(通“示”)天下以愚。《诗》曰：“既明且哲，以保其身。”此之谓也。

是其所以名声不白、徒与不众、光辉不博也。今之学者，得孙卿之遗言余教，足以为天下法式表仪，所存者神，所过者化。观其善行，孔子弗过，世不详察，云非圣人，奈何！天下不治，孙卿不遇时也。德若尧、禹，世少知之。方术不用，为人所疑。其知至明，循道正行，足以为纪纲。

呜呼！贤哉！宜为帝王。天地(通“下”)不知，善桀、纣，杀贤良。比干剖心，孔子拘匡；接舆避世，箕子佯狂；田常为乱，阖闾擅强。为恶得福，善者有殃。今为说者又不察其实，乃信其名。时世不同，誉何由生？不得为政，功安能成？志修德厚，孰谓不贤乎？

[译文]

有些人妄加评论说：“荀子赶不上孔子。”这不对。荀子无奈遇上这天下大乱的时代，小心翼翼地面对着峻法严刑，上没遇上贤明的君主，下又碰上暴虐的秦政，礼义得不到实行，教化更是不能成功，仁人不是被罢黜就是被囚困，政治黑暗天下冥冥，德行完美反遭讽刺，诸侯们忙于倾轧兼并。

这个时代呀，智者不能参与谋划，能者不能参与治理，贤者不能得到任用。所以君主受到蒙蔽而目光短浅，贤者遭到拒绝而不被接纳。既然这样，所以荀卿虽然怀抱伟大圣人的志向，却故意假装疯狂，向天下人宣示自己的愚昧无知。《诗》上说：“不但明智又聪颖,用来保全他自身。"说的就是这种人啊。

这就是他名声不显赫、门徒不众多、光辉照耀不广阔的原因。现在的学者,只要能学习荀子传下来的言论,接受荀子曾经的教导,就完全可以成为天下的典型与表率。他留下的思想经天纬地洞察一切,他经行的地方人们都会受到感化。看看他那善良的行为,孔子也不能超过,世人不加详细考察,说他不是圣人,有什么办法呢?天下得不到治理,是因为荀子没有遇到施展才干的机会啊。他的德行像尧、禹一样,世人却很少知道。他的治国方略不被采用,反被人们所怀疑。他的智慧极其明达,他遵循正道,端正德行,足以成为人们的榜样。

唉!伟大的贤者啊!他应该成为帝王。天地有所不知呀,这世道善待追捧桀、纣一样的恶人,囚困杀害无数的贤良。比干被剖腹挖心,孔子被围困在匡,接舆逃避社会,箕子假装疯狂,田常犯上作乱,阖闾放肆逞强。作恶的得到幸福,行善的反遭祸殃。现在那些妄加评论的人又不考察实际情况,竟然相信那些强加给荀卿子的脏声污名。赶不上政治清明的时代,美好的名誉从何处产生?不能执掌国家政权,功业哪能建成?志向美好,品行敦厚,谁说荀子不是贤者呢?

后记

本书原文以中华书局1988年版沈啸寰、王星贤点校的《荀子集解》为底本，同时参校《四库全书》本《荀子》、《古逸丛书》影宋台州本《荀子》。

在通译全文时，主要借参考借鉴了中华书局1979年版北京大学《荀子》注释组的《荀子新注》，贵州人民出版社1995年版蒋南华、罗书勤、杨寒清注释的《荀子全译》，上海古籍出版社1995年版张觉撰写的《荀子译注》，济南出版社1999年版刘庭尧主编的《后圣荀子》，华夏出版社2009年版廖名春选编的《荀子二十讲》。同时融入了荀子研究的最新成果及兰陵一带独有的文化特色。

1997年编写《苍山县志》的时候，编委会接受了时任山东大学《文史哲》主编丁冠之教授的建议，把荀子列为一编，对于传承弘扬荀子思想文化起到了很好的作用。《苍山县志》荀子编亦由丁冠之教授亲自撰写。2007年，在他与山东大学庞朴、颜炳罡、孟祥才等教授的全力推动下，山东大学与中共临沂市委、临沂市人民政府，中共苍山县委、苍山县人民政府共同组织举办了"儒学全球论坛：荀子思想当代价值国际学术研讨会"。在此期间，本人有幸得到丁教授的耳提面命。2010年3月8日，丁教授不幸因病去世，本人失去了进行荀学研究的一位可亲可敬的导师。

2010年，苍山一中(今兰陵一中)校长宋学光同志决定编印名为《荀子全译》的校本教材，由本人负责编校。同时建立荀子文化展室，在特色办学的评比项中，苍山一中得了满分，有效地助推了省级规范化学校的成功创建。2012年7—9月，为了配合荀子庙三十二篇碑廊的建设，在兰陵镇党委书记苏云涛同志安排下，本人与兰陵镇政府的徐平、李琳，兰陵镇教育系统的张晓峰、郭方基、李玉勇、王玉伟、张健、戴志军、贾传清、李辉营、高延东，兰陵美酒厂的王毓久等同志一起，以中华书局1988年版《荀子集解》与《四库全书》本《荀子》相互比照，对《荀子》原文进行了校对。本书借鉴了上述两项工作的成果。

在本书出版过程中，得到了中共山东省委党校总务处处长朱坤峰、山东出版集团离退休人员工作部主任张杰、齐鲁书社社长昝亮、曲阜师范大学林桂臻博士、政协兰陵县委员会科教文卫委主任张西民等同志的鼎力相助。东方荀子研究院王利影、焦逢春、王亚楠等同志在文字校对方面亦做了大量基础工作。在此一并表示感谢。

焦子栋

2016 年 9 月于兰陵

图书在版编目(CIP)数据

荀子通译/焦子栋译.—济南:齐鲁书社,2016.10
ISBN 978-7-5333-3637-0

Ⅰ.①荀… Ⅱ.①焦… Ⅲ.①儒家 ②《荀子》—译文 Ⅳ.①B222.62

中国版本图书馆 CIP 数据核字(2016)第 227871 号

荀子通译

焦子栋 译

主管单位 山东出版传媒股份有限公司
出版发行 齊魯書社
社　　址 济南市英雄山路 189 号
邮　　编 250002
网　　址 www.qlss.com.cn
电子邮箱 qilupress@126.com
营销中心 (0531)82098521 82098519
印　　刷 山东临沂新华印刷物流集团有限责任公司
开　　本 720mm×1020mm 1/16
印　　张 27.75
插　　页 3
字　　数 438 千
版　　次 2016 年 10 月第 1 版
印　　次 2016 年 10 月第 1 次印刷
印　　数 1—5600 册
标准书号 ISBN 978-7-5333-3637-0
定　　价 **86.00 元**